北洋经管系列丛书

中小企业信托融资模式：理论与实践

邹高峰　熊　熊　张小涛　著

本书是国家科技支撑计划项目课题"投融资担保服务系统研发与建设（课题编号：2012BAH31F04）"的研究成果之一

科　学　出　版　社

北　京

内 容 简 介

中小企业在国民经济中占有重要的地位，融资难已经成为制约中小企业发展的重要问题。由于特殊且灵活的制度安排和结构设计，信托已经逐渐成为解决中小企业融资难的新渠道。信托融资是一个可以横跨货币、资本和实业市场的金融工具，可以在风险可控的前提下为不同的中小企业提供个性化的融资解决方案，满足中小企业多样化的融资需求。本书比较详细地介绍了中小企业信托融资的相关理论，总结分析了实践中比较成功的中小企业创新融资模式。

本书适用于对信托融资及中小企业融资感兴趣的人群，也可作为大专院校中从事中小企业信托融资研究的师生的参考书籍。

图书在版编目（CIP）数据

————————————————————————————

中小企业信托融资模式：理论与实践/邹高峰，熊熊，张小涛著. —北京：科学出版社，2016

（北洋经管系列丛书）

ISBN 978-7-03-047655-5

Ⅰ.中… Ⅱ.①邹… ②熊… ③张… Ⅲ.①中小企业—金融信托—企业融资—融资模式—研究 Ⅳ.①F276.3 ②F830.8

中国版本图书馆 CIP 数据核字（2016）第 048870 号

————————————————————————————

责任编辑：马　跃 / 责任校对：马显杰
责任印制：霍　兵 / 封面设计：无极书装

科学出版社 出版

北京东黄城根北街 16 号
邮政编码：100717
http://www.sciencep.com

中国科学院印刷厂印刷

科学出版社发行　各地新华书店经销

*

2016 年 3 月第　一　版　开本：720×1000　1/16
2016 年 3 月第一次印刷　印张：18
字数：363 000

定价：98.00 元

（如有印装质量问题，我社负责调换）

丛书编委会

丛书编委会成员（按姓氏拼音排序）：

"北洋经管系列丛书"序言

　　天津大学的管理与经济教育可以追溯至 20 世纪 40 年代初国立北洋大学时期的"工业管理系"的建立。自 1978 年恢复设立管理学科以来,天津大学管理与经济学部(前身为天津大学管理学院)在以刘豹先生为代表的老一代管理学家的带领下,努力创新中国管理学科的研究和教育,在中国管理学科的发展历程中留下了自己的足迹。目前,我们顺应时代发展时势,将管理科学与工程学科、工商管理学科、公共管理学科、应用经济学及系统工程等学科融合组成了大型经管交叉学科群,并立足于天津大学雄厚的理工学科和新兴的人文学科之上,重塑了我们对人类组织的管理与经济行为之真理的探求、传承和创造性实践。

　　改革开放三十多年来,伴随着中国社会经济的深刻转型、全球互联网技术的迅猛发展,以及全球政治经济格局的巨大变革,人类管理和经济活动一直都在经历着历史性的变迁,需要我们相应地对管理和经济活动的新规律进行大胆新探索。这不但对中国管理和经济研究提出了新的挑战,也为其提供了更广阔的发展空间。管理与经济学部以"崇实事而求是,践商道而化成"为使命,一直秉承天津大学"实事求是"的校训,坚持从管理实践中寻求真理,努力推动经管新知的传播和践行,进而为人类社会创造价值。自建立以来,天津大学管理与经济学部形成若干具有鲜明特色、彰显国家需求、引领学术前沿的学科方向,并在国家、省市(部委)和企业的支持下,完成了数百项高水平学术研究和管理咨询项目,取得数百项各类科研成果,获得近百项国家级科技进步奖及省部级奖励。

　　这些优秀的学术成果一直以来都以独立的学术专著、论文和教材,以及咨询报告或者专业媒体的文章等形式广泛向学术界和社会传播。为了进一步整合教师的高水平研究成果,天津大学管理与经济学部将以学术委员会为依托组成编委会对其进行系统编撰,与著名的学术出版机构——科学出版社合作,陆续以"北洋经管系列丛书"系列专著的形式奉献给各位学界同仁和广大读者,以彰显百年北洋老校管理与经济学科的特色。

　　本套丛书的特点是:第一,全面且系统。本套丛书中的研究成果涵盖了管理学、宏微观经济学及金融学等领域研究成果,体现了天津大学管理与经济学部通过三十几年的不断发展所形成的宽广且多元的交叉学科管理研究特色。第二,创新且务实。本套丛书所收录的一部分学术成果紧跟全球学术发展趋势,扎根于经典理论问题,不断进行大胆探索,体现出浓郁的知识创新精神;同时还有一部分成果着眼于国家宏观重大需求,紧贴中国微观管理实践,表现出天津大学(北洋大学)传统的"兴学强国"的使命感。

　　正如天津大学管理与经济学部荣誉主任李荣融先生所指出的，"在经济全球化的背景下，一个和平崛起的中国迫切需要一大批优秀的管理人才"。我们谨以这套丛书献给这些改变未来世界的人们，希望他们为中国乃至全球社会经济发展做出贡献。

天津大学管理与经济学部

2016 年 3 月 1 日

前　　言

中小企业在国民经济中占有重要的地位，是推动国民经济发展的重要力量，但是近年来，融资难已经成为制约中小企业发展的重要问题，中小企业的社会贡献与其融资现状并不完全匹配。从表面来看，中小企业的融资渠道有很多，包括内源融资、债权融资、股权融资等，但是由于中小企业的特有属性，不同的融资渠道都存在一些限制。内源融资一般会受到融资规模的限制，以银行为代表的债权融资，需要有足够的抵押物和严格的信用审核流程；股权融资受限于资源的匮乏，以及只能满足极少数资质较好的中小企业的需求。此外，不同类型的中小企业融资需求存在很大的差异，单一模式的融资渠道并不能满足不同中小企业的融资需求。

随着近年来信托行业的快速发展，作为四大金融支柱之一的信托业已经成为仅次于银行业的第二大金融部门。由于特殊且灵活的制度安排和结构设计，信托已经逐渐成为解决中小企业融资难的新渠道。信托和担保机构相结合，既可以发展中小企业外部股权市场，也可以优化中小企业债务融资机制；相比银行、风险投资等金融机构，信托融资是一个可以横跨货币、资本和实业市场的金融工具；可以在风险可控的前提下为不同的中小企业提供个性化的融资解决方案，实现资本市场中中等风险与中等收益的灵活匹配；可以满足中小企业多样化的融资需求，使资本从低效率领域向高效率领域流转，促进中小企业的发展，对缓解中小企业融资难具有重大意义。

缓解中小企业融资难是天津大学张维教授课题组目前两个主要研究方向之一。在中小企业融资研究方面，课题组培养了一批博士和硕士研究生，陆续得到了国家自然科学基金、一些企业委托项目，特别是华澳信托等多方面的支持，在理论和实践方面积累了丰富的经验。2012年以来，邹高峰副教授与天津科技融资控股集团有限公司共同承担了国家科技支撑计划项目课题"投融资担保服务系统研发与建设（课题编号：2012BAH31F04）"的子课题，为张维教授中小企业融资难的理论研究提供了新的契机。为此，我们研究团队觉得有必要将这些研究成果及实践案例以一种更加系统的方式集结成为著作奉献给大家，以引发大家对信托行业促进中小企业融资的思考，进而为我国中小企业融资实践提供一些基础的理论参考。

本书包含了我们研究团队及华澳信托很多成员的努力和心血，也得益于众多前人的文献知识积累，其是集体智慧的结晶。本书的内容是经过我们研究团队很多成员一次次反复讨论、修改、调整、补充和完善的结果，已经很难厘清大家的贡献了。不过，我们研究团队尽量将每一个人的贡献给予客观的表达。在我们研究团队各位老师和同学的前期研究成果之上，全书由张维教授课题组的邹高峰副教授、熊熊教授、张小涛副教授，时任华澳信托总裁的赵文杰博士共同商定整体构架，组织课题组的多位博士生、硕士生参与文字润色等相关工作，并由邹高峰完成最后的文字审订。

本书共分为五章。

第一章中小企业融资现状分析。本章介绍了中小企业在国民经济中的地位及目前中小企业融资的现状，并分别从中小企业自身、商业银行、政府和担保体系等方面存在的问题对中小企业融资难的原因进行剖析，说明信托融资这一创新方式的存在对中小企业融资的实践意义和学术价值，提出本书的研究思路和内容。本章是在总结已有网络资料和年鉴及课题组张维教授、熊熊教授的发表论文，左军、邱勇的学位论文，同时在借鉴国内外一些学者的前沿研究成果的基础上，由岳文华、王慧和马萱撰写而成。

第二章信托发展与中小企业融资。本章介绍了我国信托业发展的历程，以及国外典型的信托发展范例，分析信托融资的特点、信托如何支持中小企业融资、信托扶持中小企业融资的适用性。本章是在参考了袁江天博士的有关报告和网络资料、年鉴信息的基础上，第一节与第二节由岳文华、王慧和马萱负责整理撰写，第三节由翟晓鹏、王慧、宋玮昕和岳文华整理撰写。

第三章中小企业信托融资相关理论。本章介绍了本书需要借鉴和运用的理论，对国内外已有的相关研究文献进行简要综述。挑选了在中小企业信托融资中较为重要的一些理论，如信息不对称理论、信贷配给理论、担保机制、信托公司与风险投资机构的合作机制、信用共同体信托融资、团体贷款还款激励问题和信托融资的风险缓冲机制等。但限于篇幅，主要还是在张维教授课题组现有研究的基础上，整理高雅琴的博士学位论文、张旭东的博士学位论文、邹高峰博士后的出站报告、袁江天博士的研究工作报告及期刊文章等研究成果，经过熊熊教授和邹高峰副教授的修改后，由翟晓鹏和宋玮昕组稿而成。

第四章中小企业信托融资模式创新实践。本章是对市场中现有的信托促进中小企业融资模式的应用研究。分别对目前中小企业集合信托六大融资模式（大额定向合作模式、打包债模式、区域产业支持型模式、资金池类模式、类基金模式及路衢模式）进行介绍，对中小企业信托融资模式的普遍性的作用机制进行总结，并对我国部分省市已有的成功产品结合第三章的基础理论进行案例分析，指出我国发展这一融资模式的有利条件，提出目前我国信托融资中存在的制约因素，以及中小企业信托模式未来的发展方向，为进一步在更大范围内的推广应用提供理论指导。本章第一节由王慧负责撰写，其余部分是在华澳信托提供的资料和查询网络资料的基础上由岳文华、宋玮昕整理而成。

第五章中小企业信托融资模式创新——基于参与主体视角的分析。本章主要是基于前面四章的内容，在借鉴发达国家和地区在中小企业信托融资机制经验的基础上，结合我国中小企业的信贷情况，分别从信托公司、投资者、政府、担保机构、融资方和融资环境等角度，提出今后中小企业信托融资模式的发展方向，以期改善我国中小企业融资难的问题。本章在熊熊教授和邹高峰副教授的指导下，由岳文华、王慧和宋玮昕在总结前沿研究成果的基础上提炼而成。

除了我们研究团队的努力之外，还得益于前人研究成果中所展现出来的智慧。为此，我们研究团队要向那些参考文献的作者们致以深深的敬意，没有这些闪光智慧的照耀，本书的写作是不可能完成的。尽管我们研究团队在写作的过程中一直非常注意对所引用的参考文献的列举和引证标注，但难免挂一漏万，为此，我们研究团队在此向那些可能被遗漏的文献作者们表示歉意，并恳请他们与我们研究团队或者与出版社联系，以便将来有机会再版时将他们对本书的贡献展示出来。

感谢我们研究团队中所有参与过本书内容研究、文字修订工作的老师、同学和华澳信托的工作人员；特别感谢华澳信托的费林云先生、蔡翀女士在研究过程中给予我们研究团队的大力支持；感谢天津市金融投资商会秘书处的姚清国先生、李旭先生在课题调研中给予的支持；也特别感谢科学出版社的马跃先生的支持和鼓励。一些老师、朋友和同学们为此书的出版所做的贡献可能并未在前述介绍中体现出来，但这些贡献是不可磨灭的。感谢那些对本书所表述的研究成果进行过讨论和交流，并提出过修改意见和建议的国内及国际同行，尽管他们的名字不能出现在这里，但他们的专业眼光、批评和经验对本书研究成果的形成发挥了重要的作用。最后，感谢科技支撑计划项目课题对本研究的资助，感谢国际华澳信托有限公司、天津科技融资控股集团、天津市金融投资商会在课题研究中给予的大力支持。

邹高峰　熊熊　张小涛

2014 年 11 月 5 日

目　　录

第一章
中小企业融资现状分析

　　中小企业在国民经济中占有重要的地位，但是其传统融资渠道（如商业银行信贷资金规模）获得的资金支持与其对社会的贡献而言不匹配，融资难已经成为制约中小企业发展的一个重要问题。目前，中小企业的融资渠道包括内源融资和外源融资，但就中小企业的融资现状而言，大多数融资渠道在一定程度上缓解了中小企业的融资难题，但仍有很大的改善空间。

　　由于中小企业及银行等金融机构存在的不足，导致我国的银行系统对中小企业的支持力度不够。中小企业由于经营风险大及存续期短、信息披露与信用意识淡薄等，造成中小企业难以从银行获得贷款，而中小企业与商业银行之间的信息不对称导致的逆向选择问题和道德风险问题则进一步加大了中小企业从商业银行获得贷款的难度。同时，国有商业银行改革过程中贷款审批权的上收、银行内部代理层级多，导致信贷程序复杂、抵押品审核严格，中小企业贷款的时效性和可得性降低，使中小企业从银行获得贷款越发困难。

　　除了从银行贷款以外，中小企业的融资渠道还有直接融资，主要包括风险投资、上市融资、债券融资等。但是，对于中小企业来说，这几种直接融资渠道均存在一定的问题。

　　首先，风险投资——目前我国资本市场尚处于初级阶段，风险资本资源属于匮乏阶段。同时，风险投资金融机构的风险管理能力及中小企业的信用水平都比较低，风险投资的运作存在较大阻碍，而在资本市场发达的国家，风险投资是中小企业尤其是科技型中小企业初期发展资金的重要来源。

　　其次，上市融资——中小板对绝大多数的中小企业来说，其融资门槛已经很高，主板市场对大多数中小企业来说更是望尘莫及。目前，创业板只能满足部分高科技企业和规模较大的民营企业的要求。

　　最后，发行债券这种直接融资方式主要被上市公司和国有大型企业垄断，并且我国公司债市场规模本来就很小，中小企业想分"一杯羹"更是困难，而且中小企业自身资信水平低，发行公司债券难度较大。

鉴于正式金融体系无法满足中小企业的融资需求，绝大多数中小企业在其发展过程中都不得不从非正式金融市场上寻找融资渠道。部分地区的民间借贷，在一定程度上取代了银行功能。虽然民间金融机构在相当多的中小企业发展过程中起到了重要作用，但其非正规化的经营方式也存在着很多弊端。要想在中小企业融资中发挥更大的作用，就应当考虑适当引导民间资金，规范民间资金市场。

经过以上分析可知，民间借贷、间接融资及直接融资虽然可以在一定程度上缓解中小企业的融资难的问题，但仍然存在很多不足。在目前的形势下，原有的融资机构和融资方式已经不能满足当前中小企业所表现出的资金需求，为了缓解中小企业融资难的现状，理论界及实物界均给出了一定的政策及建议。具有代表性的建议是通过发展中小金融机构、建立多层次的资本市场、建立多元化的中小企业融资服务体系、发展天使投资、完善风险投资体系、完善企业债券市场和长期票据市场等方法来拓展中小企业的融资渠道，但是这些措施的实施不是一朝一夕就可以完成的。

信托作为促进中小企业融资的一个新兴渠道，其特有的风险隔离机制及灵活的运作方式，在一定程度上缓解了金融机构与中小企业间的信息不对称问题，克服了中小企业信用不足的缺点。信托可以采取多种形式，为中小企业融资提供金融服务，构建起中小企业、外部投资者和中小金融机构之间的信用关系，即将成为缓解中小企业融资困境的创新突破方向。

第一节 中小企业在国民经济中的地位

一、中小企业的界定及其特点

中小企业是一个相对的、比较模糊的概念。由于不同国家及地区经济发展水平和发展阶段各不相同，企业所处的环境也有所差异，所以很难在全球范围内对中小企业进行统一的界定。即使在统一的经济体中，不同的机构、政府及银行往往对中小企业有着不同的定义。根据国际金融公司的调查，在120个经济体中，有26个经济体对中小企业有多种定义。一般来说，中小企业是指员工数量、资产总额在一定范围内的企业，包括中型企业与小型企业。

我国在不同阶段也曾对中小企业做过不同的定义。我国于2002年出台的《中华人民共和国中小企业促进法》①（以下简称《中小企业促进法》）规定：本法所称中小企业，是指在中华人民共和国境内依法设立的，有利于满足社会需要、增加就业，符合国家产业政策，生产经营规模属于中小型的各种所有制和各种形式的企业。根据《中小企业促进法》的规定，工业和信息化部（以下简称工信部）、国家发展和改革委员会（以下简称国家发改委）、财政部、国家统计局四部门出台了《中小企业标准暂行规定》②，该规定给出了工业、建筑业、交通运输和邮政业、批发和零售业、住宿和餐饮业等不同行业内中小企业的划分标准。

2011 年 6 月，工信部、国家统计局、国家发改委及财政部四部门颁布了《中小企业划型标准规定》③，并废除了《中小企业标准暂行条例》。新颁布的《中小企业划型标准规定》首次划分了农、林、牧、副、渔业，仓储业、信息传输业（包括电信、互联网和相关服务），软件和信息技术服务业，房地产开发经营，物业管理，租赁和商务服务业，其他未列明行业（包括科学研究和技术服务业，水利、环境和公共设施管理业，居民服务、修理和其他服务业，社会工作，文化、体育和娱乐业等）等多个行业的标准，并重新划分了工业、建筑业、批发业、零售业、交通运输业（不含铁路运输业）、邮政业、住宿业、餐饮业等行业的标准，具体细则如下。

(1)农、林、牧、渔业。营业收入 20 000 万元以下的为中小微型企业。其中，营业收入 500 万元及以上的为中型企业；营业收入 50 万元及以上的为小型企业；营业收入 50 万元以下的为微型企业。

(2)工业。从业人员 1 000 人以下或营业收入 40 000 万元以下的为中小微型企业。其中，从业人员 300 人及以上，且营业收入 2 000 万元及以上的为中型企业；从业人员 20 人及以上，且营业收入 300 万元及以上的为小型企业；从业人员 20 人以下或营业收入 300 万元以下的为微型企业。

(3)建筑业。营业收入 80 000 万元以下或资产总额 80 000 万元以下的为中小微型企业。其中，营业收入 6 000 万元及以上，且资产总额 5 000 万元及以上的为中型企业；营业收入 300 万元及以上，且资产总额 300 万元及以上的为小型企业；营业收入 300 万元以下或资产总额 300 万元以下的为微型企业。

(4)批发业。从业人员 200 人以下或营业收入 40 000 万元以下的为中小微型企业。其中，从业人员 20 人及以上，且营业收入 5 000 万元及以上的为中型企

---

① 资料来源：全国人民代表大会常务委员会发布的《中华人民共和国中小企业促进法》，http://www.chinaacc.com/new/63/74/2003/5/ad41817501111515300224453，htm。

② 资料来源：工业和信息化部、国家发改委、财政部、国家统计局关于印发中小企业标准暂行规定的通知，http://www.ctaxnews.com.cn/www/detail/nfdetail.jsp? DOCID=4263。

③ 资料来源：工业和信息化部等四部门印发《中小企业划型标准规定》，http://www.miit.gov.cn/n11293472/n11293832/n11293907/n11368223/13912671，html。

业；从业人员 5 人及以上，且营业收入 1 000 万元及以上的为小型企业；从业人员 5 人以下或营业收入 1 000 万元以下的为微型企业。

（5）零售业。从业人员 300 人以下或营业收入 20 000 万元以下的为中小微型企业。其中，从业人员 50 人及以上，且营业收入 500 万元及以上的为中型企业；从业人员 10 人及以上，且营业收入 100 万元及以上的为小型企业；从业人员 10 人以下或营业收入 100 万元以下的为微型企业。

（6）交通运输业。从业人员 1 000 人以下或营业收入 30 000 万元以下的为中小微型企业。其中，从业人员 300 人及以上，且营业收入 3 000 万元及以上的为中型企业；从业人员 20 人及以上，且营业收入 200 万元及以上的为小型企业；从业人员 20 人以下或营业收入 200 万元以下的为微型企业。

（7）仓储业。从业人员 200 人以下或营业收入 30 000 万元以下的为中小微型企业。其中，从业人员 100 人及以上，且营业收入 1 000 万元及以上的为中型企业；从业人员 20 人及以上，且营业收入 100 万元及以上的为小型企业；从业人员 20 人以下或营业收入 100 万元以下的为微型企业。

（8）邮政业。从业人员 1 000 人以下或营业收入 30 000 万元以下的为中小微型企业。其中，从业人员 300 人及以上，且营业收入 2 000 万元及以上的为中型企业；从业人员 20 人及以上，且营业收入 100 万元及以上的为小型企业；从业人员 20 人以下或营业收入 100 万元以下的为微型企业。

（9）住宿业。从业人员 300 人以下或营业收入 10 000 万元以下的为中小微型企业。其中，从业人员 100 人及以上，且营业收入 2 000 万元及以上的为中型企业；从业人员 10 人及以上，且营业收入 100 万元及以上的为小型企业；从业人员 10 人以下或营业收入 100 万元以下的为微型企业。

（10）餐饮业。从业人员 300 人以下或营业收入 10 000 万元以下的为中小微型企业。其中，从业人员 100 人及以上，且营业收入 2 000 万元及以上的为中型企业；从业人员 10 人及以上，且营业收入 100 万元及以上的为小型企业；从业人员 10 人以下或营业收入 100 万元以下的为微型企业。

（11）信息传输业。从业人员 2 000 人以下或营业收入 100 000 万元以下的为中小微型企业。其中，从业人员 100 人及以上，且营业收入 1 000 万元及以上的为中型企业；从业人员 10 人及以上，且营业收入 100 万元及以上的为小型企业；从业人员 10 人以下或营业收入 100 万元以下的为微型企业。

（12）软件和信息技术服务业。从业人员 300 人以下或营业收入 10 000 万元以下的为中小微型企业。其中，从业人员 100 人及以上，且营业收入 1 000 万元及以上的为中型企业；从业人员 10 人及以上，且营业收入 50 万元及以上的为小型企业；从业人员 10 人以下或营业收入 50 万元以下的为微型企业。

（13）房地产开发经营。营业收入 200 000 万元以下或资产总额 10 000 万元以下的为中小微型企业。其中，营业收入 1 000 万元及以上，且资产总额 5 000 万元及以上的为中型企业；营业收入 100 万元及以上，且资产总额 2 000 万元及以上的为小型企业；营业收入 100 万元以下或资产总额 2 000 万元以下的为微型企业。

(14)物业管理。从业人员 1 000 人以下或营业收入 5 000 万元以下的为中小微型企业。其中，从业人员 300 人及以上，且营业收入 1 000 万元及以上的为中型企业；从业人员 100 人及以上，且营业收入 500 万元及以上的为小型企业；从业人员 100 人以下或营业收入 500 万元以下的为微型企业。

(15)租赁和商务服务业。从业人员 300 人以下或资产总额 120 000 万元以下的为中小微型企业。其中，从业人员 100 人及以上，且资产总额 8 000 万元及以上的为中型企业；从业人员 10 人及以上，且资产总额 100 万元及以上的为小型企业；从业人员 10 人以下或资产总额 100 万元以下的为微型企业。

(16)其他未列明行业。从业人员 300 人以下的为中小微型企业。其中，从业人员 100 人及以上的为中型企业；从业人员 10 人及以上的为小型企业；从业人员 10 人以下的为微型企业。

本书后文所指的中小企业，并未严格按照《中小企业划型标准规定》的要求划分，而是通指资产总额较小、财务信息透明度不高、获得银行信贷难度较大的中小企业。这些中小企业由于经营风险较高、财务信息披露制度不健全，使银行很难通过企业提供的财务报表进行科学评价，因此这些中小企业的信用评级普遍偏低。同时这些中小企业拥有的固定资产、不动产的价值偏低，不符合银行对抵押品的价值要求，加之中小企业自身几乎没有商誉可言，信用较低。另外，因为中小企业往往出于生存和竞争考虑，而具有强烈隐瞒信息的偏好，从而使银行与中小企业之间的信息不对称问题更加严重(张利军，2013)。

相对于大型企业，中小企业自身发展具有固有的高风险特性，使金融机构贷款给中小企业的风险明显要高于大型企业，收回贷款的可能性更低。正因如此，银行等金融机构获知企业偿债能力的成本也随之增高，更加不倾向于向中小企业提供资金支持。因此，从传统融资渠道的角度进行考虑，中小企业获得融资的可能性则明显小于大型企业。

二、中小企业的地位及作用①

中小企业在整个国民经济发展过程中占据着举足轻重的地位。中小企业部门的规模和经济增长呈显著稳定的正相关关系，中小企业的茁壮成长是经济发展繁荣的表现(Beck et al.，2003)。根据世界银行组织(World Business Environmental Sur-

---

① 本节主要根据课题组王志强的学位论文《中小企业信贷产品创新研究》整理。

vey，WBES)的统计，在高收入国家内，中小企业创造的国内生产总值(GDP)占据了总产值的51.5%。中小企业的经济发展也促进了就业，在世界经济合作与发展组织(以下简称经合组织)中，规模在250人以下的企业雇佣了三分之二的劳动力。同时在收入较低的地区，中小企业发展的速度也相当迅猛。世界银行的调查显示，国家收入水平越高，中小企业的密度越大，但中低收入国家的中小企业正在以更快的速度发展。

在我国，中小企业的迅速发展也有着相当重要的意义。截止到2011年，我国共有个人独资企业等形式的企业1 100万家①。数量众多的中小企业，不仅促进了经济的发展，也为城镇居民的就业、整体经济的发展、科技创新等方面做出了卓越的贡献。中小企业数量占全国的98%以上，为我国新增就业岗位贡献超过80%、占据新产品的75%、发明专利的65%、GDP的60%、税收的50%②。

中小企业在我国成为经济平稳发展、转变经济发展方式，实现经济又好又快发展的中坚力量。在繁荣经济、增加就业、推动创新和催生产业中，中小企业发展的重要性越来越大，其主要表现在以下几个方面(丁凯，2010)。

在经济增长方面，近年来，我国非公有制经济发展势头较为迅猛。正是由于中小企业的快速发展，才有了我国经济总体稳定发展的现状。2008～2011年，我国中小企业的数量和总资产呈不断上升的趋势。这些企业涉及了31个省(自治区、直辖市，不包括港澳台地区)的39个大业。中小企业成为众多产业内越来越重要的一部分。具体数字如表1.1所示。

表 1.1　中小企业发展现况

指标名称	2008 年	2009 年	2010 年	2011 年
企业数量/个	422 925	431 110	449 130	31.6
资产/亿元	267 019.4	300 586.9	356 624.9	332 798.0
主营业务收入/亿元	327 282.4	361 821.7	459 727.2	482 937.1
利润/亿元	20 043.6	1 006.4	35 419.3	34 962.6
总产值/亿元	337 881.1	372 498.9	468 643.3	844 268.8

资料来源：《2009—2012中小企业年鉴》(企业数量是指规模以上工业企业数量)

就业方面，现阶段，我国中小企业仍然以工业为主，尤其是制造行业。这些行业的重要特点就是劳动密集型产业，需要大量的人口为工业提供劳动力。在人口数量巨大、人口密度大、劳动力素质偏低的现阶段社会情况下，中小企业的发展为解决低端劳动者的就业做出了巨大的贡献。特别是最近几年，中小企业已经

---

① 数据来源：中国网新闻中心，2012 年 12 月 19 日新闻"小微企业已成为科技创新的新亮点"，http://news.china.com.cn/live/2012-12/19/content_17758812，htm。

② 数据来源：国务院发展研究中心企业所副所长马骏，2012 年 4 月 26 日在东兴证券第一届中小市值企业投资论坛中的讲话，http://finance.sina.com.cn/hy/20120426/100211929864，shtml。

成为我国高校毕业生就业的重要渠道之一(王志强，2012)。最近几年，因为适龄劳动者的数量相对降低及大量中小企业的发展需要劳动力，造成了企业间对于劳动力的争夺，客观上提高了劳动者的待遇，也从侧面说明了中小企业对于解决劳动者就业问题的显著帮助(表 1.2)。

表 1.2　近年中小企业从业人数

指标名称	2008 年	2009 年	2010 年	2011 年
从业人员/万人	6 867.1	6 787.7	7 236.9	9 167.3

资料来源：《2009—2012 中小企业年鉴》

税收方面，如表 1.3 所示，近年来中小企业的收入和利润逐步增加，因此给国家的税收收入做出了相当大的贡献。中小企业已经从当初毫不起眼的经济实体，转变为国家提供 50％税收的经济体，为我国经济的发展，人民生活水平的提高，甚至平稳度过金融危机都提供了巨大的帮助。

表 1.3　近年中小企业纳税情况

指标名称	2008 年	2009 年	2010 年	2011 年
税金/亿元	14 253.3	14 849.1	18 176.2	17 872.9

资料来源：《2009—2012 中小企业年鉴》

此外，中小企业也在出口、科技创新等各个方面都做出了贡献。截止到 2011 年年底，在科技创新方面，中小企业拥有国内发明专利的 65％，推出的新产品数量占所有新产品的 75％，成了科技创新的骨干力量[①]。广东省社会科学院联合课题组(2008)对广东省中小企业的调查显示，截止到 2006 年年底，该省共有省级企业技术中心 219 家，其中大部分是中小企业。同时，该调查显示，73％的中小企业设立了专门的研发机构，其中，46％的中小企业自办技术中心，40％的中小企业建立了省级和地市级企业技术中心或工程研发中心。企业内制度上的优势与企业政策的灵活，可以让中小企业更好地鼓励科技人员工作，提高中小企业的创新水平。此外，由于劳动力成本较低等优势，中小企业一直是为外商提供产品出口的主力军。即使经过金融危机后经济衰退，但 2011 年我国中小企业的出口额仍为 11 360 亿美元左右，占总出口额的 72％，成为赚取外汇收入的主力军。正是由于近年来中小企业的蓬勃发展，已经创造出我国 GDP 的 60％，极大地促进了国家经济实力的提升。也正是因为有了中小企业的蓬勃发展，才成就了我国近年来的经济发展奇迹。因此，帮助中小企业发展，减轻它们发展中的负担，解决影响其发展的障碍，对于整个国家的发展都是有积极作用的。

---

① 数据来源：中国教育与科研计算机网新闻，"中小企业具创新活力　获得我国 65％国内发明专利"，http://www.edu.cn/xin_wen_gong_gao_1114/20060323/t20060323_160639.shtml。

三、资金支持对中小企业发展的提升作用

尽管中小企业在促进经济发展、保持就业、稳定民生等方面扮演着越来越重要的角色，但是相对于大型企业而言，中小企业往往面临很多大型企业不会面对的难题。资金支持就是其中很重要的一个问题。

在我国，中小企业由于信息不对称等原因，面临的融资问题也相当严重。根据 2013 年博鳌亚洲论坛官方杂志与中国中小企业发展促进中心等机构联合制作完成的《小微企业融资发展报告》①，规模以下的小企业 90％没有与金融机构发生任何借贷关系，小微企业 95％没有与金融机构发生任何借贷关系，相比中小企业为社会创造的价值与其获得的金融资源明显不匹配，而四成企业主表示贷款的成本率已超过 10％，有两成的企业有还款压力，说明融资成本对于还款能力并不是很强的中小企业来说是非常高的。

实际上，近些年来由于成本的增加、压力的不断增强，与过去相比，企业业主有更强的融资需求。根据《小微企业融资发展报告》，百度公司提供的数据显示，2011 年度和 2012 年度，全国 31 个省（自治区、直辖市，不包括港澳台地区）中和中小微型企业金融有关的 100 个关键词中，"小额贷款"排名第一。在 2012 年整体经济形势趋缓，企业营收艰难的情况下，有超过半数的企业支出增加，但只有近四成的企业收入略有增加，还有三成的企业表示基本持平，其中有七成企业表示用工成本及原材料成本上升，六成企业表示原材料成本增加。在收入没有明显增加的情况下，生产成本的上升使企业面临的压力不断增加，对于资金的需求也不断提升。

除了成本的增加使企业融资需求更大之外，产业升级也需要大量的资金扶持才能实现。中小微型企业主要分布在制造业等劳动密集型行业，劳动密集型企业是目前转型升级意愿最强的企业群体。《小微企业融资发展报告》称有 26％的企业提高产品质量，15％的企业向产品的上下游延伸拉长产业链，有 7.2％的企业由代工转为设立自主品牌生产，然而由于海外市场的萎缩，利润空间不断缩小，外贸企业相对于内销企业升级的意愿更加强烈。由于渠道扩展、市场开发、回款难度增加，对品牌的要求提升等原因使外贸企业的升级面临更大的困难。实际上，在全球化的今天，单纯的完成代工或者加工，结果只能是利润不断被压榨，盈利空间不断变小，甚至被成本更低的工厂取代。所以企业的转型，其实是新的经济时代对企业的硬性要求。

近些年来，由于企业的压力不断增加，企业希望开拓更多的途径以增加利润。不论是产品升级还是企业转型，或者维持日渐增长的基本开销，都需要有更多的资

---

① 资料来源：搜狐财经专题，"2013 博鳌亚洲论坛"，http://business. sohu. com/s2013/9569/s371350259/。

金支持才能维持生存。因此中小企业对于资金的依赖性也会越来越强烈。资金是企业生存发展的基础，也是先决条件，对于企业的发展和提升起着决定性的作用。没有资金的支持，再完美的计划也只是海市蜃楼，所以为了帮助企业更好的发展，必须要完善融资渠道，降低融资门槛，帮助需要资金的优质企业快速地完成融资过程。

第二节 中小企业融资现状

世界银行组织在对 80 个国家的 10 000 家企业的调查中显示，世界范围内的中小企业认为融资约束是限制它们发展的第二重要的因素，而大型企业只是把融资约束排在第四位。整体上来说，发展中国家的中小企业受到的融资制约更严重。我国中小企业的融资困难也很突出，数据显示规模以下的小企业 90% 没有与金融机构发生任何借贷关系，小微企业 95% 没有与金融机构发生任何借贷关系（巴曙松，2012）。

虽然目前有大量涉及中小企业融资体系的研究，但对中小企业融资体系本身尚未有准确、规范的定义（张维等，2008），有学者研究认为从构成主体来看，中小企业融资体系是一个在一定的环境背景下，以中小企业融资为目的，由中小企业、政府、金融机构和社会中介积极参与的有机整体（李长志，2003）。根据资金的来源，中小企业融资可分为内源融资和外源融资，如图 1.1 所示。

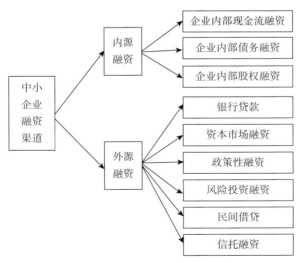

图 1.1 中小企业融资渠道

一、中小企业内源融资

由于中小企业经营风险高、收益不确定性程度大，加之信息不对称等原因，使其获得外部融资变得异常困难。基于中小企业的以上特点，内源融资是中小企业获得资金的一个重要渠道。内源融资主要包括企业内部现金流融资、企业内部债务融资和企业内部股权融资(吴庆念，2012)。

企业内部现金流融资是企业自然形成的现金流，是企业内源融资的主要资金来源，包括通过留存利润融资、折旧融资和税收筹划等融资模式(韩鹏，2010)。

留存利润融资，即通过少分配或不分配给股东利润而获得企业发展所需资金的融资方式。留存利润融资是中小企业获得资金的一个重要来源，具有成本低、风险小且灵活自主的特点。从企业的发展过程来看，留存利润融资是初创型企业首选的融资方式，此时企业的规模小、风险大，加之信息不对称等原因使企业很难通过银行等金融机构进行融资，所以只能通过留存利润融资获取所需要的资金。

折旧融资，即利用折旧的抵税效应来获得内源融资(吴庆念，2012)。但目前，我国中小企业对折旧融资利用的还不太充分。另外，税收筹划也是中小企业获得内源融资的一种方式，中小企业应该运用合法合理的纳税技术，积极地进行纳税筹划，充分享受税收带给其的优惠政策。

企业内部债务融资，即企业向其管理层、股东、员工、关联企业等利益相关者借款而取得资金的一种方式，包括内部员工集资、应付账款融资和预收账款融资等。

通过内部员工集资，可以将公司的利益和员工的利益结合起来，员工可以通过内部持股，参与企业的生产经营决策，同时管理和监督企业的运行与发展；企业也可以因此缓解融资难的困境，解决资金不足的问题。

应付账款融资往往是通过商业信用来实现的，当企业融资成本高于商业信用的资金成本时，应该选择通过商业信用来融资，即推迟应付账款的付款时间。但是应付账款融资的期限一般比较短，企业往往需要做好充分的规划才能利用应付账款进行短期融资。

预收货款融资，是供货单位依照合同，通过提前向企业收取全部或部分货款而进行融资的方式。对于卖方而言，这也是一种短期的融资方式。

企业内部股权融资主要包括股权出让融资模式。股权出让融资，即企业通过出让部分股权来获得资金的一种融资方式，与风险投资融资模式不同的是，内部股权融资的股权出让对象为企业内部成员，而通过风险投资进行融资，股权的出让对象是企业外部的战略合作者。

就内源融资的现状而言，在国外，中小企业内源融资占有绝对的比例(刘贵才，2010），除日本外，西方主要发达国家的中小企业的内源融资基本上都占其融资总额的 55％以上，其中美国、英国达 82％以上，而且这一比例还在进一步加大。从 20 世纪 70～90 年代中后期开始，西方国家的中小企业内源融资占全部融资总额的比例不断攀升，美国由 62％上升到 82.5％，英国由 58％上升到68.7％，德国由 53％上升到 65.8％，就连实行银行主办制的日本，也由 29.5％上升到 49.6％，但在中国，内源融资的比例过低，只有企业融资总额的 30％左右（冯银波，2007）。

二、中小企业外源融资

由于规模小、技术力量薄弱、人才短缺，中小企业自身积累的资金无论在数量上，还是在速度上都很难满足自身的发展（张维等，2008），当内源融资无法满足中小企业的发展需求时，中小企业就会转而寻求外源融资帮助。所以外源融资对中小企业的发展也至关重要。本书将中小企业外源融资的体系进一步细分为银行融资体系、资本市场融资体系、政策性融资体系、风险投资融资体系、民间融资体系和信托融资体系六部分。

1. 银行融资

作为传统的金融中介机构，银行一直都在金融系统中扮演着重要的投资者角色。在国内金融市场尚不成熟的情况下，目前我国中小企业无论是营运资金还是固定资产投资的资金筹措基本上都是依靠金融机构的间接融资来完成的，这其中银行贷款是中小企业间接融资的主要渠道。即使是在资本市场发达的西方国家，如美国、德国和英国等，通过适当形式加以管理的银行融资也是中小企业获得资金的重要来源（张维等，2008），所以银行融资体系是中小企业融资体系的重要组成部分。

目前，我国银行业金融机构主要分为四类：国有四大银行（即中国工商银行、中国建设银行、中国银行和中国农业银行）、政策性银行（国家开发银行、中国农业发展银行、中国进出口银行）、股份制银行（如招商银行、交通银行股份有限公司、深圳发展银行股份有限公司等）和地方性商业银行及农村信用合作社（以下简称农村信用社）。对于中小企业贷款而言，地方性商业银行、邮政储蓄银行及农村信用社，是相对容易获得融资的金融机构。一方面，地方性商业银行和农村信用社的资金大多来源于本地，其经营范围也大多限于本地区；另一方面，因其地缘、人缘优势，相对于前面三类银行更容易了解当地中小企业经营状况的信息，因此，地方性金融机构较前三类银行也更倾向于对中小企业发放贷款（王思洁，2011）。

另外，随着利率市场化的不断深入，商业银行之间的竞争也日趋激烈，各商业银行纷纷设立专门的中小企业信贷部门，把中小企业部门当做一个战略重点。银行正在开发新的商业模式、技术和风险管理系统来为中小企业服务，在未来借款只是银行服务的一部分，随着互联网金融的不断深化，越来越多的针对中小企业的创新性金融服务将会出现。因此对于商业银行而言中小企业信贷市场的竞争会越来越激烈，不过目前还远远没有达到饱和的地步。

2012 年以来，中国银行体系的信贷增速持续低于预期。虽然中小企业贷款受到金融主管部门的积极鼓励，但是商业银行在经济增速平稳回落、中小企业盈利回落、经营难度加大的背景下则普遍对此领域持较为谨慎的态度。

据中国人民银行初步统计，截止到 2012 年年末，主要金融机构（仅指中资银行，不包含农村商业银行、农村合作银行和村镇银行）、主要农村金融机构（包括农村信用社、农村商业银行和农村合作银行）、城市信用合作社（以下简称城市信用社）和外资银行人民币小微企业贷款余额为 11.58 万亿元，同比增长 16.6%，比上季度末低 4.1 百分点，增速分别比同期大中型企业贷款增速高 8 百分点和 1 百分点，比同口径企业贷款增速高 3.3 百分点，高于各项贷款增速 1.6 百分点。2012 年年末小微企业贷款余额占全部企业贷款的 28.6%，与上季度末持平。全年人民币企业贷款增加 4.75 万亿元，其中小微企业贷款增加 1.64 万亿元，占同期全部企业贷款增量的 34.5%，比前三季度占比低 0.4 百分点。据中国人民银行初步统计，2012 年年末金融机构人民币各项贷款余额为 62.99 万亿元，同比增长 15%，全年增加 8.2 万亿元，其中中小企业贷款余额为 11.58 万亿元，仅占所有贷款比例的 18.38%[①]。

2000 年，国际金融公司曾对我国 7 家城市商业银行和四大国有商业银行的几家分支机构进行抽样调查，结果表明，中小企业在申请银行贷款时面对很多困难，其贷款申请的被拒绝率远远高于大型企业，如表 1.4 所示。

表 1.4　银行对中小企业贷款申请的拒绝情况

企业规模/人	申请数量/家	申请次数/次	拒绝数量/家	拒绝数量比率/%	拒绝次数/次	拒绝的比率/%
<51	736	1 537	478	64.95	1 213	78.92
51~100	360	648	203	56.39	375	57.87
101~500	159	507	65	40.88	224	44.18
>500	46	152	12	26.09	37	24.34
合计	1 301	2 844	758	58.26	1 849	65.01

资料来源：杨思群．中小企业融资．北京：民主与建设出版社，2001

---

① 数据来源：中国资本证券网，2013 年 1 月 24 日新闻"2012 年末'三农'贷款增速回落　房地产贷款增速回升"，http://www.ccstock.cn/finance/hongguanjingji/2013-01-24/A1053311，html．

2. 资本市场融资①

这里的资本市场主要是指股票市场和债券市场，资本市场融资是指中小企业通过公开发行股票或债券的形式来筹集企业发展的资金。股票市场和债券市场被认为是资金最活跃的地方，而中小企业通常又急需资金，所以资本市场在中小企业融资体系中占有重要地位（张维等，2008）。

2004 年 5 月，经国务院批准，中国证监会正式同意在我国深圳股票交易市场设立中小企业板，专门为中小企业提供融资服务。2009 年 3 月 31 日，中国证券监督管理委员会（以下简称中国证监会）正式发布《首次公开发行股票并在创业板上市管理暂行办法》②，该办法自 2009 年 5 月 1 日起实施，目前已公布与创业板上市交易等相关的规则和上市企业的信息披露办法，2009 年 7 月开始接受申请，这意味着筹备十余年之久的创业板已经正式开启。但是，对于大多数中小企业而言，现在的中小企业创业板在上市资格、审批程序等方面的门槛较高，上市指标非常有限，主要对象大多为成长性较好的高科技、新能源、新材料的中小企业。对于我国数量众多的中小企业而言，大多数的中小企业还是集中在传统农业、工业等领域，如生猪养殖、有色金属、建材、机械电子，资本市场也只能解决少部分中小企业的融资困难。另外，即使是具有上市资格的中小企业，仍要面对较长时间的上市等候期，截至 2012 年 12 月，首次公开募股（initial public offerings，IPO）排队企业达到 831 家，其中中小企业板和创业板公司居多。

通过对我国中小企业融资体系的分析，可以看出：在资本市场尚未能给更多的中小企业提供直接融资支持的情况下，我国中小企业的主要融资渠道仍来自银行，尤其是地方性中小银行。但是由于银行放贷门槛普遍较高，许多中小企业还难以达到银行的放贷要求，因此需要通过寻找新的方式促进其融资（张维等，2008）。

2004 年 5 月，经国务院批准，中国证监会批复同意深圳证券交易所在主板市场内设立中小企业板块。2009 年 10 月 23 日，中国创业板举行开板启动仪式，首批上市的 28 家创业板公司成功上市，平均市盈率达 81.67 倍，远高于 A 股市盈率和中小企业板块上市公司市盈率。不管是中小企业板还是创业板都为主业突出、具有成长性和高科技含量、成立时间短、规模小、业绩好的中小企业提供了直接融资的平台，拓宽了中小企业的融资渠道。但是目前我国中小企业上市的门槛依然偏高，如中小企业想要在中小企业板上市必须满足：连续两年持续盈利，净利润不少于1 000万元且持续增长；或者最近一年盈利，且净利润不少于 500

---

① 本部分主要根据课题组张维、纽元新、熊熊三人于 2008 年发表在《生产力研究》中的论文" 中小企业融资体系构建的分析与评估"整理而成。

② 资料来源：燕赵都市报，2009 年 4 月 1 日新闻，http://epaper.xplus.com/papers/yzdsb/20090401/n100,shtml。

万元，最近一年营业收入不少于 5 000 万元，最近两年营业收入增长率均不低于30％；最近一期末净资产不少于 2 000 万元，且不存在未弥补亏损等。这些上市条件对于99％的中小企业而言都是可望而不可即的。

从表1.5～表1.7可以看出，2005年只有50家中小企业成功上市，总发行股本 5 614.41 百万股，当年中小企业上市公司市价总值为 48 155.15 百万元。2006年上市公司数目增加到102家，2007年为202家，中小企业板上市前三年，上市公司数目和发行股本每年都以50％的速度增长。2008年的全球金融危机并没有阻止中小企业上市的步伐，到2009年上市公司数目达到327家。2009年，创业板设立，为具有发展前景的中小企业直接融资提供了更加广阔的渠道，上市当年有36家企业通过创业板上市融资，共发行股本 3 460.31 百万股，2010年通过创业板上市的中小企业数目达到153家，2011年达到288家，截至2012年年末共有355家企业在创业板成功上市。截止到2012年12月31日，通过中小板和创业板上市的中小企业总数为 1 056 家，总发行股本 30 114.58 百万股，占深交所上市公司发行股本总额的42％，股票市价总值 3 753 523.31 百万元，占深交所上市公司总市值的52％[1]。虽然我国中小企业上市公司数目增长较快，但是截止到2012年，我国中小企业上市数目仅为 1 056 家，超过99％的公司依旧不能通过上市在资本市场取得资金。

表 1.5 2005～2012 年中小企业上市公司数目(单位：家)

年份	中小板上市公司数目	创业板上市公司数目	总数
2005	50	—	50
2006	102	—	102
2007	202	—	202
2008	273	—	273
2009	327	36	363
2010	531	153	684
2011	646	281	927
2012	701	355	1 056

资料来源：《深圳证券交易所市场统计年鉴2012》

表 1.6 2005～2012 年中小企业板发行总股本

年份	中小企业板总发行股本/百万	创业板总发行股本/百万	深交所总发行股本/百万	中小企业板发行股本占比
2005	5 614.41	—	214 049.45	0.03
2006	14 320.74	—	240 444.98	0.06

[1] 数据来源：《深圳证券交易所市场统计年鉴2012》。

续表

年份	中小企业板总发行 股本/百万	创业板总发行 股本/百万	深交所总发行 股本/百万	中小企业板发行 股本占比
2008	59 160.51	—	348 974.08	0.11
2009	79 412.84	3 460.31	394 630.21	0.14
2010	136 674.32	17 506.29	504 497.61	0.17
2011	194 350.29	39 953.34	627 846.31	0.23
2012	241 025.11	60 089.47	721 599.68	0.24

资料来源：《深圳证券交易所市场统计年鉴 2012》

表 1.7　2005～2012 年中小企业板总市值

年份	中小企业板市价 总值/百万元	创业板市价 总值/百万元	深交所总 市值/百万元	中小企业市值占比
2005	48 155.15	—	934 988.51	0.05
2006	201 529.59	—	1 782 897.48	0.10
2007	1 064 683.65	—	5 745 244.27	0.16
2008	626 968.36	—	2 428 914.09	0.21
2009	1 687 255.09	161 008.35	5 944 867.82	0.22
2010	3 536 461.35	736 521.89	8 641 535.43	0.27
2011	2 742 932.13	743 379.22	6 638 187.21	0.27
2012	2 880 402.85	873 120.46	7 165 918.18	0.26

资料来源：《深圳证券交易所市场统计年鉴 2012》

3. 政策性融资[①]

政策性融资就是政府为弥补市场运行机制的缺陷，利用宏观调控手段，在特定的业务领域内，直接或间接的从事政策性扶持，从而为中小企业创造融资机会，缓解中小企业的融资困境（施金影，2007）。主要手段包括以下方面。

首先是颁布促进中小企业融资的相关法律法规。政府通过颁布相关的法律法规，可以从政策和法律的角度促进中小企业融资。不仅可以规范中小企业融资的环境而且可以从法律法规的高度体现政府对中小企业融资的关注。

其次是财政扶持。直接向中小企业提供财政资金援助，以税收优惠、财政补贴、设立中小企业基金和专项资金等手段为主。税收优惠是最直接的资金援助方式，一般适用于所有的中小企业（李娟，2006）；中小企业以银行贷款为主投资建设的项目，一般采取给予贷款贴息方式的援助，中小企业以自有资金为主投资建设的项目，一般采取给予无偿资助的方式；中小企业投资基金和专项资金，是一种政策性、引导性和非营利性的政府资金，用以体现政府的宏观引导和政策导

---

① 本部分主要根据课题组姚传伟的学位论文"政府在中小企业信贷融资中的作用研究"整理。

向，是我国政府对特定行业（高科技行业、环保行业、农业等）的中小企业有针对性地投入和资助。

最后是建立政策性信用担保公司。中小企业信息不透明，使金融机构与其之间存在严重的信息不对称，这就导致中小企业借款风险增加、融资渠道不顺畅（王芙蓉，2012），在这种情况下，信用担保体系就显得非常重要。相关中介机构作为第三方，可以与金融机构共同分担信息不对称产生的风险，消除中小企业和资金供给者之间的障碍，满足中小企业的融资需求（王茜，2009），政府在此过程中就充当这个第三方的角色，目前我国多数担保机构都是政府出资设立的。

随着我国中小企业在经济和社会发展中发挥着越来越重要的作用，政府对中小企业面临的信贷融资难问题给予了多方面的支持。在信贷融资机构体系的建设方面，逐步形成了政策性银行、国有商业银行、股份制银行、城市商业银行、农村商业银行、农村合作银行、城市信用社、农村信用社、邮政储蓄银行等多层次的金融机构体系。并且近年来政府一方面大力促进政策性银行（如国家开发银行）和国有商业银行加大对中小企业信贷融资的支持力度，另一方面鼓励和引导更多的中小型金融机构快速发展，以此来不断拓宽中小企业的融资渠道（姚传伟，2009）。

在政策法规方面，根据中小企业的不断发展和我国经济成分的变化，党中央和国务院先后通过了一系列重要的支持中小企业发展和融资的法律法规。1998年6月，中国人民银行出台了《关于进一步改善对中小企业金融服务的意见》[①]，提出了8条措施加强对中小企业的金融服务。1998年10月31日，中国人民银行开始执行《关于扩大对小企业贷款利率浮动幅度的通知》[②]，各商业银行、城市信用社对小型企业贷款利率最高上浮幅度由当时的10%扩大为20%，最低下浮幅度10%不变；农村信用社贷款利率最高上浮幅度由当时的40%扩大为50%。随后，1999年9月1日又开始实行《关于进一步扩大对中小企业贷款利率浮动幅度等问题的通知》[③]，将各商业银行、城市信用社对小型企业贷款利率最高上浮幅度由20%扩大为30%，最低下浮幅度10%不变。2002年6月，全国人民代表大会常务委员会通过了《中小企业促进法》[④]，这是我国第一部专门针对中小企业的法律，并于2003年开始正式执行，明确要求金融机构加强并改善对中小企业

---

① 资料来源：中国经济网，2005年11月22日新闻"如何解开中小企业融资的死结"，http://www. ce. cn/macro/gnbd/zb/qyrz/200511/23/t20051123_5290131，shtml。

② 资料来源：中国人民银行，1998年10月19日通知，http://www. pbc. gov. cn/rhwg/19981404，htm。

③ 资料来源：法律教育网，1999年9月1日新闻"中国人民银行关于进一步扩大对中小企业贷款利率浮动幅度等问题的通知"，http://www. chinalawedu. com/news/1200/22016/22021/22175/22183/2006/3/wu2653475558191360027011-0，htm。

④ 资料来源：人民日报，2002年7月1日《中华人民共和国中小企业促进法》（全文），http://www. china. com. cn/law/txt/2002-07/01/content_5167040，htm。

的金融服务。2005 年国务院颁发《国务院关于鼓励和引导个体私营等非公有制经济发展的若干意见》①，规定要积极发展个体、私营等非公有制经济。2008 年为深入贯彻落实科学发展观，推进信息化与工业化融合，促进中小企业信息化，中国人民银行、国家发改委和国务院信息化工作办公室（以下简称国务院信息办）等部门联合发布《关于强化服促进中小企业信息化意见》②，该意见旨在提高中小企业授信的可能性。2009 年，面对中小企业更为复杂艰难的生存环境，中国银行业监督管理委员会（以下简称中国银监会）提出中小企业贷款要实现"六个突破"：包括信贷倾斜上的突破、布局上的突破、产品上的突破、服务手段上的突破等。中国银监会的"六个突破"是非常有现实性和针对性的，特别是"两个不低于"（力争中小企业信贷投放增速不低于全部贷款增速、增量不低于上年），可望解决当前中小企业资金紧张的燃眉之急③。财政部、工业和信息化部制定的《政府采购促进中小企业发展暂行办法》中称，从 2012 年起，负有编制部门预算职责的各部门，在满足机构自身运转和提供公共服务基本需求的前提下，应当预留本部门年度政府采购项目预算总额的 30% 以上，专门面向中小企业采购，其中，预留给小型和微型企业的比例不低于 60%④。除此之外，为了有效推动我国中小企业的蓬勃发展，2012 年我国还出台了多项扶持中小企业发展的政策，包括《鼓励和引导民间投资进入流通领域的实施意见》、《中小企业发展专项基金管理办法》、《中小企业信用担保基金管理办法》和《中小商贸企业发展专项资金管理暂行办法》等，受到了中小企业的普遍欢迎。

在财政扶持方面，从全国公共财政支出决算表中可以看出（表 1.8），2012 年我国支持中小企业发展和管理支出预算为 1 406.39 亿元，最终决算为 1 567.46 亿元，决算数为预算数的 111.5%，比 2011 年增长 18.2%。其中，科技型中小企业技术创新基金为 57 亿元，中小企业发展专项拨款为 428.47 亿元，其他支持中小企业发展和管理支出为 1058.12 亿元。支持中小企业发展和管理支出在资源勘探电力信息等事务项下，占资源勘探信息总支出的 36%，占全国公共财政总支出的 1.2%⑤。

---

① 资料来源：中华人民共和国中央人民政府，2005 年 8 月 12 日《国务院关于鼓励支持和引导个体私营等非公有制经济发展的若干意见》，http://www.gov.cn/zwgk/2005-08/12/content_21691，htm。

② 资料来源：信息产业部，2008 年 3 月 25 日《关于印发强化服务　促进中小企业信息化意见的通知》，http://www.hbdpc.gov.cn/news/gongzuodongtai/2008/41/084117529AIF2701D54F002GK3IK4，html。

③ 资料来源：经济日报多媒体数字报刊，2008 年 11 月 27 日《努力开创中小企业金融服务工作新局面》，http://paper.ce.cn/jjrb/html/2008-11/27/content_39372，htm。

④ 资料来源：中国贸易报，2012 年 1 月 5 日《三成以上政府采购留给中小微企业》，http://www.chinatradenews.com.cn/founder/html/2012-01/05/content_20672.htm?div=−1。

⑤ 数据来源：财经网宏观频道，2011 年 11 月 28 日"国资委 2010 年结余近 26 亿元资源勘探电力信息行业支额最高"，http://economy.caijing.com.cn/2011-11-28/111456500，html。

表 1.8　2012 年全国公共财政支出决算表

项目	2012 年决算数/亿元	2011 年决算数/亿元	决算数为上年决算数的百分比/%
支持中小企业发展和管理支出	1 567.46	1 326.11	118.2
行政运行	19.03	21.33	89.2
一般行政管理事务	4.24	5.44	77.9
机关服务	0.6	0.73	82.2
科技型中小企业技术创新基金	57	56.77	100.4
中小企业发展专项	428.47	398.58	107.5
其他支持中小企业发展和管理支出	1 058.12	843.26	125.4

资料来源：财政部《2012 年全国公共财政支出决算表》

总体来讲，随着我国政府对中小企业的发展重视程度日益增高，支持中小企业的政策性资金支出正以较快的速度增长，但是规模依旧较小。

在担保体系方面，经过多年来的不断发展，已初步形成了总体框架为"一体两翼三层"的结构。其中"一体"是指以政府投资为主体；"两翼"是指以商业性担保和互助性担保为两翼，是主体的重要补充；"三层"是指担保体系由中央、省、地市三级担保机构组成（姚传伟，2009）。近年来，通过担保体系获得贷款的中小企业数量不断增加，担保贷款金额也在快速增长，同时，政府还逐年加大对担保体系的投入力度，以进一步扩大担保体系的担保贷款额度，最大限度地为中小企业融资提供便利。

根据中国银监会的统计，截至 2012 年年末，我国融资性担保行业共有法人机构 8 590 家，同比增加 2.2%，其中，国有控股 1 907 家，民营及外资控股 6 683 家；注册资本 10 亿元以上的法人机构 54 家，1 亿～10 亿元的机构有 4 150 家；从业人员 125 726 人，同比增长 3.7%；实收资本共计 8 282 亿元，同比增长 12.3%，平均每家融资性担保机构实收资本 9 642 万元。全行业资产总额 10 436 亿元，行业担保准备金合计 701 亿元，同比增加 141 亿元，担保责任薄被覆盖率（担保准备金余额/担保代偿余额）为 280.3%，同比减少 327 百分点；担保责任拨备率（担保责任余额/担保余额）为 3.2%，同比增加 0.3 百分点；在保余额 21 704 亿元。2012 年担保公司收入 392 亿元，实现净利润 114 亿元。此外，受宏观环境的影响，中小企业融资难的问题凸显，融资担保机构积极发挥为中小企业增信的作用，促进中小企业融资。融资性担保机构与银行业金融机构合作进一步加强。同时，截至 2012 年年末，与融资性担保机构开展业务合作的银行业金融机构总计 15 414 家（含分支机构），较年初增长 10.3%；融资性担保贷款余额 14 596 亿元（不含小额贷款公司融资性担保贷款），较年初增长 12.3%；融资性担保贷款户数 24.7 万户，较年初增长 33.8%；中小企业融资性担保贷款占融资性担保贷款余额的 78.4%，较年初增加 2 百分点，融资性担保机构为 23 万户中小企业提供各种担保服务，较年初增长 33.3％，占融资性担保贷款企业的 92.7％，平均每户中小企业融资性担保贷款 500 万元①。

4. 风险投资融资②

风险投资，也称创业投资，世界经合组织在 1996 年的一份报告中对其定义为，"一种向极具发展潜力的新建企业或中小企业提供股权资本的投资行为"。由于中小企业中有很大一部分处于刚刚起步的初创阶段，很难满足银行等金融机构的风险偏好的要求，银行出于稳健经营的考虑，一般不会向这些中小企业发放贷款(王茜，2009)。对于这部分企业来说，风险投资为那些资金暂时无法满足成长需求的初创型企业提供种子资金及发展和管理的经验，为公司将来上市做准备，弥补了权益市场的制度性缺陷。因此，获得风险投资资金对中小企业的发展就显得尤为重要，世界各国政府也特别重视风险投资对中小企业发展的支持，出台了各种政策法规来促进风险投资体系的发展。另外，风险投资具有投资数量多、融资成本低及具有专业和经验丰富的投资人等特点，在解决中小企业融资难方面具有一定的优势。因此，风险投资体系在中小企业融资体系中发挥着重要的作用，是其重要构成部分(王茜，2009)。

但是，由于风险投资本身所具有的"高风险"特性及存在的"双重委托-代理"关系而导致的信息不对称性，致使在风险投资活动中容易产生"市场失灵"现象，特别是在其发展的初始阶段(邢恩泉，2008)。克服这一缺陷需要完善的市场机制和强有力的政府引导，但目前我国的风险投资还处于初级阶段，在融资、投资和退出等多个环节还有很多基础性的问题没有得到解决，在解决众多传统行业的中小企业融资问题方面还很难发挥实质性的推动作用。

随着科技初创型中小企业的发展，风险投资也在快速地发展。国外学者对风险投资的研究刚刚起步，国内学者也紧随其后对风险投资做了相关方面的研究。对于国内的风险投资现状，左军(2012)主要从以下四个方面进行了说明。

(1)从风险投资机构的性质与数量上来看，传统的风险投资机构以独资企业和事业单位为主。目前，风险投资机构除了独资企业和事业单位外，国有独资、国有控股及民间投资均在参与风险资本的投资，甚至外资也参与其中。风险投资机构的数量迅速增加，截止到 2011 年年末已达到 800 多家(图 1.2)。

① 数据来源：银行业监督管理委员会，2013 年 6 月 11 日"关于 2012 年度融资性担保行业发展与监管情况的通报"，http://www.cbrc.gov.cn/chinese/home/docView/7A12AE1C49E64F65B11ED-1B2B0CEF4F9.html.
② 本部分参考张维教授课题组硕士研究生左军的毕业论文《风险资本联合投资对科技初创型中小企业融资的影响研究》。

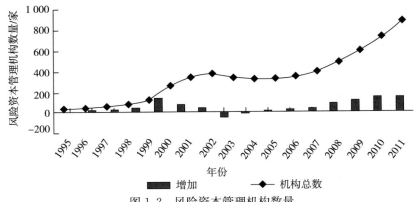

图 1.2　风险资本管理机构数量

资料来源：王元，等．中国创业风险投资发展报告 2012．北京：经济管理出版社，2012：2-3

（2）从风险投资的规模来看，无论是国内资本还是外资资本，在数量上均有明显的增长。相对而言，外资资本投入所占的比重增长的速度更快。图 1.3 显示了我国近年来风险资本管理的资本总额情况。

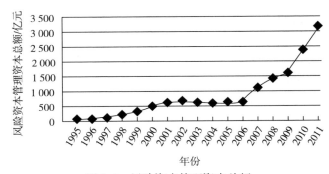

图 1.3　风险资本管理资本总额

资料来源：王元，等．中国创业风险投资发展报告 2012．北京：经济管理出版社，2012：3-4

从图 1.3 中我们可以看出，随着我国经济的高速发展，我国的风险投资业也有了突飞猛进的发展，风险资本管理的资本总额也在逐年加大，并且在近几年增长尤为迅速。

（3）从风险投资方向和区域来看，投资的范围越来越广。投资于新能源环保行业和软件信息服务行业的比重相对较大，这类行业依然属于投资最热门的行业。

（4）从风险资本退出机制方面来说，风险资本退出的途径越来越多，特别是近年来 IPO 规模的逐年增加为风险资本投资带来了巨大的收益。

从图 1.4 可以看出，我国近年来资本市场日渐成熟，中小企业上市 IPO 的比重在加大，这非常有利于风险投资市场的发展。因为，企业上市能给风险投资者带来更大的收益回报。同时，也促进了我国资本市场的发展，为我国中小企业的发展创造了良好的融资环境。

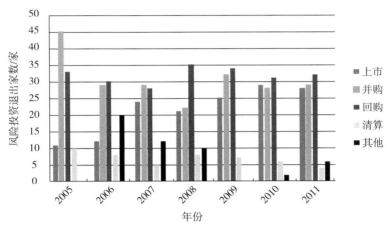

图 1.4　各年度风险投资退出方式分布

资料来源：王元，等. 中国创业风险投资发展报告 2012. 北京：经济管理出版社，2012：31-32

　　虽然中国的风险投资在过去的几十年里取得了突飞猛进的发展，但是仍存在许多的不足。相对于国外的风险资本投资市场而言，国内的投资模式相对落后、风险资本退出途径较少，即存在风险资本容易套牢等问题。当然这与我们当前整个国内的经济大环境是分不开的，因此，除了风险资本自身还需要继续完善以外，政府还应积极采取措施、出台相应的鼓励政策对风险资本进行引导，从而有效促进我国的风险资本市场健康、快速的发展。

　　5. 民间融资

　　由于正式金融体系无法满足中小企业的融资需求，绝大多数中小企业在发展过程中都不得不从非正式金融市场上寻找融资渠道。在浙江、广东等沿海地区，民间借贷市场十分活跃，在一定程度上取代了银行的功能(罗楠，2009)。这是因为，一方面民间金融市场上的贷款人对借款人的资信、收入状况、还款能力等相对比较了解，避免或减少了信息不对称及其伴随的问题。另一方面由于地缘、行业和亲缘等原因，非正规信贷市场上的借贷双方保持相对频繁的接触，不用费力去了解借款人的信息，这种信息上的便利导致贷款人能够较为及时地把握贷款按时、足额归还的可能性，并在必要时采取相应的行动。另外，随着互联网金融的不断发展，以阿里巴巴小贷公司为代表的基于互联网的民间融资体系为中小企业融资提供了很大的便利，目前正在成为越来越多的中小企业特别是小微企业的资金提供者。

　　虽然民间金融机构在中小企业发展过程中起到了重要的作用，但其非正规化的经营方式也存在着很多弊端(王聪，2008)。首先，这类融资活动基本上处于地下或半地下状况，缺少法律和制度规范，高利贷等违法活动相当普遍。其次，市场发育程度很低，仅仅依靠地缘关系而非社会信用关系进行操作，难以发展真正市场化的融资活动。最后，高额的利息也常常使中小企业难以承受。虽然民间资金在我国中小企业发展过程中发挥了一定的作用，但受限于其较低的规范程度，要想使其在中小企业融资中发挥更大的作用，政府等相关部门应当考虑适当引导民间资金、规范民间资金市场。

高成本、高风险、低收益使银行把中小企业拒之门外，民间融资成为中小企业取得资金的一个重要渠道，主要包括民间借贷、民间票据融资、社会集资等形式。以温州为例，据统计80%的中小企业曾借助于民间融资。鉴于民间融资的数据较难获取，现以小贷公司的数据为代表，简单介绍一下中小企业通过民间融资取得资金的现状。

小贷公司是中国经济发展与金融体制改革的重要产物，2008年5月，中国人民银行和中国银监会发布《关于小额贷款公司试点的指导意见》[①]，明确规定了小贷公司的设立方式和资金来源。此后，小贷公司便如雨后春笋般地在全国各地迅猛发展。据了解，截至2008年年底，全国小贷公司大约为500家；2009年为1 334家；2010年为2 641家，2011年为4 000多家[②]。从表1.9可以看出，截止到2012年年底，全国小贷行业机构数量已超过6 000家，全行业贷款余额达5 919.92亿元，相当于中等规模全国性股份银行资产的一半。短短5年，小额贷款公司从2008年的几百家增加到2012年的6 080家，年复合增长率高达56.5%，在缓解中小企业贷款难、融资难及促进中小企业发展等方面发挥了积极的作用。

表 1.9　小额贷款公司分地区情况统计表[③]

地区名称	机构数量/家	从业人员数/人	实收资本/亿元	贷款余额/亿元
全国	6 080	70 343	5 146.96	5 919.92
北京市	41	458	49.95	49.85
天津市	63	741	72.31	69.47
河北省	325	3 766	194.76	205.43
山西省	243	2 390	153.6	151.24

---

①　资料来源：中华人民共和国中央人民政府，2008年5月8日"银监会央行发布关于小额贷款公司试点的指导意见"，http://www.gov.cn/gzdt/2008-05/08/content_965058.htm。

②　数据来源：中国资本证券网，2013年8月15日"小贷融资变局"，http://www.ccstock.cn/stock/bank/2013-08-05/A1281601.html。

③　该调查表的数据来源截止到2012年12月31日。

续表

地区名称	机构数量/家	从业人员数/人	实收资本/亿元	贷款余额/亿元
内蒙古自治区	452	4 341	345.4	356.18
辽宁省	434	4 116	245.81	222.84
吉林省	265	2 231	69.84	55.85
黑龙江省	229	2 030	73.23	66.36
上海市	80	695	98.15	136.95
苏州省	485	4 614	798.38	1 036.62
浙江省	250	2 805	518.83	731.6
安徽省	454	5 409	301.96	325
福建省	58	743	127.97	160.8
江西省	175	1 940	167.44	191.25
山东省	257	2 934	278.17	331.38
河南省	241	3 375	102.77	112.41
湖北省	154	1 712	130.74	150.12
湖南省	77	921	50.19	56.63
广东省	234	6 569	262.45	284.49
广西壮族自治区	159	2 192	90.06	113.02
海南省	21	230	21.9	24.3
重庆市	157	3 500	247.11	302.05
四川省	177	2 828	246.88	286.49
贵州省	204	2 168	60.71	59.42
云南省	276	2 443	126.41	129.75
西藏自治区	1	9	0.5	0.65
陕西省	187	1 555	131.9	128.86
甘肃省	171	1 510	56.94	43.52
青海省	19	225	14.44	21.98
宁夏回族自治区	90	1 088	45.49	43.52
新疆维吾尔自治区	101	805	62.67	71.89

资料来源：网易财经，2013 年 4 月 24 日"2013 年一季度小额贷款公司数据统计报告". http://money.163.com/13/0424/16/8T875POA00254TI5，html

以中小企业较多且民间融资较为发达的广州市为例，广州民间金融街管理有限公司总经理廖检文在接受《第一财经日报》的媒体采访时称，自 2012 年 6 月 28 日开街以来，截至 2013 年 5 月底，广州民间金融街内小额贷款公司和融资担保公司等民间融资机构已累计为广州市 2 000 多家企业和个人融资近 80 亿元，且在 2013 年 6 月下旬，街内入驻金融机构的数量从 35 家扩容至 80 家。同时廖检文表示，根据广州民间金融街管理有限公司的统计，从 2012 年 6 月开街以来至 2013 年 4 月底，首期 11 家小额贷款公司平均净利润达到 6 700 万元，经营最好的小额贷款公司税后资本回报率达 15% 左右；这 11 家小额贷款公司笔均贷款余额为 320 万元，目前不良贷款率为零①。

另外，近年来随着互联网技术的高速发展，基于互联网金融的小贷公司在缓解中小企业融资难方面也发挥着越来越重要的作用。2010 年 6 月，阿里巴巴集团董事局主席马云开办"穷人银行"，为客户提供 50 万元以下的贷款，满足他们扩大经营的融资需求，使十几万小企业受惠②。截至 2012 年 9 月贷款规模已超 260 亿元，2013 年伊始又推出"三天无理由退息"贷款政策。2012 年年底，苏宁电器斥资 3 亿元设立小贷公司，与阿里巴巴、京东商城将电商战延伸到金融领域，苏宁电器和京东商城发展出的是一种基于互联网的供应链融资模式，由电商出面为所有上下游的企业提供担保，中小企业便可贷到资金，为中小企业融资提供了更为广阔和便利的渠道③。

6. 信托融资

2001 年 10 月开始实施的《中华人民共和国信托法》④给信托的定义中明确规定：信托是指委托人基于对受托人的信任，将其财产委托给受托人，由受托人按委托人的意愿以自己的名义，为受益人的利益或者特定的目的，进行管理或者处分的行为（《中华人民共和国信托法》，中华人民共和国主席令第 50 号，中华人民共和国第九届全国人民代表大会常务委员会第 21 次会议通过，2001）。关系主要涉及委托人、受托人和受益人三方面的利益。

信托的核心内容是"受人之托、代人理财"，信托是一种金融制度也是一种特殊的法律关系，其主要法律特征是财产权利的分离及信托财产的独立性。在信托的法律关系中，受托人接受委托人的委托，将委托人合法拥有的财产权进行转移，委托人所拥有的财产权转变为信托所拥有的财产权，这就造成了信托财产的所有权和管理权的分离。受托人在拥有信托财产的管理、处分权的同时将信托财产中的受益权分配给受益人。

---

① 资料来源：搜狐财经，2013 年 6 月 6 日新闻"广州民间金融街一年放贷 80 亿 探索信贷资产转让"，http://business.sohu.com/20130606/n378127265，shtml。

② 数据来源：证券时报网，2010 年 6 月 8 日新闻"阿里巴巴小额贷款公司昨成立 马云转型网络'穷人银行'家"，http://www.stcn.com/content/2010-06/08/content_739777，htm。

③ 资料来源：北京日报，2012 年 12 月 7 日新闻"苏宁电器 3 亿元设小贷公司"，http://bjrb.bjd.com.cn/html/2012-12/07/content_28150，htm。

④ 资料来源：中华人民共和国中央人民政府，2001 年 4 月 28 日《中华人民共和国信托法》，http://www.gov.cn/gongbao/content/2001/content_60870，htm。

作为一种外源融资模式，信托为中小企业融资开辟了新的渠道。信托产品可以依据企业的需求进行灵活设计，而且信托筹资周期短、融资速度快、抵押担保也比较灵活。目前中小企业信托融资方式主要有债权融资模式、股权融资模式、信托型融资租赁融资模式和信托型资产证券化融资模式。

关于信托融资的现状将在第二章做详细介绍。

第三节　中小企业融资难的原因剖析①

为数众多的中小企业在国民经济中发挥着越来越重要的作用，如对经济增长的贡献越来越大，并逐渐成为扩大就业的主渠道、技术创新的主力军和促进国际贸易的积极推动者等。为进一步发挥中小企业在我国经济和社会发展中的重要作用，国家高度重视解决中小企业的"融资难"问题，并采取了一系列措施②。1998年，四大国有商业银行相继成立了中小企业信贷部，并两次调整中小企业贷款利率，实行浮动利率，以鼓励商业银行增加对中小企业的贷款，还提出了一系列鼓励和引导各类商业银行切实加强和改进对中小企业金融服务的具体措施。例如，中国人民银行通过再贷款、再贴现和发行金融债券等形式对以中小企业为服务对象的中小金融机构予以支持；适当下放中小企业流动资金贷款审批权限；对有市场、有效益、有信用的中小企业可以发放信用贷款，简化审贷手续、完善授信制度、扩大信贷比例等（狄娜和顾强，2004）。上述激励措施在一定程度上调动了商业银行对中小企业贷款的积极性。国家开发银行作为国家政策性银行，积极依托城市商业银行网络开展对中小企业的转贷款业务，并对具备条件的中小企业信用担保机构试行再担保。各股份制商业银行努力实现金融理念、金融产品和服务功能的创新。

在政策的推动下，从贷款数量来看，我国中小企业贷款难的问题得到了一定程度上的缓解，但小企业获得的贷款还不足以与其在国民经济中的重要地位相比。一方面，据渣打银行联合中国社会科学院在最近的一次特别调查结果显示，有90%的中小企业承认面临融资困难③。另一方面，从《调查报告》分析的结果来看，中小企业贷款仍存在不容忽视的严峻问题，如中小企业的规模扩张普遍伴随着资金紧张的局面，银行对中小企业贷款仍以不动产抵押融资方式为主、中小企

---

① 本部分主要根据课题组高雅琴的学位论文"中小企业贷款风险分担与还款激励机制研究"整理。
② 资料来源：中国经济网，2004年7月27日"发改委中小企业司：中小企业融资渠道亟待拓宽"，http://www.ce.cn/new_hgjj/yaowen/200407/27/t20040727_1338976,shtml.
③ 数据来源：新华网，2007年12月5日新闻调查显示：九成中小企业承认面临"融资难"，http://news.xinhuanet.com/fortune/2007-12/05/content_7204185,htm.

业普遍反映融资成本过高等，即中小企业融资难的困境并没有得到根本解决（高雅琴，2008）。

中小企业的融资困境是由多方面因素造成的。首先，由于中小企业自身治理结构不尽合理、经营决策能力及技术能力有限等使其经营风险大、存续期短。此外，由于中小企业信用意识淡薄、有效抵押担保品不足、信息披露程度不够等，银行向中小企业放贷时存在较高的逆向选择和道德风险，另外，中小企业"急、小、频"的借款特征使银行对中小企业申请贷款的单位成本过高，对中小企业信贷配给自然成为商业银行的理性选择。

就银行内部而言，现在的信用评级制度主义针对大型企业而制定，并没有针对中小企业的信用评级制度，而且银行的贷款审批程序冗长、效率低下。更重要的是，现有的银行贷款权利分配模式不利于中小企业融资，即掌握中小企业更多信息的地方支行没有放贷权，而有放贷权的上级分行又不能充分了解中小企业的信息。虽然国家出台了一些扶持中小企业发展的政策，但只能作为一种鼓励性措施敦促商业银行增加对中小企业的放贷额度，但商业银行在实际操作中出于自身利益的考虑，仍然没有为中小企业提供足够的信贷支持。

除了中小企业自身及银行等金融机构的原因，还有政府引导不足及中介担保机构体系不完善等方面的原因。政府改善信用环境工作滞后，没有为中小企业融资提供足够有力的政策支持等，而中介担保机构运作机制不完善、缺乏相应的应对担保风险和损失的措施等均是造成中小企业融资困难的重要原因。

由以上分析可知，融资难一直是限制中小企业发展的关键原因，而这种融资困境又是由于多方面的原因造成的。想要改变中小企业融资难的困境，就要充分理解其原因。因此，本节力求对中小企业融资难的原因进行详细深入的分析。

一、中小企业自身的问题

1. 经营风险大、存续期短

首先，众多中小企业仍停留在传统的经营管理层面，实行家族式企业管理方式，法人治理结构不完善，生产经营偶然性、随意性较大，存在不同程度的管理混乱现象。因此，中小企业的经营决策大多由业主个人决定，从而使中小企业在经营和决策上具有盲目性和局限性。一方面，它们在投资和经营方面具有努力获取超额利润的内在冲动，使其不断寻求自身的扩张和发展；另一方面，过去的成功经历，为部分中小企业经营者的投资行为提供了不恰当的激励，加重了短期内做强的侥幸心理，极易导致投资的短期行为；另外，有些中小企业经营者，由于受自身能力和水平的限制，对经济形势和市场走向，没有进行冷静的、理智的分析和判断，仍然沿袭我国改革开放之初那种"一哄而起""一拥而上"的经营思路（谢朝斌和董晨，2002）。由此，许多中小企业在产业投向、产品投入等方面与国家产业政策背道而驰，与银行信贷投入政策相悖，步入高风险行业（甘为民，2005）。

其次，中小企业的资金实力普遍较弱、市场开发能力及技术能力远远不足，且中小企业规模普遍较小，达不到规模经济性，因而中小企业在供应链中处于劣势地位，对销售商和供应商的讨价还价能力相对较差，上述因素都会大大降低其抵御市场风险的能力。因此，与大型企业相比，中小企业的经营风险更大，遭到市场淘汰的概率也更大，存续期较短。根据 2013 年 7 月 30 日国家工商总局发布的《全国内资企业生存时间分析报告》显示，企业存活率与注册规模呈正比，企业规模越大，存活率越高。大规模企业比小规模企业生存曲线较为平稳，而从 2000 年至 2012 年年底，近五成的企业存续时间在 5 年以下，企业成立 3～7 年后为企业死亡的高发期[①]。

2. 信息披露及信用意识不足

首先，中小企业并没有公开财务信息的要求，外界很难通过常规途径获知企业的财务状况、经营状况等。同时，中小企业即使披露了财务报告，也并不需要注册会计师的审计工作。一般来说中小企业没有明确的信息披露制度，所以外界对于中小企业的状况获知渠道较少，造成了公司内外的信息不对称。

其次，出于逃避税收或其他方面的原因，中小企业信息披露意识差，加剧了企业与贷款金融机构间的信息不对称。根据 2005 年，中国人民银行在全国东部、中部、西部选择有代表性的 1 105 户六个城市的中小企业进行入户问卷调查的情况来看[②]，在 850 户样本企业的财务报表中，有 290 户企业至今还没有编报现金流量表，占样本企业总数的 34%。这些企业大多是私营企业，企业的经营情况被认为是"个人隐私"（刘萍，2005）。

再次，众多中小企业的会计制度尚不健全，其导致银行考察其真实资信状况的难度较大，中介机构对中小企业财务报表进行全面审核的难度也较大。据调查，我国的中小企业 50% 以上的财务管理不健全，许多中小企业缺乏足够的经财务审计部门承认的财务报表和良好的连续经营记录。有 34% 的企业至今还没有编报现金流量表，而且相当一部分中小企业仍采用手工编报[③]。这就使得即使中小企业想要披露财务信息却没有相应的财务数据或财务数据不足等。

最后，有些中小企业诚信意识不够，为了获得贷款资金而不惜向贷款者提供虚假财务数据，这些财务数据在财务报表中很难察觉，使贷款者很难识别，从而增

---

① 资料来源：东方网，2013 年 9 月 2 日新闻"全国内资企业生存时间分析报告"，http://news. xinhuanet. com/politics/2013-09/02/c_125297431. htm。

② 资料来源：中国人民银行研究局发布的《中国中小企业金融制度调查报告》，http://www. cnki. com. cn/Article/CJFDTotal-JJDK200504005，htm。

③ 数据来源：融道网，2010 年 3 月 8 日新闻"中小企业贷款主要由政府、银行、企业自身三方面原因的分析"，http://news. roadoor. com/index/index/5879，html。

大了贷款风险(甘为民, 2005)。还有些中小企业在获得银行等金融机构的贷款之后挪用资金,未按计划将资金合理运用在申报的投资项目中,或者根本不潜心经营企业,以回报投资者,甚至出现逃废银行债务的现象,其不良后果就是对中小企业这个群体的高风险认知,信用较高的中小企业遭受"劣币驱除良币"的恶性结果。

二、商业银行方面的问题

中小企业外源资金主要依靠银行贷款,统计表明,我国中小企业流动资金的90%来自于银行贷款(尹杞月, 2012)。然而商业银行对于中小企业的融资支持力度不够,也进一步加剧了中小企业融资的困难程度。

1. 银企信息不对称

如前所述,由于中小企业自身财务数据不足或信息披露意识不足,商业银行难以获得中小企业经营状况的实际信息,即商业银行与中小企业之间存在严重的信息不对称问题,因此,商业银行在进入中小企业客户市场初期需要投入大量的人力、物力和财力,而其收益与管理、营销成本相比却很低,风险也很高。因此,在商业银行信贷部门统揽大、中、小各种不同规模企业客户的情况下,都会去积极维护大型企业客户而不去主动扩展中小企业市场,因此中小企业从商业银行获得信贷支持的力度非常小。

此外,企业在向商业银行申请贷款时,土地和房产成为商业银行办理抵押担保的首选。然而中小企业普遍具有经营规模小,固定资产少,土地、房产等抵押物不足的特点,提供一定数量和质量的实物用于贷款抵押难度较大。尤其是一些民营高科技企业受到了更为严重的抵押约束,这类企业在实物资产方面比重很小,抵押贷款方式无疑是一道高门槛(李文江, 2010)。另外,一些中小企业因土地、厂房所有权证不全,不符合抵押贷款条件,因此难以获得银行贷款。中小企业申请担保贷款时,商业银行通常要求担保人的信用等级至少为 A 级,绝大多数中小企业不可能找到符合要求的担保人,从而不能从商业银行获得贷款。

最后,在商业银行现有的对贷款客户的贷后管理上,通常存在两种方式,一是以现场监管为核心的模式;另一种是非现场监管为核心的模式,在实际业务中,两种模式通常是交替进行的。就中小企业的特征而言,由于其经营的稳定性不够强、会计报表的局限性,因此通过以分析会计报表为主要内容的非现场监管显然不能满足其需要,还需要大量的信贷员上门收集信息。不仅要收集分析财务信息,还要收集定量的非财务信息,即借款人的人品、能力、以往的记录、口碑等。这样的话客户的单位投入会增加,而且银行管理的难度也会增大(甘为民, 2005)。

在指标考核方面,目前商业银行一是以效益考核为主要指标,二是以资产质量考核为主要指标。相当多的银行人士认为,对中小企业贷款,花同样多的人、财、物,取得的效益远不如贷款给大型企业,这个账不值;而且,目前许多银行普遍实行了贷款第一责任人制和贷款责任终身制，对出现风险的责任人实行严厉的惩罚措施，由于信贷人员的风险承担与利益回报不相称，致使信贷人员缺乏放贷的积极性，一些基层行出现了宁可不放款，也不愿承担风险的现象(甘为民，2005)。

2. 组织结构及制度不合理

首先，在我国专门为中小企业提供有效金融服务的金融机构还没有真正建立起来，这在一定程度上给中小企业的融资造成了障碍。与经济的多层次相对应，金融服务体系也应是多层次的。然而我国金融机制以大银行为主，四大国有商业银行占有 60%以上的市场份额(谢朝斌和董晨，2002)。虽然我国已有农村信用社及一些股份制商业银行、城市商业银行，由于它们自身发展问题没有解决，以及整体实力，知名度、业务范围、规模等方面的约束，加上银行业的高度垄断，大银行与大型企业之间互生关系非常明显，大银行不愿为中小企业提供更多的贷款，这就造成了中小企业贷款难的现象。

其次，尽管有些商业银行新设了中小企业专营机构，但还未真正建立针对中小企业的授信审批、激励约束、责任追究和定价等机制。各县区银行大都无权审批固定资产投资贷款，但为数众多的中小企业大多分布在县级层次。这样势必造成总行、省行权力过大，二级分行和基层银行的权力过小的局面。这种情况不但影响基层行贷款发放的能动性，而且因审批手续、环节过多，会影响中小企业取得贷款的时效性，同时还会造成有贷款发放权的总分行不了解实际情况，而了解实际情况的基层行却无贷款发放权的不利局面，不利于基层存量信贷风险的及时化解和增量金融风险的有效防范(储结兵，2003)。

再次，一般来说中小企业贷款数额较小，但放贷程序却与大型企业完全相同，其贷款单位成本必然会相对较高。据统计，中小企业的贷款频率平均为大中型企业的 5 倍，而平均每次贷款额度只有大型企业的 5%，其贷款管理成本要比大中型企业高得多(石力和王光，2006)。另外，银行对中小企业贷款的管理费用高，中小企业信息披露制度不健全，提供信息的可信度较差，金融机构必须采取其他方法获取其比较真实的财务信息，这会在一定程度上增加银行贷款的管理费用(李大武，2001)。

同时，银行机构冗长的放贷程序严重影响了中小企业向银行借贷的积极性。银行为保证资金的安全，对放贷程序审批环节做出了严格的规定。银行贷款往往审批速度慢、效率低，与中小企业融资频率高、节奏快、应急强的需求不相适应，以至于很多需要银行小额信贷服务的中小企业望而生畏，有的不得不放弃向银行机构贷款而转向高息民间借贷(姜阳，2006)。

最后，现有商业银行的评级制度存在诸多弊端使中小企业在信用评级方面无法得到公平的待遇。目前，我国商业银行的信用评级仍然处于传统的财务比率评分法阶段，过度偏好规模而忽略其他综合性因素。中小企业由于受到资产绝对规模的限制，信用评级较低。另外，由于中小企业在经营透明度和担保条件上的差别，以及单位贷款处理成本随着贷款规模上升而下降的原因，商业银行也会在经营中将中小企业与大型企业区别对待(李永峰等，2004)。因此，商业银行现有的信用评级体系主要是针对大型企业而制定的，忽略了对充满活力的中小企业的支持。

三、政府方面的问题①

首先，信用环境是融资环节重要的软环境，良好的信用环境有利于减少信息不对称，降低交易成本，增强银行贷款的信心，对解决中小企业融资难起着至关重要的作用。在我国，社会信用体系处于起步阶段，企业信用制度没有建立，个人信用建设基本空缺，商业信用屡被破坏，造成全社会的信用危机感，社会信用环境还不甚理想(姜晓峰，2006)。从金融机构尤其是银行的角度来说，其掌握的中小企业的真实信息相对大型企业来说较少，而且中小企业信息的收集成本较高，相对于其资产规模和贷款规模来讲是规模不经济的(邱勇，2007)。然而，目前国内关于中小企业的统一的征信数据库系统还处于初始发展阶段，中央及地方政府均未引导建立统一的、高效的针对中小企业的征信系统，因此这样不利于约束企业信用行为、强化社会信用意识，从而导致社会信用信息的披露程度较低，不能很好地防范信贷风险。

其次，由于长期以来，我国对中小企业的金融支持的重要性认识不够，在中小企业法律法规的制定、管理机构的设立方面都不健全。迄今为止，除了2003年颁布的《中小企业促进法》之外，还未有一部完整的有关中小企业的法律法规，特别是帮助其有效融资的法律法规还是一个立法空白，不能为中小企业发展、改善中小企业融资状况提供法律保障。同时，在当前形势下，我国经济及金融政策，主要依据所有制类型、规模大小和行业特性而制定，信贷约束和激励机制不对称，因此，资源配置自然而然流向大型企业。尽管我国政府近年来逐步加强了对中小企业的重视，为改善中小企业贷款难的境况，陆续出台了一系列扶持中小企业发展的措施，颁布了一些新的政策，但还未形成完整的支持中小企业发展的政策体系，致使中小企业的贷款仍然受到束缚，贷款两难仍旧是制约我国中小企业进一步发展的"瓶颈"(甘为民，2005)。

最后，即使政府非常重视中小企业的发展，为促进其发展而出台各种措施及政策，但是各大商业银行如果为了自身的利益，或者由于其内部制度及组织结构的不合理，而不愿意或者不能向中小企业放贷，则仍然不能从根本上解决中小企业融资难的问题。不难看出，中小企业与金融机构之间的信息不对称(必然会导致逆向选择和道德风险问题)是中小企业融资难的重要原因。从自身利益出发，

---

① 本部分主要根据课题组邱勇的博士学位论文《多银行贷款池的分档与定价研究》整理。

银行机构必然要考虑信贷的收益、成本和风险等因素，不敢轻易给中小企业放贷。当前在中小企业和商业银行之间出现了这样一种强烈的反差现象：一方面中小企业需要资金发展壮大时融资困难，另一方面国有基层商业银行沉积了大笔资金缴存中心银行、转存上级行、购买国债或通过不正当渠道流入股市投机，造成我国投资需求不足，进而消费需求和总需求不足(黄飞鸣，2005)。造成上述现象的根本原因在于信用缺失，这是导致中小企业融资难的实质。

四、担保体系的问题

银行为了降低贷款风险，普遍采取担保抵押等风险缓释技术，但中小企业规模小、固定资产少，一般很难达到银行的贷款条件，因此中小企业从银行等金融机构获得贷款较为困难，很大程度上在于缺乏有效的信用担保。1999 年由国家经贸委发布了《关于建立中小企业信用担保体系试点的指导意见》[①]等相关文件。但是目前我国已有的担保机构的运作效果并不理想，中介职能仍存在着较大的局限性。

担保机构既制约了资金的扩充，也使民间社会资本无法进入完全，又使这一市场化产物在行政管理的方式下运行不畅。担保机构的成立和担保资金的筹集，从近几年的运作情况来看，为中小企业解决资金需求的效果并不理想，主要原因在于担保业发展时间短，缺乏成熟经验等，许多担保机构存在这样或那样的问题，导致担保基金市场化运作不理想，暴露出一些值得注意的问题(赵复元，2005)。首先是政府行政对中小企业担保业务管理能力欠缺，要么是过分行政干预，要么是管理过松；其次是国家中小企业信用再担保机构尚未成立，无法实施对全国中小企业信用担保体系的风险控制与分散；再次是个别省级中小企业信用担保机构尚未开展再担保，只从事直接担保业务；最后是由于缺乏为企业贷款服务的社会化的资信评估机构，其也为担保贷款带来了制约(甘为民，2005)。

此外，政府出资设立的信用担保机构通常仅在筹建之初得到一次性资金支持，缺乏后续的补偿机制；民营担保机构受歧视，只能独自承担担保贷款风险，而无法与协作银行形成共担机制。由于担保的风险分散与损失分担及补偿制度尚未形成，使担保资金的放大功能和担保机构的信用能力均受到较大制约。同时，财政及银行等方面不能及时配合，使一些操作性问题无法及时、有效解决，影响了担保机构功能的正常发挥。除此之外，我们还没有为中小企业发展提供有关投资项目信息的查阅、咨询、决策、报批、指导等全过程服务，同时，对中小企业的负责人员和管理人员也没有形成教育培训体系，因此，缺少使他们的综合素质得以提高的社会氛围。

---

① 资料来源：新华网，2002 年 9 月 7 日新闻"关于建立中小企业信用担保体系试点的指导意见"，http://news. xinhuanet. com/credit/2002-09/17/content_549809. htm。

最后，与信用担保业相关的法律法规建设滞后，也在一定程度上影响了信用担保机构的规范发展。

综上所述，融资难问题一直是制约中小企业发展的瓶颈因素。受全球金融危机的影响，2008 年下半年以来我国中小企业的生存环境恶化，加之中小企业的自身资产规模小、信息透明度低，且在经营管理上大多不甚规范，财务管理、信息披露制度不够健全，信用评级普遍偏低。另外，由于这些企业普遍缺乏足够的不动产、固定资产或其他适当的资产向银行提供抵押，致使银行面临中小企业时存在较高的逆向选择和道德风险问题。

由于中小企业对一个国家的经济社会发展影响很大，所以政府往往会发挥比较积极的作用。政府一方面可以从宏观的制度层面及法律层面入手，另一方面也可以通过财政资金直接资助或者引导市场资金来实现对中小企业的扶植。但是，无论是学术界还是理论界都已经达成共识，政府在中小企业融资中更多的是发挥引导和创造环境的作用，中小企业融资难的问题最终需要依靠市场解决，也就是要依靠相关的金融机构及其他相关机构。政府必须是在市场运作规律的基础上，进行有的放矢的干预。

从国际经验来看，为解决中小企业由于信息不对称、信用不足而带来的融资难问题，许多国家都引入了信用担保制度作为化解金融风险、改善融资环境的重要手段，以便分担商业银行面对中小企业的信贷风险。但从目前国内担保机构的发展来看，很难从根本上解决中小企业的融资难问题。信用担保是国际上公认的专业性极强的高风险行业，总体上具有"公共产品"属性和比较明显的外部效应（巴劲松，2007）。在减少信息不对称方面，政策性和商业性担保机构与银行相比没有特殊的优势，不能消除逆向选择和道德风险，和银行面临着同样的经营困境。

此外，不同类型的中小企业融资需求存在很大差异。中小企业中的高新技术企业，因其成长性好、风险较大，利用股权融资方式有利于降低其融资风险，在实践中，较多利用天使融资、风险投资和创业板市场进行融资；传统型的中小企业，其收益较低但比较稳定，承担融资风险的能力较强，承担融资成本的能力较弱，故多利用带有固定清偿性质的负债形式。

可见，研究新型的中小企业融资方式，提升金融服务创新，为中小企业提供市场化的金融支持，降低银行的信贷风险是促进中小企业成长的重要途径。而信托融资恰恰提供了一个很好的解决中小企业融资的方法，信托和担保机构相结合，既能发展中小企业外部股权市场，又能优化中小企业债务融资机制，横跨货币、资本和实业市场，在风险可控的前提下为不同的中小企业提供个性化的融资解决方案，对银行和风险投资之外的风险与收益进行灵活匹配，满足中小企业多样化的融资需求，使资本从低效率领域向高效率领域流转，促进中小企业的发展，对缓解中小企业融资困难的意义重大。

第二章

信托发展与中小企业融资

自 1921 年，中国历史上第一家信托公司——中国商业信托公司在上海成立以后，中国信托业先后经历了多次调整，直到 1978 年十一届三中全会召开后信托业的发展才开始步入正轨。近年来，中国的信托业发展极其迅速，自 2007 年以来信托行业每年都以超过 50％的速度增长。截至 2012 年年底，全行业共 65 家信托公司资产管理规模达到 7.47 万亿元，首次超过保险业成为国民经济中仅次于银行业的第二大金融部门。

信托的核心内容是"受人之托，代人理财"，信托的主要法律特征是财产权利的分离。信托财产的独立性有效地实现了对中小企业高风险的规避，使其成为促进中小企业融资的新渠道。

首先，信托最大的优势在于制度的灵活性，信托是目前唯一一个可以横跨货币、资本和实业市场的金融工具，可以在风险可控的前提下为不同的中小企业提供个性化的融资解决方案，包括贷款、投资、融资租赁、同业拆借等，正好可以有效地契合中小企业多样化的融资需求。

其次，信托的融资成本适中，处于银行贷款和民间借贷之间，在中小企业的承受范围之内。

再次，大部分信托产品是期限为 1～4 年的中长期投资，恰好符合中小企业中长期资金匮乏的特点，可以有效地解决中小企业资金不足的问题。

最后，信托可以发挥其专业的理财优势，通过特定的信托制度，使资本从低效率领域向高效率领域流转，促进中小企业的发展。信托融资已经成为解决中小企业融资难的一个有力渠道。

第一节　我国信托业发展概况

一、信托概述

1. 信托的概念

信托，按其词义解释，就是信任和委托。两者之中，"信"是"托"的基础和前提条件，"托"是"信"的表现形式和具体内容，信托就是由"信"和"托"的有机结合而构成的行为整体（张楠，2006）。简单地说，信托就是委托人将财产权转移至受托人，受托人为受益人的目的或利益管理和处置信托财产的行为。

信托，于 13 世纪起源于英国，经历了漫长而复杂的发展历史，在不同法系和社会背景下，从不同的范畴考察，形成了多种不同的定义。英国学者认为，信托是指一种法律关系，在此关系中，一人拥有财产权，但同时负有受托人的义务，为另一人的利益而运用此财产。美国学者普遍认为，信托是一种使用和控制财产的方式，按照这一方式，财产拥有人负有法律上的义务去为他人的利益而处理财产（李哲，2004）。在日本《信托法》中，就信托做出以下定义：信托是指特定人按照一定的目的，并根据该法所示的信托方法，为实现财产管理或处分及为实现该目的而实施的必要行为（三菱日联信托银行，2010）。韩国《信托法》中对信托所下的定义通常作为大陆法系国家对信托定义的代表：信托是指以信托指定人（以下称信托人）与信托接受人（以下称受托人）之间特别信任的关系为基础，信托人将特定的财产转移给受托人，或经过其他手续，请受托人为指定人（以下称受益人）的利益或特定的目的，管理和处理其财产的法律关系。

《中华人民共和国信托法》[①]第 2 条明确指出：信托是指委托人基于对受托人的信任，将其财产委托给受托人，由受托人按委托人的意愿以自己的名义，为受益人的利益或者特定的目的，进行管理或者处分的行为。

尽管各国对信托定义的表述不尽相同，但信托涉及的都是一定的财产关系，并随着社会经济的发展逐步制度化、法律化。在现代市场经济条件下，信托与信用相结合，成为金融业不可缺少的组成部分。通常认为，信托作为一种经济行为，是指委托人为了自己或者第三者的利益，将自己的财产或有关事物委托给自己信任的人或组织代为管理、经营的经济活动。信托作为一种财产管理制度，是指以资金、财产为核心，以信任为基础，以委托和受托为方式的财产管理体制（牟建，2006）。

---

① 资料来源：中国证券监督管理委员会网站，2001 年 4 月 28 日《中华人民共和国信托法》，http://www.csrc.gov.cn/pub/newsite/xxfw/fgwj/gjfl/200802/t20080226 _ 77631. htm。

2. 信托的基本特征①

信托作为英国衡平法精心培育的产物，在长期的司法实践中，早已形成了定性化的法理。其他国家在引进、吸收和本土化改造信托制度的过程中，虽然进行了不同程度的调整，但都以信托的基本特征为前提，其主要表现在以下四个方面（李廷芳，2007）。

（1）所有权与收益权的分离，即受托人享有信托财产的所有权，而受益人享有受托人管理信托财产所产生的收益，实现了信托财产的所有权主体与受益权主体的分离，从而构成信托的根本特质。一方面，受托人享有信托财产的所有权，可以管理和处分信托财产，第三人也以受托人为信托财产的权利主体和法律行为的当事人，而与其从事交易行为；另一方面，受托人必须妥善管理信托财产，将所生收益在一定条件下包括本金交给委托人所指定的受益人，形成所有权与受益权的分离。在英美法系中，受托人对信托财产的权利被称为"普通法上的所有权"（或称为名义上的所有权），而受益人享有的权利则被称为"衡平法上的所有权"（或称为利益所有权），形成信托财产的"双重所有权"现象。相比之下，大陆法系国家因奉行一物一权主义，只将受益人的权利称为"受益权"，其所享有的利益称为"信托利益"。

（2）信托财产的独立性，即信托一经有效成立，信托财产即从委托人、受托人和受益人的固有财产中分离出来，成为独立运作的财产，从而具有了法律的独立性。信托财产独立于委托人未设立信托的其他财产，独立于受托人的固有财产，同时也独立于受益人的固有财产。委托人、受托人、受益人的债务不能用信托财产偿还，同时受托人管理、运用、处分信托财产所产生的债权不得与固有财产产生的债务相抵，对于不同委托人的信托财产所产生的债权债务也不得相互抵消。信托财产不因委托人、受托人的死亡或依法撤销、被宣告破产或信托终止而丧失，不属于受托人或委托人的遗产或清算财产（除非委托人是唯一受益人）。

（3）信托的有限责任。从信托内部关系来看，《中华人民共和国信托法》第34条明确规定，受托人以信托财产为限向受益人承担支付信托利益的义务。受托人对因信托事务的管理处分而对受益人所负的责任，仅以信托财产为限。只有在其未尽善良管理人的忠实义务和注意义务导致信托利益的未取得或损失时，才负有真正所有者的无限责任。从信托的外部关系看，《中华人民共和国信托法》第37条明文规定，受托人因处理信托事务所支出的费用、对第三人所负债务，以信托财产承担。受托人以其固有财产先行支付的，还享有对信托财产优先受偿的权利。委托人、受托人和受益人实质上对因管理信托所签订的契约和所产生的侵权

---

① 资料来源：法律教育网，2009 年 11 月 11 日"信托的突出特点及其优势"，http://www.chinalawedu.com/new/21602_23217_/2009_11_11_zh46723243711111190021541.shtml。

行为而发生的对第三人的责任，皆在信托财产的范围内负有限责任。

（4）信托管理的连续性，即信托的管理不会因为意外事件的出现而终止，是一种具有长期性和稳定性的财产管理制度。在信托关系中，信托财产的运作一般不受信托当事人经营状况和债权债务关系的影响，具有独立的法律地位，信托一经设立，委托人除事先保留撤销权外不得废止、撤销信托；受托人接受信托后，不得随意辞任；信托的存续不因受托人一方的更迭而中断，即英美信托法的一项普遍规则是"法院不会因为欠缺受托人而宣告信托无效"。也就是说，在委托人没有任命受托人时，或者受托人拒绝任命或者不能接受信托时，或者任命的受托人在信托实施前已死亡，都不能使信托终止（曹芳，2004）。

3. 信托的功能

信托的基本功能是财产转移、财产管理及节税功能。从信托发展的历史渊源来看，财产转移和财产管理既是信托最原始的功能，也是信托最本质、最基本的功能。信托的设立以财产所有权转移为前提，当委托人为了自己之外的第三人设立他益信托时，事实上是要将自己的财产或财产利益转移给受益人，从而使委托人获得自由和效率。信托的财产管理功能是指受托人接受委托人的委托，为委托人经营、管理或处理财产事务的职能。虽然受托人得到委托人的授信，接受了财产所有权的转移，但受托人如何管理和处理信托财产，只能按照信托的目的来进行，不能按照自己的需求随意利用信托财产。信托的节税功能也是信托的基本功能之一。尤斯制产生之初就有规避土地役税的目的，发展到目前为止，信托已成为一种很好的节税工具，被人们广为利用。由于信托制度的独特性，从委托人设立信托到受益人得到信托利益，中间除一定的管理费用外，几乎没有任何环节，因此不会因税赋造成财产流失。根据税法原理，管理信托财产所产生的费用可以在税前列支，合理地延迟了纳税。

而信托的衍生功能则是为融通资金、社会投资及社会公益福利服务等。19世纪信托业由以民事信托为主逐渐演变为以商事信托为主，信托业在原始财产管理的功能基础上，又衍生出融通资金的功能。融资功能是指信托在财产事务管理活动中，具有筹集资金和融通资金的功能。信托的这一功能，表面上看与商业银行信贷相似，但实则有质的区别。信托的融资功能，反映的是以信托为基础的委托与受托的关系，体现了信托机构与委托人和受益人的多边经济关系；信托的融资，既可以采用直接融资方式，如发行有价证券，也可以采用间接融资方式，如信托存贷款；信托融通的对象，既可以是货币资金，也可以是其他形态的财产（王晓明，2006）。社会投资功能是指信托公司运用信托业务手段参与社会投资活动的功能。随着金融市场的发展，财产管理的方式日益多样化，信托又逐渐具有了为社会保障和公益福利服务的功能，这一功能的发挥主要是借助公益信托的形式进行的。

4. 信托的作用

首先，信托有利于促进市场经济的发展。市场经济要求按市场机制配置社会资源。信托是一种以信任为基础的财产管理制度，通过信托活动的开展与信托制度的完善可以大大降低社会交易成本，提高资源配置效率。从现代金融信托业的早期发展来看，信托业首先诞生于英国，绝非偶然。作为财产管理的一种手段并逐步行业化，显然需要有相当数量的社会财富作为基础。英国是最早进行工业化和产业革命的国家，并具有最大规模的海外殖民地，这为英国现代信托业的早期繁荣和海外投资信托的创立奠定了基础。金融信托业在美国得到了迅速成长并成为金融业的一大支柱，其也依赖于19世纪以来美国经济的发展。大型矿山、钢铁企业的建设和铁路、港口的开发需要相应的资金，信托机构作为金融中介机构发挥了巨大的作用。在日本，这一优势更为明显，日本在20世纪初经济发展相对落后，因此信托业务集中于金钱信托；同时，金钱信托为日本的现代化筹集了大量的长期资金。信托是传统银行信用在业务领域上的创新发展，是一种适应商品经济的产业创新。它适应了资本集聚和形成进程加速的需要，把闲散财富有效地转化为生产资本，从而为商品经济高速发展提供了最为重要的物质基础。同时市场经济的发展也带来了信托的深化，并使之发展到了一个新阶段，成为现代信用制度的支柱之一，成为市场经济的有机组成部分（张小芹，2004）。

其次，信托有利于市场主体效率的提升和投资需求的满足。信托是市场经济发展的必然结果，信托市场是市场体系中的组成部分，它丰富和完善了市场体系。它的发展也是社会分工和专业化发展的结果。信托功能中体现的价值取向是扩张自由和效率提升，能够满足市场经济对效率的价值追求。在市场经济和社会分工的条件下，市场主体对财产的管理、处理等完全自给进行是不可想象的。市场主体利用信托制度来管理、处理财产不仅可以满足自己对财产处理的目的，而且还可以有更多的时间和空间寻求更大的发展或满足自己对其他发展的需求。信托可以作为储蓄转化为投资的有效手段和工具。集合性的资金信托业务及其高级形式的投资基金更能体现信托的这种优势。

再次，信托有利于促进金融体系的完善与发展。在信托未充分发展以前，社会金融的经营与服务中心主要是商业银行，商业银行主要是指以债权债务方式从事货币的存、贷与结算业务的金融机构。随着资金供给者要求投资与服务的多样化，以及资金需求者获得资金方式的多样化，为适应资金供求双方对风险与收益的不同偏好，逐步产生了有别于商业银行债权债务经营方式以外的金融业务和金融机构，其中主要是信托机构（李哲，2004）。信托业务是发达社会与发达市场经济阶段的产物，它是经过金融创新、投资方式创新与社会的多样化需求结合创造出来的新的业务品种。这类信托品种一方面为那些愿意冒风险的人提供专业服务；另一方面又为那些想降低风险的人提供专业服务。完整的金融机构体系应该是在中国人民银行领导下与管理下的商业性银行、信托机构、保值机构与公益性银行（包括政策性银行）、保险机构、公益基金会等（即不以盈利为目的，为社会公益经济福利而经营货币的金融机构）并举的统一体。在市场经济初级阶段，商业银行业务占全部金融业务的绝大部分。随着经济发达程度的提高，信托机构业务不断上升。在美国，现已形成银行资产、基金资产与保险资产三足鼎立之势，而且后两者发展迅猛，大有超过商业银行之势。所以说，投资基金信托对促进信托业自身业务体系的发展完善，并使之在金融机构体系中占有重要地位发挥了一定的作用。

最后，信托有利于构建社会信用体系。在市场经济的建设中，信用制度的建立是市场规则的基础，信用是信托的基石，信托都是基于信任基础之上。从制度设计来看，委托人之所以将财产的所有权转移给受托人，就在于对受托人的信任。受托人在对信托财产进行管理时所享有的自由权利是其他制度所不能相比的，这也就使其在信托财产运作过程中受来自外界的干预是最弱的。可见，在受托人那里集中了最大的权利和最弱的监管，受托人理应对委托人诚实守信（宋玮，2008）。信托作为一项经济制度，它以诚信原则为基础，没有诚信原则做支撑，就谈不上信托。信托制度的回归，不仅促进了金融业的发展，而且也构筑了整个社会信用体系。

5. 信托与委托代理的区别

委托代理是一种与信托非常相似的制度，其也可以用于财产管理。二者之间存在一些共同之处，如受托人和代理人都必须按照委托人的意愿行事，不得使他们的利益与责任发生冲突，不得获得未经授权的报酬等。但是信托与委托代理也有很多不同。

当事人方面，信托包括委托人、受托人、受益人等多方当事人，受益人可以是委托人本人，也可以是委托人之外的第三人；而委托代理包括委托人（被代理人）和受托人（代理人）双方当事人。受益人通常就是委托人（被代理人）本人。

从法律关系来看，信托是以财产为中心构成的法律关系。信托财产是信托关系的中心，它是委托人通过信托行为转移给受托人，并由受托人按照信托合同规定的目的进行管理和处理的财产，还包括管理和处理财产所获得的收益。这种信托财产的特征表现为，受托人为他人利益而掌握财产、信托财产的物上替代性、信托财产的独立性。在委任和代理的法律关系上，财产因素并非那么重要（颜获，2008）。

信托关系一经建立，原则上除委托人曾明确表示保留撤销权外，委托人不能随意将信托废弃或撤回。委托人或受托人死亡，对信托的存续没有影响，原受托人死亡，信托财产可由新受托人继承。代理关系的存续可因被代理人或代理人一方的死亡而消灭。

从成立的条件方面来看，设立信托必须有确定的信托财产，委托人没有合法所有的、用于设立信托的财产，信托关系就无从确立。英、美信托法认为，信托与委托代理是性质完全不同的两种制度，信托关系是财产性的，受托人控制信托财产。委托代理关系则不一定以存在的财产为前提，没有确定的财产，委托代理关系也可以成立，如委托他人签订合同等。委托代理关系是对人的，代理人不需要控制委托人的任何财产。

从财产性质和所有权来看，信托关系中，信托财产是独立的，它与委托人、受托人或者受益人的自身财产相区别，委托人、受托人或者受益人的债权人均不得对信托财产主张权利。信托财产所有权从委托人转移至受托人（大陆法上的债权——物权学说，英美法上的双重物权学说）。委托代理中委托人的债权人仍可以对该财产主张权利。所有权始终由委托人（被代理人）掌握，不发生所有权转移。

从财产的控制和处理权限方面来看，信托关系中受托人只受法律和行政上的监督，不受委托人和受益人的监督。受托人全权管理和处置信托财产，委托人通常不得干预。委托人或法律另有限制的除外，受托人具有执行信托义务所必需或所适宜的一切权限。委托代理关系中代理人受被代理人的监督，以被代理人授权为限。委托人可以随时向代理人发出指示，甚至改变主意，代理人应当服从。

从责任承担角度来看，受托人接受信托后，以自己的名义与第三人发生法律关系。如果受托人与第三人签订了合同，那么合同是否履行，受托人应对委托人负责。代理人以被代理人的名义与第三人发生法律关系，则与第三人签订的合同中所有的权利和义务为被代理人所有。合同是否履行，代理人不承担责任。

二、我国信托业的起源与发展

1. 旧中国时期的信托业

我国最早出现的信托机构可以追溯到 1913 年日资设立的大连取引所信托株式会社，该信托社的事务包括强制保证、保证买卖契约的履行、办理清算等。1917 年，民族资本创办的上海商业储蓄银行设立保管部，主要业务是出租保管箱。1921 年更名为信托部，经营范围有所扩大。1918 年，浙江兴业银行开始经营信托业务，1919 年，重庆聚兴诚银行上海分行也成立了信托部，这便是我国最早经营信托业务的三家银行，也是我国现代信托业创设的标志。1921 年，我国历史上第一家信托公司"中国商业信托公司"在上海成立，此后不到 40 天的时间里，又有十几家信托公司成立，刮起一股大设信托公司和交易所之风。这与当时我国社会经济发展的情况完全不符，最终使新成立的信托公司纷纷倒闭。

从 1928 年起，私营信托业复苏，开始由低潮走向全面发展阶段。1928 年，上海又重新开设信托公司，其中新增设 9 家公司，加上由天津设于上海的久安信托公司和原来的中央、通易两家公司，共 12 家。

1937 年抗日战争爆发后，全国范围内的信托业又有了新的发展，尤其是一些原来没有信托机构的西南、西北地区也相继设立信托公司，而上海这个信托中心又新增设 30 多家信托公司和新成立 10 多家银行信托部，并有"久安""中一"等少数信托公司更名为银行。

抗日战争胜利后，国民政府整顿抗日战争期间在上海设立的金融机构，对上海在敌占期间成立的信托公司进行停业清理，信托公司数量减少到抗日战争前的规模。截止到 1947 年 10 月，全国的信托公司共计 15 家，资本总额达到 91 500 万元，其中上海为 86 000 万元，占全国资本总额的 94%（齐佩金，2006）。到 1949 年新中国成立时，全国共有信托公司 14 家，其中上海有 13 家。

旧中国的信托业有如下特点（张楠，2006）。

（1）信托公司或银行信托部基本上是名实不符的，其主要从事股票、债券的投机炒作和代理业务，信托业务从来没有真正成为信托机构的主业。

（2）信托业的经营基础极不稳固、实力薄弱，加上多从事金融投机，一旦遇到金融风暴大批信托机构就会倒闭。由于整个行业的社会信誉度不高，往往被社会视为投机机构，其信托本业反而未被社会所了解，所以也无从发展。

（3）当时的中国政府从法国、德国、日本等国家引进了西方的全套法律制度，构建了以大陆法系为基础的法律体系——《六法全书》，并投资开办了中央信托局。但当时的政府一直没有制定过"信托法"和"信托业法"，信托业发展的制度基础也就无从谈起（一直到 1996 年，号称沿袭民国法统的台湾才颁行"信托法"和"信托业法"）。

（4）经营范围狭小，业务种类单一，信托业务与银行业务交叉、互相渗透。旧中国的信托业务虽然涉及的方面较全、业务种类较多，但在实际执行过程中，大量业务是代理性质，并且在业务代理中只侧重于带有一定投机性质的房地产经营和有价证券买卖业务，其他各类信托业务较少。

2. 新中国成立初期的信托业

中华人民共和国成立之后，对旧中国的金融信托业进行了接管和改造。在旧中国官办的信托业中，各地中央信托局及中国农民银行、中央合作金库和各省市地方银行所附设的信托部，均由人民政府接管，于清理后结束了业务；对附设于旧中国银行和交通银行的信托部，则随同国家对官僚资本银行的接管，也进行了改组及改造。

在整顿和改造私营信托业的同时，社会主义的金融信托事业亦在部分城市开始试办。1949 年 11 月 1 日，政府以旧中国银行信托部为基础，接办了原有的房地产保管、信托和其他代理业务。1951 年 9 月，信托部的运输业务首先停办，其他各项业务也随当时经济形式的发展，陆续移交和停办。

1951 年 6 月，天津市由地方集资成立了天津市投资公司，为公私合营企业，资本总额原定 500 亿元（旧币，下同），先募足 300 亿元开业，其中公股 70 亿元，其余由工商界人士认购，随后又增资 247 亿元。投资公司的主要业务有发行投资信托证券，组织私商转业资金，向工商企业投资、发放长期贷款，证券买卖。到 1954 年，由于国内经济形势的发展，公司业务逐步收缩，最后趋于停顿。1955

年 3 月，广东省华侨投资公司成立，其开办了信托业务。此外，还有个别地区也开办了类似业务，但这些业务基本上在 20 世纪 50 年代中期都相继停办，主要是因为当时全国推行高度集权的国民经济计划管理体制，忽视了利用市场调节和经济杠杆的作用，信用高度集中，金融机构逐步演变为单一职能的出纳部门。

3. 改革开放后的信托业

1978 年，党的十一届三中全会顺利召开，意味着中国迈向了由计划经济向市场经济转型的新纪元，而财政体制改革的深化，使地方政府和企业可自主运用的预算外资金规模加大，这都从客观上要求发展与之相适应的更为灵活的融资服务方式。银行间接的信用方式已不能适应财政体制改革深化的要求，而信托可以提供多种融资服务方式。银行信用手段对这部分资金无法进行有效的管理，信托机构可通过其职能作用的发挥，提供信用担保以维护委托关系人的利益，发挥监督保障作用。在此背景下，信托业务开始恢复，1979 年 10 月，中国国际信托投资公司——改革开放后国内第一家专业信托投资公司成立，资本金额 30 亿元。新中国第一个涉及信托的政策文件于 1980 年 6 月出台。中国人民银行也于 1980年开办信托业务，并于同年 9 月下达《关于积极开办信托业务的通知》。国务院在《关于推动经济联合的通知》中指出："银行要试办各种信托业务，融通资金，推动联合。"随后，在国务院和中国人民银行多份文件的鼓励下，各部委、地方政府及银行纷纷设立信托公司，这些做法为信托业在中国的复苏奠定了基础。至此，在中国中断已久的信托业开始复苏。

同一些金融制度一样，信托制度也是"舶来品"，尽管信托说起来是"受人之托、代人理财"，但其业务范围毕竟不同于银行业、证券业和保险业。在我国信托业 30多年的发展历程里，业务范围不受限制，信托公司演变为金融百货公司，而真正的信托业务几乎从未涉及，从而屡屡暴发危机，先后招来五次清理整顿，平均每四年就被清理整顿一次。中国信托业历次清理整顿概况如表 2.1 所示（石谦，2010）。

表 2.1　中国信托业历次清理整顿概况

次数	宏观经济调控周期	信托业清理整顿起始时间	信托业清理整顿主要内容
1	1979～1982 年	1982 年	明确界定信托公司的业务范围，将计划外的信托投资业务统一纳入国家信贷计划和固定资产投资计划，进行综合平衡
2	1983～1985 年	1985 年	抑制固定资产投资膨胀，银行停止办理信托贷款，并对已办理业务进行清查，清理整顿信托公司现有业务并停止审批新的信托贷款和信托投资
3	1986～1989 年	1988 年	规范信托公司的经营、控制信托公司的数量，严格信托业务规范并对各主办单位下的信托公司进行大量撤并，手段模式与前两次类似但力度更大

次数	宏观经济调控周期	信托业清理整顿起始时间	信托业清理整顿主要内容
4	1990~1997 年	1993 年	停止所有银行向各类非银行金融机构的资金拆借，实行"资产负债比例管理"，开始"银信分离"
5	1998~2000 年	1999 年	对所有信托公司进行全面彻底整顿撤并，先后出台"一法两规"，颁发新的信托牌照，第一次通过制度重新规范业务范围，强制性地让信托业回归本源，开始"证信分离"

1979~1982 年信托业恢复初期。中国人民银行下达了《关于积极开办信托业务的通知》后，许多地区、部门为了发展经济，纷纷自筹资金，组建各种形式的信托投资公司，使金融信托机构在短期内迅速膨胀。1982 年 4 月 10 日国务院发出《关于整顿国内信托投资业务和加强更新改造资金管理的通知》，该通知要求信托投资业务一律由中国人民银行或中国人民银行指定的专业银行办理，地方信托公司一律停办。这次整顿的重点是信托机构，目的在于清理非金融机构设立的信托投资公司，限定信托业只能办理委托、代理、租赁和咨询业务。

1983~1985 年信托业的全国性整顿。1983 年中国人民银行专门行使中央银行职能后又开始重视信托业的发展。1984 年中国农业丰收，信托作为固定资产投资的方便之门又被打开，经济发展过热，导致了信贷规模和货币投放双重失控，信托业务的不规范经营对国民经济的负面影响再次产生。1984 年年底，金融信托业随着经济的紧缩开始第二次全国性整顿。这次整顿的重点是不规范经营的信托业务，暂停办理新的信托贷款和投资业务，对存贷款加以清理。

1986~1989 年信托业的全面整顿。1986 年中国人民银行根据国务院发布的《中华人民共和国银行管理暂行条例》颁布了《金融信托投资机构管理暂行规定》和《金融信托投资机构资金管理暂行办法》两个法规性文件，对信托业的管理开始走上法制轨道。我国在 1986 年以后，金融改革有了突破性的进展，出现经济过热，导致资金需求过大，引发了金融信托业的迅速膨胀，由于管理工作跟不上，干扰了正常的金融秩序，分散了有限的资金，扩大了固定资产的投资规模，影响了国家的宏观调控，再次给国民经济造成了负面影响。为此，1988 年 10 月，中国人民银行根据《中共中央、国务院关于清理整顿公司的决定》开始对信托投资公司的第三次清理整顿，其重点是行业和业务清理。1989 年 9 月，国务院发布《关于进一步清理整顿金融性公司的通知》，该通知决定由中国人民银行负责统一组织检查、监督和验收。这使得到 1990 年 8 月，信托投资公司从最多时的 600 多家撤并为 339 家，信托投资机构发展过快过多的现象得到抑制，投资规模增长过快的倾向得到抑制。

1990~1997 年信托业的调整。20 世纪 90 年代初，信托机构又有了较快发展，信托机构虽然数量在增加，但也日益不规范，由于管理失控、监管滞后，大量的信托公司出现盲目拆借资金，超规模发放贷款，以及投资炒作房地产和股票等问题。1993 年，为治理金融系统存在的秩序混乱问题，开始全面清理各级人民银行越权批设的信托投资公司。1995 年 5 月，国务院批准《中国人民银行关于中国工商银行等四家银行与所属信托投资公司脱钩的意见》，要求银行开设的信托投资公司全部与银行脱钩或转为其分支机构，不得从事银行业务以外的其他业务。直到 1996 年年底，脱钩撤并了 168 家商业银行独资或控股的信托公司，我国具有独立法人地位的信托公司变为 244 家。1997 年年底，国家要求证券业与信托业分离，经过不断地整顿，信托公司所形成的大量资产，变成了一个没有稳定负债支撑的局面，信托公司面临着支付风险、经营风险和财务风险。

1998～2000 年信托业第五次整顿。信托业前四次以堵为主的治理均未能真正化解信托业功能错位与定位模糊的深层矛盾，使其难以摆脱"治—乱"的路径依赖困境。直到第五次"推倒重来"，才在强制性制度变迁下直接导致了传统信托业的覆灭和现代信托业的诞生，使信托公司成为以收取手续费或佣金为主要目的，以受托人身份接受信托财产和处理信托业务的非银行金融机构（汪戎和熊俊，2010）。1999 年 3 月，《国务院办公厅转发中国人民银行整顿信托投资公司方案的通知》的下发，同年 4 月 27 日财政部发布《关于信托投资公司清产核资资产评估和损失冲销的规定》，展开了对信托业力度最大的第五次整顿。全国参加整顿的信托公司有 239 家，总资产达到 6 400 多亿元。国办发 125 号文明确规定了这次整顿的目的，即通过整顿，实现信托业与银行业、证券业严格的分业经营和分业管理，保留少数规模较大、管理严格、真正从事受托理财业务的信托投资公司，规范运作、健全监管，切实化解信托业金融风险，进一步完善金融服务体系。这次整顿于 2001 年基本结束，通过这次整顿只保留了 60 多家信托公司，我国信托业步入了规范发展时期。

经历了五次大规模的整顿之后，信托在我国平稳发展。2001 年 4 月 28 日，经过八年酝酿的《中华人民共和国信托法》在第九届全国人民代表大会委员会第二十一次会议上通过，从法律角度规范了信托制度，明确了信托定位，为我国信托业的发展夯实了基础。2002 年《信托投资公司管理办法》和《信托公司资金信托管理暂行办法》相继由中国人民银行发布实施。信托公司从制度上定位于主营信托业的金融机构，可以经营资金信托、动产信托、不动产信托和其他财产信托四大类信托业务，以及代理财产管理与处分、企业重组与购并、项目融资、公司理财、财务顾问、代保管等中介业务。

《中华人民共和国信托法》和中国人民银行于 2002 年发布实施的《信托投资公司管理办法》和《信托投资公司资金信托管理暂行办法》，被称为信托的"一法两规"。在"一法两规"中，《中华人民共和国信托法》对信托的基本关系进行了规范，《信托投资公司管理办法》对信托公司的经营活动进行了规范，《信托投资公司资金信托管理暂行办法》对信托公司的资金信托业务进行了规范。

2007 年以来，我国信托业进入规范发展阶段后，由于类似银行化的业务积习已久，信托公司在经营过程中暴露出若干问题，尤其是回归信托本源业务的进程相对缓慢。为解决这些问题，中国银监会重新制定了《信托投资公司管理办法》和《集合资金信托计划管理办法》，简称"新两规"，于 2007 年 3 月 1 日起正式实施，取代了原有的《信托投资公司管理办法》和《信托投资公司资金信托管理暂行办法》，信托业第六次整顿正式拉开帷幕。以 2009 年年底为过渡期底线，逐步使信托公司成为提供信托理财和产品服务的非银行金融机构，展开清理、整顿及压缩有关业务、鼓励换发新牌照的信托公司发展创新业务。根据通知，监管层将对信托业实施分类监管，信托公司或立即更换金融牌照或进入过渡期，为重新回归本业，各大信托公司开始了轰轰烈烈的清理，力争早日达到监管层的要求，在本业上有更新更好的发展（中国信托业协会，2012）。

三、我国信托业发展现状

通过表 2.2 及图 2.1 和图 2.2 可以看出，近年来我国信托业发展迅速，从 2001 年到 2012 年信托产品的数量从 17 只发展到 9 787 只，产品规模从 1 242.1 万元上升到 1.2 万亿元左右。自从 2007 年我国全面实行信托业战略转型改革以来，信托业实现了飞速发展，每年都以超过 50% 的速度增长。2012 年我国社会融资总规模约为 15.7 万亿元，其中新增信托项目金额 4.5 万亿元，占比 28.7%。截至 2012 年年底，全行业共 65 家信托公司，资产管理规模 7.47 万亿元，相比于 2011 年年底增幅高达 55.3%，首次超过保险业，成为国民经济中仅次于银行业的第二大金融部门。

表 2.2　2001～2012 年我国信托产品数量及规模变化

年份	信托数量/只	规模合计/万元
2001	17	1 242.1
2002	24	4 732.1
2003	108	188 255.6
2004	196	563 906.68
2005	265	1 317 875.54
2006	420	2 676 224.993
2007	725	7 036 957.464
2008	942	10 922 862.75
2009	1 567	16 183 100.57
2010	3 117	35 306 863.76
2011	6 939	84 199 748.49
2012	9 787	123 341 361.5

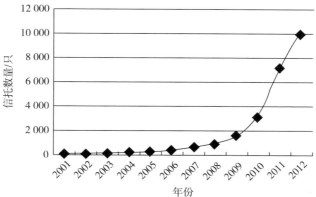

图 2.1　2001～2012 年我国信托产品数量变化

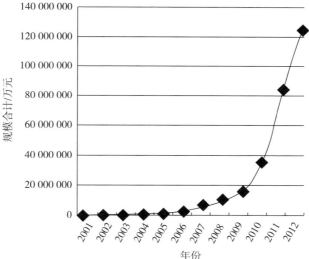

图 2.2　2001～2012 年我国信托产品规模变化

截至 2012 年年底，信托业共 65 家信托公司，平均注册资本为 14.89 亿元，全行业实现利润总额 441.4 亿元，比上年增长 47.84%，平均净利润 5.42 亿元。近年来，信托行业平稳快速发展，信托投资报酬率较高，65 家信托公司平均信托报酬率为 18.21%，信托公司平均总资产为 45.65 亿元。

如图 2.3 所示，2012 年信托公司收入的主要来源有利息收入、信托业务收入和投资收益，分别占信托收入的 9%、76% 和 15%。信托业务收入远远高于利息收益和投资收益，成为信托公司主要的收入来源。其实早在 2010 年之前，我国信托行业的固有业务收入一直高于信托业务收入，直至 2010 年年底，信托全行业实现收入 283.95 亿元，其中信托业务收入占 58.76%，首次超过固有业务收入，信托公司依靠信托业务实现收入的盈利模式逐渐确立，信托公司作为专业理财机构的形象也被确定下来。2011 年利息收入较 2010 年增长 15.43 亿元，2012 年利息收入为 52.23 亿元，占所有收入中的 9％，利息增长的同时也伴随着佣金收入和手续费的增长。自此以后，信托主营业务模式成功转型，信托业务收入占总收入的比重一直保持在 70％以上。

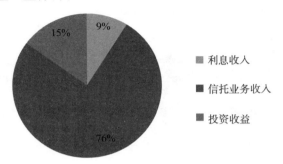

图 2.3　2012 年信托收入结构

如图 2.4 所示，从信托资金来源的角度来看，资金信托包括集合资金信托、单一资金信托和理财信托，截至 2012 年第四季度，三者的占比分别为 25％、68％和 7％。其中单一资金信托占据了主导地位，这主要是受 2008 年以低端银行理财客户为驱动的"银信合作理财业务"兴起的影响，2009 年和 2010 年银信合作信托规模每年都以超过 50％的速度增长，直至 2011 年中国银监会出台一系列文件规范银信理财业务，这种高速增长的势头才得以放缓。此后，以高端客户驱动的"非银信理财合作单一信托"的规模不断提高，从 2010 年的 0.6 亿元增长到 2012 年的 3.07 万亿元，"非银信理财合作单一信托"成为资金信托中增长动力最大的信托，占资金信托的 41.12％。此外，以中端个人合格投资者为驱动的"集合资金信托"的规模也在逐年攀升，截止到 2012 年年底，"集合资金信托"的规模达到 1.88 万亿元，绝对规模比 2011 年增长 38.24％。

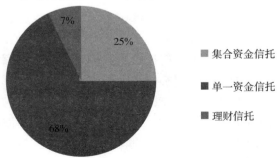

图 2.4　2012 年信托资金来源

从资金运用方式来看，信托资金有 43％以贷款的方式投向各个产业，贷款规模高达 3 万亿元。虽然贷款规模相对于以前有所降低，但是 43％的资金投向贷款，这在一定程度上也说明了虽然信托表面上以理财的方式运作，但是实际上仍在和银行抢贷款。除了银行贷款以外，可供出售及持有至到期投资的规模次之，约 1.22 万亿元，占信托资金的 18％，如表 2.3 所示。

表 2.3　2012 年信托资金运用

按运用方式划分	余额/亿元	按投资方向划分	余额/亿元
贷款	29 993.06	基础产业	16 501.84
交易性金融资产投资	6 592.75	房地产	6 880.69
可供出售及持有至到期投资	12 249.04	股票	2 130.03
长期股权投资	6 923.17	基金	604.95
租赁	139.03	债券	5 330.19
买入返售	1 457.62	金融机构	7 134.39
存放同业	5 418.69	工商企业	18 611.87
其他	7 076.14	其他	12 655.52
合计	69 849.5	合计	69 849.48

从资金投资方向来看，信托资金主要投资于基础产业、房地产、工商企业、股票、债券、基金等领域。其中基础设施、工商企业和房地产一直是信托资金投资的主要方向，以政府为主导的基础产业和工商企业分别投资 1.65 万亿元和 1.86 万亿元，占比分别为 23％和 27％。顺应国家加强实体经济发展政策的影响，信托在工商企业中的资金配置比例逐年攀升，目前工商企业已经成为信托资金的第一大配置领域。除此之外，信托公司在过去几年来也一直在基础设施产业中扮演着很重要的角色，虽然受到 2010 年地方政府融资平台清理工作的影响，以政信合作为基础的基础设施信托的规模有所降低，但基础产业信托目前仍是推进信托业发展的主要动力之一，从 2012 年来看，高速公路、地铁、机场和保障房建设等基础设施项目成了基础产业信托新的增长点。另外，金融机构、房地产和债券也是信托资金的主要投资方向，占比分别为 10％、10％和 8％，如图 2.5所示。

自 2007 年信托公司开始重新获得信托牌照以来，信托产品所涉及的广度和范围大幅扩大。目前监管机构为了避免阻碍信托业的创新发展，尽量不对信托业的发展施加较多的限制，所以信托产品是所有资产管理类公司中产品同质化最小的行业。

信托产品按产品结构和投资者可以划分为资金信托和财产管理信托，资金信托又分为单一资金信托和集合资金信托。单一资金信托是指信托公司接受单个委托人的资金委托，依据委托人确定或由信托公司代为确定的管理方式，单独管理

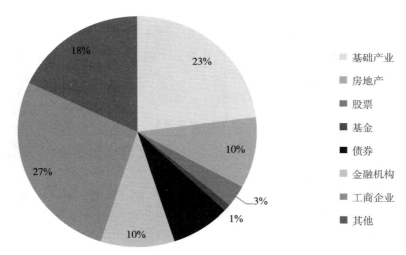

图 2.5 按资金投资方向分类

和运用货币资金的信托。其中银信合作信托是单一资金信托的一个主要代表。集合资金信托是指信托公司管理资金信托业务时，为了委托人共同的信托目的，将不同委托人的资金集合在一起进行管理的信托，集合资金信托可以向社会非特定人群公开发行，也可以向特定人群和机构发行，集合信托产品的质量普遍较高。财产管理信托是指信托公司代客户管理非货币性资产，可以是向投资者提供的产品，也可以是向客户提供的服务。

用益信托统计数据显示，2012 年共发行超过 90 款的中小企业集合信托产品，平均预期收益率为 8.14%，最高达 11.5%，这类产品的收益率主要集中在8.5%左右。2010~2012 年，信托公司为受益人创造的实际年化收益率分别为4.63%、4.3%和6.33%，三年分别为受益人带来了 366 亿元、705 亿元和 1 861亿元的收益，收益总额高达 2 932 亿元。三年来信托公司收取的平均年化报酬率都保持在小于1%的水平，三年的收益率分别为 0.76%、0.55%和 0.75%，占信托公司管理信托资产总收益的 10%~14%，即信托收益中的 86%~90%的收益分配到了信托受益人手中。这也逐渐树立了信托公司优秀资产管理人的形象，使信托公司在投资者心目中的地位逐渐提高。

以 2012 年为例（表 2.4），2012 年共发行 5 307 只信托产品，其中特色类信托产品为 1 093只，占全部新发行信托产品的 20.6%，特色类信托产品中，政信合作子信托产品新增 536 只，规模 933 亿元，是所有特色类信托产品中新增数量最多、规模最大的产品；古董艺术品信托预期收益率最高，为 9.85%，另外，保障房信托、矿产能源信托的预期收益率也都超过了 9%，特色类信托中预期收益率最低的是阳光私募类，预计收益率在 7%左右。

表 2.4　2012 年新发行特色类信托产品

信托	数量合计/只	占比/%	规模合计/万元	占比/%	平均发行规模/万元	平均预计收益率/%
保障房信托	52.00	0.98	1 323 882.54	1.88	25 459.28	9.13
矿产能源信托	132.00	2.49	2 742 099.00	3.89	20 773.48	9.13
古董艺术品信托	30.00	0.57	179 454.00	0.25	5 981.80	9.85
黄金信托	2.00	0.04	32 380.00	0.05	—	—
酒类信托	11.00	0.21	200 887.38	0.29	18 262.49	7.66
银信合作信托	536.00	10.10	9 338 921.08	13.25	17 423.36	8.96
PE 类信托	8.00	0.15	129 000.00	0.18	16 125.00	8.82
阳光私募	322.00	6.07	2 409 773.76	3.42	7 483.77	7.03
特色合计	1 093.00	20.60	16 356 397.76	23.21	14 964.68	8.12
新产品合计	5 307.00	—	70 483 462.07	—	13 281.23	—

目前除了前面介绍的标准的信托产品以外，还有很多创新类、有特色的信托产品诞生，包括保障房信托、矿产能源信托、古董艺术品信托、酒类信托、银信合作信托、PE 类信托、阳光私募；等等。

2009 年和 2011 年是房地产发展较为繁荣的时期，房地产信托发展较为迅速，成为房地产开发商最主要的融资渠道，除了为房地产开发商提供债务融资外，信托公司还发行了大量的股权、收益权及混合类产品。信托公司以股权的形式为房地产企业进行融资时，一般会持有房地产开发项目的大部分股权，达到控制的目的，以便可以积极地管理项目的风险。但是近年来，随着政府对房地产的管控，截止到 2012 年上半年年末，房地产信托余额 6 751 亿元，余额基本持平，但占比下降，从 2011 年的 17.24% 下降到 2012 年的 12.81%。从 2012 年开始房地产信托到期规模迅速增加，进入兑付密顶峰，仅 2013 年上半年集合资金房地产信托到期规模就超过 1 000 亿元，所以，对于房地产信托，我们仍需保持较高的警惕。

矿产能源信托是指将资金应用于矿产资源开采等相关领域的信托，随着矿产能源被纳入"十二五"规划这一政策的实施，收益处于高位的矿产能源信托受到越来越多信托公司的青睐，2011 年共发行 157 款矿产能源信托产品，发行规模 481.3 亿元。但是由于矿产能源投资需要更多的专业知识的支撑，同时矿产能源受到矿产的位置、开采条件和运输条件的客观限制，加之矿产能源的长期资金需求与信托产品的时间不能很好地匹配，矿产能源信托产品在 2012 年的发行数量和规模相比于 2011 年有所减少。目前矿产投资信托资金的主要运用方式还是传统的贷款和股权投资信托计划，但随着政府政策的引导及信托产业的积极创新，融资租赁和产业投资资金模式的信托也逐渐应用于矿产能源信托。

阳光私募是指基金公司借助于信托这个平台，通过信托机构发行和监管机构备案投资于股票市场的基金。阳光私募的资金由第三方银行托管，定期发布业绩报告，它与一般私募基金最主要的差别就是规范化和透明化。2004 年 2 月，第一只阳光私募基金"深国投-赤子之心集合信托"推出以后，阳光私募稳步发展，据不完全统计，截止到 2012 年年底，阳光私募基金的规模已突破 1 800 亿元。但是自从 2010 年以来，阳光私募基金市场逐渐变得不景气，虽然 2012 年中国证券登记结算有限公司颁布《关于信托产品开户结算有关问题的通知》，信托公司可自行开立证券账户参与证券交易，这一举措降低了阳光私募的账户成本，但是由于生存环境没有明显好转，阳光私募的寒冬依旧没有过去。截止到 2012 年 8 月底，全行业 844 只阳光私募产品的平均收益率为－0.35%，2012 年以来，清盘数量已超过 170 只。虽然阳光私募较其他信托产品，收益率较低，但其回报仍然超过上证指数。

另类投资信托产品。高资产净值人士目前仍是信托公司另类产品的主要投资者，特别是对酒类、古董、珠宝和艺术品有特殊偏好的投资者。信托公司也对此需求做出了回应，相继推出了酒类、艺术品、古董、贵金属等信托产品，但是目前这类信托产品只占整个信托资产很小的一部分。

证券投资信托。证券投资信托涉及的产品防伪较为广泛，包括结构型证券、阳光私募及在一、二级市场上市的其他证券。证券投资信托曾受到开设新账户的限制，这就迫使信托公司推出创新类产品，包括信托中的信托（trust of trust TOT）、套利型证券投资信托等产品。TOT 产品类似于基金中的基金（fund of fund，FOF），即由信托公司设立信托计划，再投资于其他已经存在的证券投资信托计划，这样信托公司就可以间接地投资于证券市场，同时也可以达到投资分散化和降低风险的目的。套利型证券投资信托利用不同市场中相关证券的定价差异来盈利，涉及可转债、权证、交易型开放式指数基金（exchange traded funds，ETF）和封闭式基金等多种产品。

银信合作信托也是对信托公司影响较大的一个创新类产品。信托公司可以根据客户的需求设计理财产品，银行拥有成熟广泛的客户资源和服务网络，可以向客户推销理财产品，二者结合可以达到优势互补的效果。目前银信合作信托收益率在 2.5%～5%，产品的平均存续期为 120 天，有较好的流动性且收益率高于同期银行存款利率，吸引了大量客户。

2009～2010 年，银信合作信托的规模每年都以超过 50% 的增长速度，由于此类理财产品增长迅速，并且部分银信合作理财产品有将银行表内资产转移到表外的嫌疑，中国银监会为了限制此类渠道类产品的发展，先后出台了多项规定，直到 2011 年年底，银信合作理财产品的增长速度才有所放缓。2012 年 1～12月，银信合作信托整体的规模是逐渐上升的，虽然中间个别月存在一些波动，如图 2.6 所示。

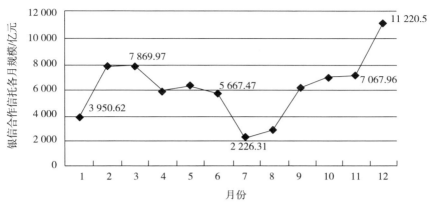

图 2.6　2012 年公布的银信合作信托各月规模

第二节　中国大陆之外的信托发展情况

一、英国信托业

1. 英国信托业的起源——用益制

虽然还略有争议，但一般认为，信托最早的发源是来自英国的用益制。用益制最早诞生于 13 世纪的英国，其实质是某人将财务交由另一人管理，受托人凭借信用将财务及投资收益交予受益人。用益制流行有以下几个因素。

首先，当时英国教徒死后经常把土地赠予教会，而当时的法律规定，对于教会不能征税。这样的规定严重影响了君主的收益，因此在 1279 年国会颁布法律——《没收法》(The Statue of Mortmain)规定将土地赠予教会需要有君主或者诸侯的批准，违者土地将被没收。为了摆脱法律的限制，土地所有人将土地委托第三人代理，并将收益转交给教会。

其次，当时英国实行长子继承制，封土的转移既受到上级领主权利的限制又受到继承人继承土地要求的限制。同时，领主在土地上对陪臣享有过多的封建附属权利，如协助金、继承金、监护权和没收等，这些沉重的经济负担也使人们开始寻找另外的制度设计(麻帅等，2010)。

最后，十字军东征及之后的玫瑰战争，参与战争的封建主将土地转让给受托人进行经营和管理，保障妻子和孩子以后的生活需求。

因为存在着需求，从 13 世纪开始用益制变得十分普遍，但因为用益制本身的存在就是为了规避普通法的限制，所以在最初，用益制并没有得到普通法的承认。

广泛使用的用益制也给这个国家带来一些问题。封建领主失去享受大量封建特权的权利，同时也产生了大量的欺诈问题，违反了法律保证公平的目的。受托人管理财产，并将收益转交给受益人，往往只是依靠自己的信用。如果受托人不顾信誉，将受托的资产占为己有，受益人也并没有合理的办法维护自己的权利。受益人与受托人只是纯粹的信任关系，在法律中并没有办法约束彼此的行为。由于普通法僵化保守，严守法律程序又不富于变通，因此用益制设计下的受益人利益无法取得普通法院的保障。这种情况下国会出台了一系列的法律，希望能阻止用益制的使用。在这一时期，普通法并没有承认用益制，也没有保护委托人及受益人的权利。

为了保护自己的权利，人们直接诉诸国王，请求救济。起先国王亲自审理此类案件，其后则交由大法官审理。至 15 世纪，大法官法庭又发展成为与普通法院分庭抗礼的衡平法院（崔明霞和彭学龙，2001）。与普通法相比，衡平法虽然尊重法律，但是更加重视道德约束，并不允许极端不公平事件的发生。大法官以正义和良心的名义，保证受托人管理受益人财产的义务具有效力。在大法官看来，委托人信任受托人而将财产交给他管理，受托人背信弃义是不道德的。因此，信托制度逐渐被衡平法院认可和支持，并赋予法律上的地位。

衡平法院极大地促进了用益制的发展，大法官们为用益制的发展和完善做出了很大的贡献，使用益制更加完善，其中包括用益的产生方式、受托人或受益人的资格、用益受托人的地位、受益人权益的性质、受益人权益的附属权利五个方面（余辉，2004）。根据衡平法院于 1521 年出台的规定，用益的产生不仅可以是明示的，也可以通过双方的行为认定。如果一人将财务委托于另外一人，同时受托人并没有付出相应的价格，那这种行为就会被法律认为是用益产生；国王不能成为用益的受益人，但外侨和被剥夺公权的人可以成为用益的受益人。明确受益人对资产的收益享有占有权，并且委托人必须按照受益人的指示管理受托资产。

大法官的判例积累和制定的法律法规，帮助亨利八世在 1536 年制定了《用益法》，使用益制的法律基础又上升到了一个新的高度。《用益法》最初的制定，也是因为越来越多的人使用用益制，逃避了封建主本应该享受的封建附属权利，严重损害了封建主的礼仪。为了维持自己重要的经济来源，因此，亨利八世制定了《用益法》。《用益法》把与土地利益相联系的用益权引进了普通法，同时和其他类型的权利相联系的衡平规则继续发展。因此，它给予了同土地利益相联系的普通法规则所需的弹性，又使大法官能够在其他的法律中自由地运用用益的概念（余辉，2003）。一般认为，《用益法》是现代信托制度的起点。

1536 年《用益法》第 1 次从普通法的角度认可了用益的合法性。例如，第 1 条规定：任何人或数人，为了任何别的人或数人或任何政治体的用益、信任或信托，通过交易、买卖、转让、罚金、财产收回、合同、协议、遗嘱或别的不论什么方式，占有或将占有任何荣誉、城堡、庄园、土地、住宅、租金、服役、未来所有权、剩余地产权就具有或从此将具有这种自由继承地、限嗣继承地、终身地产域有期地产上或别的地产上的任何用益、信任或信托，或者剩余地产权、回复权上的任何用益、信任或信托；从普通法的目的、结构和目标来讲，这种拥有将从此被视为是合法地占有了该荣誉、城堡、庄园、土地、住宅、租金、服役、未来所有权、剩余地产权或别的世袭财产，以及他们的从属权利，他们在这些财产上拥有或将拥有的信托、用益或信任也是合法的。同时法律也维护了国王和封建主们的经济利益，如第 10 条规定：从 1536 年 5 月 1 日起，国王将被授权对先占权、转让、剥夺、转让罚金、救济或租借地继承税的权利，从土地的用益权转为普通法的合法地产权。只有将这种用益权转化为普通法上的合法地产权之后，国王的封建附属权利才能得到保护。第 13 条规定：法案中规定的内容，不应损害国王对未成年继承人的监护权。监护权是国王封建利益的一个重要来源，其是指封地的所有去世时其继承人如果尚未成年，则上级领主有权利取得这片土地的收益，直至继承人成年，但同时上级领主也有抚养继承人的义务。

总的来说，《用益法》的颁布是为了保护国王和封建领主的封建权利，具体操作是将衡平法中的用益权转化为普通法中的土地所有权。尽管学术界关于《用益法》对用益制的态度还存在着争议，对于《用益法》的本意是否是要废除用益制度，以及《用益法》对于维护封建领主的封建权利效果还有很大的分歧。但一般认为，《用益法》为后来的英国信托制度的发展奠定了法律基础，成为信托发展的重要环节。

英国信托发展的一个重要转折点是 1635 年的萨贝奇诉达斯顿案。此案之前，"用益之上的用益"并不被承认。双层用益的基本构造是：甲将土地转让给乙，规定乙为丙的用益，丙又为丁的用益而占有土地。丙的用益为第一层用益(名义上的用益)，丁的用益为第二层用益(实际上的用益)(陈颐，2011)。从本案的裁决来看，法官们承认了第二层用益。此案的判决成为现代信托业一个重要的契机。现代信托制度就是起源于双重用益制度。人们最初将第二层用益称为"trust"以示区别，即信托制。之后人们逐步将所有《用益法》中不承认的用益都称为信托。

2. 英国信托的发展

如上文所述，英国信托起源于私人事务，受托人一般为有一定信誉的人。之后又产生了一些信托，主要目的是保护弱势群体及未成年人的正常生活，推选的委托人有较高的社会地位和崇高的名誉，一般来说都是律师、牧师等品行出色的人。他们作为信托的受托方，履行的往往是道义上的义务，依靠受托人崇高的道德观念约束他们的行为，保证他们对受益人负责。因此在当时，人们往往以成为信托的委托人为骄傲，自然而然，他们也不会对信托委托收费。收取委托费用的情况十分罕见，即使收取费用也十分少。随着个人信托业务的逐步增多，受托人开始对信托收取合理的费用，而不再像从前一样只是象征性地收费。此时信托已经从非营业性质转向营业性质，但仍是由个人承担信托责任。

个人信托最大的优势就是方便易行，这与信托制度的起源密不可分。但随着信托业务的不断增加，弊端也渐渐被发现。这种依靠信用和名誉而托付的行为没有控制受托人的行为机制，经常引发一些矛盾。个人在受托信托的专业性、持续性及广度也不能满足英国日益蓬勃发展的信托行业。当时英国的殖民地已经遍布全球，英国被称为"日不落帝国"，英国的信托业务也分布在每一片殖民地上，但个人信托很难管理偏远地区的财务。和日益发达的经济相比，依靠个人信用管理的信托显然已经落后于时代。因此英国政府先后两次颁布法律，规范了个人充当信托受托人的行为。之后又建立了官营受托局，以法人的身份作为受托人管理信托财产。从此，英国信托由个人信托时代，迈入了法人信托时代。

随着信托规模的发展，法人信托占有的比重越来越大。相比于个人信托，法人信托的分工更加明确，法人信托对财产的投资能产生规模效应，各部门的分工更加明确。和私人信托不同的是，法人信托具有较强的稳定性，并不会因为受托人生病或去世而受到影响。1908 年，英国成立了官营受托局，以国家经费为资金来源受理信托业务。这项法律从立法的角度承认了信托，促进了信托业的发展，标志着英国信托开始走向法人信托的开端。从本质上来说，官营受托局并不以盈利为目的，收费十分低廉，刚开始时其主要服务对象仅仅是参战的英国军人，之后才有所扩展。官营受托局的主要业务包括以下四个方面。

(1)管理 1 000 英镑以下的小额信托财产。

(2)代保管有价证券及其他一些证件。

(3)作为受托人执行遗嘱、管理财产等，同时可以被法院指定为受托人。

(4)犯罪财产的管理人，包括对罪犯所侵害的受害者进行赔偿、代罪犯进行诉讼及家庭抚养方面的支出(刘金凤等，2009)。

随着英国富人阶级积累的财富越来越多，官营受托局的业务显然已经不能满足他们的需要，于是有营业性质的法人信托开始蓬勃发展。他们致力于合理地投资受托资产，保证财产的价值，并按委托人的意愿将收益转交给受益人。至此，英国信托步入了全新的发展时代。

3. 英国信托业务

现代英国信托主要是私人信托，其占到了总额的 80％以上，这也与英国信托悠久的历史和传统信托文化密不可分，而以民事信托为主的特点，也从信托开始到现在延续至今。尽管法人信托占的比重并不大，但法人信托主要集中在四大商业银行，即国民威斯敏士特银行、密特兰银行、巴克莱银行和劳埃德银行。信托的经营内容，主要是传统的民事信托和公益信托。此外，商事信托也成为越来越重要的部分。

民事信托是英国信托的传统，最早的信托来源于民事信托，主要是他信信托，即受益人为非委托人的第三人。民事信托按照信托业务可以分为个人信托和法人信托。个人信托的主要业务包括财产管理、财务咨询、遗产执行、遗产管理。法人信托的主要业务包括法人组织的股份注册及过户、年金基础的管理、公司债券的受托等。一般来说，民事信托并不需要积极地运作受托的资产，而只需要完成委托人的托管。

19 世纪初，英国国内兴起了海外投资热，很多人将财产委托给律师进行投资，获得的收益除了部分交付律师的酬劳外，剩余收益均归委托人所有，这就是最早的商事信托。之后英国于 1863 年成立了历史上第一家信托投资公司——国际财政公司，从此商事信托开始了快速地发展。

英国的商事信托主要分为三类，即单位信托、开放式投资公司和投资信托。单位信托是一种开放式的信托基金，购买信托单位和单位信托管理公司达成协议并享受收益。开放式投资公司是公司制的开放投资基金，以公司的形式进行投资，委托人投资的资产会显示在公司的资产负债表中。投资信托是公司制的封闭投资基金，基金存续期间金额封闭，可以将信托收益转让，但不能收回。商事信托与开放式投资公司和民事信托不同的是，商事信托往往是自益型的，信托的目的在于财产的投资和升值，而并非简单地完成托管任务。

现代英国信托业的发展十分完备，已经远远超出信托最早的范围。由最初有特定的受益人，到现在没有特定的受益人。公益信托的受益人就是公众利益，并没有特定的收益个人，其关注的往往是环境保护、教育、医疗等关系到公众的事务，公益信托并不以营利为目的。

国民信托是英国公益信托中影响力最大，历史最悠久的公益信托。国民信托的主要经济来源是会员的会费、捐赠及公益信托所有的一些景区的门票。国民信托现在已经有 356 万会员、709 英里(1 英里＝1 609. 344 米)海岸线、250 000 公顷(1 公顷＝10 000 平方米)景色优美的土地，以及纪念碑、公园、历史遗迹等。它们以全体会员为委托人，公益信托机构为受益人。会员进入景区不需要购买门票，非会员则需要。同时，国民信托还有 52 000 个志愿者为其提供免费服务。

二、美国信托业

1. 发展历史

美国是世界上最早完成个人受托向法人受托过渡、民事信托向金融信托转移的国家，比英国要早 80 多年，为现代信托制度奠定了基础。美国信托制度脱胎于英国，但并没有囿于观念，它一方面继承了公民个人之间以信任为基础，以无偿为原则的非营业信托，另一方面其一开始就创造性地把信托作为一种事业，用公司的形式大范围地经营起来。

18 世纪末至 19 世纪初，美国从英国引入了民事信托，并逐步完成了信托业务从民事信托转换为商事信托以至发展成为现代金融信托的历史使命。美国早于英国大约 80 多年就创立了信托机构，仅 1820～1840 年的 20 年间，美国就有 31 家公司获准从事信托业务。到了 1853 年，美国最先成立了世界首家专门经营信托业务的信托公司。南北战争后，美国急需资金用于恢复建设，信托作为筹集资金的有效手段，信托业的发展达到了鼎盛时期。大致从 1918 年银行获准兼营信托业务开始，美国的信托业务便后来居上，且早于英国几十年就完成了个人受托向法人信托的过渡、民事信托向金融信托的转移，成为当今世界上信托业最为发达的国家。

19 世纪 30 年代，纽约州率先允许保险公司兼营信托业务而成为美国信托业的先导，1822 年成立的美国纽约农业火险与放款公司（后更名为农业放款信托公司）被称为美国信托公司的鼻祖，其后宾州和俄亥俄等州相继跟进，宾州州立人寿保险公司、俄亥俄人寿保险与信托公司、纽约人寿保险与信托公司、北美信托及保险公司等先后经营信托业务，通过其不断创新快速发展，开创出了以公司为组织形式、以营利为目的的商业信托模式，很快就超过了信托业发源地——英国。

1853 年，纽约成立了美国联邦信托公司，这是美国历史上第一家专门的信托公司，其业务比起兼营信托业务有了进一步的扩大和深化，在美国信托业发展历程中具有里程碑式的意义。19 世纪末到 20 世纪 80 年代，是美国现代信托事业得到真正发展的时期。1865 年美国内战结束后，为了适应战后经济重建的需要，政府放宽了对信托公司的管制，一方面便利了信托公司的设立，使信托公司数量迅速增加，资产迅速壮大；另一方面扩展了信托公司的业务经营范围，1868 年罗德岛医院信托公司获准可以兼营一般的银行业务，标志着美国信托业的发展历程，即信托公司既主营信托业务，又兼营银行业务的开始。此后银行也开始兼营信托业务。

1913 年美国国会和联邦政府批准《联邦储备银行法》，允许国民银行兼营信托业务，后来各州政府批准州银行准许开办信托业务。其主要的方式有通过在银行内部设立信托部，或者将银行改组成信托公司，或者银行购买信托公司股票间接操纵信托公司等。到 1924 年美国的信托公司达到 2 562 家，资产超过 132 亿美元，进入 20 世纪 30 年代，信托公司的数量由于大危机和"罗斯福新政"的影响有一定减少，但是信托资产在美国金融资产中的占比却不降反升，到 1932 年，美国的信托公司数量只占银行数量的 6%，而信托资产总额却占金融总资产的 23%。

第二次世界大战后，美国政府加大了国家干预调控经济的力度，采取温和的通货膨胀政策，刺激经济的发展，于是美国资本市场急速扩张，有价证券的发行量不断上升，信托投资业也获得了更好的发展环境和开拓空间，业务活动从经营现金、有价证券到房地产。业务范围和经营手段都时有翻新，包括公司债券信托、职工持股信托、企业偿付性利润分配信托、退休和养老基金信托等新的信托业务和信托品种层出不穷，信托资产的规模迅速扩大。1970～1980 年，美国商业银行的信托财产从 2 885 亿美元增加到 5 712 亿美元，占商业银行总资产的 4%

（姜佐成，2004）。

到了 20 世纪 90 年代，随着对 30 年代中期以来建立起来的社会保障体系，特别是《雇员退休收入保障法》的进一步完善，美国的养老金和退休金信托获得了长足的发展。由于养老金占国民生产总值（GNP）的比例不断提高，从 1960 年的 4％增加到 1990 年的 8.8％，1990 年私人和各级政府设立的养老基金持有资产约为 3 万亿美元，已经超过保险公司持有资产 2 万亿美元的规模，信托基金资产也从 1980 年的 400 多亿美元增加到 1990 年的 2 149 亿美元（邵益民和蔡普华，1999）。退休和养老基金成为美国广大企业雇员把短期收入进行长期投资的主要渠道，这也是促使美国资本市场发展的一个要素。有专家指出，90 年代美国的道琼斯指数从 1995 年年初的 4 011 点上升到 1999 年年中突破 10 000 点大关，其中与养老基金的助推作用密不可分。

2. 发展现状

经过多年发展，美国的信托观念已经深入人心，证券投资信托已经成为美国证券市场的主要机构投资者。1981 年 9 月作为其主要形式的开放型投资公司的基金总数已经超过 1 505 个，资产净额为 1 661.7 亿美元。1992 年年初，全美中等规模以上的投资基金已近 3 000 家，资产净值超过 14 000 亿美元（马亚明，2001）。

美国的信托业务，按委托人法律上的性质分为个人信托、法人信托、个人和法人混合信托三类。个人信托包括生前信托和身后信托两种，委托信托机构代为处理其财产上的事务和死后一切事务，包括受托管理财产、受托处理财产、指定充当监护人或管理人及私人代理账户。法人信托主要是管理企业雇员基金账户、代理企业和事业单位发行股票与债券（如发行公司债券信托）、进行财产管理（如商务管理信托）、表决权信托、代理股票经纪业务，以及代办公司的设立、改组、合并及清理手续等业务。个人和法人混合信托包括职工持股信托、年金信托、公益金信托等。近些年，美国还开发了许许多多新型的信托投资工具，如货币市场互助基金、现金管理账户、共同信托基金、融资租赁业务及把信托资金投资于大额存单、商业汇票和国库券等短期资金市场等。伴随信息技术革命时代的到来，美国信托业为适应市场的变化和满足投资者对资金运用的选择要求，业务项目仍在不断扩展。

美国信托业基本上已经为本国商业银行尤其是大商业银行所垄断，由商业银行信托部兼营。自从银行从事信托业务以来，美国信托业由原来的信托兼营银行业务，发展为目前商业银行兼营信托业务的格局。据统计，全美约有 420 多家银行兼营信托业务，信托业务已成为美国商业银行业务的一个重要组成部分。从其发展的过程来看，美国是世界上证券业最发达的国家，由于不允许商业银行经营证券的买卖，造成了商业银行为此设立证券信托部代为经营，这也是美国信托制度发达的最主要原因之一（王礼平，2005）。

3. 发展趋势分析

20 世纪 80 年代以来，随着经济全球化和金融自由化的发展，世界各国对金融管制的放宽，美国信托业制度及其业务发生了很大的变化，出现了一些新的动向特征。

第一，信托职能向着多元化的方向发展。美国在继续强调信托财产管理职能的同时，对信托的其他职能也愈加重视，主要有三项：一是融资职能。美国在第二次世界大战后进一步完善信托制度，增加了信托机构的融资职能，加大了吸收社会游资的力度，反过来也为美国的产业和证券市场的发展提供了有利的资金支持。二是投资职能。不同的项目有不同的资金需求，有些建设周期长，收益稳定的项目银行可能不太喜欢贷款；一般的投资公司也会因回报周期太长而放弃，但却适合信托资金投资，如美国油田、天然气的开采很多就利用了信托资金。三是金融职能。在传统的代理证券业务、基金业务、代收款业务的基础上，美国的信托机构将金融服务推广到纳税、保险、保管、租赁、会计、经纪人及投资咨询服务领域。信托职能的多元化，不仅发挥了投资和融资的功能，而且也促进了社会公益事业的发展。

第二，信托经营模式有所转变。美国信托业运行最初的自然发展状态是一种混业形式，此后走上了混业经营—分业经营—混业经营的发展运行道路。20 世纪 70 年代以来，以美国为首的实行金融分业经营体制的国家纷纷走上混业经营的发展运行道路，混业经营体制逐步成了国际金融业的主流。1999 年美国通过了《金融服务现代化法》，彻底废除了分业经营体制。由于美国实行混业经营，信托机构出现了与其他金融机构交叉融合的趋势，使信托机构这一独立的金融机构概念逐渐模糊，特别是美国银行兼营信托业务和信托机构从事银行业务十分普遍，有的是银行内部有信托，有的是信托银行化。尽管在银行内部或信托机构内部，银行与信托的两个部门是明确分开的，二者在性质和业务上的重点不同，内部结算也自成体系，但界限已经越来越模糊，而且信托所提供的金融产品和金融服务，与银行所提供的已经无明显差别（姜佐成，2004）。

第三，信托投资业务逐渐国际化。进入 20 世纪 80 年代以来，美国信托业参与国际金融市场的步伐加快。例如，在日本，日本向美国及其他西方国家开放日本的信托市场后不久，美国摩根银行、纽约化学银行、花旗银行等被批准在日本开展信托业务。与此同时，美国也向日本的银行开放其国内信托市场，使日本的信托银行体制进入美国和欧洲国家，促进了日本和其他发达国家信托业的交流与发展。这种信托投资业务的国际化，使国际竞争日益加剧，刺激了美国信托业的创新。

第四，信托品种日益创新。从美国的实践来看，信托品种一直随着社会环境的变迁而不断创新。从信托的利用者来看，早期信托的主要利用者是个人，目前公司企业已成为信托的重要利用者。早期信托曾被视为富人的专利，而今信托早已走近寻常百姓家，成为中小资产者投资理财的工具。从信托的应用领域来看，早期信托主要应用于家庭和民事领域，目前已被应用于社会生活的各个领域。现代信托不仅在家事领域被用做积累家产、管理遗产、照顾遗族生活、保护隐私等方面，在商事领域还被用做中小投资者的投资工具(投资基金)、方便企业融资的手段(公司债信托、动产信托、贷款信托)、经营企业的方式(表决权信托、商务管理信托)等。信托不仅在社会公益领域广为运用(公益信托)，而且也广泛用于社会福利领域(年金信托)，甚至在政治领域被用做一种防范权钱交易、维护政治清廉的工具(全权信托、盲目信托)。

第五，养老金信托呈逐年增长的趋势。在政府的推动下，美国的职业年金计划得到了迅速发展，美国养老基金占 GDP 的比例高达 70% 左右，企业年金滚存积累额已经超过 6 万亿美元。养老基金是一种公共性很强的资产，信托方式对其进行管理和运营是最合适的形式，因此，随着养老基金的增长，美国养老金信托呈逐年增长的趋势。

第六，电子化交易逐渐盛行。随着互联网时代的到来，以美国为首的发达国家的信托公司纷纷开设了网上服务、电子银行、B2B 电子商务、网络银行等新型交易方式不断发展。通过互联网，信托公司能为顾客提供金融调研、在线个人理财工具、利率、股市查询及金融信息等。未来的美国金融信托业务将把注意力更多地集中于客户的需求，维持与客户的关系，提供电子化高技术的产品和服务以满足客户需求(王礼平，2005)。

4. 美国信托业的主要特征

第二次世界大战以后，由于美国国内金融环境和政府经济政策的变化，刺激了美国经济快速发展，经济的发展又带动了信托业的大规模发展。美国信托业的主要特征表现为以下几个方面。

第一，美国的银行可以兼营信托。实行信托业务由银行兼营，广泛开展银行信托，商业银行在经营银行业务为主业的同时，允许开办信托业务，目前大部分商业银行都设立了自己的信托部门来从事信托业务，美国的信托业务基本上由大的商业银行设立的信托部所垄断。美国信托业经营机构包括专门信托公司和兼营信托机构两种，专门信托公司数量较少，兼营信托机构较多。在美国的金融体系中，信托机构与商业银行享有同等地位，只要符合条件，都可以成为联邦储备体系成员，目前大多数信托公司都加入了联邦储备系统。美国是特色鲜明的金融业银行、信托兼营的典型国家。

第二，美国的银行业务和信托业务兼营但不混营。美国的信托业务多由银行兼营，但不同于日本的信托银行制度，美国的信托业务和银行业务在商业银行内部是相互独立、按照职责严格加以区分的，即实行"职能分开、分别核算、分别管理、收益分红"的原则。一方面对信托从业人员实行严格的资格管理，另一方面禁止从事银行业务工作的人员担任受托人或共同受托人，以防止信托当事人违法行为的发生。信托业作为长期金融和财务管理的专业机构，必须以国民经济发展和居民货币储蓄与财产积累为前提条件，是沟通货币市场和资本市场的有效途径及重要桥梁。这种经营模式上的兼业与业务独立分离式管理方法体现了美国信托制度的独特性，反映了银行业务和专业信托业务的区别与联系，对此我们分析如下。

第三，信托业以有价证券投资为主要特征。美国信托业务中有价证券业务开展尤为普遍。在信托业财产结构中，有价证券是主要的投资对象，这是美国金融信托业务发展中的一个显著特点。美国是世界上证券业最发达的国家，几乎各种信托机构都办理证券信托业务，商业银行为了规避不允许直接经营买卖证券和在公司中参股的法规限制，大多设立证券信托部代理证券业务，为证券发行人服务，也为证券购买人或持有人服务。商务管理信托(表决权信托)代理股东执行股东的职能，并在董事会中占有董事的地位，从而参与管理企业。1990年全美信托财产中，普通股票投资所占比例达48%，企业债券所占比例达21%，国债和地方政府债券所占比例达18%，其他信托财产所占比例达13%。

第四，美国信托业基本上为本国商业银行尤其是大商业银行所设立的信托部所垄断，专业信托公司很少。由于大银行资金实力雄厚，社会信誉良好，而且可以为公众提供综合性一揽子金融服务，竞争的结果是，社会信托财产都集中到大银行手中。目前位居美国前100名的大银行管理的信托财产占全美信托财产的80%左右，处于无可争议的垄断地位。

第五，以民办私人经营为主，这也是美国信托业发展的一大特点。美国信托业发源于民办信托机构，很少有英国式的"官办信托局"等公营信托机构，并且美国从个人受托转变为法人受托，承办以营利为目的的商务信托，比英国还领先一步。另外，美国的个人信托业与法人信托业发展都很迅速，而且随着经济形势的变化出现交替不定的现象。遇到经济发展不景气时，个人信托会迅速超过法人信托办理的业务量；遇到经济回升，法人信托又会超过个人信托的业务量。从个人信托与法人信托业务的起伏变化，可以大致了解美国经济形势的变化情况。

第六，美国是实行案例法系的国家，目前尚没有全国统一的对信托业的单独立法。美国又是联邦制国家，各州有自己独立的法律，信托业法规也是各有各的特色。美国最早的信托立法是1887年纽约州发布的，1939年又制定了《信托契约条例》，1940年制定了《投资公司法》和《投资顾问法令》，对有关基金业务做出了规范。美国全国法律委员会早就打算制定全国性的《统一信托法》《统一信托基金法》等，但至今没有完成。有的州银行条例及互助基金等有关法案中，对民事信托、公益信托等做出了必要规范，全美法律协会也整理了一本

《信托法案例大成》。

第七，美国十分重视企业管理，从信托业务特性出发，对信托从业人员制定了严格的规则：一是禁止从业人员向银行客户购买或出售信托资产；二是禁止从业人员向顾客收受礼物或参与信托账户收入的分配；三是禁止从业人员谈论或泄露信托业务及有关顾客的情况；四是任何一个参加银行工作的人员，不能担任受托人或共同受托人，以避免同银行业务进行竞争。

5. 美国的信托模式及品种类别

美国的信托是从英国传入的，开始时和英国一样，由个人承办执行遗嘱、管理财务等业务。随着理财需求的增加，个人承办的民事信托已经不能适应经济发展的要求，以营利为目的法人组织——信托公司和银行信托部应运而生。美国的信托业务，按法律上的性质分为个人信托、法人信托、个人和法人混合信托。

（1）个人信托。其包括生前信托和身后信托。委托信托机构代为处理其财产上的事务和死后一切事务，如分配遗产及赠与物，对未成年子女的监护等。

（2）法人信托。其主要是代理企业和事业单位发行股票与债券，进行财产管理、办理保险、代办公司的设立、改组、合并、清理手续等业务，如有担保债券信托、无担保债券信托、设备信托、建设公债信托。

（3）个人与法人混合信托。其主要分为职工福利信托和公益信托两种。职工福利信托有年金信托、员工分红信托、节约储蓄计划信托、员工入股信托、个人退休账户转账信托；公益信托包括余存财产的公益信托，主导公益信托集合运用收益基金。

美国的信托业务以办理个人的信托业务为主。美国公民持有的证券种类很多，一般要信托机构代理其管理以取得最大化的收益。美国还开发了许多新型的信托投资工具，如货币市场互助基金、现金管理账户等工具，不仅适应了市场的变化和满足了投资者对资金运用的不同需求，而且也促进了信托业的发展。但它与日本的金钱信托所不同的是，美国的信托是通过资本市场（证券市场）直接为政府和企业筹资，并且是通过财产管理的形式进行的，信托业也被称为证券信托（王礼平，2005）。

三、日本信托业

综上所述，信托最早出现于英国并在美国得到了极大的发展。日本是第一个从制度上引进信托的大陆法系国家，日本在将源于英美法系国家的信托本土化的过程中，使信托业在本国走出了一条与英美国家不同的道路，并取得了巨大的发展和进步。目前，日本是世界上信托业最发达的国家之一，并取得了令人瞩目的成绩。

1. 日本信托业的起源与发展

19 世纪末到 1922 年，日本明治维新之后，生产力水平大幅提高，国民经济得到了较快发展。当时很多人认为，只依靠自有资本进行经营的银行将来不会有很大的发展空间，为了补充银行的不足，日本将源于英美国家的信托业引入本国并完成与了本国经济背景的结合，作为中长期资本工具来促进本国经济和产业的发展，这是日本信托的萌芽时期。

1900 年，日本颁布了《日本兴业银行法》，第一次从法律的角度认可了信托。1902 年兴业银行成立，依据之前颁布的《日本兴业银行法》来开展信托业务，自此信托业务先后在安田银行（1948 年更名为富士银行）、第一劝业银行、三井住友银行等多家大型银行中开展起来。由此看来，日本的信托最初也是从银行中发展起来的。作为日本信托业大发展的开端，日本东京信托公司作为第一家专业的信托公司于 1904 年成立。此后日本信托公司飞速发展，1921 年达到 488 家，但规模都比较小，其中 413 家信托公司的资本金不足 100 万日元，不少地方的小型信托公司以发放高利贷为生。第一次世界大战后，日本经济逐渐萧条，信托公司纷纷倒闭，日本政府也借此契机于 1922 年颁布《信托法》和《信托业法》，这两部法律成为日本信托业最基本的法律并成为以后信托业发展的制度保障。

1922～1943 年，第二次世界大战结束前的日本信托。1922 年颁布的两部法律在 1923 年开始正式实施。其中《信托法》对信托、信托财产的管理、相关当事人的权利和义务等做出了规定；《信托业法》对信托的营业机构做出了规范，第 2 条规定，"信托业，非资本金 100 万日元以上的股份有限公司不得经营"。经过此次立法整顿之后，日本信托业只剩下关西信托公司等 50 家，到 1928 年仅剩 36 家，但都是具有雄厚资本，信誉卓越的大型公司，使日本国民对信托的认识进一步增强，也促进了信托业的发展。信托公司经营的信托资产从 1924 年的 1 亿日元增加到 1928 年的 12.6 亿日元，其中 10 亿日元为金钱信托（田守正笃，2001）。此次留存下来的优质信托公司，在很大程度上促进了日本金钱信托的发展，这是日本信托与英国的土地信托、美国的证券信托最大的不同之处。

1927～1933 年，世界各个资本主义国家相继发生金融危机，为了转嫁金融危机的影响，日本发动了侵华战争。"九一八事变"之前，日本的经济发展进入鼎盛时期，信托业也得到了快速的发展，到 1936 年年底信托财产达到了 22 亿日元，除了 18.5 亿日元的金钱信托外，还包括 3.4 亿日元的有价证券信托。金钱信托具有长期融资的功能，为日本经济的发展提供了长期稳定的资金来源，有效地促进了日本的经济发展，信托在日本的地位迅速攀升，成为日本金融行业的三大支柱之一。第二次世界大战期间，日本政府对信托业进行了暂时的管制，到1940 年，信托公司只剩下 26 家。1943 年，日本政府颁布了《关于普通银行兼营信托业务的法律》（以下简称《兼营法》），法律允许银行兼营信托业务，在经济动荡的社会背景下，信托公司发展遇到了困难，要么倒闭要么就被商业银行兼并，到日本投降时，只有三井、三菱、安田等六家信托公司和一家主营投资信托的日本投资信托公司得以留存（刘金凤等，2009）。

第二次世界大战后到1953年，日本信托业走向混业经营阶段。第二次世界大战结束——日本战败，其国内经济一片混乱，产生了恶性通货膨胀，信托业也受此影响举步维艰。1948年，日本颁布《证券交易法》，法律规定禁止信托办理除国债、地方债和政府担保债以外的证券业务，使原本就遭遇困境的日本信托业更加萧条。为了帮助仅存的7家信托公司渡过难关，更好地发展信托公司的筹融资功能，日本政府借鉴美国信托业的做法，绕过1922年《信托法》不允许信托公司兼营银行业务的规定，根据1943年颁布的《兼营法》使信托公司首先转变成银行（信托银行），再允许银行兼营信托业务。到1949年年底，6家信托银行和1家证券公司摆脱了之前的低迷状态，信托业逐渐走向正轨。

在结束通胀和经济低迷之后，日本的经济逐渐好转。1951年，日本实施《证券投资基金法》，以股票投资为主，同时包括对不动产和有价证券的投资，设立信托基金。1952年，日本颁布《贷款信托法》，通过发行不记名的受益权凭证来吸收资金，再将此资金贷给电力开发等"重要产业"，此业务奠定了信托银行作为长期金融机构地位的基础，此后贷款信托几乎成了信托银行的代名词。

1953年到20世纪90年代分业经营阶段。1953年6月，日本大藏省提出将长期金融和短期金融相分离，即"信托分离"的建议。根据该建议，日本政府对信托银行进行整顿，使信托业和银行业分离。信托银行应主要以执行信托业务为主，发挥长期金融的职能，也可以继续经营部分银行业务但仅限于与信托业务有关的银行业务，商业银行就不能再兼营信托业务了。日本信托分业经营的阶段也是日本经济发展的黄金时期，信托业得到了较好的发展。此后日本信托业务不断创新，1962年根据《法人税法》和《福利养老金保证法》设置了税制合格的退休年金制度；1971年设计出了可以转让交易的"收益证券"；1981年出现了"到期还本付息信托"，改进了贷款信托；另外还相继出现了"土地证信托""公益信托"等多种信托产品，促进了信托和国民经济的同步发展。

20世纪90年代以后日本的信托业。80年代后期，日本经济出现"泡沫"，到90年代"泡沫"破灭，为了促进信托业的发展，1984年日本宣布向美国等西方国家开放信托市场。此后日本的信托业受到来自西方国家信托激烈的竞争，不得不走向重组的道路。从2000年开始相继有多家信托银行被收购或重组，直到目前日本信托仍处于这种过渡期。但是日本的信托业并没有因此而止步不前，信托财产已从2000年的282万亿日元增加到2011年的759万亿日元[①]。日本信托业在

---

① 数据来源：中国信托业协会，http://www.xtxh.net/hwxt/13918.html。

国民经济中仍然处于较为重要的位置。

2. 日本信托业的特点

（1）有健全的法律制度。与我国信托业只有"一法两规"不同的是，日本的信托业具有较为完善的法律体系，为信托业的发展提供了有效的保障。1922 年日本颁布了《信托法》和《信托业法》，这两部法律是日本所有信托法律的基石，有较高的法律地位。除此之外还有《兼营法》《投资信托与投资法人法》《贷款信托法》《抵押公司债券信托法》等法律。另外，还有与信托相关的其他法律法规，包括《法人税法》《继承税法》《福利养老金保险法》等。日本信托业一个很大的特点就是法律先行，很多信托业务都是在设定相关法律法规后才逐渐产生的。正是因为日本信托业具有完善的法律体系，才使日本信托业得以健康、有序地发展，这也是在遭受多次经济萧条之后信托依然能够成为日本国民经济发展的一个重要支柱的原因。

（2）垄断的经营格局。自 1922 年颁布《信托法》以后，日本先后经历了三次信托业的调整，重组使日本信托业主要集中在几家资历较雄厚的信托银行之中。目前日本现存的本土信托银行包括中央三井信托株式会社、三菱 UFJ 信托银行等，业务主要集中在少数几家拥有财团背景的信托机构手中，其一方面有利于形成规模效应；另一方面也有利于政府的集中监管。

（3）信托机构主要履行长期金融的职能。普通银行主要经营短期金融业务，信托银行则主要经营长期经营业务。自从 20 世纪 50 年代日本实行信托业与银行业分业经营的方针后，信托机构就成了日本的长期金融机构，主要目的是通过信托支持国家的经济建设，使其独立于其他的金融机构，避免了信托业务与银行业务的混淆。

（4）信托业务以金钱信托为主。日本在借鉴英国和美国的信托经验时并没有完全照搬各国的做法，而是寻找到了一套适合于本国发展的策略，最主要的特征就是以金钱信托为主，并不断开发适合本国经济发展的信托品种。在金钱信托中，委托人将自己的资金委托给信托银行，信托银行则代表委托人对资金进行投资管理，其中资金信托的投资决策被限定在为投资人事先决定的框架之内。

3. 日本信托业的现状

信托银行除了像一般城市商业银行那样提供传统的金融服务之外，还通过信托及相关的业务来满足日益多样化的资金和服务需求。

从图 2.7 可以看出，日本信托业兼具金融和资产管理的功能，金融功能主要由金钱信托和部分与信托有关的银行业务来完成，资产管理功能主要由非金钱信托和遗嘱执行等相关业务来完成（袁江天，2006）。

金钱信托是指在信托设立时，委托人将自己的资金委托给信托银行，在信托

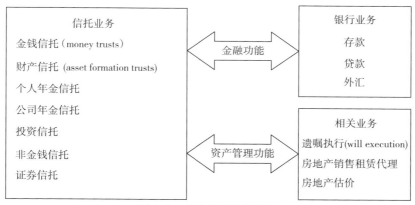

图 2.7　日本信托银行业务

资料来源：袁江天．中小企业融资的信托模式．南开大学博士学位论文，2006

终了时受托人仍以货币资金的形态将信托资金转交给受益人[①]，但是在信托存续期间，受托人可以将信托资金投资于有价证券等非货币资金形态的资产。根据资金运用方式的不同，金钱信托可分为特定金钱信托、指定金钱信托和非指定金钱信托。其中，特定金钱信托是指信托银行在委托人或投资顾问的指示下运用资金进行投资；指定金钱信托是指信托银行在委托人事先指定投资目标的基础上来运用资金。年金和互助协会一般使用的是特定金钱信托，指定金钱信托一般运用于个人投资者的资产管理活动。

贷款信托可以说是日本独创的信托业务。根据 1952 年《贷款信托法》的有关规定，贷款信托是指将信托财产以贷款的形式发放出去而获得收益的信托。信托机构首先确定筹资期限，其次发放"收益权凭证"给委托人购买。贷款信托一般用于长期贷款，且中途不可解约，但是可以用于转让和贴现。由于贷款信托的收益率一般比同期银行存款高且具有较高的安全性，曾一度受到日本国民的追捧；贷款信托也体现了日本信托业"法制现行"的特点。但是随着日本信托业的发展，贷款信托逐渐减少，已经慢慢退出了信托业的舞台。

投资信托是指由专业的投资经理代表投资者来管理投资者资金的信托，投资信托的投资利润按份额进行分配，信托银行担任资产管理人。在这个过程中，信托银行并不直接面对投资者，而是面向投资信托管理公司。投资信托公司也不直接面对投资者，而是由银行、证券公司等直接向投资者销售产品、办理手续、分派利息等。银行、证券公司等直接面向投资者的金融机构将投资者的投资交由投资信托管理公司进行管理，投资信托管理公司再将信托资产交给信托银行，信托

---

① 日本信托法规定，受托人有责任确保金钱信托的本金不受损失，但我国信托法则规定受托人不可以承诺本金不受损失。

银行按照投资信托管理公司的指令进行投资，并通过投资信托管理公司向银行、证券公司等进行赎回。

遗嘱信托是指委托人通过立遗嘱的形式把财产交付给信托公司而设立的信托。与其他信托所不同的是，遗嘱信托是委托人在死亡之后才能生效的，遗嘱信托包括执行遗嘱信托和管理遗产信托。

执行遗嘱信托是指信托机构在接受委托人的委托之后，根据遗嘱或有关法院的裁决，在遗嘱人死亡之后，代遗嘱人办理债权债务的收取和清偿、遗嘱物品交付及遗产的处理等有关事宜。执行遗嘱信托大多是因为遗嘱人财产较多、遗产的分割处理方式比较复杂并缺少可靠执行人（刘金凤等，2009）。管理遗产信托是信托机构受遗嘱人或法院的委托，在某一时期内代为管理遗产的信托业务，遗产管理信托又分为"继承未定"和"继承已定"两种情况。

除上述几种信托业务以外，日本信托业务还包括金钱信托、养老金信托、财产形成给付信托、贷款信托、投资信托、金钱之外金钱信托、有价证券信托、金钱债权信托、动产信托、土地及其附着物信托、包括信托、其他资产信托等，在此就不一一赘述。截至 2012 年 3 月，日本金钱信托和非金钱信托的组成如表 2.5 所示。

表 2.5　日本金钱信托和非金钱信托的组成

信托品种	余额/百万日元	构成比例/%
金钱信托	1 564 665	20.6
养老金信托	326 187	4.3
财产形成给付信托	414	0.000 05
贷款信托	1 437	0.000 18
投资信托	1 032 676	13.6
金钱之外金钱信托	129 361	1.7
金钱信托小计	3 054 743	40.2
有价证券信托	636 174	8.4
金钱债权信托	305 947	4
动产信托	633	0.000 08
土地及其附着物信托	14 523	0.2
包括信托	3 580 427	47.2
其他资产信托	45	0
非金钱信托合计	4 537 752	59.8
合计	7 592 495	100

从信托银行的收入构成中可以看出（图 2.8～图 2.10），其盈利主要来源于信托报酬、贷款金利息和有价证券利息红利收入。随着日本信托银行"分业经营"规定的实行，贷款金利息收入开始大幅度下降，信托报酬在信托银行收入中所占的比例逐年上升，从 1990 年的 13％上升到 2011 年的 30％，日本信托的净收益，

如图 2.11 所示。另外，随着 20 世纪 90 年代日本经济"泡沫"的破灭，资金大幅缩水，不良债权大量增加，日本信托业陷入低迷，直到 1996 年才从这种低迷状态中走出来，但是随着亚洲金融危机的到来及国际信托的激烈竞争，日本信托业再次陷入困境。2010 年日本信托业的发展受到次贷危机和国内经济低迷的双重影响，未来想要实现日本信托业的再次辉煌需要信托业和政府的双重努力。

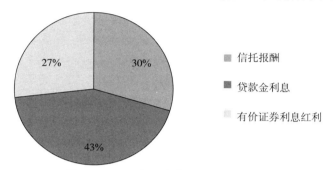

图 2.8 2011 年日本信托银行收入构成

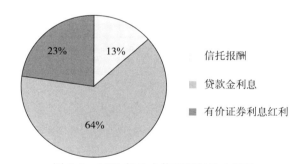

图 2.9 1990 年日本信托银行收入结构

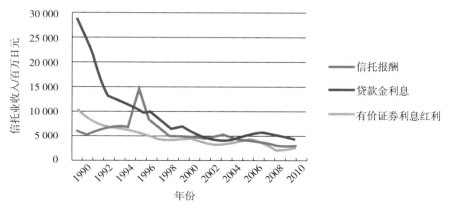

图 2.10 1990～2011 年日本信托业收入构成

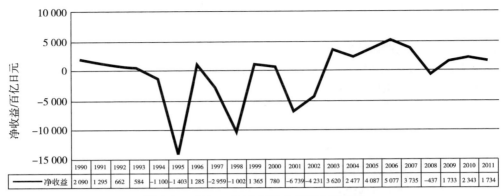

图 2.11　1990～2011 年日本信托业净收益

从信托财产的运用来看，委托人将财产交给信托机构的目的就是利用信托机构的专业能力帮助其理财，进而实现资产的保值增值目的。因此，对信托公司而言，如何对委托人的资金进行有效利用就显得非常重要。

日本信托银行的投资范围比较广泛，包括国债、地方债、公司债、股票、外国证券、贷款及贴现、信托收益证券、不动产、银行存款等。随着 1953 年信托业分业经营的实施，信托机构发放的贷款大大减少，到 2011 年年末只占信托业收入的 0.31%. 由图 2.12 可以看出，截至 2011 年 12 月，日本信托投资中有价证券所占的比例最大，达到了 46%，紧随其后的是信托受益权，所占资金比例为 37%，另外还有 5% 的资金投向信托有价证券，其余 12% 的资金主要投向银行存款或者用于固定资产的占用。由此可见日本信托业的资金投资去向目前还主要集中于少数几个品种。

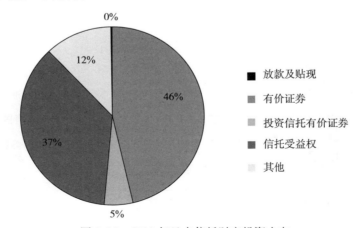

图 2.12　2011 年日本信托财产投资去向

日本信托业的发展大致经历了一个从创立到成熟，从信托公司到信托银行的发展过程，在引进欧美等发达国家信托制度的基础上，日本信托业从一开始就大力发展符合本国国情的金钱信托，先后经历了从分业经营到混业经营再到分业经营的过程。虽然近年来受到经济危机及日本本国经济低迷的影响，信托业的发展较为缓慢，但是相信在日本政府和信托业的共同努力下，日本信托业将会再次走上快速发展的道路。

第三节　信托业扶持中小企业融资

一、信托融资的特点

1. 资金运用方式方面

从融资成本来看，信托融资成本处于中等水平，略高于银行，低于民间资本，并且相对于资本市场来说，不会稀释企业股权，企业可以根据融资的需要和目标，对融资方式进行灵活选择，如股权方式或债权方式。另外，采用信托融资成本一般比较固定，企业可以减少很多隐形"寻租"成本，信托公司在对企业进行前期尽职调查时所耗费的律师费、评估费、会计事务所审计费等前期费用都包含在信托总融资成本之中，由信托公司前期支付，因此企业可以对财务费用进行合理的预期。此外，通过信托融资，获得资金的时间一般比较短。与银行贷款和在资本市场发行股票募资相比，评估、审核等流程要更简单高效。信托融资时间根据委托人和受托人的商定时间和发行时间来定，发行速度快，在市场资金充足的情况下，上亿元的资金只需要一周或几周的时间就可以足额筹集。这对于资金短缺的中小企业来说，信托融资可以有效避免资金到账时间不可预期的缺点（邱兵兵，2011）。

从融资手段来看，信托财产的多样性制度是信托方式多样化的操作基础。作为金融工具的信托产品具有丰富的基础财产，它赋予了信托制度巨大的弹性空间。根据《信托公司管理办法》规定，信托公司可以申请受托经营资金信托业务；受托经营动产、不动产及其他财产的信托业务；受托经营国家有关法规允许从事的投资基金业务；经营企业资产的重组、项目融资、公司理财、财务顾问等中介业务；代理财产的管理、运用与处分等多种业务，实现权益型与债务型信托、直接债务型和间接债务型信托的灵活运用。信托业务的多样性可以渗透到国民经济的各个领域（向荣，2008）。信托较多地体现了契约自治，可以根据投融资方的特点和需要，量身定做适合的产品，既可以融资，又可以融物，如通过设备信托，解决设备买受人资金不足的困难，实现资金融通，即信托可以最大限度地满足委托人的要求。

此外，信托可以弥补企业信用的不足。《中华人民共和国信托法》也明确规定，信托计划成立时，信托财产必须要与委托人和受托人的自有财产分离，不同的信托计划的信托财产也要分离。这就可以使信托资产与融资企业的信托和破产风险进行有效的分离，具有信用保证和风险控制机制，而通过银行和证券方式进行融资，信用风险只能通过企业内部财务管理来防范。同时，信托在信用担保方面具有很大的灵活性，在为企业进行贷款时，不仅可以使用土地、厂房设备进行抵押，也可以使用知识产权、专利权、应收账款等进行抵押担保，有效地扩大了企业的选择范围。因此对于企业内部管理相对比较弱，没有建立完整的信用记录的企业来说，信托融资既可以通过法律制度安排防范风险，又可以在某种程度上弥补企业信用不足的缺点。

最后，信托融资功能中一个非常重要的特点就是风险隔离功能。信托的风险隔离功能源于信托财产的独立性及两权分离的制度优势。这种风险隔离功能体现在两个方面：一是受托人的责任有限。受托人因处理信托事务所发生的债务，以信托财产承担；应当向受益人支付的信托利益，也仅以信托财产为限；二是受益人的权益有保障。其财产隔离功能受到《中华人民共和国信托法》和《信托公司管理办法》的强有力支持。信托的风险隔离功能对信托产品的风险因素具有非常独特的消减作用。信托契约一经签订，信托财产把委托人、受托人和收益人的权利、义务、责任和风险进行了严格的分离，将不同权利赋予不同的当事人。除此之外，信托契约对信托财产的运用、管理、处分有着严格的规定，受托人只能按照契约圈定的范围和方式进行运作。这种机制固定了当事人各方的责任和义务，确保了信托财产沿着特定的目的持续稳定经营，全面降低了不确定性，增加了受托人信托财产管理决策过程中的理性成分，提高了委托人和受益人在信托产品上所获得的效用感受，可最大限度地保护委托人的财产安全(向荣，2008)。

2. 功能运用方面

首先，信托财产的管理非常专业，即信托公司接受委托人的委托，按照特定的目的进行信托财产的管理、运用、处分等。由于很多投资者不具备专业化的知识，所以投资过程中可能会面临很大的风险，而信托公司自身具备的专业化优势和公司的信誉，可以以更高效的方式为受益人进行资产管理。同时，信托公司拥有经验丰富的专业知识人员和研发团队，可以对市场的投资机会进行筛选、优化进而推荐给投资者，进而达到聚集分散的社会财富、进行规模化管理的效果。

其次，信托管理的运用方式非常多样化。信托公司被称为现代金融超市，它可以为企业提供一揽子的金融服务，不仅可以对企业进行资金融通，也可以为企业提供机器设备租赁融资；不仅可以按照债权方式投资，也可以通过入股等股权方式融资；不仅可以对单一企业进行融资，也可以对企业进行打包、统一担保进行融资。总的来说，信托可以根据不同主体的特点来"量体裁衣""专门定制"信托服务，进而满足不同的市场需求。信托财产的管理方式包括贷款、投资、租赁、同业存放、出售、买入返售等，这种灵活多样的金融制度对市场具有极强的适应能力(邱兵兵，2011)。

3. 信托融资的优势

中小企业的融资渠道表面上看似有很多，但是实际上很多渠道为中小企业募集资金的能力十分有限，如银行贷款，大多数中小企业由于受到抵押物和资质等众多因素的限制，融资效果大受影响，只有少数优质的中小企业才能从银行获得贷款；中小企业集合债券发行的程序烦琐，并且发行过程中限制多、费用多，往往是符合条件的中小企业根本不需要发债融资，需要发债融资的中小企业又满足不了发债要求。总体上来看，真正适合大多数中小企业的融资渠道少之又少，而信托由于其特殊的制度安排和灵活的结构设计，成了中小企业融资的新渠道(表2.6)。

表2.6　中小企业各融资渠道的优缺点

融资方式	优点	缺点
银行贷款	主要融资途径，贷款利率较低，贷款种类多，网点分布广	受贷款规模和抵押物质量的限制，需要银行逐级申报审批，限制多，时限长
公司债券	利息固定，融资成本较低，并且可以不分散公司股权	限制条件多，需要较高的信用等级，较大的投资规模，有时还需要担保或者抵押
资本市场	融资规模大，融资渠道固定，能够取得更多政策支持	股票上市限制条件多，难度大且要求高，手续烦琐，审批期限长
民间资本	资金量大，手续简单，获得资金速度快	利率高，缺乏法律保护和完善的风险控制机制，不规范
风险投资	资金量大，期限较长，并且经常可以引进先进技术和管理经验	对企业资质要求较高，并且通常要参与企业的管理和经营决策
中小企业集合债	取长补短，弥补了单个企业融资能力差的缺陷，分散风险	审批烦琐，时限较长
信托融资	资金运用方式较为灵活，有效分散风险，而且模式较易复制，融资程序简单，审批环节少	专业知识要求较高，缺乏专业人员进行中小企业筛选，受政策影响大

二、信托如何支持中小企业融资

信托公司已经成为中小企业融资的重要渠道之一，为中小企业的发展提供了大量的资金支持。信托对中小企业的融资分为很多种类，如可以按照委托人交付财产的性质分为资金信托和财产信托。资金信托是指委托人交付给公司的资金，而在财产信托中交付的是除了资金以外的财产与财产权。资金信托可分为单一资金信托和集合资金信托。虽然交付方式、信托公司的收益不同，但是总体而言，信托在中小企业融资中的流程基本相近。

信托作为融资渠道支持中小企业发展大致经历了两个阶段。在最初的信托融资过程中，信托公司直接对中小企业对接放贷，整个过程和银行贷款的模式类似。信托公司以委托贷款的方式筹集的社会闲散资金规模较大，因而在担保方式上比银行要求高，除了贷款企业自身要有足够的资金保证外，还需由专业的担保机构承担连带担保责任。现在整个信托融资流程一般涉及四方，即中小企业、信托公司、公众投资者及担保公司。中小企业由于自身规模、效益等原因很难从银行获得借款，而信托公司可以在最需要投资的时候向中小企业提供资金帮助。一般流程是，中小企业向信托公司提出借贷申请，信托公司受理后向公众投资者发行信托产品，公众投资者购买信托产品并享有优先收益权。政府或者担保公司则会为中小企业提供担保，并享有劣后收益权。在合同规定的交付时期，如果中小企业发展情况较好，可以按照合同的规定支付收益，即向购买信托产品的公众投资者分配信托收益，担保公司等则享受剩余的收益。但如果中小企业的发展不尽如人意，并不能完成贷款合同，为中小企业担保的担保公司就需要承担向公众投资者履行信托合同的义务，具体流程如图 2.13 所示。

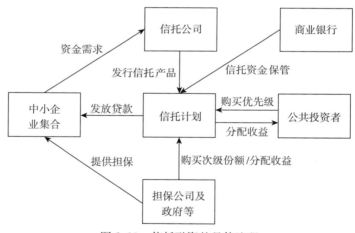

图 2.13 信托融资的具体流程

2009 年上海杨浦区政府和上海国际信托有限公司联合推出的"创智天地一号"，以及合肥市投融资管理中心联合该市创新担保、中小企业担保、金鼎担保等三家国有担保公司和信托公司推出的"湖滨春晓"，均属于此类信托。这种融资方式设计了优先的收益方式和劣后的收益方式，满足了不同风险偏好者的差异化需求，同时也保证了公众投资者的收益。

第二个阶段是信托公司在引入政府、担保机构、风险投资、机构投资者等，形成"政、信、企、保、风"多方参与的模式。这种模式是在解决中小企业融资难问题上的一种创新业务模式，在全国范围内得到了很多信托公司的参与推广，大量的中小企业从中获益。

"路衢模式"就是中小企业信托融资常采用的另一种模式。"路衢模式"是以财政资金为引导，以债权信托基金为平台吸引各类社会资金，按项目模式集合性地对一批中小企业给予融资支持。具体操作流程为：根据产业扶持政策等确定进入项目的企业类别和要求，由专业顾问机构对符合要求的中小企业进行资金需求打包，由信托公司设计、发行债权信托。信托公司按照中小企业的经营状况和现金流回收预测将债权信托分级，确定一级、二级和劣后级受益人的债券额度、收益和风险分配方法，并向政府财政资金、担保公司和社会投资者发行。所募集资金由信托公司通过贷款形式提供给项目内的众多中小企业（王东华，2009）。

"路衢模式"将符合条件的中小企业打包整合，集体融资使过程简化，方便了中小企业的融资。同时扩大了融资的主体，将政府、社会投资者引入中小企业融资保障体系里，按照各个投资者的风险偏好设计风险与收益分配制度，满足各层次投资者的需求。另外政府进入到这种模式中，也会号召社会投资者的投资中小企业，起到吸引投资者效应。同时，银行的业务在"路衢模式"中也得到了扩展。在"路衢模式"中，银行由贷款人转向信托销售方，一方面发展了银行的通道业务；另一方面，也可以节约银行的资金以便支持其他企业，扩大银行的贷款规模。

"路衢模式"首次尝试是在杭州市西湖区，先后发行的两款债券型信托——"平湖秋月""宝石流霞"都是依靠"路衢模式"发行销售的。西湖区政府采用"小企业集合债券信托基金"的方式帮助中小企业解决融资难的问题，基金基数为两亿元，先后资助了覆盖电子信息、文化创意、文化会展等行业的49家中小企业。西湖区信托发放的优秀经验，使"路衢模式"在其他城市也开始推广。

三、信托扶持中小企业融资的适用性

通过前面的分析我们可以知道，虽然从表面上看中小企业的融资渠道有很多，包括内源融资、股权融资、债权融资等，但是由于中小企业的特有属性，不同的融资渠道对中小企业的融资存在很多限制，真正能为中小企业募集到的资金十分有限。但是随着近年来信托业的快速发展，作为四大金融支柱之一的信托业由于其特殊、灵活的制度安排和结构设计，已经逐渐成为解决中小企业融资难的新渠道。

1. 信托公司的竞争力逐渐增强

信托公司在信托关系中依靠收取信托报酬来维持自己的运营成本，一家信托公司只有在市场上树立起良好的资产管理业绩和市场声誉才能赢得委托人的信任，把财产交给信托公司管理。因此，显示一个信托公司理财能力最重要的指标就是信托公司管理的资产总量。

（1）信托资产管理规模逐年上涨。近年来，信托业呈现急速增长的态势，2009 年以来，信托业资产管理规模连续 4 年保持了 50％以上的增长速度，资产规模先后超过公募基金和保险业。截至 2012 年年底，全行业 65 家信托公司管理的信托资产规模和实现的利润分别高达 7.47 万亿元和 441.4 亿元，与 2011 年年底相比分别增长了 55.30％和 47.84％，资产规模首次超过保险业，已成为仅次于银行业的第二大金融行业，实现了数量和质量的双丰收。

（2）信托从业基础设施保障不断完善。除了资产管理规模不断上升以外，近年来信托业固有资产规模、所有者权益都在逐年递增。截至 2012 年第四季度，整个信托行业固定资产规模和所有者权益总额分别为 2 282.08 亿元和 2 032 亿元，比 2011 年年末分别增长了 23.22％和 24.45％。信托公司固定资产和净资产规模的增加提高了信托公司抵御风险的能力。另外，信托业从业人员的素质也在不断提升，作为金融服务行业，信托从业人员必须具备一定的金融和理财的知识才能更好地履行其"受人之托，代人理财"的使命。因此，近年来信托公司纷纷采用讲座、培训、再教育等方式增强本公司从业人员的素质，在人员招聘时也提高准入门槛，具备相关经验的人员才能上岗，以提高整个信托行业的专业能力和服务质量。

（3）信托业公司治理结构日趋完善。作为股份制公司，随着近年来信托业的高速发展，各信托公司不断引进民营和外资资本进驻，不仅扩充了公司的资本，增强了公司的实力，而且也优化了资本机构。多元化的产权结构可以稀释原有控股股东的控制权，避免出现一股独大的现象，同时引进民营企业和外资机构还可以吸收优秀公司的治理经验，切实改善公司的内部控制和公司治理机制，提高信托公司的市场声誉和信用基础。

2. 信托投资方式与中小企业资金需求相一致

第一，信托的融资方式灵活多样，这与中小企业多样化的融资需求相契合。具有"金融百货"之称的信托业可以根据中小企业的特征为其提供不同的金融服务。《信托公司管理办法》规定，信托投资公司办理资金信托业务，可以依照信托文件的约定，采取贷款、投资、融资租赁、同业拆借等方式进行，信托投资公司可以依据市场需求，依照信托目的、信托财产的种类或者信托财产管理方式的不同设立信托业务品种。另外，信托还可以根据企业的不同发展阶段制订适合不同发展阶段的融资计划，当中小企业处于初创期时，由于中小企业风险高、缺乏资金，可以考虑以对中小企业发放债券的方式为其提供资金；当中小企业处于增长期时，可以采用股权投资或者私募基金等信托计划方式为中小企业提供外部资金（邵兵兵，2011）。同时，信托公司可以为单个企业进行融资，也可以将具有相同性质和特点的中小企业集合起来，为这类中小企业提供团体贷款，降低风险的同时还可以提高效率。

第二，信托融资规模可以根据中小企业的需求灵活安排。不同的中小企业有不同的融资需求，信托可以根据中小企业的不同需要，为其量身定做合适的融资规模。也可以通过设立信托基金的方式为经过严格筛选的非特定中小企业提供资金支持，根据对资金规模需求的不同，为不同的中小企业灵活设定融资规模。同时，信托资产中，大部分都是以货币形态存在的，这使信托投资在资金运用方面更加灵活。

第三，信托可以根据经济环境选择不同的投资方式。信托是目前金融体系中唯一一个可以横跨货币市场、资本市场和实业公司的金融机构。信托公司在接受受托人的财产后，可以根据经济环境的不同情况，灵活选择投资的对象，可以分别通过货币市场、资本市场或者实业公司进入不同类型的中小企业，为其提供资金。

第四，信托融资成本适中。信托资金的使用成本一般是处于银行贷款和民间借贷之间的，融资成本适中。多数信托公司在发行信托计划时，政府往往会成为信托计划的参与方之一，政府可以提供一定的利益让渡和资金支持，这就在一定程度上降低了中小企业对信托资金使用的成本。另外，对于中小企业而言，信托资金的使用成本是经过投融资双方互相谈判确定的，在合同中明确列示，具有较高的透明度，有利于中小企业提前规划资金的使用。

3. 信托灵活的筹资方式可为中小企业提供中长期资金来源

信托可以为中小企业提供中长期资金来源。中国银监会在 2007 年 3 月 1 日颁布了两部新法，分别是《信托公司管理办法》和《信托公司集合资金计划管理办法》。新《信托公司集合资金计划管理办法》规定，信托公司向他人提供贷款不得超过其管理的所有信托计划实收余额的 30%。改革的核心是从根本上改变信托的现有业务，促使其转型成为真正能够提供投融资类信托产品的金融机构(武静，2010)。新《信托公司集合资金计划管理办法》迫使信托公司逐渐减少短期类信托产品的投资，不断推出新的中长期资产管理业务。目前中小企业面临的主要困难其实并不仅仅是资金的匮乏，更严重的是缺少支持其生存和发展的中长期资金。信托为中小企业筹资时，信托公司通过单独或集合的方式发行信托计划募集社会资金，再将募集到的资金投放到中小企业中，大部分信托产品的期限是 1～4 年的中长期投资，恰好符合中小企业中长期资金匮乏的特点，可以切实有效地解决中小企业资金不足的问题。

信托资金来源丰富，可方便快捷地为中小企业筹资。信托的根本价值在于发挥其专业的理财优势，通过特定的信托制度，使资本从低效率领域向高效率领域流转。信托财产具有多样化的特点，其中资金信托占比最高，另外近年来随着信贷资产证券化和企业资产证券化的不断推进，财产信托的规模得到进一步提升。除此之外，信托计划的参与方涉及政府、担保公司、银行、机构投资者和有经验的个人投资者，资金来源多样化。不同投资者具有不同的风险承受能力，可以认购不同风险层级的信托产品，一般政府为了扶持本地中小企业的发展，会吸引更多风险投资者和一般投资者进入，会通过专项资金和财政引导资金来认购劣质层级的信托份额；担保公司一般根据中小企业的特质，通过对部分资金的担保获得担保费用。多样化的资金支持可以有效地分散风险，进而有力地支持中小企业的发展。另外，通过信托融资比贷款或者资本市场融资的评估审核流程更加简单高效，资金筹集的时间可以根据委托人和受托人的时间灵活安排，速度较快，在资金充足的情况下，上亿元的资金一般只需几周的时间就可以足额筹集。信托融资可以有效满足中小企业资金快速到账的需求。

4. 信托可以有效降低中小企业融资过程中存在的风险

信托可以规避中小企业信息不对称的风险。中小企业融资难最主要的原因之一就是信息不对称，而目前我国现行的信托融资具有一定的"私募"性质，委托人和代理人之间通过相互的沟通和谈判可以有效地缓解投融资各方信息不对称的现状，使融资企业满足特定投资者对中小企业风险收益的要求，降低信息成本。由于双方信息不对称的成本降低，信托在抵押物方面具有很大的灵活性，中小企业不仅可以使用土地、厂房等进行抵押，而且还可以使用专利权、知识产权和应收账款进行抵押，如果投资者对中小企业比较了解并且看好其未来的发展状况，甚至可以不需要相应的抵押物，这就弥补了中小企业抵押不足的缺点。另外，由于信托具有"私募"的性质，投资者与中小企业之间往往还存在某种人缘或者地缘的关系，其进一步降低了信息不对称风险的同时，也降低了中小企业的道德风险，因为在这种情况下，对中小企业而言毁约成本远远大于履约成本。

第三章
中小企业信托融资相关理论

中小企业融资难不仅是我国社会存在的一种现象，其也是世界上普遍存在的问题，是世界性难题。对于中小企业融资难的问题，众多学者从不同的角度展开了研究，同时也对不同的金融机构开展的中小企业融资活动进行了分析，得出了关于中小企业融资难的理论解释。基于本书的研究内容，本章将主要从信托的角度出发，介绍中小企业信托融资的相关理论。

在对中小企业融资难问题的研究进程中，涌现出了很多理论，对中小企业融资难的问题给出了较为合理的解释。但是限于篇幅，不可能对相关理论进行全部的介绍，本章是在张维教授课题组现有研究的基础上，主要挑选了在中小企业融资中较为重要的一些理论，对相关研究成果进行整理、凝练，从信托的角度进行分析，以期为中小企业信托融资的实践提供理论支持。希望通过本章的介绍，能让读者对中小企业信托融资的相关理论有一个概括性的认识，从而为其以后对中小企业信托融资的深入研究打下基础。

本章将主要对中小企业融资中的信息不对称理论、信贷配给理论、担保机制分析、信托公司和股权投资机构的合作模式分析、社会资本在团体贷款中的还款激励作用研究，最后对信托融资的风险缓冲机制进行分析。本章的各个小节或通过建立模型，或通过对现有研究进行总结，从不同角度对中小企业信托融资的理论进行阐述、分析，得出相关结论。通过本章的学习，可以帮助读者掌握中小企业信托融资的一些理论，进而对中小企业融资问题有更深刻的认识。

第一节　信息不对称理论

信息不对称理论产生于 20 世纪 60～70 年代，该理论由加利福尼亚大学的乔治·阿克尔洛夫、斯坦福大学的迈可尔·斯彭斯和美国哥伦比亚大学的约瑟夫·斯蒂格利茨三位经济学家共同完成，从 80 年代起，一些西方经济学家把信息不对称理论应用于对金融市场的研究，特别是在信贷市场的分析和应用方面，使这一理论的作用充分展示出来。

一、信息不对称理论概述

信息不对称是指交易双方的一方拥有相关的信息而另一方没有这些信息，或一方比另一方拥有的相关信息更多，从而对信息劣势者的决策造成不利影响的情况。信息不对称理论主要用于研究信息在交易双方的不对称分布或者一方信息的不完全性对于市场交易行为和市场运行效率的影响。该理论将一方所持有而他方却无法获得且验证的信息称为"不完全信息"，将有关交易信息在信息双方之间的不对称分布称为"信息不对称状态"。其主要包括三个方面的内容：一是交易双方中任何一方都未获得完全清楚的信息；二是有关交易的信息在交易双方间的分布是不对称的，即一方比另一方占有更多的相关信息；三是交易双方对于各自在信息占有方面的地位都是比较清楚的。

一般而言，在商品买卖中，卖者比买者更清楚所售商品的成本、品质、性能；在劳动市场上，雇员比雇主更了解自己的能力和工作努力的愿望，这里都存在信息不对称问题。在金融市场上，借款者一般比贷款者更清楚投资项目成功的概率和偿还贷款的条件及动机等。由于信息的不对称，市场交易中存在着各种各样的风险。如果信息是完全的，以及人们对信息的处理和分析是充分理性与合理的，并且不存在信息成本，就不会有决策的失误。例如，消费者不会去购买明知是劣质的商品，贷款者也不会向明知信用状况极差的借款者贷款。显然，在完全信息情况下，市场竞争和资源自由流动的结果会导致一个帕累托有效的资源配置格局，但是完全信息只是一个理论假设，真实世界中的信息从来都是不完全的。由于信息不对称，就可能产生逆向选择和道德风险。

信息不对称按发生的时间可划分为事前信息不对称和事后信息不对称，事前信息不对称往往会导致逆向选择，事后信息不对称往往会导致道德风险（任志华，2003）。

逆向选择是在信息不对称理论下产生的现象，最经典的体现就是 Akerlof（1970）建立的"柠檬市场"模型，其描述了在二手车市场上，买车人由于不了解二手车品质且不相信卖方的描述而压低价格，因此高质量的二手车由于价格过低而退出市场，市场最终成交量比正常需求大幅降低并且成交的都是质量更低的二手车，也即"劣币驱逐良币"。在中小企业融资的信贷市场中，同样会由于信息的不对称，导致高质量的借贷者由于较高的信贷成本而不能取得资金支持最终退出借贷市场，市场中能够成功获得资金的往往都是质量低于平均水平的中小企业。

道德风险是 20 世纪 80 年代西方经济学家提出的一个经济哲学范畴的概念，即"从事经济活动的人在最大限度地增进自身效用的同时做出不利于他人的行动"，或者说是当签约一方不完全承担风险后果时所采取的自身效用最大化的自私行为。在中小企业融资的信贷市场中，一般是在借贷协议达成之后发生的，主要有两种形式：一是取得贷款的中小企业改变了贷款合同中规定的资金用途，转投高收益、高风险项目，甚至将取得的资金变相消费，造成了资金风险的增加而且很容易导致最终贷款合同难以偿付；二是合同到期后中小企业在项目中取得了成功有能力归还贷款的情况下，衡量还款成本与不还款代价后，选择恶性违约不归还贷款。

二、信息不对称关于中小企业融资难的解释

1. 中小企业融资中信息不对称的主要表现

在信贷市场上，事前信息不对称和事后信息不对称都会导致逆向选择和道德风险。这里的事前信息不对称主要包括：银行对贷款要求者的经营能力、经营状况不能清楚了解，银行不能了解贷款所投向的项目的真实情况等。事后信息不对称主要包括：银行在了解经营者是否努力工作方面存在困难，银行在了解贷款资金使用的真实情况方面存在困难等。

在信贷关系中，由于银行业存在着信息披露制度，每个企业都可以通过公开市场信息了解银行的信贷政策、信贷制度与信贷监管等信息，但是由于企业信息的隐蔽性，银行不能拥有并把握每个贷款企业的全部信息，导致企业具有信息优势、银行处于信息劣势的局面，形成信贷关系当中的信息不对称。具体体现在以下三方面：一是企业经营者直接掌握企业的全部信息，包括资产、负债、现金流动、资金运作、偿债能力与获利能力等，在实际当中较之银行更了解自身的风险情况，并掌握着大量的市场相关信息，从而产生信息源占有不对称；二是企业为了取得信贷支持与银行进行信息沟通，利用自身掌握的信息优势，对企业信息进行前期筛选，对项目进行美化与润色，以达到减少风险信息的效果获得贷款，使银行对于烦琐的信息把握不准确，产生劣客户驱逐好客户的"逆向选择"，形成沟通目的的不对称；三是具有高科技、高成长性的企业在信息识别处理上借助高新技术，建立自己的专职信息机构进行科学的理性识别，能够向银行提供较为科学完整的财务信息，但同时也可以借助高科技编制虚假信息，干扰银行决策，而大多数银行暂时对企业的信息处于传统识别阶段，缺乏对企业信息识别的技术手段，无法进行连续性、系统性的信息识别，从而产生识别手段不对称。

在贷款领域，潜在的不良贷款风险主要来自那些积极寻求贷款的人，因此，最有可能导致与期望相违结果的人往往就是最希望从事这笔交易的人。例如，冒高风险者或纯粹的骗子急切地想要得到贷款，因为他们知道自己极可能不偿还贷

款或根本就不打算偿还贷款。受到这种认识的影响，金融机构就极有可能选择不发放或少发放贷款，这就是逆向选择，它发生在事前。显然，如果发生了逆向选择，信贷资源就不能得到有效的配置，而且资金一旦贷放出去，就可能形成贷放者的不良资产。由于逆向选择使贷款成为不良贷款的可能性增大，即便市场上有风险较低的贷款机会，放贷者仍然较难将风险低的贷款机会与风险高的贷款机会完全分辨开来。与逆向选择相比，道德风险最大的不同点在于其产生是在交易发生之后。贷款者放贷之后，将面对借款者从事那些从放贷者的角度来看不期望进行的活动，因为这些活动的风险可能性非常高，可能使贷款难以归还。例如，借款者获得了一笔贷款之后，受高利润吸引，他们很可能改变原来在签订借款合约时承诺的资金用途，而去从事高风险、高预期收益的项目投资，或者将在借贷合约中承诺用于投资的借款干脆挪做消费支出。这样做，很显然会降低借款者归还贷款的可能性，从而降低贷款者的预期收益。因此，道德风险的存在，也会降低贷款者向企业发放贷款的意愿。

对中小企业信贷而言，银行和中小企业是交易的双方，中小企业作为资金需求方通常比银行更清楚地知道自身的管理和财务状况、贷款的动机、项目的风险等情况，但是银行在缔结债务合约之前的筛选阶段无法低成本地取得这些真实信息，而申请贷款的中小企业往往为了成功借到资金，故意披露有利于获得贷款的信息，而隐瞒负面的信息，由此而产生的事前信息不对称会使银行面临较大的决策风险。为了弥补决策风险可能造成的损失，银行会相应提高利率。在较高的利率水平上，低风险项目因成本高于预期会主动撤回贷款申请，而愿意支付较高成本的项目又常常包含较大的风险因素，这就产生了中小企业信贷市场失灵的第一种现象——"逆向选择"。在债务合约签订、中小企业获得贷款后，银行与中小企业之间仍然面临着信息不对称的问题，表现为银行在贷款期间对企业如何使用资金，在贷款到期后企业是否会隐瞒自己的还款能力等信息不得而知，使中小企业有动力投资于高风险项目而造成经营失败不能还款，或者掩饰自己的还债能力，故意不还款，从而造成中小企业信贷市场失灵的第二种现象——"道德风险"（魏玲，2006）。

2. 中小企业融资难的信息不对称解释

信息不对称理论能够很好地解释中小企业的融资难问题，Stiglitz 和 Weiss（1981）认为，由于银企之间的信息不对称会引起逆向选择和道德风险问题，银行与申请借款的中小企业之间存在着信息不对称，当市场存在着不同类型的借款者时，有些类型的借款者可能会因为信息不对称问题而被排斥在信贷市场之外，无论他们愿意支付多高的贷款利息都不能得到贷款。

由于信息不对称引起的逆向选择和道德风险，将使银行更倾向于对融资企业进行信贷配给。信贷配给是信贷市场存在的一种典型现象，它是贷款人基于风险与利润的考察，不完全依靠利率机制而往往附加各种贷款条件，通过配给的方式来完成信贷交易的方式。它表现为两种情况：一是在对借款人信用评级的基础上，一部分申请人可以得到贷款而另一部分申请人则被拒绝，即使是后者愿意支付更高的利率也不能得到贷款；二是借款申请人的借款要求只能得到部分的满足。银行的期望收益取决于贷款利率和借款人还款的概率两个方面，因此，银行不仅关心利率水平，而且关心贷款的风险。如果贷款风险独立于利率水平，在资金的需求大于供给时，通过提高利率，银行可以增加自己的收益，不会出现信贷配给问题。然而，在现实经济生活中往往并不那么简单。事实上，银行在不能观察借款人的投资风险时，提高利率将使低风险的借款人退出市场（逆向选择行为），或者诱使借款人选择更高风险的项目（道德风险问题），从而使银行放款的风险增大，如此循环下去，最终结果是贷款质量的下降，不但不能提高银行的利润，反而会隐藏巨大的金融风险。结果，利率的提高可能是降低而不是增加银行的预期收益，所以银行宁愿选择在相对低的利率水平上满足部分借款人的申请，哪怕有部分人想提高利率来获得更高的贷款，银行也不会同意（曾劲，2009）。

　　基于以上分析，我们可以较为直观地了解中小企业融资难的原因。正是由于信息不对称现象的存在，使银行给中小企业贷款面临较大的风险，而收益相对来说并不高，并且还要承担信息搜索成本。因此，如何降低贷款机构和中小企业之间的信息不对称程度、增加信息透明度，成为解决中小企业融资难问题的关键所在。

三、基于信息不对称视角的中小企业融资难解决途径

　　由前文可知，中小企业融资难的重要原因之一就是中小企业与金融机构之间的信息不对称。信息不对称必然会导致逆向选择和道德风险问题，使交易难以达成，金融市场的运转效率大幅降低。从自身利益出发，银行机构必然要考虑信贷的收益、成本和风险等因素，考虑的结果是不愿意为中小企业融资，之所以得出该结果主要是因为收益与风险的不对称，具体来讲包括三方面：一是由于中国人民银行准备金利率及同业存款利率偏高，而利率浮动幅度又偏低，金融机构向中小企业发放零散贷款的利率收益相对较低；二是由于中小企业的信用等级较低，又缺乏企业信用评级制度及完整的企业信用记录系统，金融机构要支付较高的信息费用、实施监督和保护产权费用及保险费用，这无疑加大了为中小企业融资的交易成本；三是银行风险管理责任追究制度日益强化的同时没有建立起相应的激励机制。由于借贷双方的信息不对称，银行争着给不缺资金的大型企业、名牌企业贷款，而对急需用钱的中小企业却不敢放贷。这种现象进一步加重了中小企业融资的困难。

　　信息不对称下的逆向选择和道德风险使商业银行常常对借款人进行信贷配

给。与大型企业相比，中小企业由于自身的缺陷，在信贷融资的过程中信息不对称现象更为严重，潜在的逆向选择和道德风险也更为严重。商业银行在无法充分了解中小企业真实情况的条件下，为了避免贷款的高风险，所以选择实行信贷配给，成为中小企业融资的一个重要障碍。可见，如何有效缓解银企之间的信息不对称将成为解决我国中小企业融资难问题的关键。

近年来，国内针对中小企业融资难问题提出了很多的对策建议，其中包括完善中小企业融资体系和制度建设、建立有效的中小企业信用担保体系、加快中小企业征信系统建设、培植专门为中小企业服务的中小型金融机构、开展关系型贷款等。从长远来看，这些措施都是缓解我国中小企业融资困境的有效途径，但考虑到目前国内金融市场的发展状况，要通过这些途径来解决中小企业融资难的问题还需要较长一段时间才能够实现。因而目前，商业银行通过创新发展中小企业融资业务，针对中小企业融资需求的特点，进行金融产品创新和融资方案设计，以缓解银行与中小企业之间的信息不对称，解决中小企业自身抵押、担保不足等问题的做法则更加切实可行(王婵，2007)。

第二节 信贷配给理论

一、信贷配给的定义及分类

自 Adam Smith 以来，信贷配给问题就引起了不同时期经济学家的关注，他们根据自身研究的需要，从不同的角度给出了不同的定义，到 2010 年还没有统一公认的信贷配给定义(任建军，2010)。

根据《新帕尔格雷夫经济学大辞典》的定义，"信贷配给是借贷市场的一种状况，其中，按照所报的契约条件，贷方提供的资金少于借方的需求"(伊特韦尔等，1996)。

广义的信贷配给。其是指这样一种情形：由于报出贷款利率低于瓦尔拉斯市场出清利率，存在一种对贷款的超额需求。当报出的贷款利率低于瓦尔拉斯市场出清利率是由政府管制造成的，这种信贷配给被称为非均衡信贷配给，而在没有政府限制的情况下，贷款人自愿将贷款利率定在市场出清利率以下而造成的信贷配给被称做均衡信贷配给。Baltensperger(1978)将均衡信贷配给定义为，即使当某些借款人愿意支付合同中的所有价格条款和非价格条款时，其贷款需求仍然得不到满足的情形。

而现实中，根据对超额需求的定义，这种超额需求是短暂的还是长期的，以及导致贷款利率较低的各种因素，存在着许多类型的信贷配给。《货币经济学手册》中定义了以下四种类型的信贷配给。

（1）利率（或价格）配给。其是指借款人在给定贷款利率上能得到贷款，但其规模小于意愿规模，要想得到更大规模的贷款，借款人就得支付更高的利率。显然，贷款规模越大，违约概率就会越高，所以要求借款人对较大规模的贷款支付较高的利率是明智的（彭志慧，2005）。其代表人物有 Wilson（1954）、Jaffee 和 Modigliani（1969）等。例如，Wilson（1954）认为，在一定条件下，信贷机构针对当时的利率水平，只准备给其客户提供数量有限的信贷资金，借款者的信贷需求不能得到全部满足。Jaffee 和 Modigliani（1969）认为，信贷配给是指在给定银行贷款利率的情况下，人们对贷款的需求超过了银行所能提供的贷款数量，在此定义中，他们强调信贷合同中的"一般利率条件"这个价格因素，将这种情况下信贷市场不能出清的现象称为信贷配给，相反，非价格因素引起的借款人需求无法满足的情况不能称为"信贷配给"。

（2）见解分歧配给。其是指一些经济个体无法在他们认为恰当的利率上得到贷款，尽管他们理解这个利率与自己的违约概率相当。这说明相对于借款人来说，贷款人对违约风险可能普遍有更为悲观的评价，其代表人物主要有 Ellis（1951）、Hodgman（1963）和 Stiglitz（1997）等。例如，Ellis（1951）认为，由于风险的存在，所有贷款者（主要指商业银行）无论在经济繁荣期和经济萧条期都会制定信贷标准，信贷配给就是贷款者运用信贷标准配给信贷资金的过程。Hodgman（1963）认为，信贷配给是指尽管借款者愿意支付市场利率或更高的利率价格，银行仍然拒绝对借款者进一步提供贷款支持。

（3）红线注销。其是指由于有风险分级，贷款人对任何利率上都无法得到贷款人要求的收益率，贷款人将拒绝发放贷款，而且，贷款人要求的收益率由存款利率决定，当要求的收益率提高时，原来可以贷的款也就不贷了。在这种情形下，当存款供给多而存款利率低的时候得到了贷款的企业，可能在存款变动并且存款利率提高时被实行定量配给。对这些企业来说，信贷可获性（存款的供给）——并非报出的贷款利率——决定了他们能否借款，这些企业会感觉到他们正被排挤出市场，其代表人物主要有 Guttentag（1960）、Harris（1974）、Azzi 和 Cox（1976）等。例如，Guttentag（1960）和 Harris（1974）都将红线注销定义为银行与客户间信贷合同中非价格条款的改变；Harris 认为，银行提高贷款的非价格条款标准产生"正"的信贷配给（信贷配给程度加强），相反也会产生"负"的信贷配给（信贷配给程度减弱）。

（4）纯粹的信贷配给。其是指一些经济主体得到了贷款，而明显相同的经济主体想以完全相同的条件申请借款却得不到贷款，其代表人物主要有 Baltensperger（1978）和 Cressy（2002）等。例如，Baltensperger（1978）认为，均衡信贷配给是指，即使当某些借款人愿意支付合同中的所有价格条款和非价格条款时，也得不到满足；Cressy(2002)认为信贷配给是市场上存在贷款需求大于贷款供给，但市场无法出清，它是市场经济主体理性行为的均衡结果(任建军，2010)。

总之，就信贷配给的定义而言，由于信贷配给理论经历了不同的发展阶段，存在不同的见解，对信贷配给的成因也有不同的分析，但是所有的信贷配给概念中的共同点是，"信贷市场上，利率没有出清市场，存在超额信贷需求"。

二、信贷配给现象的提出

对信贷配给现象的描述最早出现于 1776 年，Adam Smith 在《国富论》中关于高利贷的利率上限的讨论(斯密，2003)。当代论及的信贷配给开始于 1930 年，Keynes 在其《货币论》中驳斥古典货币论"信贷市场瞬间出清"的假设时，也提出了银行以非价格手段配给贷款的现象，但他们都没有进行深入的理论探索(凯恩斯，1986)。

对信贷配给进行真正意义上的理论研究始于第二次世界大战后，信贷配给作为信贷可获性学说的一部分在美国受到重视。这一学说是为回应当时较为流行的货币政策无效论，首先由 Roosa 在其所著得《利率与中央银行》一文中提出。Roosa 基于第二次世界大战后商业银行持有大量长期政府债券的实际情况，分析了纽约美国联邦储备系统(以下简称美联储)通过调整短期利率影响实际经济的几个途径，指出信贷可能性变化在货币政策传导机制中的作用。该理论认为，信贷配给独立于利率及其他改变借方需求计划的因素的变化而对投资产生影响，货币政策可以通过影响信贷的可得性发挥作用。该学说主要是宏观层面的，并没有对信贷配给产生的内在机制进行详细论证。这成为信贷配给理论研究的起点，此后，经济学家开始了对信贷配给微观基础的理论探索，从市场的不完全竞争、风险因素、信息的不对称等方面展开了分析，逐步形成了信贷配给理论的微观理论。

三、早期的信贷配给研究

20 世纪 60～70 年代中后期，经济学家对信贷配给微观基础的解释取得了初步进展。以 Hodgman 和 Jaffee 等为代表的经济学家主要基于市场的不完全性，尝试从违约风险、银行与客户之间的关系等某一个角度分析信贷配给的成因。

Hodgman(1960，1963)是最早将违约风险作为信贷配给原因的学者之一。他在《信贷风险和信贷配给》一文中提到，银行面对一群收入概率固定的借款者，因为存在项目失败而不能还款的风险，银行的预期损失便是信贷额的函数，所以对每个借款者的借款额都存在一个最大值。这样，不管利率上升多高，银行提供的贷款达到这个最大值后将不再增加。霍德曼第一次创造性地提出了向后弯曲的贷款供给曲线。霍德曼的分析引起了很多经济学家的评论，查斯(Chase，1961)

放宽了霍德曼模型中"借款人偿还能力独立于借款量大小"的假设，证明霍德曼的结论一样成立；赖德（Ryder，1962）在自己的评论中引入了破产过程和破产成本，作为信贷配给现象的又一种理论解释；弗雷米尔和戈登（Freimer and Gordon，1965）构建了一个贷款资金投资项目收益概率呈矩形分布的商业银行利润最大化的模型，导出了同霍德曼一样的背弯的信贷供给曲线。

　　杰菲和莫迪利亚尼（Jaffee and Modigliani，1969）最早证明了信贷配给可能是信贷市场的主要特征。他们构建了一个模型（简称 J-M 模型）以证明信贷配给是商业银行追求利润最大化的结果，是理性的。杰菲和莫迪利亚尼认为，贷款供给曲线是不同利率对应的使银行期望利润最大的贷款额的集合，但贷款供给曲线具有如霍德曼提出的向后弯曲的特点，即最佳贷款量并不总是随利率的上升而上升，当利率超过一定点后，贷款量随利率的上升而下降。此后放松了 J-M 模型"投资项目大小固定，因而项目产出与投资大小无关"的假定，并做了延伸性分析，但并没有改变 J-M 模型中贷款供给曲线的主要性质。

　　除此之外，这一时期的研究成果主要还有对贷款合同中除利率之外的其他条款变化对银行贷款供给函数的影响及配给的产生作了分析和评论。古登泰格（Guttentag，1960）认为，市场上普遍采用的借贷条款与贷款者的特征决定了贷款者所能放贷的资金量，信贷配给是贷款者优化贷款组合（流动性和风险的匹配）的理性结果。卡基尔曼（Cukierman，1978）以客户对银行除信贷之外其他服务的需求差别来解释信贷配给。巴尔坦斯帕格（Baltensperger，1978）等从信贷价格内生性、信贷有效需求等方面探讨了信贷配给存在的原因。

四、信息不对称下的信贷配给研究[①]

　　早期的信贷配给理论分别从某个角度阐释了信贷配给发生的原因，但各有其缺陷，而且其结论往往需要借助不对称信息假设。从 20 世纪 70 年代中期开始，Affee 和 Russell（1976）、Stiglitz 和 Weiss（1981）等经济学家打破新古典假设，开始将不完全信息理论引入对信贷配给现象的分析，研究信息不对称，而导致的在市场均衡状态下仍然存在的信贷配给，信贷配给理论趋于成熟。

　　1. 信贷配给与逆向选择

　　Stiglitz 和 Weiss（1981）从逆向选择方面具体解释了信贷配给的原因。该文对一个存在不对称信息条件下的简单的市场环境建模。企业向银行借款进行投资，企业有对期望的风险和投资收益的私有信息，而银行不知道具体借款人的风险情况。银行根据他们最大化收益的目标选择贷款利率，而不是接受市场出清利率，这样信贷配给就存在了。当贷款利率很低时，安全的和风险的借款者都会申

---

　　① 本小节根据天津大学高雅琴博士学位论文《中小企业贷款风险分担与还款激励机制研究》整理。

请贷款，但银行不能区分安全的和高风险的借款者。当银行贷款利率增加时，对预期收益的影响是双重的：一方面可能增加银行的收益；另一方面由于逆向选择使一些低风险借款者退出市场使整体贷款的风险增加，使银行预期收益有下降的可能。因此，银行会设定一个保守的贷款利率，低于市场出清利率来最大化其收益，信贷市场没有出清而是存在过量的需求。

Stiglitz 和 Weiss(1981)还指出贷款配给也可能是因为逆向激励效果。企业从银行获得贷款后按照企业自己的利益行为，而银行不能对企业施加无成本的监控，企业只能通过选择安全的项目偿还贷款。如果企业选择一个高风险的项目，则在项目成功的情况下企业获得大部分的利润，而在项目失败的情况下则违约。贷款利率的增加会激励企业选择风险更大的项目，使银行面临更糟糕的境况。为了激励企业不选择高风险的项目及更努力地工作，银行会设置一个低利率的贷款水平。

S-W 模型的扩展包括 Williamson(1987)的理论，Williamson 质疑 S-W 逆向选择对信贷配给的解释。他认为均衡配给是审查成本所致。他的理论有别于S-W模型，因为在他的模型中，有成本的监控仅在借款者破产时发生。当贷款利率很高时，违约的可能性也很大，这导致了监控成本的增加和银行更低的利润。均衡配给也可能在这样的情况下存在，但是配给的贷款合约是银行在监控成本压力下最大化其利润的一种机制。

2. 信贷配给和道德风险

道德风险是以主动违约风险解释信贷配给的存在，主要是因为银行不能查证借款者的努力和借款者的还款能力，银行也不能执行贷款合同，而且借款者在违约的情况下承担有限的责任。在这样的假定下，投资项目的结果取决于借款者的努力水平和激励，而这两者对于银行来说都是不可观察的，其导致了道德风险问题的产生，在这方面的研究包括 Bester 和 Hellwig。

Bester 和 Hellwig(1987)对不能观察到的努力水平给出了一个理论分析。他们假定一个投资项目有两个可能结果，即好和坏，并分别对应高努力水平和低努力水平时的概率，高努力水平意味着较高的预期收益和低风险，低努力水平则意味着较低的预期收益和高风险。研究表明还款要求或者负债价值太高会导致借款者缺乏激励，即大数额的还款意味着借款者在项目成功的情况下获得很少的收益，这与项目失败时的收益接近，致使面对较大数额负债的借款者将会减少其努力水平。另外，如果还款值很低，则借款者将会期望在任何给定努力水平上有更大的盈利，从而激励借款者努力工作。

于是，银行选择低于出清市场的利率来最大化其收益，在这个贷款利率水平上，借款者的还款负担会相对较低，这样他们会选择更高的努力水平，由于贷款利率低于市场出清利率，市场上存在过量的贷款需求。

　　道德风险的进一步扩展形式是 Chan 和 Thakor(1987)的有抵押的道德风险模型。抵押影响借款者的努力及借款者和银行的收益，尤其是借款者被要求有抵押品时，他们在项目成功的时候分享资本利得，而承担的损失仅等于抵押品，只要债务负担大于抵押品，借款者的预期努力水平少于最优水平。然而，当借款者被要求很高的抵押时，他会在项目失败的情况下损失很多。在这种情况下，较大的抵押要求激励借款者努力工作并且更担心出现失败的结果，并且愿意做出更高价值抵押的借款者通常会获得较为低廉的贷款作为其承担更大风险的补偿，这些借款者有动力付出更大的努力以获取更高的收益，这样贷款即可在抵押和利率共同作用下进行配给。国内的学者，如王霄和张捷(2003)基于对传统信贷配给理论模型的考察，将抵押品和企业规模纳入信贷配给的内生决策变量中。他们发现，在信贷配给中被排除的主要是资产规模小于或等于银行所要求的临界抵押品价值量的中小企业，王霄和张捷的研究提出了信贷配给中存在的规模配给。

　　3. 信贷配给与合约执行

　　很多研究试图解释考虑合约执行条件下的贷款配给。Affee 和 Stiglitz(1990)总结了在合约执行问题上的研究。他们认为借款者也许不会偿还贷款，即使借款者在财务上有这样的能力，这使银行面临着主动的违约风险。当在法律体系、抵押、社会规范等较为完备的条件下，贷款合约能较顺利的执行。但是在这种执行条件不充分的情况下，债务合约只能是借款者自愿执行，如果借款者违约则会影响借款者未来获得贷款，于是借款者会有很大的激励去执行还款要求。

　　在 Jaffee 和 Stiglitz(1990)的研究中，设信贷市场上未来贷款的可获得性的价值为 M。有些借款者有能力偿还债款，但是如果不归还贷款他们同样能获得利益，这些利益设为 D。违约会损害借款者在资本市场上的声誉，同时借款者还面临未来被逐出信贷市场的风险。借款者违约的决定则取决于对预期的成本及违约收益的比较。仅当预期收益大于成本时，即 $D > M$，借款者会选择违约。如果银行能完全了解这些并作为配给策略，使贷款价值高于 D，会减少借款者违约的可能性，贷款合约即能执行。

　　除了以上的研究，还有些经济学家使用另外的方式解释信贷配给。例如，多阶段贷款及多贷款者的贷款，Eaton 等(1986)考虑了多阶段的动态过程，他们指出贷款执行是分阶段的。借款者如果没有归还前期的贷款则会面临未来阶段中贷款取消的威胁。贷款多阶段的特点对借款者来说是一种激励，即借款者能主动选择安全的投资项目并且付出更大的努力避免失败，银行可以选择多阶段贷款来配给贷款。Vercammen(1995)、Pagano 和 Jappelli(1993)则尝试解决多贷款者条件下的信贷配给问题，他们的研究都证明多贷款者的信贷市场能使不同的贷款者之间分享信息。当一个借款人在一项贷款上违约时，其贷款人即可向其他贷款人揭示这一信息，这会有损这一违约借款人的名声从而影响其未来获得资本的可能性。

4. 银行业结构与信贷配给

一部分学者试图研究银行所有制结构和银行业竞争程度与中小企业贷款可获得性之间的关系。

George(2005)在其文中对银行私有化的研究做了总结，这些研究认为私有化的银行应该能比国家独资银行更有效，但私有化是否有效还取决于它能否改善与公有和私有制有关的公司治理等问题。在 George(2005)的综述中，多数理论研究指出，国有银行能有效改善某些市场失灵的问题，但 Caprio 和 Honohan(2001)指出当银行业太集中时，私有银行提供的贷款更少，Greenwald 和 Stiglitz(1986)则认为不完全信息和不完备合约使私有银行不能向一些借款者发放贷款。如果国有银行能利用其国家垄断能力克服信息和合约的问题，则能产生更多的银行贷款，而当私有银行占主导时，信息不透明的借款者，如中小企业更不易从银行获得贷款，国有银行则可能改善中小企业贷款难的问题。Caprio 和 Honohan(2001)则认为即便国有银行确实能改善这些市场失灵问题，但若银行治理结构出现问题则会妨碍国有银行对市场失灵的改善，银行管理层可能会利用银行改善他们自己的福利而不是改善市场失灵问题。因此，国有银行对企业贷款可获得性的问题还有待于实证验证，但实证方面很少有证据表明国有银行能改善中小企业的贷款难问题。例如，Clarke 等(2001)利用 30 多个国家的 3 000 家企业作为样本，发现国有银行与任何规模企业的贷款可获得性之间的关系没有统计显著性，以及对阿根廷和智利国有银行的实证研究则发现，两个国家的国有银行比其他银行发放更少的中小企业贷款。可见银行所有制结构与中小企业贷款可获得性之间并不存在绝对的关系，无论什么性质的银行都需要克服中小企业信息不对称的问题。

Chan 和 Thakor(1987)、Besanko 和 Thakor(1987)及 Frankfurt(1997)在将银行业竞争因素引入信贷配给理论后得出结论，S-W 模型及其衍生模型对银行间的竞争相当敏感。相反地，Broecker(1990)、Besanko 和 Thakor(1992)及 Guzman(2000)脱离信贷配给理论的思路，直接从完全竞争市场结构入手，得到了银行数量的增加导致贷款竞争激烈，从而使企业更容易获得贷款且利率降低的结论。特别地，Boot 和 Thakor(2000)的研究发现随着竞争的增加，关系型贷款比例会越来越大而通过专家评判方式实施的贷款比例会越来越小的结论，文章还认为，如果贷款市场的进入成本降低，那么更大数量的银行的进入将导致关系型贷款的数目增长。另外，Rajan(1992)通过分析信息成本及其导致的事前调查失真后认为，如果银行间能够分享信息，则银行与中小企业的福利水平均会上升。Pagano 和 Jappelli(1993)、Padilla 和 Pagano(1997，2000)也在分别论述借款企业异质性、违约规避及增加贷款市场竞争时指出信息共享对于银行贷款业务发展上的积极作用。

DeYoung 等(1999)、Cetorelli 和 Gambera(1999)则在这些研究的基础上进一步考虑管制、所有者结构、信息环境、借款企业规模等因素，实证发现银行间竞争程度与贷款可获得性之间的关系会因为这些因素的变化而有所不同。

以上基于信息不对称下的均衡信贷配给理论构成了现代信贷配给理论的主要内容，综合这些学者的研究可知，信贷配给现象的存在是源于银行和借款人之间的信息不对称而造成的信贷市场上的逆向选择和道德风险，以及企业事后的道德风险导致银行监督审计成本的存在等原因，同时，尽管银行可以通过对利率、抵押的要求，甚至贷款额度进行不同的组合搭配，以改变均衡信贷配给的一些具体特征，在一定程度上降低信贷配给的程度，但是信息不对称下的信贷配给作为一种长期存在的均衡现象显然是难以排除的。

以上理论具有一般性，而国外直接研究中小企业信贷配给的相关理论则主要是在 20 世纪 90 年代以后大量涌现的，这些理论的涌现是在 20 世纪 80 年代以来的银行业并购浪潮使中小银行的数目明显减少，银行业呈现集中化趋势，从而影响中小企业的信贷融资。

第三节　担保机制分析[①]

一、担保机构概述

《中华人民共和国担保法》中规定，担保是在借贷、买卖、货物运输、加工承揽等经济活动中，债权人需要以担保方式保障其债权实现而设定的担保。担保方式分为保证、抵押、质押、留置和定金。本书中提到的担保均指由第三方担保机构做保证的担保，即中小企业信用担保贷款。

在中小企业信用担保方式下，经同级人民政府及政府指定部门审核批准设立并依法登记注册的担保专门机构与债权人(包括银行等金融机构)约定，当被担保人不履行或不能履行主合同约定的债务时，担保机构承担约定的责任或履行债务的行为。显然，第三方担保机构是贷款资产违约时的最后支付方，通过第三方担保，中小企业的认知风险和经营风险在企业、第三方和银行等金融机构之间分担(高雅琴，2008)。

担保机构是商业银行等金融机构开展业务时起辅助作用的机构，在我国目前还不属于金融机构的范畴，一般被当做中介机构来看待，但是其在中小企业从银

[①]　本节根据天津财经大学张旭东博士学位论文《中小企业融资中机构合作机制研究》整理。

行等金融机构获取信贷资金的过程中发挥着重要作用。担保机构为中小企业提供担保，保证其按期归还贷款，如果企业未偿还贷款，则担保公司按照约定替企业归还贷款。通过这种方式，一方面担保机构的出现，分担了金融机构的风险；另一方面把原来的金融机构和企业之间的借贷关系，变成了三者之间的关系。担保的本质实际上是风险的分散和转移。

我国目前的担保行业可以分为四种形式：第一种是政府出资，被政府监控，不以盈利为目的的担保机构；第二种是地方政府和企业共同出资筹建、市场化运作的担保机构；第三种是由个人或企业出资筹建，以盈利为目的、市场化运作的担保机构，这类担保机构往往还会同时开展其他类型的业务，如投资方面的业务；第四种是在某个范围内的中小企业自发组织的、会员制的互助担保机构，往往是由工商联合会或行业协会发起，其主要目的是便利组织内部企业获取银行信贷，不以盈利为目的。

截至 2011 年年末，我国融资性担保行业共有法人机构 8 402 家，同比增长 39.3%，其中，国有控股 1 568 家，民营及外资控股 6 834 家；从业人员 121 262 人，同比增长 38.8%；实收资本共计 7 378 亿元，同比增长 63.7%；全行业资产总额 9 311 亿元，同比增长 57.2%；净资产总额 7 858 亿元，同比增长 63.8%；在保余额总计 19 120 亿元，同比增长 39.1%，其中融资性担保16 547亿元。

我国融资性担保行业对中小微企业的扶持作用逐步增强。截至 2011 年年末，中小微企业融资性担保贷款余额 9 857 亿元，同比增长 40.5%；中小微企业融资性担保贷款占融资性担保贷款余额的 77.3%，同比增加 0.4 百分点；中小微企业融资性担保在保户数 17 万户，同比增长 20%①。

就创新而言，目前我国担保机构的创新主要是产品创新，比较常见的有担保换期权、担保换分红、担保换红利等，比较普遍的形式是担保换期权。担保换期权在一定程度上是担保机构在业务模式上向风险投资机构的延伸。担保机构为企业提供担保，帮助企业获取银行等金融机构的信贷资金，同时约定担保公司获取一定比例的被担保企业的期权。担保公司在未来规定的时期内，可以按照一定价格购买约定数量的企业的股份。当然，如果企业经营不利，担保公司也可以放弃这种权利。担保换期权模式的产生，可以缓解担保公司盈利水平较低的状况，为担保公司争取更多的生存空间，另外，这种业务的产生在一定程度上也是由于担保机构拥有一定的信息优势，对其能够支撑其开展这种类似风险投资的业务。

除了产品创新之外，担保机构由于拥有地缘的优势，还可以向企业提供一些便利的服务，如担保机构为被担保机构联系上下游企业，以此提高企业的生存

---

① 数据来自中国银行业监督管理委员会，http://www.cbrc.gov.cn/index.html。

率，这属于一种积极服务的理念创新。

二、国内外担保机制研究现状

国内外担保机制的研究包括宏观方面、微观方面及担保机构与银行的合作机制创新的研究。其中宏观方面，主要是担保有用性的讨论，政策性担保和其他政府资助方式的比较；微观方面关注在银行和中小企业的业务关系中，担保机构扮演了什么样的角色，这些研究也从另一个侧面回答了为什么会有担保机构，或者说为什么银行要和担保机构合作；担保机构创新的研究主要是国内学者对担保换期权等创新融资模式的研究，具体研究内容概括如下。

担保机制的宏观研究方面，首先是关于担保机构促进中小企业发展的实证研究。Kang 和 Heshmati（2008）认为，韩国的担保计划显著地改善了中小企业的融资状况，从而改善其运营情况。Oh 等（2009）通过韩国主要的两个担保机构 KOTEC 和 KCGF（Korea credit guarantee fund）的数据，运用 PSM（project sale managment）模型进行实证分析，认为韩国的担保机构促进了中小企业的销售额、员工数量、工资水平及企业存活率的提高。但是担保机构对企业的 R&D 投入、投资频率、全要素增长率没有明显影响。Arraiz 等（2011）利用 PSM 模型和 DID 模型（difference-in difference model）的研究加入哥伦比亚国家担保计划的中小企业的后续表现，研究表明加入担保计划可以显著地改善中小企业的融资状况，增加企业的员工规模和企业的产出，还可以增加企业的国外销售，提升企业的整体薪资水平，但是担保计划并没有显著地促进中小企业的固定投资。研究指出，虽然担保计划显著地改善了中小企业融资，但是这只是一种次优的解决方案，因为担保计划并没有直接改变中小企业融资的最大影响因素——信贷环境，包括信息共享机制、商业法和破产法等方面的制度。

Uesugi 等（2010）用实证的方法研究了日本政府主要的担保机构对中小企业融资、发展方面的影响。通过面板数据研究发现那些参与担保的中小企业更容易获得银行贷款，但是这种促进作用是暂时的并且影响程度有限，这是由于那些资本金不足的银行将由担保机构支持的贷款代替那些没有担保机构支持的贷款。同时研究发现担保机构的介入会增大企业的道德风险，如果风险主要是由担保机构来承担，那么企业主（经理）付出的努力会比较小，最终那些被担保企业的经营状况在一些方面反而不如那些没有被担保的企业。研究的实证结果表明，接受担保的企业的员工数量增量更少。

接下来是政策性担保与其他自主方式的比较研究方面，Beck 等（2010）提出了政府引入担保机制的原因：第一，通过担保机制来对中小企业进行金融支持，相对于其他的扶持方式，如直接的政府贷款，担保机制是一种高效低成本的运作；第二，政府通过担保机制进行市场干预，其是一种市场友好的方式，因为这种干预最终是要通过与私有部门的银行进行合作来实现；第三，初始需要的资金较少，并且是有限责任，不会使政府产生巨大的亏损。

Arping 等（2010）在委托代理理论的框架下对政府政策性担保的效果进行分析，研究表明随着担保比例的提高，企业家抵押自身资产的策略及努力的程度会不断变化。关于政策性担保及对企业进行直接资助之间的取舍，研究认为在政府预算比较少的时候，应该将所有资金投入政策性担保，当政府预算比较充足的时候，应该同时采取政策性担保和直接资助。和 Arping 等（2010）相类似，Janda（2011a）也是在委托代理的框架下，对比了政策性担保和政府贴息对于缓解中小企业融资难的有效性，其建模的情景和 Arping 等（2010）类似，其考虑了银行和中小企业之间的利益协调，把担保机构的支出统一到财政预算，没有把担保机构作为一个单独的机构进行分析。Janda（2011b）在逆向选择情境下构建模型，研究认为在项目成功概率异质性比较强的时候，政府进行利息补贴比较好，在项目成功概率异质性比较弱的时候，政府进行担保效果比较好。这类研究的结论都是政策性担保和其他政府资助方式的优劣顺序，一般没有确定的答案，各种政府干预政策的顺序需要视参数范围而定。

郝蕾和郭曦（2005）研究了在利率市场化和银行垄断的条件下，政府第三方担保和互助担保对中小企业融资的影响。研究认为互助担保比政府担保的效率高，但是我国的互助担保机构由于政府的介入，效率受到影响，没有发挥应有的作用，所以政府应该明确自身的定位，为互助担保组织提供发展的环境，减少直接地干预。

担保机制的微观研究方面，对于担保机构促进中小企业融资的研究，Helen等（2012）、Nitani 和 Riding（2005）认为，担保机构对中小企业来说，可以增加中小企业获取信贷的能力，减少借款的成本。对于银行来说，促进银行向那些没有足够抵押品和信用记录的中小企业放贷（Nigrini and Schoombee，2002）。担保机构对企业的调研，可以减缓银行和中小企业之间的信息不对称（Beck et al.，2010）。Honohan（2010）指出，担保机构能够在市场中存在的原因有三点：①担保机构在一定范围内比银行有信息优势；②担保机构可以帮助银行跨部门和跨区域分散风险；③担保机构可以帮助银行政策套利。

担保机构与银行的合作机制研究方面，Shan 等（2012）认为，银行和担保机构合作的基础在于银行希望把中小企业业务中的一部分调研工作外包给担保机构，这样可以节约人力资本。银行更加看重中小企业的财务状况和运营情况，担保机构更重视抵押物。高风险并且抵押物不足的中小企业被银行和担保机构拒绝，低风险并且抵押物充足的中小企业可以直接获得银行贷款不需要担保机构的介入，高风险并且抵押物充足的中小企业及低风险并且抵押物不足的中小企业很难直接获得银行的贷款，需要并且可以得到担保机构的帮助。因为银行和担保机构风险评估的方式不同，所以面对高风险并且抵押物充足的中小企业，银行会对其收取较高的利息，担保机构却收取较小的担保费用，面对低风险并且抵押物不足的中小企业，银行会收取较低的利息，担保机构会收取较高的担保费用。于是，银行利率和担保费用往往出现反向的关系，银行的利率能反映中小企业的破产概率。研究认为银行更加专业，担保机构只是处于低级水平，只能审查和判断中小企业的抵押物。

杨胜刚和胡海波（2006）在逆向选择及道德风险的框架下分析中小企业和银行的借贷关系中担保机构起到的作用，结论表明，在反担保品价值相对比较大的时候，担保机构担保比例的增加会减少企业的借贷风险，在反担保品价值相对比较小的时候，担保机构担保比例的增加会增加企业的借贷风险。研究认为应该建立担保机构和商业银行合理的风险分担机制，不宜让担保机构承担过大的比例。担保机构应该加强反担保措施研究，扩大反担保品的范围，以及发展关系型担保。李毅和向党（2008）通过理论推导认为，引入信用担保，企业项目的成功概率会大于没有担保机构参与的情况。研究认为担保机构由于其盈利性和长期存在空间，应该作为一个独立的行业，而政府担保机构应该取消。担保机构应该和商业银行分担风险，而且要注意业务创新。

专注于担保机构和银行合作机制的结论基本上都集中在担保比例的讨论。Beck 等（2010）通过对 46 个国家和地区 76 个的担保机构进行分析，相对全面地概括了当前各国担保机构运营的大体情况，该研究指出，在担保机构和银行的合作关系中，担保机构的担保比例，是一个重要的防范担保机构风险的方法，留给银行一部分风险，可以增加银行贷款前评估和贷款后监控的激励，从而降低贷款的损失（张维和张旭东，2013）。Honohan（2010）研究认为，担保机构的担保比例应该在一个合适的范围，目前担保机构的担保比例普遍偏高，同时，如果担保比例低于 50%，则不能吸引银行一起合作。研究提到的智利担保机构采取银行竞标的形式，即哪个银行提出的担保比例最小，担保机构就与那个银行开展合作。Helen 等（2012）认为，担保机构风险分担的比例因国家的不同而不同，导致这种不同的原因目前尚无定论，这种风险分担的比例主要是银行和担保机构谈判的结果。担保机构的分担比例一般是 80%，剩下 20% 的信贷风险由银行承担。100% 的风险承担比例主要是在日本出现，美国政府担保 504 贷款项目提供了90% 的风险分担（Uesugi et al.，2010）。Boocock 和 Shariff（2005）也认为 90%的分担比例太高，担保机构和银行合理的分担比例应该为 80∶20。Nigrini 和Schoombee（2002）认为担保机构和银行的风险分担比例应为 70∶30。担保机构50%～70% 的分担比例可以促使银行进行合理的信贷管理。

担保机制的创新研究方面，国内担保模式创新的研究主要集中在担保换期权和桥隧模式的研究上。杨兆廷和李吉栋（2008）通过理论模型证明，由于企业收益的不确定性，银行更愿意向低风险企业发放贷款，担保机构的加入可以提高风险评估的专业性，但同样面临风险收益不对称的问题，这一问题可通过"担保换期权"来解决。研究确定了期权行权价格的有效范围，证明了"担保换期权"方式在高新技术中小企业融资中的可行性。金雪军和王利刚(2005)认为担保机构可担保资金的低效使用与市场对贷款担保服务的巨大需求间的矛盾催生了担保换期权业务的创新，研究在介绍担保换期权业务的运作模式基础上，详细分析该业务在具体应用中存在的难点及问题，并提出相关的解决方案和建议。郁洪良(2005)、陈良英(2003)以深圳高新投的具体业务为案例，论述了担保换期权这种业务在实践中发挥的作用。董裕平(2009)对各种担保服务进行了模拟实验，通过比较实验结果和实践的区别，得到担保机构的商业运作模式的建议。研究认为担保机构通过提供融资担保服务而介入中小企业内部经营管理，由此可以全面深入地挖掘企业的各种信息，围绕这些基础信息，可以采取融资担保与股权投资相结合的业务模式，从而获得范围经济。

张枫(2010)、王东华(2009)和安柯颖(2009)对桥隧模式进行了阐述，指出桥隧模式取得的多个共赢是因为这一模式扩大了担保机构的业务范围，使担保风险分散，改变"风险与收益不匹配"的生存模式。桥隧模式带来的启示是，在中小企业融资过程中应该引入衍生工具，还要引入上下游企业。尹红艳(2009)、关宏超(2007)对中新力合担保机构为艾尔柯环境设备公司设计的融资方案进行了深入的分析，指出了其中桥隧模式的重要作用。研究认为这种模式成功地保证了银行的贷款质量，增强了银行的持续发展能力，充分利用了风险资本，极大地分担了担保机构的风险。晏露蓉等(2007)对当前几种融资担保创新的实践进行了梳理，包括桥隧模式、担保换期权和行业性专业担保机构，探讨总结其创新中的核心点，认为应该在担保机制中引入风险投资机构、上下游企业。骆建艳和周春蕾(2008)认为桥隧模式在理论上是可行的，但实际运行效果要看具体操作中能否处理好担保机构与风险投资公司的配合。研究认为桥隧模式目前还处于发展初期，具有很大的拓展空间，桥隧模式所面向的企业可以不局限于有可能失败的新生企业，对于那些成立时间较长、盈利情况较好的企业，业界投资者也可以通过参股的形式来适用于该模式；桥隧模式所提到的业界投资者可以是一个很宽泛的概念，包括专项发展基金、产业基金、投资公司等其他经济体同样能够在这个模式下运作发展。

通过以上的分析，可以得到如下结论：担保机制的相关研究是在一定程度上类似金融中介理论的研究，金融中介理论要回答的问题是为什么会有金融中介存在，担保机构的研究很多是回答为什么有担保机构存在。担保机构存在的意义可以通过实证手段证明，主要指标是信贷总量的增加。但是担保机构的介入也会对市场造成负面影响，会增强中小企业本来就存在的道德风险。担保机构发挥作用，必然是和商业银行联合在一起的，在担保机构和银行的合作机制中，核心的问题是风险分担问题。担保机构和商业银行合作机制的研究往往是把担保机构放在政府之内，不把担保机构作为一个独立的单位进行分析，这样不利于研究担保机构和商业银行之间的协作机制。担保机构的创新研究，主要在担保换期权和桥隧模式方面，学者们认为这种创新方式可以有效地促进中小企业融资。

三、担保机构对信企关系影响的模型分析

1. 建模整体思路

担保机构开展业务，往往涉及多个方面，包括金融机构、政府、中小企业等。关于担保机制中各参与方利益协调的研究，大体可以分为两个视角：第一个视角以 Arping 等(2010)、Janda(2011a)和 Janda(2011b)为代表，研究政策性担保，关注政策性担保的效率。在这些研究的模型中，金融机构和中小企业为独立单位，担保机构作为政府的一部分，不独立核算，不涉及担保机构的收入问题。第二个视角以位志宇和杨忠直(2006)、李毅和向党(2008)等为代表，研究担保比例、担保费率及抵押品等合约条款之间的关系，模型中担保机构、金融机构和中小企业都是独立核算的单位，需要考虑担保机构的参与约束。

如果研究担保机构和其他机构利益协调机制，需要把担保机构作为独立的个体研究，也就是上述第二个视角。那么，担保机构作为一个独立的中介机构，能够在狭小的盈利的空间中实现盈亏平衡，甚至盈利吗？中小企业融资难的问题之所以长期存在，一个重要原因就在于没有通盘考虑所有参与者的利益，而对某些参与机构利益的忽略，会导致无法在整体上形成满足各方利益的商业模式。因此，本小节将担保机构作为一个独立的个体，一个重要的参与方，研究其与信托、企业在发生业务时，多方之间利益协调的机制。在此基础上，借鉴金融中介理论的思想，从机构的能力出发，回归到担保机构存在原因的本质层面上进行建模，分析金融机构和担保机构的合作机制。

1)无担保机构的基础模型

假设企业要运营一个项目，项目成功的概率为 q；成功之后的收益为 H；项目失败的概率为 $1-q$；失败之后的收益为 L；不失一般性，假设 $L=0$。项目资金需要为 I；企业的自有资金为 0；所以资金的全部需要从金融机构借贷，同时设定企业抵押物为 0(中小企业抵押物少是其融资难的主要原因，即使抵押物不为零，相对于融资额仍有很大差距，所以在这里简单处理等于零)。

企业向金融机构提出借款申请，金融机构对企业进行调研，然后判断是否接受企业的贷款请求。如果金融机构接受企业的贷款请求，对其要求的本息和为 x，当然，如果企业运营失败，金融机构同时损失掉本金和利息。金融机构对企

业进行调查，会产生一个信号 $s_y = \{G，B\}$，企业成功时金融机构收到好信号 G，以及企业失败时金融机构收到坏信号 B 的概率为 θ_y，即 $\theta_y = p(G/H) = p(B/L)$，$\theta_y$ 反映的是金融机构调研的准确性，如果 θ_y 的值比较大，则代表金融机构的判断能力比较强；反之 θ_y 的值比较小，则代表金融机构的判断能力不准（张旭东，2013）。

金融机构只在收到好信号的时候才会放贷，金融机构的收益为 Z（这里讨论的是金融机构对企业调查，并且收到好信号之后的情景，金融机构付出的调查成本为沉默成本）：

$$Z = q(y)x = \frac{xq\theta_y}{q\theta_y + (1-q)(1-\theta_y)} \tag{3.1}$$

企业家是有限责任，其收入为

$$U = q(H-x) \tag{3.2}$$

假设项目的成功概率和收益的乘积是固定值：

$$M = qH \tag{3.3}$$

M 反映了企业的效率和优劣，后文会提到 M 值太小是中小企业无法获取金融机构资金的原因之一。$Z(G) > I$ 时，金融机构会选择向中小企业贷款，将式（3.2）和式（3.3）代入式（3.1），得到金融机构放贷的条件是

$$\frac{M}{q}q(G) = \frac{M\theta_y}{q\theta_y + (1-q)(1-\theta_y)} > I \tag{3.4}$$

进一步整理可得

$$M > \left[2q-1+\frac{1-q}{\theta_y}\right]I \tag{3.5}$$

从这里可以看出，金融机构和企业借贷关系发生的条件可以从两方面来讲，一方面如果 M 足够大，即企业的盈利能力足够强，那么可以满足条件；另一方面如果 θ_y 足够大，即金融机构搜集信息的能力比较强，也有利于满足条件。如果金融机构的调研能力特别弱，即 $\theta_y = \frac{1}{2}$，这时需要 $M > I$，如果金融机构的调研能力特别强，即 $\theta_y = 1$，那么需要 $M > qI$ 即可。

中小企业融资难的困境就在于 M 不够大，以及 θ_y 不够大。该部分参数的设定及推理，反映了现实中中小企业融资困境的主要成因：中小企业盈利能力不强、金融机构判断能力不强。

2）存在担保机构的模型

在无担保机构的基础模型情形下，如果式（3.5）得不到满足，金融机构无法独立向中小企业提供贷款。这时金融机构就会寻求担保机构的合作，通过分担风险，使风险和收益相匹配。担保机构收到金融机构的要约之后，也会搜集企业的

相关信息，在搜集过程中，担保机构收到的信号为 $s_d = \{G，B\}$，相对应的 $\theta_d = p(G/H) = p(B/L)$。担保机构承诺承担的担保份额为 x_g；收取的担保费为 g；$g = rx_g$；r 为担保费率。担保机构调查中小企业需要付出成本，同时对中小企业收取评审费，实践中对于立项的担保项目，担保机构会按照特定比例收取评审费用，对于不能承保的项目也会酌情收取评审费用，所以在这里不考虑担保机构的调研成本及其对中小企业收取的评审费用（为了保持模型的简洁，也不考虑保证金在内的其他成本，这些成本可以看做担保费率的抵减项，保证金带来的成本在后文详细分析）。

在金融机构和担保机构都收到好信号的情况下，企业项目运营成功的概率为 $q(y，d)$：

$$q(y，d) = \frac{q\theta_y\theta_d}{q\theta_y\theta_d + (1-q)(1-\theta_y)(1-\theta_d)} \tag{3.6}$$

首先分析在这种情况下，担保机构加入对原来的借贷双方利益的影响方向。对于中小企业来讲，中小企业除了要向金融机构还本付息之外，还要在项目开工之前，向担保机构缴纳一笔担保费 g。这样的话，中小企业的可能负担会加重，从这个角度来讲，担保的加入把情况弄得更糟；金融机构在担保机构出现以后，由于风险降低，会降低对中小企业收取的利息，担保机构的加入又减轻了企业的负担，改善了情况。具体各参与方的利益如下。

金融机构的收益：

$$Z = q(y，d)x + [1-q(y，d)]x_g \geqslant I \tag{3.7}$$

企业的收益：

$$U = q(H-x) - g \geqslant 0 \tag{3.8}$$

担保机构的收益：

$$W = g - [1-q(y，d)]x_g \geqslant 0 \tag{3.9}$$

将式(3.8)和式(3.9)代入式(3.7)得

$$Z = \frac{Mq(y，d)}{q} + \left[1 - \frac{q(y，d)}{q}\right][1-q(y，d)]x_g \tag{3.10}$$

容易判断，其中，$1 - \dfrac{q(y，d)}{q} < 0$。

(1)一种极端情况，$\theta_d = \dfrac{1}{2}$。

这时实际上担保机构只分担风险不传递信号。企业的收益函数不变，金融机构和担保机构的收益如下：

$$Z = q(y)x + [1-q(y)]x_g \geqslant I \tag{3.11}$$

$$W = g - [1-q(y)]x_g \geqslant 0 \tag{3.12}$$

将企业和担保机构的收益取紧，把式(3.8)和式(3.12)代入式(3.11)，这样可以把担保机构的加入对金融机构和企业这个融资系统的影响全部体现在金融机构的收益上，金融机构的收益可以变成如下形式：

$$Z=q(y)x+[1-q(y)]x_g=\frac{M}{q}q(y)+[1-q(y)]\left[1-\frac{q(y)}{q}\right]x_g \quad (3.13)$$

$$1-\frac{q(y)}{q}=1-\frac{\theta_y}{q\theta_y+(1-q)(1-\theta_y)}<0 \quad (3.14)$$

比较式(3.4)和式(3.13)，可以发现金融机构的收益实际上是变小了。所以可以得出如下结论：在企业成功概率外生给定，并且担保机构独立运营寻求收支平衡的情况下，如果担保机构没有任何调研能力，那么担保机构的加入不会改善信企之间的借贷关系，反而使之变得更差。

现实实践中，有很多担保机构的确没有强大的信息搜集能力，那么如果担保机构没有信息搜集能力，不向金融机构传递信号，担保机构就没有存在的必要了吗？或者说担保机构和金融机构的合作模式就不会存在了吗？本小节设定担保机构为独立的运营机构，即担保机构的收入和支出是相等的，并且在其参与约束取紧的情况下得到上述结论，而实践中很多担保机构是有财政补贴的，也就是说担保机构可以在负收益的情况下维持运作，在这种情况下，金融机构的收益在有担保机构介入的情景下可以变得更好。但是，本小节的模型说明，补贴那些没有信息搜集能力，无法向金融机构传递企业相关信号的担保机构，是政府资源对市场的低效输入。

(2)极端情况，$\theta_2=1$。

担保机构拥有很强大的信息搜集能力，此时式(3.10)变成：

$$Z=\frac{M}{q} \quad (3.15)$$

比较式(3.4)和式(3.15)很明显可知担保机构的加入，改善了金融机构和担保机构之间的借贷关系。

(3)一般情况，$\frac{1}{2}<\theta_d<1$。

通过上文的分析，在两种极端的情况下，一种是担保机构的调研能力极强，可以改善金融机构和中小企业的借贷关系，另一种是担保机构没有调研能力，担保机构的加入不但不能改善中小企业的融资状况，反而会把情况弄得更糟。由于上文分析的函数都是连续的，所以，可以得出结论，在这两种情况之间，会有一部分调研能力较强的担保机构(θ_d比较大)，能促进中小企业融资，另一部分调研能力较小的担保机构(θ_d比较小)加入中小企业融资，不能改善中小企业的融资状况。

事实上，这就回到了"担保机构为什么存在"这个经典讨论，其中一个被普遍认可的观点是：担保机构是中小企业信息的拥有者。在现实的实践中也确实如此，如作者在天津某担保机构进行调研时了解到，发现该担保机构对其所在区域的高科技中小企业进行评级和评估，掌握大量的企业信息。北京连城资产评估有限公司的"评估加担保"模式就是一种同时提供担保和信息的服务。

不管在哪种情况下，式(3.10)中 x_g 的系数都是小于等于零。所以说，在这个意义上，担保机构的介入，从整体上来说，是一种低效的行为，担保机构担保的比例越大，融资系统整体的效率越低。起到正面作用的是担保机构的信息搜集能力 θ_d，担保机构在金融机构提供目标企业的基础上进一步的调查、筛选和认定，通过提高被投资企业项目的成功率来促进银行和中小企业的借贷关系。具体来说，把担保机构和金融机构作为一个系统考虑，担保机构通过调研筛选，可以使企业的成功概率由 $q(y)$ 提升到 $q(y, d)$，如果成功概率提升的幅度较大，整体上对担保机构起到正向作用。

既然担保机构搜集信息和传递信号的作用如此重要，而担保比例越高，整体情况越糟，那么，按照这种逻辑，市场上只会存在评级公司，不会存在担保机构。还是回到担保机构和银行合作模式存在必要性的问题，一方面，这里假设担保机构是收支相抵、自负盈亏，现实中，担保机构会受到政府的注资和补贴，可以在负收益条件下运转；另一方面，担保机构如果完全退化为评级公司，那么，在信用环境比较差的情形，金融机构会怀疑担保机构的评估结果，因为担保机构只是提供评估，无论企业最后运营成功还是失败，担保机构都能获益。尤其是在中小企业融资实践中，金融机构对担保机构的信任度很低，这本身就是造成中小企业融资困境的一个深层次的原因。所以，担保机构要承担一部分的风险，作为一种信号传递，这在一定程度上会打消金融机构这方面的顾虑。

2. 担保机构的激励与约束问题

1)担保费率

担保机构对企业进行担保，是一种信号传递行为。事实上，如果担保机构认定企业资质比较好，而且担保费率相对较高，那么担保机构愿意承担比较大的担保比例，因为这是担保机构的利润来源。通过式(3.11)可知，当 $g-[1-q(y, d)]x_g>0$，即

$$r>1-q(y, d)=1-\frac{q\theta_y\theta_d}{q\theta_y\theta_d+(1-q)(1-\theta_y)(1-\theta_d)}=r_1 \qquad (3.16)$$

担保机构承担的担保额度越大，其收益越高。如果出现极端情况，即

$$r>1-q(y)=r_2 \qquad (3.17)$$

则担保机构不对企业进行调查也能获益，这时候担保机构会选择"搭便车"，

全盘接受金融机构推介过来的企业，不进行任何调查，并且会承担尽可能高的担保额。不过，在现实中，这样高的担保费率并不常见，我国大部分担保机构的担保费率要求不超过银行同期利率的 50%。在中小企业融资实践中，由于担保机构的运营处于"微利"状态，所以但凡其向企业提供担保，就一定会努力调研，不会仅仅依靠金融机构的判断来"搭便车"。

通过式(3.16)可知，在企业的成功概率、担保机构的调研能力、金融机构的调研能力一定的情况下，担保费率存在一个下限，如果不能满足这个下限，就无法保证担保机构的持续运营，会导致其变相开展其他业务，或者在企业出现违约的情况时，逃避代偿责任。进一分析，r_1 是担保机构参与中小企业融资最低要求的担保费率，有

$$\frac{\partial r_1}{\partial \theta_y} < 0, \quad \frac{\partial r_1}{\partial \theta_d} < 0 \tag{3.18}$$

即担保机构要求的最低担保费率跟金融机构的调研能力反相关，跟担保机构的调研能力也反相关。这是由于金融机构的调研能力越强，其推介给担保机构的企业的成功概率就越大，风险越小，所以担保机构要求的费率也就比较低；同样的道理，担保机构的调研能力比较高，那么选中的企业的风险就比较低，所以担保只需要比较少的补偿。从另一个角度讲，如果担保机构可以接受比较低的担保费率，可以认为担保机构的调研能力比较强，是一种可以置信的信号传递。

2）放大倍数

担保机构对中小企业贷款进行担保需要向金融机构存入一定额度的保证金，担保额度和保证金之间的比例被称为担保放大倍数$\left(\dfrac{担保额度}{保证金}\right)$。这部分保证金是金融机构为防范担保机构逃避代偿责任，而采取的风险防范措施。金融机构通过控制放大倍数可以控制担保机构的担保规模，而从整体上将损失控制在一定的范围。如果放大倍数过小，担保机构需要向金融机构提交大量的保证金才能开展业务，付出较大的机会成本，于是担保机构的效率较低。如果倍数太大，担保机构只需要提交少量的保证金就能开展业务，一方面，如果发生代偿，担保机构可能会放弃保证金选择逃避责任；另一方面，担保机构如果整体运营状况不佳而倒闭，合作金融机构将面临较大的风险。所以世界上很多国家都对担保机构放大倍数进行了规定。我国财政部发布的《中小企业融资担保机构风险管理暂行办法》规定：担保机构担保责任余额一般不超过担保机构自身实收资本的五倍，最高不得超过十倍。虽然国家对合适的担保放大倍数进行了规定，但在现实中，放大倍数实际上是金融机构与担保机构不断博弈的结果。

保证金制度在一定程度上是增加担保机构开展业务的成本。假设担保机构的

放大倍数为 s，则向金融机构提交的保证金为 $\dfrac{x_g}{s}$，假设单位保证金使担保机构付出的成本为 t，则保证金使用这一项使担保机构的成本增加 $\dfrac{x_g t}{s}$，也就是说担保机构的担保费率 r 中，需多扣除 $\dfrac{t}{s}$。

在原来的担保机构和金融机构、中小企业的交易结构中，担保机构的费率是由担保机构和中小企业决定的。在考虑保证金的情况下，由于保证金会造成担保机构成本的增加，即利润的减小，在这种交易结构中，金融机构对保证金比例的要求实际上影响到担保机构的利润率。如果金融机构只允许担保机构较小的放大倍数，会降低担保机构的利润；提高放大倍数则会增加担保机构的利润。根据工业和信息化部中小企业司的数据，2012 年全国中小企业信用担保机构平均放大倍数（新增担保额/实收资本）仅 3.1 倍，与 5 倍的盈亏平衡点有较大差距，远未达到 10 倍的上限，由于放大倍数不高，融资担保行业的整体盈利能力不高（通常担保行业的放大倍数要达到 5 倍才会盈利）。担保机构和金融机构在放大倍数方面的合作机制如图 3.1 所示。

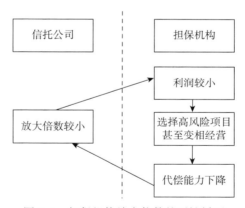

图 3.1 担保机构放大倍数的恶性循环

综合分析，一方面，如果金融机构提高放大倍数，担保机构的利润空间较大，履行担保承诺的概率较大，但是由于放大倍数较大，担保机构一旦不能履约，金融机构将面临较大的风险；另一方面，如果金融机构降低放大倍数，担保机构的利润空间较小，会倾向于寻找高风险项目以获取较高的担保费率，从而导致最终履行担保承诺的概率降低，但是由于放大倍数较小，担保机构一旦不能履约，金融机构面临的损失相对较小，于是会产生由于信息不对称引发的恶性循环，最终导致担保机构无法顺利和金融机构开展业务，金融机构和担保机构的这种合作过程类似银行和中小企业之间的信贷配给情景。为了提高担保机构的信用水平，中国人民银行将其纳入征信系统，这在一定程度上会改善金融机构和担保机构的合作关系。

由于保证金制度最终会影响担保机构的利润，是担保费率的扣减项，所以整体上可以并入担保费率的考虑。综合考虑担保费率和保证金制度，可以看出由于担保机构处于微利状态，所以如果担保机构同意向企业提供担保，那么担保机构一定是对企业进行了调研。如果担保机构将某企业认定为优质企业，那么实际上愿意承担比较大的担保额度。担保费率是激励和约束担保机构的重要条件。如果担保费率相对于企业的成功概率、金融机构的调研能力、担保机构的调研能力较小的话，那么担保机构不能持续地开展业务。担保费率的下限与金融机构的调研能力、担保机构的调研能力都成反向关系。在银行调研能力确定的情况下，如果担保机构同意接受比较低的担保费率，可以视作其调研能力的信号。

按照上述分析，只要担保费率能满足要求，担保机构愿意承担尽可能大的担保额度，但是在实际操作中，如果担保机构承担较大的比例，在一定程度上会导致金融机构逃避责任，在贷款前对企业的审查不够严格，如果担保机构的担保比例过大，就可能会遭受损失。接下来分析合约设计的具体条款以确保金融机构履行职责，在贷款前对企业尽职调研。

3. 金融机构的激励与约束问题——风险分担比例

假设担保机构收到中小企业的要约，要求对一笔贷款进行担保，贷款的背景和前面相同(不同的是，这次的发起机构是担保机构)。担保机构中小对企业进行调查，如果认为中小企业是优质企业，担保机构会向金融机构提出为该中小企业担保这笔贷款。这时金融机构和担保机构之间需要谈判担保比例的问题，金融机构也需要对中小企业进行调查，这个调查的过程需要成本(事实上，调研程度不一样，付出的成本也不一样，本节讨论的是离散化的情况，即调研或不调研两种情况)，这部分成本是金融机构可能产生道德风险的根源。

这种情景类似 Cestone 等(2007)研究风险投资机构之间的合作机制中，两个合作的风险投资公司之间的博弈：A 风险投资公司希望联合 B 风险投资公司一起向某个企业投资，此举的主要的目的在于从 B 风险投资公司获取被投资企业的价值评估，但是 B 会有一些复杂的动机，A 需要设计适当的合约激励 B 风险投资公司去努力地对目标企业进行调研，并且反馈真实信息。按照 Cestone 等(2007)的设定，机构被其他机构邀请共同参与某个企业的融资活动时，在尽职调研方面，有四种不诚实合作的可能：第一，不去调研，直接说项目是坏项目；第二，不去调研，直接说项目是好项目；第三，去调研，但把好项目说成坏项目；第四，去调研，但把坏项目说成好项目(图 3.2)。本小节借鉴 Cestone 等(2007)的模式分析金融机构和担保机构之间的调研与信号传递问题。

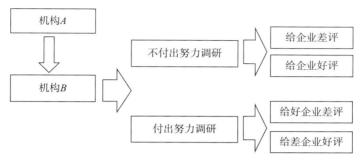

图 3.2　担保机构的可能动机

需要说明的是，金融机构和担保机构之间的合作不能完全按照风险投资公司之间的契约。前文分析的四种动机是一个机构被其他机构邀请一起对中小企业进行融资时，在信息搜集方面所有可能的策略，但是具体到我国中小企业融资的实践情况，金融机构不太可能在调研之后把优质企业故意评估为劣质企业，也不会故意把劣质企业评估为优质企业，所以四种可能策略的后两种和现实有一些差距。另外，可以证明，如果前两种动机的约束方程可以满足，后两种动机相应的约束方程也必然会满足。

针对金融机构的前两种可能动机，分别对应需要以下两个方面进行约束和激励：

$$p(y/d)[q(y,d)x+(1-q(y,d)x_g-I)]-C_b \geqslant 0 \qquad (3.19)$$

$$p(y/d)[q(y,d)x+(1-q(y,d)x_g-I)]-C_b \geqslant q(d)x+[1-q(d)]x_g-I$$

$$(3.20)$$

在担保机构收到好信号的条件下，金融机构对企业调研也收到好信号的概率为

$$p\left(\frac{y}{d}\right)=\frac{q\theta_y\theta_d+(1-q)(1-\theta_y)(1-\theta_d)}{q\theta_d+(1-q)(1-\theta_d)} \qquad (3.21)$$

如果担保机构推荐的中小企业，金融机构经过调研也收到好信号，则可以进一步地商讨合约。如果担保机构推荐的中小企业，金融机构经过调研收到坏信号，则中小企业不会得到贷款，金融机构不会有任何收益，并且还会损失调研成本 C_b。可以简单判断出 $\dfrac{\partial p\left(\dfrac{y}{d}\right)}{\partial \theta_d}>0$，所以金融机构希望担保机构的调研能力比较强，不至于经常出现付出成本调研后发现企业是劣质企业的情况。

整体的进程如图 3.3 所示，其中虚线代表可能的结果。

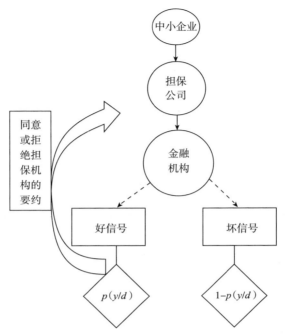

图 3.3　担保机构寻求金融机构合作的时序

如果式(3.19)不能满足，由于担保机构的担保比例过低，金融机构在一开始就不会接受担保机构的申请。如果式(3.19)得到满足，但是如果担保机构的担保比例过高，金融机构会接受担保机构的申请，并且有可能直接向企业放贷，不尽职贷前审查，在这种情况下需要式(3.20)激励金融机构尽职调查。

将式(3.19)和式(3.20)分别取紧，可以得到

$$x = I + \frac{C_b}{q(d)(2\theta_y - 1)} \tag{3.22}$$

$$x_g = I - \frac{C_b}{[1 - q(d)](2\theta_y - 1)} \tag{3.23}$$

其中，$x - I$ 为金融机构要求的利息，可以得出以下结论。

(1) $\frac{\partial x}{C_b} > 0$，金融机构要求的利息与金融机构的调查成本正相关，调研成本是利息的组成部分，如果把金融机构利息拆分为调研成本和风险补偿，进一步分析可知，$\left[\frac{C_b}{q(d)(2\theta_y - 1)} - C_b \right]$ 是金融机构承担的风险的补偿。

(2) $\frac{\partial x}{\partial q(d)} < 0$，金融机构要求的利息跟 $q(d)$ 是反向的关系，$q(d)$ 越大，金融机构要求的利息就越小，$q(d)$ 是由担保机构的调研能力决定，所以和

调研能力比较强的担保机构合作，金融机构要求的利息额就比较小。这从根本上是由于金融机构与调研能力强的担保机构合作，相对比较安全，风险补偿要求小。

（3）$\dfrac{\partial x}{\partial \theta_y}<0$，金融机构要求的利息与银行的信息搜集能力成反向关系，金融机构搜集信息的能力越强，则需要的利息值就越小，其中的逻辑跟上文相同。

（4）$\dfrac{x_g}{C_b}<0$，担保机构承担的担保额度与金融机构的调研成本成反向关系，金融机构的调研成本越高，担保机构愿意承担的担保额度越低。这是因为金融机构搜集信息花费的成本越高，其贷前审查企业的意愿就越小，如果金融机构不进行贷前审查，会使目标企业的成功概率降低[从 $q(y,d)$ 降低到 $q(d)$]，所以担保机构不能承担过大的担保额度。

（5）$\dfrac{x_g}{q(d)}<0$，担保机构承担的担保额与 $q(d)$ 成反向关系，也就是与担保机构的调研能力成反向关系。这是因为担保机构的调查能力越强，被投资企业项目成功的概率越高，金融机构要求担保机构的担保比例越小。

（6）$\dfrac{\partial x_g}{\partial \theta_y}>0$，担保机构承担的担保额度与 θ_y 成正向关系，金融机构调研能力越强，担保机构愿意承担的担保额度越大。这是因为金融机构调研能力越强，目标企业的项目成功概率就越高，因此，担保机构可以承担较大的担保额度。

在本模型对金融机构和担保机制的分析中，信托公司作为金融机构的一部分，也适用于该模型分析。对信托公司开展相关业务进行分析时，也是一种借鉴。

第四节　信托公司和股权投资机构的合作模式分析

参与中小企业融资的股权投资机构主要是风险投资，有些融资活动也会涉及私募股权投资机构，本节对信托公司和股权投资机构合作开展中小企业融资活动进行研究。在合作过程中，信托公司和以风险投资为代表的股权投资机构可以充分发挥彼此的优势，为中小企业提供充裕的资金支持，帮助其实现价值。

一、信托公司和股权投资机构合作的基础

现阶段，对中小企业发放贷款的主体仍旧是商业银行，随着金融市场的不断健全与发展，有更多的金融机构开始为中小企业进行融资，信托贷款便是一种，

信托贷款主要是指由信托公司向中小企业发放贷款。现有的关于金融机构与股权投资机构合作进行中小企业贷款的研究主要集中在商业银行和股权投资机构合作方面，关于信托公司与股权投资机构合作的研究较少，但信托公司在中小企业贷款方面，与商业银行有诸多相似之处，如与银行通过吸收存款从而发放贷款相类似，信托公司通过发行信托产品募集资金从而为中小企业发放贷款。另外，信托机构相比商业银行在与股权投资机构合作方面具有更大的优势，因为信托机构不仅可以以债权方式向中小企业发放信托贷款，而且还可以以股权方式为小企业提供资金，甚至根据需要同时向中小企业提供债权、股权资金。因此，关于商业银行与股权机构合作的合作创新同样可以作为信托公司与股权投资机构合作的研究基础。

从实践来看，商业银行和股权投资机构合作的投资目标主要是那些具有高成长性的中小企业。成长性比较好的中小企业，主要是科技型中小企业。一方面，商业银行的资金支持对科技型中小企业发展有促进作用；另一方面，商业银行往往只能支持中小企业进行小型的创新，简单地模仿先进技术，不能支持中小企业进行大规模的自主研发，这主要是因为银行很难把握某一项高新科技未来的经济效益产出，需要付出很大的调查成本。

科技型中小企业把大量的资金都用在了科技人才的工资和待遇上，企业的大量投资都以人力资本的形式存在，抵押物少，且科技型中小企业的核心技术从诞生到最后成为商业化模式，是一个相对漫长的过程。所以，科技型中小企业从商业银行获取资金会遇到更大的问题。在这种情况下，商业银行可以选择与股权投资机构合作，共同为科技型中小企业服务。

相对于商业银行，以风险投资为代表的股权投资机构整体上更适合向以科技型中小企业为代表的高成长性中小企业提供服务。与商业银行相比，风险投资机构有以下特性。

第一，商业银行盈利的主要方式是信贷业务，其资金是一种信贷资本；而风险投资所追求的是企业上市或出售企业带来的财务性收益，其资金是一种权益资本，更加注重企业长久的盈利性。

第二，商业银行为了保持流行性，对中小企业的贷款期限相对比较短；风险投资机构对中小企业的投资往往跨度较长，很多时候从中小企业的萌芽阶段就介入，经历近十年的时间才退出。当然，风险投资为了维持这种流行性，也许要它自身的投资者提供流动性溢价。

第三，商业银行为了降低风险，维持资产的安全性，其青睐的客户主要是那些能稳定盈利的大型企业，中小企业由于运营风险较大，生存率较低，往往是商业银行拒绝的对象；风险投资本身就是一种高风险、高收益的投资行为，比较适合处于萌芽阶段的具有成长性的企业。

第四，从具体业务开展来看，风险投资介入企业的程度比商业银行要深，风险投资参与企业的管理，拥有一定的表决权，商业银行只有在企业面临破产时才对企业拥有比较大的控制力；风险投资具有行业的专注性，商业银行业务面更广。

商业银行和股权投资机构，一定是建立在彼此功能和能力差异性的基础上，通过积极地合作，支持企业实现其价值，同时满足各方收益。具体到商业银行和股权投资机构的合作模式，国内外有很多不同的组织形式，国外比较有影响力的是硅谷银行模式，国内目前主要的模式包括以高新技术开发区为主要载体的科技支行、科技金融集团，以及以商业银行为主要载体的投贷联动项目等，其实质内容在一定程度上比较接近，并且彼此存在交叉，因此，在本节统称为投贷联动。北京、上海、天津、浙江、广东、湖北等地已经出现了一批比较有影响力的案例，从效果上来看，一方面商业银行和股权投资机构的合作为相关机构带来了新的市场和利润增长点，越发受到重视；另一方面由于各种创新融资模式为中小企业融资做出了贡献，受到各地政府的欢迎。

二、国内外金融机构和股权投资机构联合融资模式

信托贷款与商业银行贷款具有相似性，首先，在资金来源方面，商业银行通过吸收存款发放贷款，信托公司通过发行信托产品募集资金发放贷款；其次，在盈利方式方面，银行通过贷款利率与存款利率的利差获取利润，信托公司同样通过赚取中小企业贷款利率与承诺给信托受益人的收益率之差获取收益；最后，两类金融机构都对资金的流动性具有较高的要求。因此，接下来所阐述的商业银行与股权投资机构的合作模式经过调整可以扩展为信托公司与股权投资机构的合作模式。该小节将主要介绍商业银行与股权投资机构的联合融资模式，并从信托公司与股权投资机构合作的视角出发，分析桥隧模式下中小企业价值的提升机制。

1. 硅谷银行模式

商业银行和股权投资机构合作为中小企业提供融资服务的运作模式中，开展较早并且影响力较大的当属美国的硅谷银行模式。硅谷银行是美国一家著名的商业银行，主要为科技型企业、风险投资公司和私募股权投资基金等提供服务。虽然硅谷银行成立之初的规模在美国银行业并不显著，但是由于其先进的经验理念，如今在世界范围内很有影响力。

硅谷银行经营理念的特色在于和风险投资的紧密合作。硅谷银行与风险投资机构的合作形式主要包括：一是为风险投资机构所投资的企业提供商业银行服务。在美国有风险投资机构支持的创业企业有很大比例是硅谷银行的客户。二是为风险投资机构直接提供银行服务。为此，硅谷银行一般将网点设在风险投资机

构聚集的区域附近。三是通过向风险投资机构进行投资，成为风险投资机构的股东或合伙人，从而与风险投资机构建立更加坚实的合作基础。同时，硅谷银行这种入股风险投资机构的策略也是一种间接投资初创企业的方式。四是建立风险投资咨询顾问委员会，增强其与风险投资机构的联系，可以更有效率地为中小企业服务。

硅谷银行模式已经被我国很多地方借鉴，一方面是我国中小企业融资模式创新的结果；另一方面是由于硅谷银行本身在我国中小企业融资业务中的渗透。例如，2008 年硅谷银行的母公司硅谷银行金融集团联手美国最大的风险投资基金 All Noble Investments Limited(NEA)对我国一家民营担保机构——浙江中新力合信用担保有限公司——增资，两家外资机构持股份额接近 30% 成为第二大股东。2009 年 9 月，经中国银监会批准，硅谷银行正式落户上海杨浦区，双方商定的"1+4"合作计划正式启动，涵盖机构包括硅谷银行上海代表处、中早期风险投资基金、引导基金管理公司、小额科技贷款公司和股权估值机构。硅谷银行投资的浙江中新力合担保机构与杨浦区合作，推出了"创智天地 NO. 1"集合信托债权基金。该金融产品整合了银行、担保、风险投资、信托、社会资金等资源，同时引入硅谷银行先债权后股权的投资方式，为杨浦区存在融资困难并且具有较好发展前景的科技型中小企业服务。由于中国和美国在法律和制度环境上的差异，当前国内借鉴过来的模式和硅谷银行模式在某些方面不尽相同，但是整体形式上比较接近。

2. 国内商业银行和股权投资机构合作模式

国内商业银行和股权投资机构的合作，都是以"股权+债权"的模式，给处于初创期或成长期的中小企业提供融资，具体组织形式不尽相同，一般被称做"投贷联动"。投贷联动的类型大体可以分为两种，一种是以地方的科技园区为载体，通过聚拢各种形式的金融及其他相关机构为科技型中小企业提供涵盖债权和股权投资的综合金融服务，具体形式包括科技支行和科技金融集团等。其中，科技支行比较有影响力的包括杭州银行科技支行、交通银行苏州科技支行、长沙银行科技支行等。我国科技支行在一定程度上是硅谷银行模式的中国化，目前我国科技支行对硅谷银行的模仿主要体现在与风险投资机构的紧密合作(朱鸿鸣等，2011)。科技金融集团中比较有影响力的包括北京中关村科技创业金融服务集团有限公司、天津科技融资控股集团公司、大连万融科技金融服务集团等。

投贷联动的另一种形式是以某个商业银行为主导，成立专门的业务团队，通过与风险投资、私募股权投资基金合作，共同为成长性中小企业服务，比较有影响力的包括招商银行的"千鹰展翼"计划、浦发银行的 PE(private equity)综合服务方案等。以招商银行推广的"千鹰展翼"计划为例，招商银行每年挑选一定数量的创新型成长企业，提供股权融资、债券融资等多方面的金融服务。在此基础上，招商银行把符合相关条件的优质中小企业客户群集合在一起，建立 PE 项目群。对进入 PE 项目群的企业开展贷投联动，为企业提供"股权融资、债权融资相结合""引资、引智相配套"的金融服务。

3. 深度融合模式

投贷联动模式中有一些比较规范化的、高端的合作模式，具有比较成形且相对固定的操作流程，如下文提到的桥隧模式、路衢模式和选择权贷款模型等，在这些融资模式中，机构之间合作程度更深，有些机构的功能得到延伸，如商业银行可能实质上发挥了股权投资机构的作用，股权投资机构发挥了担保机构的作用，从某种意义上来讲，这些机构的合作，是发生了"化学反应"。

1）桥隧模式

桥隧模式由金雪军和陈杭生（2009）提出，是浙江中新力合担保有限公司首先付诸实践的一种新型的贷款担保运作模式，它突破了以往由担保机构、银行和中小企业三方交易的传统担保融资模式，导入了第四方——主要包括风险投资机构及上下游企业等，其中第四方与企业订立有条件的期权收购合约，即以某种形式承诺，当企业现金流发生未如预期的变化而导致财务危机，进而无法按时偿付银行贷款时，第四方将以预先约定的优惠股价参股该企业，为企业带来现金流用以偿付银行债务，并保持企业的持续经营。这样做规避了破产清算，从而最大限度地保留了企业的潜在价值。因此，第四方的介入，实际上是为银行、中小企业担保贷款业务构建起"第二道风控防线"，并有效分担了担保机构承担的风险。

桥隧模式的特点决定了其主要适用于远期价值尚未发掘或商业模式尚未验证的中小企业。在创业初期，这类中小企业更偏好于举债融资，最不愿意采用稀释股权的融资方式，而对于风险投资公司而言，该类企业也恰恰是它们所青睐的投资对象。所以桥隧模式的出现，既兼顾了高成长型企业的融资偏好，又为风险投资机构预留了接入点，于是可创建一个四方共赢的格局。"桥隧模式"中第四方股权投资者的介入，充当了一个信号传递者的角色，缓解了中小企业与担保机构、中小企业与银行之间的信息不对称（晏露蓉等，2007）。

2）路衢模式

路衢模式（金雪军和陈杭生，2009）在一定程度上是桥隧模式的升级，是一种以政府财政资金为引导，以债权类集合信托计划为平台吸引社会资金有效参与的中小企业融资形式。通过政府财政资金的引导、担保机构的不完全担保及风险投资公司的劣后投资，借助于债权类集合信托计划，积极有效地吸纳社会资金，实现对中小企业的融资支持。路衢模式的具体框架如图 3.4 所示。

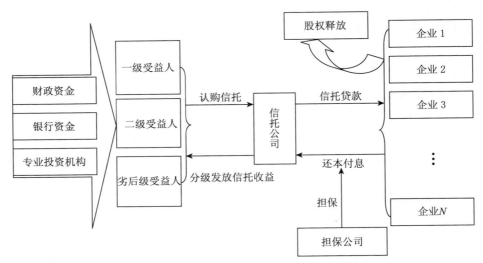

图 3.4　路衢模式框架

　　总体来说，银行在路衢模式中承受着最少的风险，因为它在债权类集合信托计划中通常属于优先受益人，其本金的回收和收益的获得一般由担保机构提供全额担保，与此相对应的，它们的收益较低。股权投资机构在债权类集合信托计划中通常属于劣后受益人，承担着债权类集合信托计划中最大的风险。一旦信托贷款本息回收出现问题，股权投资机构资金将最先受到影响，即其资金将优先代偿贷款损失，保证优先级受益人的本息收回，并且通常担保机构对其资金的收益不提供担保。股权投资机构的这种行为，实质上是向市场发送自己关于贷款企业信用的信号。

　　3)选择权贷款模式

　　选择权贷款，也称期权贷款，是指商业银行与私募股权投资机构合作，将债权融资业务与股权融资业务相结合，为企业提供的一种灵活的结构化融资产品。商业银行在与具有高增长潜力的优质企业签署一般贷款协议的同时，与该企业约定获得一定比例的认股选择权，并将该认股选择权指定由与商业银行签署合作协议的私募股权投资机构行使，在合作私募股权投资机构行权并退出实现投资收益时，商业银行有权分享目标企业股权转让所带来的超额收益。可见，选择权贷款中的"选择权"，其本质即认股期权，是目标企业授予商业银行指定的合作私募股权投资机构在约定期限、按约定价格购买其一定比例股权的权利。银行可以选择持有贷款到期收取本息，也可以按约定方式在行权期内以约定的价格将贷款转化为股权[①]。

――――――――――

　　①　资料来源：范文波. 商业银行结构化融资新业务，http://lwlib.com/html/zhengquanjinrong/yinxing-guanli/2010/1009/196682.html。

选择权贷款主要面向有上市意向的中小企业。中小企业可以来自于商业银行的客户，也可以是私募股权投资机构投资对象中那些有贷款需求的中小企业。在选择权贷款模式下，商业银行的退出主要依靠借款中小企业的上市，通过抛售其股票来退出投资，也可以在中小企业未上市的情况下，将自己获得的选择权售出，从而获得收益。由于我国不允许商业银行进行此类投资，因此，商业银行需要与以其他投资者合作的方式完成此类投资。

4. 融资模式总结分析

从美国的硅谷银行模式到国内的"投贷联动"，都是以商业银行和股权投资机构为主体，有些还涉及担保机构、信托公司等，在每个融资模式中，相关机构都发挥着特定的功能，同时收获与功能相匹配的收益，总体框架如图 3.5 所示。

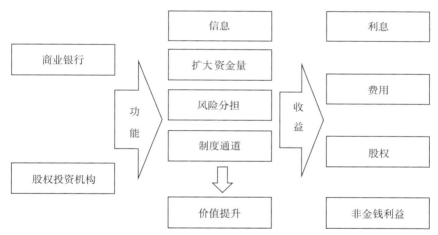

图 3.5　商业银行和股权投资机构合作的功能与收益

总体来说，在不同的模式中，相关机构发挥着不同的作用。从各种交易的基础来看，一方面是参与者的禀赋；另一方面是参与者的交易所得，相关机构合作开展业务，都是根据自己的比较优势，发挥一定的功能，换取自己的收益。近代金融中介理论越来越重视功能导向，认为功能比机构更加稳定，并且随着时间和地区的变化，功能相对于机构来说，变化更小（孙杨和柏晓蕾，2006）。功能的维度更适合分析当前复杂的融资模式，按照这种思想，可以从上述创新融资模式中提炼出几种典型的功能，主要包括提供信息、扩大资金规模、分担风险、制度通道、企业价值发现与提升等。对应着不同的功能，相关机构在不同的交易中，得到的收益也就不同。

一方面商业银行在信息交流整体业务规模上具有统治力，客户资源众多，拥有庞大的企业信息数据库。对于股权投资机构来说，同商业银行合作，分享商业银行的数据资源，无疑会获得很大的行业优势。商业银行主导的投贷联动模式中，如招商银行的“千鹰展翼”和浦发银行模式都包含中小企业和股权投资机构之间的撮合机制。

另一方面，商业银行与股权投资机构合作可以分享股权投资机构的专业评估。股权投资机构往往专注某个特定领域，并且在投资的过程中深入行业内部，所以对行业内企业有更加专业的判断。获得股权投资公司的专业意见，对商业银行开展中小企业业务，尤其是科技型中小企业的信贷业务，有很大的帮助。这一点在最早的硅谷银行模式中，就有明显的体现，硅谷银行往往在股权投资机构投资企业之后向企业放贷，相当于免费获得股权投资机构给出的企业评估，节约硅谷银行自身的搜寻成本和调研成本。

整体上来说，信息是将各类机构聚集的一个重要基础，这些机构的合作模式中，往往至少有一方可以在合作中低成本地获得企业的基本信息或者评估信息。同时，每个机构发挥自身的功能方式，各机构之间的合作路径在很大程度上是由机构间的信息结构决定的，如在硅谷银行模式中股权投资机构作为专业信息的拥有者，可以吸引商业银行对企业贷款，在桥隧模式和路衢模式中也类似，而在选择权贷款模式中，由于商业银行本身就是企业未来发展信息的拥有者，与其合作的股权投资者就退化为制度通道，如图 3.6 所示。

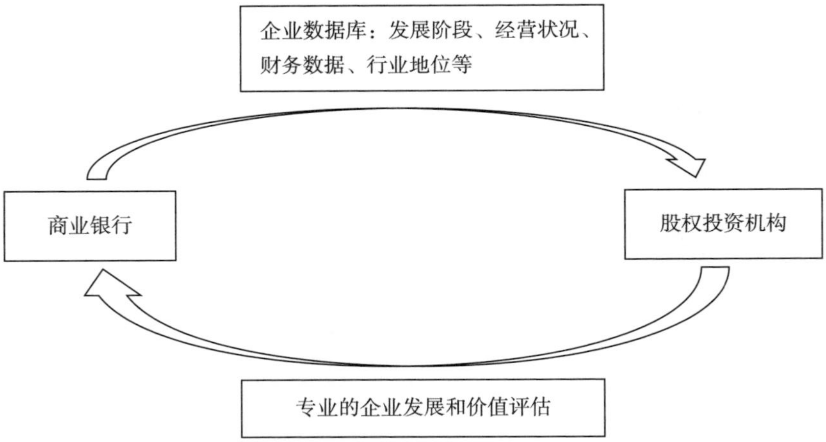

图 3.6 商业银行和股权投资机构信息交流

资金量扩大方面，多机构合作融资，由于参与机构众多，往往会聚集比较多的资金。企业在成长发展过程中，在特定时刻对资金的需求量是有下限的，如果不能筹措到一定量的资金，很可能就此衰败破产。Inderst 和 Mueller(2009)的研究表明，高成长性的中小企业在成长初期如果获得了足够的资金支持，会获得很好的成长性，在市场竞争中获得优势，而且如果行业竞争比较激烈的话，这种优势会长期存在，也就是说那些在成长初期没有获得充足资金支持的中小企业即使在成长后期获得了资金，也无法赶超那些在早期就获得充足资金支持的中小企业。

风险分担方面，不同的机构加入某一项中小企业融资交易，把企业整体的运营风险在不同主体之间分摊，降低了单个机构所承担的风险，当风险降低到每个机构可接受的范围内，整体上就可以形成可持续的中小企业融资模式。担保机构提供风险分担是比较典型的形式，在目前的各种创新融资模式中，也有其他机构起到了风险分担的作用，典型的是桥隧模式和路衢模式中的股权投资者。

制度通道方面，在我国，每一种金融机构及相关机构都有一定的经验范围，我国商业银行不允许进行股权投资，如果商业银行得到很好的股权投资机会，就需要通过和股权投资机构合作来间接实现对企业的投资，从而分享企业的高成长、股权溢价。另外，我国的信托公司往往在中小企业融资中扮演制度通道的角色，如上文提到的路衢模式。

价值提升与分享方面，虽然现在有些商业银行已经开展了中小企业综合服务，同时提供"融资"和"融智"服务，但是目前中小企业价值提升的功能依然主要由股权投资机构来实现。关于价值提升，股权投资机构可以从两个方面发挥作用，一方面，股权投资机构对中小企业投资之后，会积极参与中小企业的运营和管理，并且可以倚仗自身掌握的各种资源，协助中小企业拓展业务，从而提升企业的价值；另一方面是股权投资机构通过信号传递的方式，帮助中小企业获取信贷资金，从而获得长远发展的机会，典型的是桥隧模式。

三、企业价值提升机制分析

从以上分析可以看出桥隧模式在目前的中小企业融资创新模式中具有很好的代表性，同时在实践方面也取得了比较好的效果。本小节以桥隧模式为例，建立模型研究金融机构和股权投资机构在创新模式中的合作机制，同时将桥隧模式与选择权贷款等创新模式进行简单比较。桥隧模式中涉及的机构包括金融机构、担保机构和股权投资机构。其中，金融机构和担保机构的合作机制在上一小节已经分析过，在本小节将把两者合并起来考虑，重点分析桥隧模式中金融机构和股权投资机构的合作机制。

1. 从参与机构角度分析

中小企业价值提升的决定因素主要有两点：一是价值提升的基础是价值的存在，即中小企业本身具有很好的发展前景；二是参与机构必须有能力获取到这个信息。在信息搜集方面，一方面金融机构和股权投资机构都会花费成本去搜寻企业运营的信息，以供融资决策；另一方面两者在搜集信息方面的着眼点存在差异，金融机构更看重中小企业的生存状况、破产概率，股权投资机构更看重企业的发展(Winton and Yerramilli，2008)。这一点在桥隧模式中体现的比较明显：

在这种融资模式中，只有企业短期出现财务困难，股权投资机构才有机会投资企业，而金融机构通常情况下会因为企业财务困难而蒙受损失。桥隧模式比普通的硅谷银行模式更能体现金融机构和股权投资机构关注点的差异性，而这种差异性正是两者合作的重要基础。

在研究商业银行和股权投资机构差异性的研究中，模型中设定企业有两个方面的产出，一方面产出是所有参与者都可以分享的现金流；另一方面是只有企业主和股权投资机构才可以分享的私有收益。假设企业有两方面的产出，一方面是可以被金融机构分享的利益，是指近期的现金流；另一方面是企业的成长性，可以带来股权溢价，第二方面的产出只有股权投资机构才可以发现并分享。

企业整体的价值如下：

$$E = q_1 H_1 + \delta q_2 H_2 \tag{3.24}$$

其中，q_1、q_2 分别为两方面产出成功的概率；H_1、H_2 分别为两种产出成功后的收益，两种产出失败后的收益都为 0；δ 为贴现因子。

假定企业需要的资金量为 I，自有资金为 0，运营资金全部从外界获取。金融机构对企业要求的本息和为 x，金融机构在收到企业第一方面产出好信号的时候，才会对其贷款，股权投资机构可以同时收到第一方面信号和第二方面信号，根据上文对桥隧模式的分析，股权投资机构更看重第二方面信号，不关注近期破产概率，所以在这里忽略其第一方面信号。

假设企业把第一方面产出全部用来偿还信托贷款，仍不满足要求：

$$q_1(y)H < I \tag{3.25}$$

$q_1(y)$ 为金融机构收到好信号，企业第一方面产出成功的概率。在这种情景下，金融机构不会对企业贷款，企业也就无法从事第二方面生产，因此，也就无法实现应有的成长性。这时在桥隧模式下，股权投资机构对企业提供担保，金融机构的收益函数如下：

$$q_1(y)x + [1 - q_1(y)]x_g \geq I \tag{3.26}$$

股权投资机构的收益函数如下：

$$\lambda \delta q_2(v)H_2 - x_g > 0 \tag{3.27}$$

其中，λ 为企业股权溢价中股权投资机构分享的比例；$q_2(v)$ 为股权投资机构收到企业第二方面产出好信号时，第二方面产出成功的概率。

由式(3.26)和式(3.27)可得

$$\lambda \delta q_2(v)H_2 + \frac{x - I}{1 - q_1(y)} > x \tag{3.28}$$

由式(3.28)可知，在股权投资机构分享期权的比例、折现率一定的情况下，股权投资机构对企业成长性的判断能力越高，各参与方在桥隧模式下就越可能达成统一的协议，可以推断出这里存在一个股权投资机构判断力的临界值 θ_v^*（第二方面产出都归股权投资机构所有，即分享比例为 1），股权投资机构的判断能力必须大于这个临界值。

桥隧模式的发明者金雪军(2007)指出，桥隧模式和担保换期权模式是一种比较接近的方式，对比担保换期权，桥隧模式一定程度上是担保换期权的的升级，担保换期权中风险承担者的约束为

$$\lambda \delta q_2(v) H_2 - [1 - q_1(y)] x_g > 0 \tag{3.29}$$

比较式(3.27)与式(3.29)可知，在桥隧模式中，对 $q_2(v)$ 的要求更高(这里依然忽略风险承担者对企业第一种产出的判断，可以证明即使加上这方面的考虑，也不会影响该结论)。通过分析可以看出，桥隧模式中对风险承担者的信息搜集能力要求更高。

对比选择权贷款，桥隧模式和典型的选择权贷款模式有很明显的区别，选择权贷款模式中，金融机构可以获取企业未来发展和成长性的有关信息，不需要股权投资的信号传递，这时金融机构和股权投资机构的合作动机在于把股权投资机构作为一个制度通道，协助金融机构获取中小企业成长性带来的股权溢价。

2. 从企业的角度分析

假设企业运营需要资金 I，企业自有资金为 0(这些假设和上文相同)，企业可以从金融机构和股权投资机构那里获取所需资金。假设企业主经营企业时有两方面产出，第一个方面是短期的，关于近期现金流的，第二个方面是暂时无法转化为金钱的利益。假设企业在两个方面付出的努力程度分别是 e_1、e_2，产出分别为 $r_1 e_1$、$r_2 e_2$，努力需要消耗的成本分别为 $\dfrac{\beta_1 e_1^2}{2}$、$\dfrac{\beta_2 e_2^2}{2}$，企业的总收益如下：

$$R = r_1 e_1 + \delta r_2 e_2 - \frac{\beta_1 e_1^2}{2} - \frac{\beta_2 e_2^2}{2} \tag{3.30}$$

可求得 R 取得最大值时：$e_1^* = r_1/\beta_1$，$e_2^* = \delta r_2/\beta_2$，$R^* = \dfrac{r_1^2}{2\beta_1} + \dfrac{\delta^2 r_2^2}{2\beta_2}$。其中第一方面利益 $R_1 = \dfrac{r_1^2}{2\beta_1} - \dfrac{\delta^2 r_2^2}{2\beta_2}$，第二方面利益 $R_2 = \dfrac{r_2^2 \delta^2}{\beta_2}$。假设企业值得投资，则 $R^* = \dfrac{r_1^2}{2\beta_1} + \dfrac{\delta^2 r_2^2}{2\beta_2} > I$，否则企业不具备被投资的价值。

1)单独由金融机构提供资金

根据前文所述，金融机构只认可企业第一方面的产出，会从 R_1 中取走一部分作为贷款的本息 x。所以有两种情况，第一种情况，企业第一方面产出可以还本付息：

$$R_1 = \frac{r_1^2}{2\beta_1} - \frac{\delta^2 r_2^2}{2\beta_2} \geqslant x \tag{3.31}$$

此时，金融机构和企业双方可以顺利签约。第二种情况，企业第一方面产出不足以还本付息：

$$R_1 = \frac{r_1^2}{2\beta_1} - \frac{\delta^2 r_2^2}{2\beta_2} < x \tag{3.32}$$

这种情形下，金融机构不会向企业贷款。

式(3.32)是高成长性中小企业所面临的典型困境，高成长性的中小企业往往需要通过一段时间才能实现大规模盈利，在此之前，获利甚微，甚至亏损。中小企业在运营过程中一方面要努力在近期获取现金，来应付日常的开支，偿还金融机构的债务；另一方面中小企业要开发技术，努力获取突破性的成就，一旦成功，就能在市场上取得很大优势，但是这部分价值，在目前很难被金融机构承认。本小节假设中小企业第一方面产出不足以偿还贷款，即式(3.32)的情景。

2）单独由风险投资提供资金

与金融机构相比，股权投资机构是一种更积极的投资者。股权投资机构更注重企业的长远发展，由于长期在某些特定领域内投资，股权投资机构具备了很强的企业评估能力。更重要的是，股权投资机构投资中小企业的方式主要是通过股权，这种投资方式，决定了中小企业的所有产出，即第一方面产出和第二方面产出都被风险投资承认。

股权投资机构对中小企业价值的评估，关于第一方面产出，股权投资机构和中小企业对每一单位的产出的效用是一致的。关于第二方面产出，金融机构无法认可的产出，股权投资机构会承认其价值，但是其对这方面产出认可的程度可能会与企业家存在分歧，假设股权投资机构对企业第二方面产出的认可程度为 k_{vc}。

企业的项目，相对于股权投资机构来说，价值为 R_{vc}：

$$R_{vc} = \frac{r_1^2}{2\beta_1} - \frac{\delta^2 r_2^2}{2\beta_2} + \frac{k_{vc}\delta^2 r_2^2}{\beta_2} \tag{3.33}$$

（1）当 $k_{vc} < 1$，$R_{vc} < R^*$ 时，企业拒绝股权投资机构的投资。

（2）当 $k_{vc} = 1$，$R_{vc} = R^*$ 时，企业同意股权投资机构的投资。

（3）当 $k_{vc} > 1$，$R_{vc} > R^*$ 时，企业愿意被股权投资机构收购。

根据前文的分析，股权投资机构和企业家对企业项目价值的判断不同，并且从实践中可以看出，企业家比股权投资机构更看中第二方面产出，即 $k_{ve} < 1$，在这种情况下，企业家从股权投资机构那里寻求资金支持，在企业家的眼里是一种"贱卖"的交易。

3）桥隧模式中企业不同选择的比较分析

假设企业接收了桥隧模式的安排，同时与金融机构和股权投资机构达成合约，在财务出现困难的时候，由股权投资机构代为偿还贷款，同时分享企业价值提升的收益。企业首先会选择还清金融机构的债务，因为金融机构和中小企业谈判的节点在于中小企业第一方面的产出，而关于这方面的产出，每单位的价值在投融资双方是一致的，不会让企业主有"贱卖"的感觉。但是如果企业主没有办法争取到金融机构的资金，只能付诸风险投资。

先假设金融机构和中小企业不能达成合约，即 $R_1 = \dfrac{r_1^2}{2\beta_1} - \dfrac{\delta^2 r_2^2}{2\beta_2} < x$。这时如果有

$$\frac{r_1^2}{2\beta_1} < x \tag{3.34}$$

那么即使中小企业完全放弃第二方面的产出，只从事被金融机构所承认的第一方面产出，仍然无法还清信托贷款，只能寻求股权投资机构的介入。如果有

$$\frac{r_1^2}{2\beta_1} > x \tag{3.35}$$

那么中小企业有三种可选择的方案，第一种方案是减少第二方面产出，降低成本，直到可以偿还金融机构的本息；第二种方案是按照原本的最优经营计划来决定第一方面和第二方面产出，在无法偿还金融机构的资金时，由股权投资机构补足资金，同时转让一部分股权或期权，这是一种策略性的破产；第三种方案是全部资金都从股权投资机构获取(这里其实还存在其他的方案，介于第一种方案和第二种方案之间，就是一边减少第二方面产出，一边引入股权投资机构，事实上第一种方案和第二种方案只是这类选择的两种特殊情况，但是把这两种特殊情况分析清楚，就能体现股权投资机构和金融机构联合投资的价值)。在通常情况下，第二种方案优于第三种方案，因为股权投资机构介入越多，企业家"贱卖"企业的比例就越大。

在式(3.34)的情景中，企业无法选择第一种方案，所以式(3.35)的情景比式(3.34)丰富。现在主要比较在式(3.35)情景中，第一种方案和第二种方案的优劣。

(1)第一种方案。第一种方案其实是一种"阉割"策略，牺牲未来的成长性来换取近期的平稳发展(不被宣布破产)。假设企业缩减第二方面的产出，恰好满足金融机构的要求，即

$$\frac{r_1^2}{2\beta_1} - x = \frac{\beta_2 e_2^2}{2} \tag{3.36}$$

这时第二方面的努力程度为 e_2^b:

$$e_2^b = \sqrt{\frac{r_1^2}{\beta_1 \beta_2} - \frac{2x}{\beta_2}} \tag{3.37}$$

在这时中小企业第一方面产出全部被用来偿还信托贷款，最后只剩下第二方面产出：

$$R_2 = \delta r_2 e_2^b = \delta r_2 \sqrt{\frac{r_1^2}{\beta_1 \beta_2} - \frac{2x}{\beta_2}} \tag{3.38}$$

（2）第二种方案。企业在两个方面的产出都是按照原来的最优选择（e_1^*，e_2^*），股权投资机构投入的资金用来填补企业不能偿还的信托债务。股权投资机构资金的投入量为 F_{vc}：

$$F_{vc} = x - \left(\frac{r_1^2}{2\beta_1} - \frac{\delta^2 r_2^2}{2\beta_2} \right) \tag{3.39}$$

由于第一方面的产出都已经用来偿还信托贷款，股权投资机构和企业分享第二方面的产出。因为股权投资机构对企业第二方面产出的评价 $k_{vc} < 1$，所以企业需要拿出相对较多的产出换取风险投资相对比较少的资金。

股权投资机构得到的第二部分产出为

$$R_2^{vc} = \frac{1}{k_{vc}} F_{vc} = \frac{1}{k_{vc}} \left[x - \left(\frac{r_1^2}{2\beta_1} - \frac{\delta^2 r_2^2}{2\beta_2} \right) \right] \tag{3.40}$$

企业最后的收益为

$$R_2 = R_2^* - R_2^{vc} = \delta r_2 e_2^* - \frac{F_{vc}}{k_{vc}} \tag{3.41}$$

（3）第一种方案和第三种方案的比较。如果股权投资机构比较看重企业在第二方面的产出，即 k_{ve} 在某个较大的范围内，企业应该选择第二种方案：

$$k_{vc} \geqslant \frac{F_{vc}}{\delta r_2 (e_2^* - e_2^b)} = \frac{x - \left(\dfrac{r_1^2}{2\beta_1} - \dfrac{\delta^2 r_2^2}{2\beta_2} \right)}{\delta r_2 \left[\dfrac{r_2}{\beta_2} - \sqrt{\dfrac{r_1^2}{\beta_1 \beta_2} - \dfrac{2x}{\beta_2}} \right]} \tag{3.42}$$

如果股权投资机构满足 $1 \geqslant k_{ve} > k_{ve}^*$，则企业应该引入股权投资机构，这样做虽然在一定程度上"贱卖"了资产，但是可以获取足够的资金，开展那些有利于提高企业长期竞争力和成长性的工作。

如果风险投资机构满足 $k_{ve} < k_{ve}^*$，则企业不应该引入股权投资机构，这样做虽然在很大程度上"贱卖"了资产，企业理性的选择是缩减那些提高企业长期竞争力和成长性的工作，要重视眼前的现金流的产出，以期尽量归还信托贷款，避免破产风险。

如果股权投资机构满足 $k_{ve} = k_{ve}^*$，那么企业可以选择较少的第二方面产出，以满足偿还信托债务的要求，也可以选择引入股权投资机构来协助偿还信托债务，两种方法带给企业的效用是一样的。

（4）股权投资机构抽取租金。如果股权投资机构真实的 $k_{ve} > k_{ve}^*$，股权投资机构可以在与企业谈判时声称自己的 $k_{ve} = k_{ve}^*$，这样股权投资机构可以获得租金：

$$\pi = \frac{1}{k_{vc}^*} F_{vc} - \frac{1}{k_{vc}} F_{vc} \qquad\qquad (3.43)$$

直观来讲，股权投资机构可以利用中小企业的融资困境，故意低估企业的价值，从而分享更多的比例的收益。

至此，在桥隧模式中，中小企业在无法偿还信托债务的时候，引入股权投资机构，一方面可以得到资金的支持，渡过暂时的财务困境，获得长期的成长和发展；另一方面，由于股权投资机构对企业的第二方面产出的认同程度不如企业家本身，并且股权投资机构有可能会利用中小企业的困境，在谈判时占据优势，进一步低估企业价值，对企业家的利益造成一定程度上的损失。

四、风险投资机构促进中小企业发展实证研究

本小节通过简单比较有风险投资支持企业和无风险支持企业在企业发展方面的差异性来验证风险投资对企业发展的影响。由于中小企业在发展初期数据不公开（这是造成中小企业融资难的困境之一），本小节选取已经上市的中小企业为代表，研究风险投资支持对企业发展的影响。我国目前已经拥有创业板和中小企业板，由于创业板在 2009 年成立，样本时间跨度较小，所以本小节选取中小企业板上市的企业进行研究。目前我国中小企业板上市的企业已经超过 700 家，其中后期上市的中小企业相关数据和信息不够完整，所以选取股票代码在 002001～002340 的企业进行研究。将这些企业中金融股和特别处理（special treat）股票（即 ST 股）剔除之后，适合研究的股票共有 328 个。其中，没有风险投资支持的企业有 205 家，有风险投资支持的企业有 123 家（包括一个或多个风险投资），本小节的计数标准要求风险投资必须在企业 2009～2011 年三年年报中连续出现至少两年。这 123 家被风险投资支持的企业中，有 41 家企业被两家以上的风险投资同时支持。本小节选取企业 2009～2011 年企业主营业务收入的增长率（Oh et al.，2009）等研究以主营业务收入增长率判断被扶持企业的发展来衡量企业的发展，具体计算方式如下：

$$增长率 = \frac{2011\,年收入 - 2009\,年收入}{2009\,年收入} \times 100\%$$

对连续变量进行上下 1% 的 Winsorize 处理，通过检验发现，有风险投资（一个或多个）支持企业和无风险投资支持企业的主营业务收入增长率的均值没有显著差异。借鉴机构合作的思想，将有两家以上（含两家）风险投资支持企业与没有风险投资支持的企业进行比较，发现增长率均值有明显差异，同时通过 10% 显著性水平下的 T 检验和 5% 显著性水平下的 Z 检验。详情如表 3.1 所示。

表 3.1　增长率差异性检验

Panel A：全样本的描述性统计

—	观测值	均值	标准误	最小值	1/4 分位数	中位数	3/4 分位数	最大值
收入增长率	328	0.755 9	0.741 9	−0.260 0	0.310 0	0.610 0	0.965 0	4.470 0

Panel B：有无风险投资样本对比检验

—	是否有风投	观测值	均值	中位数	均值之差	T 检验	Z 检验	—
收入增长率	1	123	0.773 5	0.660	−0.028 2	−0.333 1	−1.567	
	0	205	0.745 3	0.590 0				

Panel C：无风险投资样本组与 2 家风险投资样本组的比较检验

—	无风投与 2 家风投比	观测值	均值	中位数	均值之差	T 检验	Z 检验	—
收入增长率	1	41	1.008 8	0.830 0	−0.262 8	−1.887 6 *	−2.186 **	
	0	205	0.745 3	0.590 0				

*** 、 ** 、 * 分别代表在 1%、5%、10%统计水平下显著(双侧)

从简单的实证分析可以看出，被多个风险投资同时支持，可以显著地提高企业的主营业务收入增长率，而被单个风险投资支持的企业却没有明显变化，造成这种情况的原因一定程度上是我国风险投资实力不强，另外也可以看出风险投资之间的联合可以提高整体实力，显著促进企业的发展。

第五节　基于信用共同体的信托融资创新分析①

一、基于信用共同体的中小企业融资创新

近年来，我国围绕解决中小企业融资难问题进行了很多的金融创新，而国内部分省市涌现出的基于信用共同体的中小企业融资创新，有效地解决了中小企业的高风险特性与商业银行、信托公司等金融机构的低风险偏好之间的风险收益匹配问题。中小企业本身所具有的高风险和"软信息"特征是导致其融资困难的重要原因之一。国内外学者对互助联保信用共同体融资如何克服这一问题进行了大量研究，他们认为连带责任可以激发团体成员之间的横向监督，减轻成员选择策略违约的概率，进而缓解信托等金融机构面对中小企业的道德风险和契约执行难题，并将中小企业互助联保高偿还率归因于连带责任、自我选择、私人信息、横向监督、社会资本、社会担保等方面的一个或者多个因素。对互助担保信用共同

---

① 　根据天津财经大学邹高峰博士后出站报告《基于信用共同体的中小企业融资模式研究》及其 2013 年发表于《中国软科学》中的论文《基于信用共同体的中小企业融资创新》整理。

体融资的研究则更多集中于互助担保机构在中小企业融资改善中发挥的重要作用，会员企业良好的自我选择机制和互助担保机构提供融资担保时的信号传递作用。总体来看，目前有关中小企业信用共同体融资创新的研究文献大都集中在互助联保信用共同体，其他类型的信用共同体融资的分析更多是借助互助联保的理论进行定性解释，对于中小企业信用共同体融资的作用机理和适用条件缺乏系统研究，而这些恰恰是顺利开展信用共同体信托融资实践的基础和前提，也是进一步进行基于信用共同体的中小企业融资创新的理论支撑。

中小企业信用共同体信托融资可以采取多种模式，但从信用共同体融资的组织管理的复杂程度来看，互助联保、互助担保是最基本的两种模式（图 3.7 和图 3.8），其提供了构建其他中小企业信用共同体融资创新的基本要素，具体包括成员企业是否缴纳风险基金、是否缴纳担保费、是否存在管理机构及管理机构的组建形式、反担保措施如何设置、成员企业的规模实力、团体的抗风险能力、成员企业的数量构成、与银行的议价能力、成员企业的违约责任分担方式等。

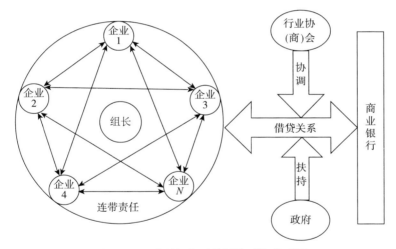

图 3.7　互助联保信用共同体融资关系图

在实践中，中小企业信用共同体融资创新通过对互助联保、互助担保提供的基本要素的不同组合，围绕会员企业的互助性和非营利性，根据利益相关方（信托公司、会员企业、行业协会、政府部门等）所处的特定环境，可以创新出若干种信用共同体融资类型。通常来说，偏重于互助联保形式的共同体要求的企业规模较小、团体内成员数量较少、无固定的组织形式、与信托公司的谈判能力较低、抗风险能力较低、团体运作费用低等特点，更加适合小型企业、微小型企业、聚集区的商户或者农户等情况，而偏重于互助担保形式的信用共同体要求企业的资金实力较强、团体内成员较多、有固定的管理机构、与信托公司有较强的

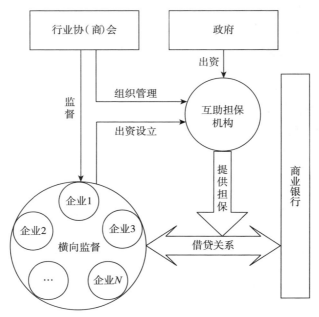

图 3.8　互助担保信用共同体融资相关主体关系图

谈判能力获得优惠利率、抗风险能力较强、可通过有效的反担保措施对违约成员施加惩罚、有一定的运作费用等特点，更加适合产业集群内的中小企业。

在现有的基于信用共同体的中小企业金融创新产品中，尽管设置条款中存在一些差异，但大致都非常关注如下几方面的内容：搜集会员企业的私有信息、惩罚会员企业的能力和措施、会员企业如何实现横向监督的措施、识别风险低和收益高的优质投资项目的专有技术和管理程序、为会员企业提供有足够吸引力的融资条款等。这些条款的设置对于实现中小企业信用共同体融资的高还款率来说具有非常重要的作用，接下来通过建立数理模型具体分析信用共同体融资的作用机理。

二、中小企业互助担保融资的还款决策分析

从组织管理的形式来说，中小企业信用共同体融资创新中最具代表性的是互助联保和互助担保，互助联保是最简单的，互助担保则是相对最复杂的；国内外学者对于互助联保的还款决策问题比较一致，而对于互助担保的还款决策建模很少。因此，该部分将选择最具代表性的互助担保信用共同体融资作为研究对象，基于上文有关信用共同体融资创新中的担保条款和贷款条款提炼建模的重要假设，构建数理模型探索信用共同体融资的作用机理和适用条件，分析其高还款率的根源，进而为信托公司发行中小企业信用共同体信托产品提供指导和理论

支撑。

首先构建该模型，需要满足以下假设条件。

(1)包括两个参与人，即互助担保机构 MGIs 和其中的任何一个中小会员企业 A。A 向 MGIs 申请贷款担保额度为 kb，其中，k 为协议放大倍数；b 为 A 缴纳的担保基金。MGIs 向 A 收取的担保费率为 r_g，无论 A 是否履约，担保费不予退还，中小企业办理贷款手续后向 MGIs 缴纳担保费。

(2)项目成功后 A 需要向信托公司归还 $(1+r)kb$，其中，r 为信托公司收取的借款利率。

(3)A 从信托公司获得的信托贷款额 kb 全部投入项目(扣除缴纳的担保费)，项目成功后的单位产出为 θ，项目失败时的单位产出为 0，项目成功的概率为 P，$0<P\leqslant1$，项目失败的概率为 $1-P$，项目的期望收益大于 0，即 $P\theta>(1+r+r_g)$，对 A 拟投资项目的成功概率 P 是互助担保机构 MGIs 和中小会员企业 A 双方的共有知识。

(4)A 投资项目成功且如期归还信托贷款，则 A 享有未来再次获得信托贷款，并得到 MGIs 为其再次提供担保的机会，这一收益价值为 V。

(5)A 投资项目成功且不归还信托贷款选择策略违约，须发生粉饰成本 F，如果发现属于策略违约，A 将受到 MGIs 及其他会员的惩罚 W，同时 A 追缴信托公司欠款 $(1+r)kb$，没收 A 缴纳的担保基金 b，并将其驱逐出 MGIs，同时 A 不再享有未来再次获得信托贷款并得到 MGIs 担保的机会。如果策略违约未被发现或者 A 投资项目失败未能按期归还信托贷款，信托公司约定 MGIs 按照一定比例 m 承担风险，没收 A 缴纳的担保基金 b，将其驱除出 MGIs，同时 A 不再享有未来再次获得信托贷款并得到 MGIs 担保的机会。

(6)会员企业 A 在获得贷款投资项目的过程中，按照惯例 MGIs 对会员企业 A 实行日常监督，接受其定期提交的财务报表、关注公司经营情况和项目进展情况，这一日常监督成本为 C_m，日常监督提升了成员企业 A 的造假成本。成员企业项目投资成功后选择策略违约被发现的概率为 γ，$0\leqslant\gamma\leqslant1$。

(7)通常情况下信托公司与互助担保机构签署战略合作协议，互助担保基金是风险的主要承担者，只要互助担保基金协会同意为成员企业提供担保，则信托公司同意发放信托贷款，即互助担保基金会员企业申请担保贷款能否获得成功取决于互助担保是否提供担保。

其次构建模型。第一阶段，会员企业 A 已经通过其他成员企业和互助担保协会的审核，缴纳互助担保基金 b，提交拟投资项目的贷款担保申请，项目成功的概率为 P，MGIs 对其进行审核后决定同意担保或不担保。若 MGIs 审核后认为项目风险太大或其他原因不提供担保，则会员企业 A 得不到贷款，仍有再次获得担保的收益 V；而 MGIs 无担保责任预期收益为 0。

若 MGIs 提供担保，第二阶段为自然选择投资项目是否获得成功，即项目成功概率为 P，项目失败概率为 $1-P$，项目成功的概率 P 为参与双方的共有知识。这一阶段结束后，投资项目的状态为成功或者失败。

再次，若项目成功，会员企业 A 可以选择策略违约或者按期归还信托贷款，互助担保机构内的成员间存在着广泛的业务联系及与行业协会的经常沟通，项目企业选择策略违约需要花费较大的粉饰成本 F。由于会员企业 A 确切知道项目是否成功下做出还款决策，可能会故意隐藏真实信息选择策略违约，被发现的概率为 γ。动态博弈中 MGIs 不能确切掌握是由于项目投资失败还是策略违约，也就是说 MGIs 最后阶段决策前不了解会员企业 A 在自己之前的部分行为信息，在 MGIs 和会员企业 A 之间存在信息方面的不对称，但是对于双方最后阶段的支付函数有共同知识，因此，这一博弈属于完全但不完美的信息动态博弈。

在会员企业 A 已经通过 MGIs 的项目审查，MGIs 同意为其信托贷款提供担保，投资项目成功后会员企业 A 如期归还信托贷款的情况下，MGIs 和 A 的支付函数分别为

$$U_{M1}=r_g kb-C_m , \quad U_{A1}=[\theta-(1+r+r_g)]kb+V \tag{3.44}$$

会员企业 A 在投资项目成功时通过粉饰，选择策略性违约不归还信托贷款，会员企业 A 被发现策略性违约受到惩罚（概率为 γ），以及没有发现的情况下（概率为 $1-\gamma$）获得违约收益并由 MGIs 代为偿还信托贷款的情况下，MGIs 和会员企业 A 的支付函数分别为

$$U_{M2}=r_g kb-C_m , \quad U_{A2}=[\theta-(1+r+r_g)]kb-W-F-b \tag{3.45}$$

$$U_{M3}=r_g kb+b-m(1+r)kb-C_m , \quad U_{A3}=(\theta-r_g)kb-F-b \tag{3.46}$$

会员企业 A 在投资项目失败时不需要造假粉饰，不偿还信托贷款转而可由 MGIs 代为偿还信托贷款，MGIs 和会员企业 A 的支付函数分别为

$$U_{M4}=r_g kb+b-[m(1+r)kb+C_m] , \quad U_{A4}=-(kbr_g+b) \tag{3.47}$$

会员企业 A 在投资项目失败时偿还信托贷款，MGIs 和会员企业 A 的支付函数分别为

$$U_{M6}=r_g kb-C_m , \quad U_{A6}=-(1+r+r_g)kb+V \tag{3.48}$$

最后，我们利用模型进行均衡分享。互助担保机构借助所特有的信息优势实施对会员企业 A 拟投资项目的日常密切监督，通过各种反担保设置加大对其策略性违约的惩罚力度，使其选择策略违约时的造假成本足够大，增大信用共同体融资对会员企业的价值和吸引力，从而使下列策略组合和判断构成一个完美贝叶斯均衡，而且是一个完全成功的分离均衡。

(1)会员企业 A 在投资项目成功时选择归还信托贷款(不选择策略性违约)，项目投资失败时选择不归还信托贷款，由 MGIs 代为偿还。

(2)MGIs 对会员企业 A 的拟投资项目实施监督，增加会员企业的造假成本。

（3）MGIs 的判断为 $p(s\mid\text{def})=0$，$p(l\mid\text{def})=1$。其中 $p(s\mid\text{def})=0$ 指会员企业 A 不归还信托贷款是由于项目投资成功选择策略违约的概率为 0，其中 $p(l\mid\text{def})=1$ 指会员企业 A 不归还信托贷款是由于项目失败的概率为 1。

投资项目成功，会员企业 A 选择归还信托贷款的预期收益 $E_{A_s}^{\text{pay}}$ 大于选择策略违约的预期收益 $E_{A_s}^{\text{def}}$ 的情况下，即在 $E_{A_s}^{\text{pay}}>E_{A_s}^{\text{def}}$ 的条件下 A 选择归还信托贷款，具体条件如下：

$$E_{A_s}^{\text{pay}}=U_{A1}$$
$$=[\theta-(1+r+r_g)]kb+V \quad (3.49)$$

$$E_{A_s}^{\text{def}}=\gamma U_{A2}+(1-\gamma)U_{A3}$$
$$=\gamma\{[\theta-(1+r+r_g)]kb-W-F-b\}+(1-\gamma)[(\theta-r_g)kb-F-b]$$
$$(3.50)$$

$$U_{A1}>\gamma U_{A2}+(1-\gamma)U_{A3} \quad (3.51)$$

解不等式，得

$$\gamma>\gamma^*=\frac{(1+r)kb-F-V-b}{W+(1+r)kb} \quad (3.52)$$

式（3.52）表明，会员企业策略性违约被发现的概率超过 γ^* 则会选择归还信托贷款，加大粉饰成本 F 和违约惩罚力度 W，进而使被发现的概率门槛 γ^* 足够低，使其违约付出代价大于收益，进而选择按期归还信托贷款而不是策略性违约。

会员企业 A 在项目成功时选择归还信托贷款时预期收益最大，而在项目投资失败时会员企业 A 选择还款的预期投资收益 E_{Al}^{pay} 小于选择策略违约的预期收益 E_{Al}^{def} 的情况下，即 $E_{Al}^{\text{pay}}<E_{Al}^{\text{def}}$ 的条件下 A 选择违约：

$$E_{Al}^{\text{pay}}=U_{A6}$$
$$=-(1+r+r_g)kb+V \quad (3.53)$$
$$E_{Al}^{\text{def}}=\beta U_{A4}+(1-\beta)U_{A5}$$
$$=\beta[-(kbr_g+b)]+(1-\beta)[-(kbr_g+b)] \quad (3.54)$$

显然满足这一条件，会员企业在投资项目失败时选择违约。

从完全但不完美的博弈模型中可以看出，在满足上述两个条件的情况下，项目投资成功选择策略违约的概率 $p(\text{def}\mid s)$ 为 0，选择归还信托贷款的概率 $p(\text{pay}\mid s)$ 为 1；项目投资失败选择策略违约的概率 $p(\text{def}\mid l)$ 为 1，选择归还信托贷款的概率 $p(\text{pay}\mid l)$ 为 0；也就是会员企业 A 不归还信托贷款完全由项目失败所致，即 $p(s\mid\text{def})=0$，$p(l\mid\text{def})=1$。MGIs 基于这种判断条件，其为会员企业 A 提供担保的预期收益大于 0，即 $E_M^G>0$，这种情况下 MGIs 收益将达到最优，其中：

$$E_M^G=P\times[p(\text{pay}\mid s)U_{M1}+p(\text{def}\mid s)(\gamma U_{M2}+(1-\gamma)U_{M3})]$$
$$+(1-P)\times[p(\text{pay}\mid l)U_{M6}+p(\text{def}\mid l)(\beta U_{M4}+(1-\beta)U_{M5})]$$

$$= P[1\times U_{M1} + 0\times(\gamma U_{M2} + (1-\gamma)U_{M3})] + (1-P)[0\times U_{M6}$$
$$+ 1\times(\beta U_{M4} + (1-\beta)U_{M5})] \tag{3.55}$$

解之得

$$P_M > P_M^* = 1 - \frac{(r_g kb - C_m)}{m(1+r)kb - b} \tag{3.56}$$

式(3.56)的结果表明，互助担保机构在选择拟担保项目的成功概率需要满足的条件，即大于 P_M^* 对于互助担保机构才有利可图，提供担保获得的净收益需大于项目投资失败的代偿损失。

在 MGIs 对会员企业实施的日常密切监督的情况下，会员企业的造假成本会很高，使会员企业的最优选择是挑选成功概率较高的项目，并在实现投资收益后如期归还信托贷款，即 $E_A^G > 0$，这种情况下会员企业 A 的收益将达到最优，其中：

$$E_A^G = PU_{A1} + (1-P)[\beta U_{A4} + (1-\beta)U_{A5}] \tag{3.57}$$

解之得

$$P_A > P_A^* = \frac{V + b + kbr_g}{[\theta - (1+r)]kb + V + b} \tag{3.58}$$

式(3.58)的 P_A^* 表明，项目成功概率需要满足条件 P_A^* 则会较大，这样能促进成员 A 选择成功概率高、收益高的项目申请贷款担保，而选择成功率低的项目投资一旦投资失败，则要损失缴纳的互助担保基金及再次获得贷款担保的收益 V，对其无利可图。

综上，模型式(3.52)、式(3.56)和式(3.58)分析了中小企业担保融资能否取得成功的影响因素和适用条件，包括如下三点：①互助担保融资在惩罚借款会员企业、增大借款者造假成本方面必须具有较强的控制能力和约束手段。②拥有与信托公司强大的议价能力提升互助担保融资对借款企业的价值和吸引力。③由于中小企业往往具有较高的风险偏好，勇于创新并乐于冒险，风险认知和风险管控能力有限是其高风险的主要根源，而常规方式很难低成本地获取中小企业的"软信息"，因此互助担保融资还要具有低成本监督会员企业的能力和甄别借款企业优质投资项目的专有技术，才能迫使借款企业提高还款意愿，在投资项目成功时避免选择策略性违约。由此可见，一方面互助担保机构惩罚借款企业的力度、借款者的造假成本和互助担保对借款企业的价值是借款企业被发现策略违约概率的门槛高低的决定因素；另一方面互助担保对借款企业的价值、监督借款者的成本和互助担保机构拥有的甄别优质投资项目的专有技术，这三个因素是互助担保机构是否愿意提供担保、借款者是否愿意通过担保借款的决定性因素。

三、结论及政策建议

研究结果发现，中小企业信用共同体融资创新是否能够获得高还款率的核心在于，其不仅要能充分利用信用共同体这一组织形式本身具有的以较低成本获得会员企业各种信息的优势，信用共同体融资还要具备如下五方面的能力，即惩罚借款企业的能力和措施、增大借款企业的造假成本的能力、识别风险低和收益高的优质投资项目的专有技术和管理能力、为借款企业提供足够吸引力的融资条款的能力和低成本横向监督的能力等。这也是基于信用共同体的中小企业融资运作成功所需具备的基本条件。

总之，中小企业信用共同体融资创新应得到利益相关者，如信托公司、银行、中小企业、行业协会和政府的高度关注，根据相应的特定环境进行金融产品创新。中小企业要积极尝试信用共同体金融创新缓解融资难问题，不断提升经营管理水平，提高产品盈利能力，注重提升自身在信托公司、同伴中的信用积累，切实履行缴款风险金义务和横向成员间的监督责任，按期归还银行借款，通过与相同类型或业务有较大关联的成员企业组成信用共同体，提高贷款可获得性、降低融资成本。信托公司应积极开展中小企业信用共同体金融创新，建立有针对性的独立的风险管理、产品定价、借款审批、人员培训等良好的机制，提高金融服务效率，扩大中小企业的信托贷款规模，并分担一定比例的信贷风险。要发挥行业协会（商会等）组织在联系企业、信托公司和政府的桥梁与纽带作用，发挥信用共同体融资的低成本信息优势、社会监督职能和惩罚机制，为中小企业融资提供良好的运作和服务平台。最后政府可以从专项扶持基金拿出一部分充当风险基金，提高信用共同体融资的抗风险能力，对中小企业的信贷风险给予一定比例的分担，避免风险扩散。

另外，除上述五个方面的适用条件之外，信用共同体内会员企业规模和政府承担代偿损失的比例对于中小企业信用共同体融资的成功运作也具有非常重要的影响。一方面信用共同体融资的会员规模不能太小，否则会造成信用共同体的实力不足很难承担代偿损失，也会削弱与信托公司谈判的议价能力，很难获得较高的放大倍数、较低的利率水平等优惠贷款条件，从而降低对会员企业的吸引力和价值；如果会员企业规模过大，则会出现会员企业"搭便车"的问题，搜集和提供借款企业信息、实施横向监督等的力度和努力水会平大打折扣。另一方面，政府在分担信用共同体融资的代偿风险方面应该发挥积极的作用，因信用共同体融资的会员大都由区域较近、产业相同的中小企业组成，经营环境和产品类似，出现经营困难的原因类似，更容易引发企业间整体的系统风险而不是单个企业的风险，这对于单个信用共同体是难以承受的；但是若政府分担风险的责任过大，则会引起信用共同体内会员企业的道德风险，盲目扩大担保规模而忽视代偿损失风险。因此，信用共同体融资的会员规模和政府风险补偿水平，其也是信托公司在进行中小企业信用共同体信托贷款业务时需要考虑的因素。

第六节 社会资本在团体贷款中的还款激励作用研究①

一、团体贷款概述

团体贷款起源于对穷人进行连带责任放贷的尝试。穷人缺乏资产做抵押，也没有人能够为他们提供担保，同时信贷机构也缺乏他们的个人信用记录，所以他们无法从正式信贷机构那里获得贷款。于是信贷机构为了降低向单个穷人贷款的风险，保证本金的安全，就让多个穷人以某种连带责任形式构成团体，向团体授信或者以团体信用向团体中的个人授信。

随着孟加拉国 Grameen 银行团体贷款模式所取得的巨大成功，团体贷款的研究引起了国内外学者的广泛关注，但是，对于团体贷款的概念，至今学术界还没有得到一种广泛认可的界定。

通常来讲，团体贷款是借款者组成团体向银行贷款的方式，可以理解为相对于个体独立贷款而言的、面向城乡低收入阶层及中小企业基于自我选择形成的团体而发放的连带责任债务。这种贷款模式区别于传统的信贷模式在于，组成团体的借款者之间构成连带债务的形式，即当有团体成员违约时，其他成员要承担偿还责任，否则团体被视为违约。

团体贷款模式是解决信息不对称的一种方式，理论上，在团体贷款下由于连带债务约束及企业间的信息优势，企业会尽可能选择项目成功概率更高的企业组成团体，这能有效地降低中小企业贷款的认知风险；这种连带债务能分担中小企业的经营风险，缓解由于中小企业经营风险大导致的单个中小企业贷款高违约率问题。因此，团体贷款模式能弥补资金供求双方的风险差距，该模式有助于解决中小企业贷款难的问题。该贷款模式具有以下特点。

第一，团体贷款是相对于个体贷款而言的。个体贷款是指银行根据独立个体向其提供的还款保证能力和一定程度的担保能力而发放的贷款，而团体贷款即基于群体方式的贷款，也就是向一个团体中的个体成员贷款，成员间相互担保，或者直接向团体提供贷款，团体再向其成员贷款。

第二，团体贷款的核心特征是连带责任。连带责任是法学中的一个概念，是指当事人按照法律的规定或者合同的约定，连带地向权利人承担责任。在此种责

---

① 本节主要根据课题组王海艳的硕士学位论文《基于团体贷款的中小企业融资创新》、高雅琴的博士学位论文《中小企业贷款风险分担与还款激励机制研究》、张维和高雅琴于 2007 年发表在《管理评论》中的论文《多银行贷款池合约的风险分散和激励研究》整理。

任下，权利人有权要求责任人中的任何一人承担全部或部分责任，责任人也有义务承担部分或全部责任。连带责任的实质是相互承担履行债务的担保责任。具体含义表现为两点：一是各债务人都有义务承担全部责任，债权人可以要求任何一个债务人承担全部或部分责任；二是债权人与债务人之间的债权债务关系会因后一个债务人承担了全部责任而解除。从贷款风险的分担角度考虑，团体贷款的连带责任特征，实现了个体债务的偿还风险在团体内部的互相承担；债权人只需承担整个团体违约的风险，只要团体中有一个个体违约，则债权人有权利对团体中任何一个或者多个个体主张权利，对于是同时向多个个体主张权利，还是先后向几个个体主张权利，债权人完全具有选择权。

第三，团体贷款的对象是城乡低收入阶层或中小企业基于自愿选择而形成的团体。首先，其受众是由于信息不对称、缺乏抵押资产、难以取得第三方担保而难以独立进行债务融资的穷人或中小企业；其次，团体的构成遵循自愿的原则，即独立个体在相互了解、相互信任的基础上自愿选择、自主结合，不受团体外第三方的制约。

经济学家们和一些实践者们研究团体贷款模式下的激励机制，即研究团体贷款如何有助于像 Grameen 银行这样的机构提高偿还率。他们强调了团体成员间的横向压力、横向监督或者其他类似的概念来说明同一个社区或者有血缘关系的人们之间会共同承担信贷合约，强调了这种方式比其他借贷方式在信息和执行方面的优势，提出了有关连带债务贷款的理论。

在实践中，附有连带责任的团体贷款是降低借款者信息不对称的有效手段，使贷款获得较高的还款率。理论上，在团体贷款下由于连带债务约束及企业间的信息优势，中小企业会尽可能选择项目成功概率更高的企业组成团体，其能有效地降低中小企业贷款的认知风险。但实证表明在团体贷款模式下，策略违约（项目成功但不愿意还款）仍是中小企业违约的主要原因，可见即便企业间的信息优势有助于对认知风险的降低，但项目收益实现后的还款意愿则是信息优势所不及的，策略违约会增加中小企业的认知风险。

策略违约问题是团体贷款中的一个研究热点，很多学者从不同的角度出发进行了研究，也得出了相关的研究结论，本小节将从社会资本的角度出发，研究社会资本在中小企业团体贷款中如何防止策略违约，以及社会资本在团体贷款中的还款激励问题。

二、社会资本理论

社会资本这一概念最先是由法国的社会学家 P. Bourdieu 在 1980 年提出来的，近年来被广泛应用于政治学、社会学和经济学等领域的研究中。目前这个概念虽然还未形成一个权威性的统一定义，但各方面基本上认同 Putnam 的定义，即把它理解为"能够通过推动协调的行动来提高社会效率的信任、规范和网络"。

一般认为社会资本理论框架主要是由 Bourdieu、Coleman 和 Putnam 这三位学者共同建立起来的(周红云，2003；李惠斌，2000)。Putnam 认为，社会资本是一种组织特点，如信任、规范和网络等，像其他资本一样，社会资本是生产性的，它使实现某种无它就不可能实现的目的成为可能。Coleman 认为，社会资本是社会控制的来源，是个人拥有的，表现为社会结构资源的资本财产，由构成社会结构的要素组成，主要存在于人际关系和社会结构之中，并为结构内部的个人行动提供便利。Bourdieu 认为，社会资本是一种通过对"体制化关系网络"的占有而获取的实际的或潜在的资源的集合体，这种"体制化网络关系"是与某个团体的会员制相联系，获得这种身份就为个体赢得"声望"，进而为获得物质或象征的利益提供保证。福山(1998)认为，经济学家在分析时除了应该考虑传统的资本和资源之外，也需要考虑相对的社会资本，即社会团体中人们之间的彼此信任，蕴涵着比物质资本和人力资本更大而且更明显的价值；在高信任度的社会中组织创新的可能性更大。

从企业的层次来看，Landry 等(2002)区分了企业社会资本的多种表现形式，如信任、社会规范和网络，高信任能减少经济交往中的损失；社会规范则建立了限制狭隘自利从而提高效率的信赖机制；网络则建立了良好的信息交流渠道。陈晓红和吴小瑾(2007)认为，企业社会资本概念的提出跳出了传统的以企业经济资本、人力资本及社会制度资本为对象的研究，开辟了企业经营管理领域一个新的视角，他们将企业社会资本界定为企业占有的有益于企业获得资源的社会关系网络及以此获得的资源总和。陈晓红和吴小瑾(2007)根据对中小企业社会资本的界定，选取企业工作环境、企业内部制度、企业文化手册、企业家社会关系、企业参与行业协会组织等 11 个指标对中小企业社会资本进行测量，并将这 11 个指标分成了中小企业社会资本的结构因子、转化因子及能力因子三个方面，并指出同其他资本一样，企业社会资本也具有积累性，但不同的是企业社会资本的积累是通过不同主体之间由于信任而促进协作，而协作又使企业社会资本存量增加。其实证调查表明，中小企业社会资本与企业信用水平有较强的正相关性，特别是中小企业社会资本结构因子的解释力比较强。

在李惠斌(2000)编著的《社会资本与社会发展》中，总结了经济学意义上理解的社会资本的定义。迈克尔·伍考克的社会资本理论表明当各方都以一种信任、合作与承诺的精神来把其特有的技能和财力结合起来时能得到更多的报酬，也能提高生产率。彼得·埃文斯从发展经济学的意义上指出，通过把规范和网络称为"社会资本"，普特南等当代理论家把基本关系具体化为具有潜在价值的经济资产。简·弗泰恩和罗伯特·阿特金森定义社会资本表示的是在一个组织网络能够进行团结协作、相互促进生产收益的情况下形成的"库存"。

很多学者更加强调社会资本中的规范。福山（2001）在《大分裂：人类本性与社会秩序的重建》中提出社会资本是促进两个或更多个人之间的合作的一种非正式规范，构成社会资本的规范包括诚实、信任、责任和互惠。一个组织的社会资本的多寡反映了该组织内部所共同遵守的规范的强弱和成员之间凝聚力的大小，或者说组织对成员影响力的大小。普特南在对意大利中北部地区的研究中发现，这些地区弥漫着浓厚的信任与合作风气，这种丰富的社会资本能协调人们的行动、提高物质资本和人力资本的投资收益、推动区域经济发展。普特南指出社会资本是组织内部为了成员间的相互利益而普遍认同和遵守的规范。

国内学者对社会资本的观点有以下几种：张其仔（1997）认为，社会资本从表现形式来看就是社会关系网络；边燕杰和丘海雄（2000）认为，社会资本是行动主体与社会的联系及通过这种联系摄取稀缺资源的能力；李春玲（1997）认为，社会资本是个人成长时期的一些社会、社区和家庭等环境因素；任亮（2007）认为，所谓社会资本是指行动者通过其拥有的社会关系网络所能获得的各种资源，包括权力、保障、资金、信息、机会、劳力、决策、情感支持、合作等，而社会资本理论中一个重要的命题就是拥有较好的社会资本可以提高效率，获得更大的成功。

综上所述，对社会资本的理解目前尚没有统一的定义，社会学家和经济学家们都在各自的研究领域中定义社会资本的概念。社会学方面的研究大都认可Putnam 的定义，即社会资本是一种组织特点，如信任、规范和网络等，它使实现某种无它就不可能实现的目的成为可能。本小节将从经济学意义上重新定义企业社会资本，特别是结合团体贷款模式定义团体贷款中的中小企业社会资本，并分析社会资本的重要特征，定量研究社会资本对团体贷款还款的激励机制。

基于前述关于社会资本的各种定义，本小节指出企业的社会资本是企业之间长期交往过程中积累的合作力量，以此提高它们获得经济利益的能力，为其经济活动创造价值。合作力量存在于一定的社会网络结构中，社会网络促成企业间的密切关系，同时在企业间易形成一致行动的共同规范，促使企业采取合作、降低成本、提高效率，从而提高它们获取资源的能力，为其经济活动创造价值。

从社会资本创造价值的过程来看，社会资本在内涵上符合团体组成特征的要求，即在中小企业风险程度与银行风险偏好难以匹配的前提下，中小企业在所处社会网络中的社会资本使团体贷款相对于传统信贷模式降低认知风险且更能促进合约还款执行，社会资本体现了团体组成上的三个重要优势，即密切的社会联系产生的信息优势、互相依赖形成的互相约束能力、互相信任形成的规范共同遵守。

另外从社会资本这个概念的性质来看，很多实证是关于社会资本测量的（虽然它们只是用一个代理变量表示社会资本的某个方面）；社会资本体现在社会网络结构中，因此必然能反映出企业间还款决策的互动过程。可见，社会资本的概念符合作为团体组成特征变量的要求。这使社会资本表示团体组成特征来研究团体还款机制成为可能。为了在团体贷款的整个过程中引入社会资本的概念研究其还款激励机制，本小节在总结国内外学者对社会资本研究的基础上，归纳出社会资本的以下特征。

第一，社会资本是有专属性的，即社会资本是属于某个特定社会关系网络的。由于社会资本是蕴涵于社会团体、社会网络之中，体现网络中成员间的关系，个人不能直接占有和运用它，只有成为该网络的成员或建立起网络连带，才能接近与使用该资本。社会资本往往是针对某种组织而言的，这个组织小至家庭和工作小组，大至企业和国家，个体在该组织中社会资本的多少反映了他与组织中其他个体之间的联系。社会资本正是该网络中的成员在长期交往的互动行为过程中形成的，因此，社会资本只在相应的社会网络中发挥作用，属于该网络的任何成员都享有同等的社会资本。

第二，社会资本具有生产性特点。社会资本与物质资本、人力资本一样，这种个人与组织中的他人之间的联系可以带来未来的收益，具体而言，则是能够通过促进人们的相互合作来提高社会总效率，同时通过相应的规范，如制度、政策促进社会公平。正如普特南定义的一样，把社会资本所在网络中成员间的基本关系具体化为具有潜在价值的经济资产，如诚实合作和集体主义行为都有助于社会资源配置效率的提高及经济发展，

第三，社会资本的形成以网络中的信息沟通为基础，是长期交往过程中自觉形成共识和契约，进而逐渐演变成对规则的默认和遵守。规则的默认和遵守都是在成员间的密切往来和信息沟通基础上形成的，同时这个规则强调合作精神和互相信任，因而能为团体内的合作降低信息成本和监督成本，提高经济效率。正如福山（2002）认为的一样，一个组织的社会资本的多寡反映了该组织内部所共同遵守的规范的强弱和成员之间凝聚力的大小，或者说组织对成员影响力的大小。

第四，在长期交往过程中形成的社会资本，其社会关系网络是其成员获取信息的重要途径，处于该关系中的成员利用社会关系网络来获取信息，从而为行动提供便利。从团体贷款来看，这种便利主要是指横向监督的信息优势和对违约企业的惩罚能力。

第五，社会资本是可测的，取决于成员间往来的密切程度、历史上各个成员行动的一致性及成员间的信任程度等。往来密切的群体，其信息沟通必然是更充分的，从而增进了成员间的了解和信任，提高他们对规则的遵守程度，为团体内的合作带来执行上的便利，创造更大的价值。

在团体贷款中，中小企业的社会资本是企业所在社会网络中积累的合作力量，为其融资活动创造价值。中小企业社会资本为其创造融资机会的前提是由于中小企业认知风险和经营风险高，在传统的银行信贷模式下（主要指一个银行对

应一个企业的贷款模式)难以分担中小企业的高风险，因此资金供求双方风险不匹配，中小企业难以获得贷款。社会资本创造价值的过程体现在以下几个方面。

首先，企业所在社会网络中的密切联系使企业间信息不对称程度降低(较银行与企业之间的信息不对称程度)，并且联合债务约束下企业会尽可能选择项目成功概率高的企业组成团体，因此团体组成的自选机制有利于降低由于信息不对称造成的中小企业认知风险，这是解决风险匹配差距的重要方式。

其次，由于企业间的密切联系，企业能更好地掌握其他成员的信息，如有关企业项目结果的信息等，且企业间由于互相依赖而互相约束，因此，信息优势和约束使团体内企业对策略违约企业惩罚的能力优于银行，这是对合约还款执行的重要保障。

最后，由于企业自发组成团体，在第三方强制实施条件缺失的情况下，企业之间彼此的信任使团体内借款企业之间易形成共同规范，即项目成功必还款，对规范遵守的一致行动减少了策略违约的发生。于是，在团体自选机制、惩罚能力和规范遵守三个作用机制下，团体贷款有利于降低中小企业贷款中的认知风险，促进贷款合约的执行，为中小企业融资活动创造价值。

三、社会资本在团体贷款还款激励中的作用机制研究

1. 研究综述

在研究团体贷款如何提高偿还率的问题上，很多理论研究和实证研究关注团体内企业之间的关系，并以社会联系、社会约束和社会惩罚等概念研究这个自发组成的团体与独立贷款的区别。Besley 和 Coate(1995)强调借款者团体中对违约者社会惩罚的重要性。团体成员在契约执行方面拥有相对优势，银行通过贷款者的连带债务机制将社会约束加以有效利用，其他成员会因为替违约者承担连带债务而对他施加社会约束。团体贷款正是有效地利用了团体成员的社会约束，使它成为对违约者的一个可置信的威胁，促成了企业对团体规范的遵守，从而有效地防止贷款者的策略违约行为。Besley 和 Coate(1995) 构建了社会惩罚函数来表示社会惩罚，这个惩罚程度取决于违约方成员对其团体合作伙伴带来的损失程度和违约方成员不偿还其部分贷款决策理由的合理性。

但 Besley 和 Coate(1995)的研究是对企业项目收益实现后借款者之间的还款决策互动研究。团体中每个企业的还款决策取决于项目实现的结果和银行对策略违约企业的惩罚大小，这是项目实现的结果、银行方面可能施加的惩罚，以及还款企业施加的社会惩罚共同作用下的决策，与团体组成的特征没有实质关系。其研究对于企业选择合适的合作伙伴和银行通过团体组成特征选择借款者团体没有借鉴意义。其研究为我们找到的社会资本，为进一步研究团体组成特征拓宽了思路。

　　Philip 和 Ashok(2008)的研究中提出了"惩罚强度关系"的概念，他们认为对于任何两个企业，总有一方更能惩罚另一方，并根据他们的惩罚能力将两个企业分布称为强者和弱者。在这样的概念框架下，Philip 和 Ashok(2008)认为 Besley 和 Coate(1995)研究的是对称团体贷款合约，其中借款者之间的惩罚强度关系是平等的，即成员间互相惩罚的能力是相等的，因此每个企业得到的团体贷款合约也必然是一致的。Philip 和 Ashok(2008)进而根据借款者之间的惩罚能力的强度关系(平等或不平等)研究了团体贷款对称合约和不对称合约的问题。

　　一些文献特别关注团体成员间的社会联系，这是团体监督过程中的一部分。作为一种监督机制，社会联系的重要性可以解释如下。第一，由于这种社会联系，团体成员彼此间掌握更多的信息来监督，并自然的对还款产生压力(Floro and Yotopoulos，1991；Besley and Coate，1995)。第二，一个成员违约会对其在那个社会圈子中造成不利影响，因为其违约会对团体中其他成员当前的财富造成负面影响，并危害到他们未来贷款的获得。第三，一旦有足够强的社会压力存在，就能减少单个企业进行道德风险行为(Wydick，1996)，社会的联系紧密有助于监督企业和对企业施加横向压力，最后减少道德风险行为。Floro 和 Yotopolous(1991)证明了团体贷款的成功归功于团体使用借款者之间的社会联系改善了贷款偿还的能力。正是基于这样的假设，即社会联系紧密的人彼此之间有更好的了解，且更有可能不愿意因违约而伤害彼此的利益，正是因为这个原因，大部分联合债务贷款机构都鼓励在社会地位和财富方面同质的成员组成团体。从这个意义上理解，实际上 Floro 和 Yotopolous (1991)及 Wydick(1996)认为，密切的社会联系除了能获得更多的信息外，其产生的社会压力意味着能加强企业对团体共同规范的遵守。

　　Karlan(2004)将这些因素都归结为社会资本的作用，指出社会资本能帮助同伙识别出由于道德风险导致的违约和个人的负面行为导致的违约。在违约情况下，团体内成员能获得并清算违约企业的财产，如牲畜，但是银行很难实现，这是指社会资本带来的企业惩罚能力。Karlan(2004)指出其所指的社会资本与 Adler 和 Kwon(2000)提到的内部社会资本类似，即一种联结性，能给团体成员以凝聚力和相关利益的联结性。如果没有人看重他们在一个社区中的名誉，那么在激励贷款偿还的问题上，横向监督将不能比正规贷款机构有更好地表现。类似的，如果没有社会联系，个体之间将不能更好地监督彼此。Karlan(2004)进而用团体成员是否在同一地方出生、是否在组成团体前认识、企业间联系的频率、企业间的距离等来测量成员间的社会联系，这种社会联系是企业获得彼此信息的渠道，且这种社会联系会产生横向压力，实证表明这种社会联系会减少道德风险的发生。可见在实证研究中，将社会联系等同于社会资本。

　　综上可知，企业间的惩罚能力、在社会约束下对规范的遵守，是团体贷款提高还款率各个环节中的重要因素，这些因素有助于企业获得信息并互相间施加还款压力，从而有助于形成团体内共同遵守的规范，同时惩罚制度有利于合约的执行。实证研究从各个方面证明团体组成的特征对团体还款激励的重要性。研究者们对社会担保、社会关系、社会凝聚力、社会联系等因素较为重视，而这些因素实际都是从团体内企业之间的关系出发表示团体组成特征。研究者们使用这些概念来表示企业间关系的某方面特征，但理论研究方面没有一个统一的概念，更加全面地表述对团体还款激励起决定性作用的团体组成特征，其研究只停留在对团体组成某个方面特征的研究上，决定了其还款激励的研究只能是片面的。实际上，团体组成特征，将体现在团体贷款企业之间的决策互动过程各个环节中，因此更加完整的表述自发组成的中小企业团体组成特征对于研究团体贷款的还款激励变得十分重要。

2. 还款激励研究

理论研究和实证都表明，小额借款者的违约一般是不能或者不愿意偿还债务。本小节我们讨论连带债务团体贷款合约能否防止后一类型的违约，即策略违约。我们的讨论依据两个特定的事实：①由于中小企业经营风险高和社会对中小企业普遍的风险认知高(张维和高雅琴，2007)，商业银行等金融机构从筛选借款者、监督和合约执行的成本角度考虑，一般不会给单个的中小企业发放贷款，于是产生了中小企业高风险和银行低风险偏好不匹配的问题。②在很多发展中国家，由于地理位置接近、商业上的往来及产业群的存在，中小企业之间往往有着密切的联系，形成特定的社会网络，在特定的社会网络中的企业之间相互了解、彼此合作，并遵守一定的规则，这是企业之间长期交往中积累的社会资本。因此当这些企业自发组成团体向银行等金融机构借款时，企业在该网络中的社会资本为他们之间筛选、监督、还款激励和合约执行等方面带来优势，企业间的密切联系也使对策略违约企业的惩罚更为便利。这两个事实为传统信贷机构提供了进行团体贷款的可行性，即企业在特定网络中的社会资本为他们创造了从银行等金融机构获得贷款的机会，为中小企业的融资活动创造了价值。

本小节在 Aghion 等(1999)的基本模型基础上，以社会资本表示团体组成的特征，并选取社会资本对团体内企业还款激励机制的两个作用点，研究两个企业的还款决策互动过程，得到促使企业还款意愿的团体组成特征。

1) Aghion 等(1999)的基本模型

Aghion 等(1999)的基本模型考虑两个借款者和一个银行之间的贷款合约。贷款能使两个借款者都能投资一个一期的项目，项目要求在期初投入固定成本 K，项目期末产出为 $\bar{\theta}$，($\bar{\theta}>0$ 的概率为 a)，应向银行还款本金之和为 R。每个借款者的项目都假定有正现金流现值，即 NPV>0，也即 $a\bar{\theta}>K$。借款者之间的项目收益假定为不相关，每个借款者的项目收益是否实现假定为私有信息，除非当有第三方对借款者进行监督。令 V 为单个借款者能在未来再次从银行取得贷款体现的价值，即如果该借款者违约则其损失为 V。

假定相对于银行来说，企业间相互监督有相对优势，如地理上的优势、长期业务往来带来的便利等。银行可能会考虑让两个借款者之间相互监督，特别是通过引入连带债务条约：当其中一个借款者违约时，另一个借款者必须至少偿还违约者欠款的 η 部分，否则这两家企业都将在未来以概率 β 被拒绝再次获得银行贷款。假定当借款者被其同组另一个成员发现进行了策略性违约时将受到社会惩罚，令 W 为对策略性违约的借款者施加的惩罚。

每个借款者进而决定是否对团体其他成员进行监督，以及要投入多少监督努力。项目开始，收益实现。当实现高收益时，一个借款者将决定是否进行策略性违约（当项目收益为零时则借款者违约）。每个借款者进而了解对方企业的项目收益实现情况，并对策略性违约的借款者施加社会惩罚。最后，若两个借款者都违约，则所有借款者以概率 β 损失未来能从资本市场再次获得融资的好处 V。

当 A 企业实现高收益 $\bar{\theta}$ 时，将会通过下面的过程考虑是否选择策略性违约。如果选择还款，则当 B 企业以概率 α 项目成功，该 A 企业只需还自己那部分贷款，即 R；若其对方 B 企业以概率 $1-\alpha$ 项目失败，则 A 企业须额外替 B 企业偿还 η 部分，即此时要还 $(1+\eta)R$。如果 A 企业在两种情况下都还款了，那么它可获得再次融资，即还可获得收益 V。因此，A 企业获得好收益时，如果它坚持还款，那么获得的收益为

$$\widehat{E}_A^{\text{pay}} = \bar{\theta} - \alpha R - (1-\alpha)(1+\eta)R + V \tag{3.59}$$

这里，Aghion 等（1999）隐含的假设了 B 企业不存在策略性违约的情况，即假设了只要 B 企业项目成功则还款，项目失败则违约。如果选择策性略违约，B 企业项目收益好（概率 α）则会替 A 企业还 η 部分债务，但若 B 企业项目收益也不好，则以概率 $1-\beta$ 不影响它们下一次获得银行贷款。于是 A 企业获得再融资收益 V 的概率为 $\alpha+(1-\alpha)(1-\beta)$。但此时 A 企业要受到社会惩罚 W，而这还要取决于 B 企业对 A 企业进行监督才能惩罚它，即有概率 γ 表示单个借款者进行横向监督的概率，这个概率假定为另一个借款者可以观察到。于是有 A 企业策略性不还款的最后收益为

$$\widehat{E}_A^{\text{SD}} = \bar{\theta} + \alpha V + (1-\alpha)(1-\beta)V - \gamma W \tag{3.60}$$

这里同样隐含的假设了 B 企业项目成功一定还款且会帮助 A 企业还款的假设。

均衡时如果 $\widehat{E}_A^{\text{pay}} > \widehat{E}_A^{\text{SD}}$ 成立，则实现高收益 $\bar{\theta}$ 的借款者 A 企业将不会选择策略性违约。由 $\widehat{E}_A^{\text{pay}} > \widehat{E}_A^{\text{SD}}$，得到式（3.61）：

$$\bar{\theta} - \alpha R - (1-\alpha)(1+\eta)R + V \geqslant \bar{\theta} + \alpha V + (1-\alpha)(1-\beta)V - \gamma W \tag{3.61}$$

由式（3.61）得到

$$\gamma \geqslant \frac{(1-\alpha)(\eta R - V\beta) + R}{W} \tag{3.62}$$

公式(3.62)是 Aghion 等(1999)获得的令企业 A 不策略性违约的条件。令 $\gamma^*(R) = \dfrac{(1-\alpha)(\eta R - V\beta) + R}{W}$，即有 $\gamma > \gamma^*(R)$，同行监督的概率超过 $\gamma^*(R)$ 时，企业将不会有策略性违约的情况发生。至此，Aghion 等(1999)在对 B 企业隐含假设其没有策略性违约的情况下，研究了对单个 A 企业不策略性违约的激励，在此基础上 Aghion 等(1999)进而比较团体贷款和独立贷款，其结论是 V 足够大且 α 足够小时团体贷款优于独立贷款。实际上，当 $V > R$ 时就能激励独立贷款的企业实现高收益时主动还款，因此不能体现出团体贷款对企业还款意愿的影响优于独立贷款。借款者团体中的任何企业都可能发生策略性违约的情况，可见 Aghion 等(1999)的隐含假设太严格。本小节将加入社会资本的概念，同时考虑两个企业的还款意愿问题。

2)加入社会资本的团体贷款还款激励模型

如前定义，团体贷款模式中，中小企业的社会资本体现在企业凭借所在社会关系网络中积累的合作力量，为其创造获得银行贷款的机会，从而为中小企业的融资活动创造价值。合作力量存在于团体所在的社会网络结构中，社会网络促成企业间的密切关系，基于密切关系的信息优势有助于企业间筛选团体成员和监督彼此的项目结果，同时企业间互相依赖和互相约束又提高了团体内成员间的惩罚能力，并在企业间易形成一致行动的共同规范，促使企业合作，降低成本、提高效率，从而为中小企业的融资活动创造价值。

由此定义出发，获得关于团体贷款中的社会资本的如下引理。

引理 3.1　中小企业的社会资本是企业凭借所在社会关系网络中积累的合作力量，为其融资活动创造价值。基于企业间的信任组成的团体是社会资本所在的网络，企业间的合作力量体现在对违约企业的惩罚能力和团体内部对规范的遵守程度。

图 3.9 给出了团体贷款模式的步骤，从选择团体成员到偿还债务的整个过程。图中的每一步都表示用团体贷款解决中涉及小企业贷款中的相关问题，社会资本在序号 1 到 4 时都发挥作用。

最初，有一群潜在借款者试图获得贷款。银行对单个企业借款者面临逆向选择的问题，因此要求借款者组成团体，银行以连带债务的方式发放贷款。这个筛选阶段也是企业自发组成团体的过程，社会资本附属的网络是企业自发组成的团体。企业会考虑潜在合伙人的项目结果在多大程度上是信息对称的，并确保合伙人项目成功的情况下有意愿还款，以及当潜在合伙人发生策略违约时能对其做出应对措施，尽可能地弥补对该企业造成的损失等。这需要企业与潜在合伙人建立

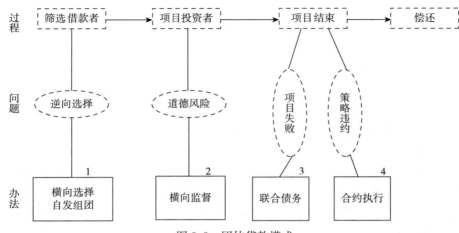

图 3.9　团体贷款模式

密切联系的基础上充分了解和信任，彼此对规则的遵守和互相制约，以及对策略性违约企业惩罚措施上的便利。这里，企业间建立在互相了解基础上的选择，为银行选择借款者缓解了逆向选择问题。为了定量研究社会资本在团体贷款过程中的还款激励作用，本小节假定有 A 和 B 两个企业组成的团体，并选取团体内成员对规范的遵守程度和团体内企业对违约企业的惩罚能力作为社会资本对团体贷款还款激励的两个作用点。弗朗西斯·福山对规范的理解，"一个组织的社会资本的多寡反映了该组织内部所共同遵守的规范的强弱和成员之间凝聚力的大小，或者说组织对成员影响力的大小"（李惠斌，2000），其中"组织内部所共同遵守的规范的强弱"对于团体贷款而言，其规范是企业项目成功则主动还款，对于这种规范的强弱可以直接理解为对主动还款这个规范的遵守程度。可见在弗朗西斯·福山的理解中，社会资本与团体内成员对规范的遵守是成正比的。而 Philip 和 Ashok(2008)指出，Grameen 银行等大部分团体贷款合约都是对称合约，即团体内惩罚强度关系是平等的，且惩罚能力来自于团体内基于成员间密切关系的社会约束。

如果令在 A 和 B 组成的社会网络中它们的社会资本是 ρ。由于社会资本与成员对规则的遵守程度成正比，且成员的惩罚能力来自于社会资本，因此为简单起见，令 ρ 表示团体内成员对规则的遵守程度和对违约企业的惩罚能力，于是 ρ 的取值范围为 $0<\rho<1$。当社会资本为 0 时，该团体内成员不遵守任何规则，企业间互相没有惩罚能力；当社会资本为 1 时，该团体内成员完全遵守规则，对不遵守规则企业的惩罚达到最大。团体贷款中，团体的潜在规则是企业项目成功则主动偿还债务，不存在策略性违约的情况。由此得到关于社会资本对团体贷款还款激励机制的引理 3.2。

引理 3.2　团体贷款中，企业对规范的遵守程度和还款企业对违约企业的惩罚能力是企业所在团体的社会资本对团体贷款还款激励的两个作用点；企业在该团体中的社会资本 ρ 可以反映企业主动还款的意愿和对策略性违约企业的惩罚能力。

　　团体 A、B 向银行申请贷款，银行进行相关审查并发放贷款。在投资阶段，银行面临事前的道德风险问题，即借款者投资于一个风险项目、滥用贷款资金、没有付出足够努力来管理其投资等问题，这些都会导致项目的低收益。团体成员间的横向监督能比银行更有效的解决该问题。

　　进而项目开展，成功时实现收益为 $\bar{\theta}$；失败时收益为零。用 P_A 和 P_B 分别表示两个企业项目成功的概率。B 企业主动还款的概率即其还款意愿可以用在该网络中企业对规则的遵守程度 ρ 来表示。当 B 企业发生违约时，无论是项目失败的情况还是策略违约的情况，A 企业都会对 B 企业进行审查，这里假设不计审查成本（对于来往密切的企业，对彼此项目结果的审查成本可以忽略不计）。当且仅当 A 企业发现 B 企业是策略违约的情况时，A 企业要对 B 企业进行惩罚，惩罚能力是 ρ，因此可以令惩罚所得为 $w=\omega\rho$。为研究团体贷款相对于独立贷款的优势，本书不考虑银行给予履行还款义务的借款者获得下一期借款的承诺。

　　定理 3.1　在由 A 和 B 两个企业组成的团体贷款中，保证团体贷款无策略性违约的社会资本边界值为 $\rho^*=\dfrac{R+\eta R}{\eta R P_B+P_B\omega}$；$\rho^*$ 与还款总额 R、替违约企业还款比例 η 是正相关的。

　　证明过程如下。

　　对于 A 企业来说项目成功时主动还款的预期收益为

$$\mathrm{EU}_A^{\mathrm{pay}}=\bar{\theta}-p_B\rho R-[(1-p_B)+p_B(1-\rho)](R+\eta R)+p_B(1-\rho)\omega\rho \quad(3.63)$$

式（3.63）表示 A 企业获得好收益且主动还款。当 B 企业以概率 P_B 项目成功且主动还款（概率 ρ）时，A 企业只需还 R；其他情况，即 B 企业以概率 $1-P_B$ 项目失败，或者当 B 企业项目成功但策略违约［概率 $(1-\rho)$］时，A 企业要替 B 企业多偿还 ηR 债务。当且仅当 A 企业发现 B 企业策略违约时会对其施加惩罚。

　　与之相比，A 企业策略违约的预期收益为

$$\mathrm{EU}_A^{\mathrm{SD}}=\bar{\theta}-p_B\rho\omega\rho \quad(3.64)$$

式（3.64）表示 A 企业项目成功但不还款，仅当 B 企业项目成功且主动还款时对 A 企业施加惩罚。于是 A 企业主动还款的条件需满足式（3.63）大于式（3.64），解得

$$\rho>\frac{R+\eta R}{\eta R p_B+p_B\omega} \quad(3.65)$$

令 $\rho^* = \dfrac{R+\eta R}{\eta R P_B + P_B \omega} = \dfrac{1}{P_B} \dfrac{(R+\eta R)}{\eta R + \omega}$ ，当企业选择合伙人与其关系 $\rho > \rho^*$ 时能防止对方策略性违约。ρ 是团体贷款为防止策略性违约对团体组成特征上的基本要求，这里 ρ 与还款总额 R、替违约企业还款比例 η 都是正相关的。

3. 研究结论

在很多发展中国家，团体贷款被证明是可用于解决无法提供任何抵押品的穷人和中小企业借款难问题的有效方式，但策略违约是团体贷款中企业违约的重要原因，本小节从团体的组成特征方面研究还款意愿问题。重新定义了与团体贷款有关的企业社会资本的定义和特征，从社会资本的定义出发，证明社会资本在性质和内涵上能体现团体组成在还款激励作用上的重要特征，进而选取社会资本对团体贷款还款激励的作用点，定量研究社会资本如何作用于还款决策，获得促进还款意愿减少策略性违约的团体组成在社会资本方面的重要特征。

企业的社会资本是企业之间长期交往过程中积累的合作力量，以此提高它们获得经济利益的能力，为其经济活动创造价值。我们的讨论依据两个特定的事实，即中小企业由于高经营风险和高风险认知一般很难从银行等金融机构获得贷款；而在很多发展中国家，中小企业之间往往有着密切的联系形成特定的社会网络，在特定的社会网络中的企业之间相互了解、彼此合作，并遵守一定的规则，当中小企业自发组成的团体向银行等金融机构借款时，中小企业间的互相了解和信任、共同对规范的遵守，为它们之间筛选、监督、还款激励和合约执行等方面带来优势，企业间的密切关系及由此产生的社会约束对策略违约企业真有惩罚能力。中小企业特定网络中的社会资本为其创造了从银行等金融机构获得贷款的机会。本小节在由两个中小企业组成的团体中，通过选择团体内成员对规则的遵守程度和对违反规则一方的惩罚能力作为社会资本对团体贷款还款机制的两个作用点，体现了团体贷款的优势，避免了企业策略违约的团体组成方面的重要特征，即对团体贷款企业社会资本的要求。研究结论表明，当该团体的社会资本 $\rho > \rho^*$ 时，团体贷款能有效防止策略性违约的发生，且当连带债务承担的责任增大时，企业自然会选择与其更为互信的企业组成团体，更大限度地激励团体合伙企业主动偿还贷款。ρ^* 既是借款企业选择团体合伙人的标准，也是作为银行等金融机构进行团体贷款时衡量和评价申请者团体的参考标准。

对于信托公司来讲，其在进行信托贷款或者发行中小企业贷款相关信托产品时，需要将社会资本因素考虑进去，在团体贷款企业的选择过程中，选择关系较为紧密、相互了解和信任、可以更好地监督彼此的企业作为团体贷款企业，进而通过社会资本对团体贷款企业还款激励的作用及贷款企业之间的连带债务承担，防止可能因中小企业策略违约给信托公司带来的损失，有效降低信托公司的风险。

第七节　信托融资的风险缓冲机制[①]

信托公司同其他金融机构一样，其自身活动就是经营和管理风险，风险无处不在。反思中国信托业发展的曲折历程，可以发现，除制度设计不尽合理及定位不清等因素外，一个至关重要的原因就是缺少转移和缓冲风险的有效手段，以及化解和控制风险的长效机制，是过去和现在造成信托行业金融风险的主要根源。因此，借鉴国外金融机构和国内银行业比较成熟的风险管理手段和控制体系，适时将风险缓冲机制引入信托公司和信托行业，通过建立有效的风险缓冲机制来避免信托业风险对经济金融运行带来的波动和冲击，可以缓解信托风险在整个金融系统中的扩散和传播，进而提高信托业的公信力，增强信托公司的核心竞争力，促进信托业稳健发展和持续经营。

一、风险缓冲机制

风险缓冲机制，是指系统在遭遇内外部冲击影响其正常运转，甚至在威胁到系统生存的情形下，系统所内嵌的对可能性损失的缓冲与化解机制或所触发的对该系统的一种损失救济安排。

风险缓冲是风险管理的一个重要组成部分，是对风险进行救助、转移、分散和稀释。一个行业、一个有机体、一个机械装置，都具有自己的风险缓冲机制。从系统论角度来说，一个不存在任何容错机制，不存在任何抵御、缓冲、化解风险能力的系统，即使一个微小的扰动，都可能导致整个系统的崩溃。

信托行业的健康稳定发展是信托机构和监管机构的共同愿望。从控制论的角度来说，所谓系统稳定性是指系统受到扰动后其运动能保持在有限边界的区域内或回复到原平衡状态的性能。从哲学意义上来说，"稳定是运动的回复"，回复的运动才是真正稳定的，真正的稳定绝非静止不动。因此，无论是从控制论观点，还是在哲学意义上，建立风险缓冲机制都是信托业这个系统寻求健康稳定发展的内在要求。

中国的信托业想要健康长久的发展，不仅需要相适应的制度安排，还需要相适应的风险缓冲体系。建立信托业的风险缓冲机制，从宏观的角度来说，有利于社会稳定，从行业的角度来说，有利于提高自身的信誉，为行业发展奠定坚实的基础，加快信托业发展(李仲仕，2007)。

---

① 本节根据南开大学袁江天博士后研究工作报告《小企业融资的信托模式——兼论中国信托业的发展》修订。

二、中国信托业风险缓冲机制

国内关于信托业风险缓冲的理论研究总体来说并不多，2005 年以前几乎没有学者研究，2005 年以后，中国信托业协会在重庆召开"关于信托业风险缓冲机制的研讨会"，关于这方面的研究在信托业才逐步开始。其研究成果主要集中在以下几个方面：①关于信托业风险的形成原因及防范措施探讨，而这些防范措施大多集中在对体制及监管方面的建议，如杨江涛和余君梅（2010）的《商业信托中风险的分析与防范》、马亚明（2003）的《信托风险及风险规避问题探讨》等。②对建立信托业风险缓冲机制的各种可行方案的罗列，并没有做过多更深的比较研究，如陈赤（2006）的《对我国信托投资公司风险缓冲机制的思考》、李国柱和马君潞（2006）的《风险承担、风险缓冲与管理理念——关于信托公司风险管理的思考》等。③从整体来看，研究大多集中在对建立我国信托流通体制和增加信托产品的流动性方面，提出各种流通方案与完善政策法规等来缓冲风险，如孟辉（2003）提出的《信托流通机制创新展望》等。④关于风险缓冲的具体方案的提出，但都只是对这个方案进行简单的描述，如付健健（2006）《信托保险：缓解信托风险的良方》和金新建（2006）《完善我国信托赔偿准备金制度初探》等。

虽然国内学者针对信托业风险缓冲的多个方面做出了一些有益的研究和探索，但总体来看，还是存在一些不足：①对加强信托业风险缓冲的必要性和完善信托体制方面论述较多，而对风险缓冲的技术性方案研究较少。②对机制方案多数只停留在表面的介绍，很少对各种方案进行综合系统的分析，也没有对方案的具体操作思路做深入研究。

从整个金融体系来看，无论银行业还是证券业都建立了风险缓冲机制。目前信托业包括监管层和信托公司，风险意识已得到很大的提高，但由于目前信托业整体规模的限制，其风险抵御能力相比其他金融行业明显偏弱。从目前信托业运营的特征来看，在金融领域中，信托是最复杂的一个行业。世界各国因为法律制度和市场环境的不同，对信托功能运用的制度安排也不尽相同。虽然按照《信托公司管理办法》的规定，信托公司的经营范围包含十多项内容，但由于诸多因素，委托人购买资金信托产品都是以投资的心态进行的，造成信托公司运用信托财产投资时，即使在兑付时间上出现微小问题，也会导致大的风险，且难以补救。另外，目前虽然信托公司也都采取了财政支持、资产抵（质）押、第三者担保等多样化的风险缓冲措施，但也存在信息不对称、担保机构实力弱小等很多问题，不能从根本上起到风险缓冲的作用。根据《中华人民共和国信托法》的有关规定，信托投资的风险由委托人自己承担，不能因为本金的亏损要求信托公司赔偿，也不能向政府、中国银监会要求赔偿，只有在受托人违反信托目的处分信托财产或者因违背管理职责、处理信托事务不当致使信托财产遭到损失的，受托人才承担赔偿责任。然而现实中却远没这么简单，实际情况是国内信托公司无论是否在理财过程中出现违规行为，均要承担信托财产完整回收与赢利预期的全部风险，即信托公司作为受托人承担了本该由委托人或受益人应承担的风险(李仲仕，2007)。

综上所述，在现行信托监管的规制下，整个信托业是缺乏全面有效的风险缓冲机制来缓冲和化解理财风险的。一个缺乏风险缓冲机制的行业，也就绝无可能健康稳定地向前发展。所以，目前国内急需建立一种更加综合全面的风险缓冲机制。

三、中国信托业风险缓冲机制的可选择方案

一般来说，风险管理包括风险分散、风险缓释、风险救济、信托保险、套期保值等几种基本方法。

1. 风险分散

中国银监会新修订的信托公司相关管理办法取消了原办法的有关限制规定，规定单个集合资金信托计划的人数除自然人不得超过 50 人外，合格的机构投资者数量不受 200 份合同份额的限制。在集合信托业务中，规定除信托资金全部来源于股东或其关联人的情形外，信托公司不得将信托资金直接或间接运用于信托公司的股东及其关联人；不得以固有财产与信托财产进行交易；不得将不同的信托财产进行相互交易；不得将同一公司管理的不同信托计划投资于同一项目。根据《集合资金信托管理办法》，信托公司对不同的信托计划，应当建立单独的会计账户分别核算、分别管理。信托资金可以进行组合运用，组合运用应有明确的运用范围和投资比例。信托公司运用信托资金进行证券投资，应当采用资产组合的方式，事先制定投资比例和投资策略，采取有效措施防范风险[①]。

2. 风险缓释

1)信托产品的上市交易

任何风险(损失)的形成都有一个由无到有的渐变过程，如果在渐变的过程中信托产品是可交易的，那么对于受益人来说，也就是起到了风险缓冲的作用，因为投资者可以在自己认为产品风险出现的任何时候通过出售产品来规避风险。

在这方面，英国风险投资信托(venture capital trusts，VCTs)的上市交易机制为我们提供了借鉴。VCTs 作为一种为创业企业提供金融支持的制度安排最初由英国 1993 年预算案设计(1993 Budget)，并于 1995 年秋正式推出。在推出VCTs 之前，绝大多数风险投资基金来自于养老金和保险资金，在 VCTs 出现之

---

① 信托公司集合资金信托计划管理办法—理财产品—新浪财经，http://finance.sina.com.cn/money/list/lccp/20110119/18079280164.shtml。

后，私人资本成为风险资本的主要资本来源。VCTs的推出为私人投资者利用政府税收激励计划分享成长型企业的收益提供了机会。投资者在投资该信托时有税收上的优惠，也正因为这个原因，VCTs需要受到相关政府法令的严格监管。VCTs由风险资本经理来管理，该经理负责将资金投资于经过严格选择的，并且一般处于企业发展早期阶段的小企业。VCTs不仅可以在一级市场认购，而且可以在二级市场购买。更重要的是，VCTs还被要求必须在伦敦证券交易所上市交易。

目前，国内的信托产品还缺乏流动机制，产品没有标准化，也没有可以交易的一个平台。这使信托产品除了极少数非公开的撮合交易之外，几乎只能在产品到期后坐等信托财产的交付，因此投资者即使知道在此过程中形成了风险，也不能对自己的风险判断采取任何规避、出售行动，只能对风险无能为力。

为此，建立信托业的风险缓冲机制需要建立起基于证券交易的信托产品流动交易平台，这需要完成信托产品标准化、证券化的一系列工作。

2）基于理财档案管理的声誉评级

信托公司作为"受人之托、代人理财"的金融机构，与其说是在经营货币（财产）、经营风险，不如说是在经营"理财声誉"，声誉是信托公司最大的资本，没有声誉，也就没有委托人愿意将自己的财产交付给信托公司来打理，失去声誉的信托公司的经营也就成了无源之水（秦炜，2006）。

信托公司的理财声誉不是短时间内就可以建立起来的，理财声誉的树立是建立在信托公司日积月累的理财业绩上，建立在信托理财中为受益人谋取的较高回报上，而一个信托公司理财声誉的丧失也是因为其理财业绩达不到预期水平或市场平均水平，从而不能为受益人带来预期的回报。但在现行信托监管规制下，一个信托公司要保证其每一个信托计划都达到预期回报水平又几乎是不可能的，而建立信托公司本身的风险缓冲机制又是行业发展所必需的。

基于以上考虑，在允许信托公司报批的基础上进行一定额度的关联交易、资本金弥补等方式的风险缓冲的同时，监管机关对所有信托公司的信托计划建立理财档案，并建立以此为基础的信托公司声誉评级制度。对于声誉级别出现下滑苗头的信托公司，监管机关可以以相应的业务限制来进行重点的风险关注，以逐步缓释信托公司业已出现的理财风险。不能因为"硬着陆"而使信托业已出现的风险进一步扩大化。监管机关所掌握的信托公司声誉评级可以以零起点方式向社会公开，也就是所有监管机关批准开展业务的信托公司，最初都享有一个同样的声誉级别，监管机关根据随时掌握的信托公司的理财业绩，定期对信托公司进行声誉评级，从而使信托公司的声誉级别发生跃迁。这项工作也可以由中介评级机构来完成，或同时由监管机关和中介机构来完成，以相互参照和印证。

通过对信托公司的零起点的声誉评级、声誉公示、声誉跃迁、业务限放等，以渐变的方式来完成信托理财风险的缓冲和释放。

3）开放式信托

为了利用组合管理技术来进行风险缓冲，在货币资金的受托上，可考虑采用开放式受托方式，将信托标的运用于指定的或非指定用途上。信托银行所面对的委托人，同样是具有风险识别的风险承担能力的"合格投资者"，信托资金额度同样受到最低额度限制。委托人或受益人可在开放日进行申购和赎回。这样既建立了信托份额的流动机制，也为信托公司组合管理技术的运用提供了方便。

开放式信托因为其流动性而具有风险缓释的功能，同时又由于其资金运用的开放性而具有分散风险的功能，所以它其实是风险分散与风险缓释的结合。

3. 风险救济

1）内部救济——资本金作为风险缓冲准备金

一般来说，企业法定资本金的功能有两方面。一是作为企业的市场准入门槛，二是作为保护债权人利益的最低资本信用。另外，作为金融机构，资本金还有一个特殊功能，那就是覆盖经营过程中的非预期损失。从风险管理的角度来说，金融机构的风险损失分为三类，第一类是预期损失，主要通过合理的金融产品定价来覆盖，通过产品定价将预期损失风险转嫁给客户；第二类就是非预期损失，无法通过产品定价来转移风险，但可通过充足的资本金来覆盖，这也就是要求银行等金融机构保有一定的资本充足率的原因；第三类是极端损失，只能通过压力测试等方法来管理和规避。

但在现行的信托监管规制下，一方面在信托理财业务上缺乏风险缓冲机制；另一方面在信托公司资本金的使用上，可以进行实业投资、证券投资，也可以用于发放贷款等。根据《信托公司管理办法》，信托公司不得开展除同业拆入业务以外的其他负债业务，且同业拆入余额不得超过其净资产的20%[①]。在负债业务被严格禁止的制度安排下，加之在自有资本金和信托理财资金之间有严格的防火墙，自营业务没有太多的外部资金来源。另外，信托公司每年应当从税后利润中提取5%作为信托赔偿准备金，但该赔偿准备金累计总额达到公司注册资本的20%时，可不再提取。信托公司的赔偿准备金应存放于经营稳健、具有一定实力的境内商业银行，或者用于购买国债等低风险高流动性证券品种[②]。信托公司已没有其他负债业务，现行信托公司广泛开展的资金信托计划本质上是资产管理业务，受托人并不承担还本付息的责任，合理的理财损失由委托人承担（袁江天，2007）。信托公司的净资本管理将成为一个很好的监管工具，监管部门可以通过对各项业务的风险系数（可以理解为风险资本计提比例）的调整，引导信托业向监

---

① 《信托公司管理办法》，第21条。
② 《信托公司管理办法》，第49条。

管部门希望的方向发展。在《信托公司净资本管理办法》中，最核心的内容有两个：其一是信托公司净资本不得低于人民币 2 亿元；其二是信托公司计算净资本和风险资本，并且持续要求信托公司净资本不得低于各项风险资本之和的100％，净资本不得低于净资产的 40％，从这个要求来看，各家信托公司净资本的多少将直接决定其未来业务空间。也就是说，如果净资本不足，业务规模将受限甚至某些业务难以开展。净资本管理的出台对目前各家信托公司的资本实力产生了一定压力和要求，促使信托公司将有限的资本在不同风险状况的业务之间进行合理配置，引导信托公司根据自身净资本水平、风险偏好和发展战略进行差异化选择，进而实现对总体风险的有效控制，但是否信托公司净资本越高，其理财能力就越强呢？从市场化的角度来说，一个信托公司受托管理的资产规模可以在一定程度上代表着它的理财能力，因为它得到了委托人的信任，而一个理财能力差的受托人迟早会被委托人抛弃，最终其所管理的资产规模当然也就会逐渐萎缩。

从理论分析的角度来看，由于受托资产管理规模决定于理财能力，而不是资本金的大小，一个公司的理财能力与其资本金也没有必然联系，资本金过大反而会由于自有资本管理，引起与受托资产管理之间的冲突，并可能使代理问题矛盾凸现。因此，信托业发达的国家对信托机构注册资金的要求很低，也没有理财倍数的规模限制，甚至限制自有资金的规模，如日本《信托业法》对信托机构所规定的最低资本金就仅为 100 万日元。一个信托机构的理财能力与其资本金大小也没有任何必然联系。

有鉴于此，可以考虑将现行信托公司的注册资本金作为信托公司开展信托理财业务的风险缓冲准备金。监管当局可以以现行信托公司开展业务所积累的数据为基础，制定各种信托理财业务的风险准备金比例，有多少资本作为风险缓冲准备金，就开展多少信托业务，以此对信托公司的信托业务开展过程中可能出现的非预期损失进行风险覆盖，而信托公司的资本金只能投资于银行存款、国债、金融债、货币市场基金等高流动性低风险的金融工具，以备不时之需。以此对信托公司可能的信托理财业务风险建立风险缓冲制度。

2）外部救济——受益人保护基金

成立受益人保护基金的目的旨在维护信托行业的稳定和声誉，一旦出现信托公司破产清算或被行政接管等影响信托行业稳定和声誉的重大事件，可动用受益人保护基金、维护受益人的利益。

受益人保护基金的来源，一是来自于国家金融稳定基金投入，二是来自于信托公司，信托公司可按信托理财规模的一定比例进行缴纳，各信托公司按理财声誉的评级结果分级缴纳，理财声誉高的公司缴纳比例低于声誉低的公司。理财声誉可考虑由信托业协会确定，报中国银监会核准，按年进行调整。信托公司所缴纳的基金可在其营业成本中列支。三是依法由有关责任方追偿所得和从信托公司破产清算中的受偿收入。四是国内外机构、组织及个人的捐赠及其他合法收入等。

3）信托银行制度

第二次世界大战后，严重的通货膨胀使日本的信托公司难以吸收长期资金，经营陷入困境，为了绕过日本《信托业法》关于信托公司不得经营银行业务的规定，信托公司在政府的支持下，首先在组织形式上转化为银行——"信托银行"，同时依《日本兼营法》照样经营信托业务，但信托业务与一般银行业务被严格分开，分别核算、分别经营，但在业务比重以信托业务为主时，占80%左右。

在20世纪50～80年代日本实行严格的金融分业经营时期，信托被赋予长期金融职能，并得到了快速发展，使日本进入信托的"大众化时代"（石劲磊和王继松，2002）。1950年后，日本对信托业的严格审批，也使国内信托业逐渐集中在为数有限的几家信托银行手中，并因近年来的不断兼并而有进一步集中的趋势。2007年在日本信托公司协会注册的信托银行主要有三井信托控股、三菱信托银行、住友信托银行、瑞穗信托银行等（袁江天和黄图毅，2007）。

信托银行在日本金融机构的独特性在于其同时提供了金融服务和资产管理服务。除了像城市银行一样提供传统的银行服务之外，信托银行还通过信托及其相关业务，有效利用其专业知识提供广泛的金融服务，来满足多样化和更为复杂的金融和资产管理服务的需求。日本信托银行兼有金融功能和资产管理功能，其金融功能由金钱信托等信托业务和存贷款等银行业务来完成，而资产管理功能则由信托业务和遗嘱执行等相关业务来完成。信托业务则兼具金融功能和资产管理功能。

日本信托银行由于银行业务和信托业务严格分开，因此信托银行兼有银行账户与信托账户。通过对日本某信托银行进行账户分析，我们发现在信托账户资产明细中，有应收银行账户科目，而在其银行账户的负债明细中，有应付信托账户科目，并且二者在绝对数额上基本可以相互对应。这说明信托账户可以向银行账户提供资金。日本相关法律要求信托银行在经营信托账户本金时，尽可能不动用准备金，但是在万不得已的情况下，可以在最低限度内将信托账户上的富余资金转入银行账户，在银行账户里进行资金运作。也就是说，信托银行的信托账户与银行账户之间是有资金往来的，只要合法合规即可。

日本信托银行的信托账户与银行账户之间的合法合规的资金往来也就相当于在信托银行中镶嵌了一个风险缓冲装置，有利于应对突如其来的风险事件。

4. 信托保险

保险是通过支付保险费来避免损失的转移风险的方法。传统的风险理论认为，采用保险的方法转移风险只适合纯风险，因为保险只祈求消除损失而不奢望因此获利，投机性的风险通常不是可保风险。但从金融工程的角度来看，保险是可以消除损失的风险而保留获利可能的风险转移方法，因此它是和期权理论紧密结合在一起的。但是，通常的商业保险处理的是小概率大损失额的风险，保险费的定价技术和经典的期权定价理论是有区别的，因为保险标的发生损失的概率分布和期权标的物价格变化的概率分布是不一样的。传统的保险定价是依靠统计学和精算技术来支持的，它的基础是大数定理及其带来的频率稳定性。

5. 套期保值

套期保值与保险的不同，在于其减少风险暴露的同时也放弃了可能获利的机会。可以用远期合约、期货来建立现货的相反头寸实现套期保值，也可以建立互换协议对利率和汇率做套期保值，更可以通过构建各种组合金融工具对所持的头寸做套期保值。设计各种套期保值策略和工具是金融工程师的重要工作。基本的设计原理是复制技术，另外，则尽量降低套期保值的成本。套期保值的基本原理是建立对冲组合，当产生风险的一些因素发生变化时，对冲组合的净值应保持不变，其基本的设计技术是基于无套利均衡分析的组合分解技术。组合分解的结果在实质上是改变金融工具的流动性和收益/风险特性，从而创造出许许多多转移风险的工具。

第四章
中小企业信托融资模式创新实践

信托作为中小企业融资的新渠道，为中小企业提供了有力的资金支持。尤其是在 2012 年信托行业大发展的背景下，除了政信合作、基础设施的蓬勃发展外，中小企业融资类信托产品也呈现出井喷式的发展。虽然都是中小企业融资，但却体现出了不同的业务结构、产品偏好和风格。根据业务结构的不同，为中小企业提供融资的信托计划大致可以分为大额定向合作模式、打包债模式、区域产业支持模式、"资金池类"、类基金模式及路衢模式六种模式。

本章首先介绍中小企业信托融资的现状，其次分别介绍中小企业信托融资的六种模式的内涵，并在此基础上选取实践中不同模式的信托计划作为案例，对六个模式进行剖析，分析其在中小企业融资中的具体作用及各参与主体的作用。在每个模式的分析中，我们首先介绍该模式的内涵，主要包括该模式的业务结构及适用对象、注意事项等；其次选取实践中的案例，分析案例背景，介绍信托计划的基本情况，并对信托计划中涉及的各参与主体，如借款人和担保机构进行分析；最后分析该信托计划中的风险控制措施，并对信托计划进行总结。

第一节　中小企业信托融资模式

一、中小企业信托融资现状

在 2012 年信托行业大发展的背景下，在传统信托类产品风险开始逐渐显现的情况下，中小企业融资类信托产品呈现出井喷式的发展，成为各信托公司竞相追捧的对象。相对于中小企业私募债、区域集合票据，中小企业集合信托审批手续相对简单，融资成本也较低，近年来我国中小企业信托产品急速增长。根据Wind 和用益信托数据[①]，我国中小企业集合信托的数量从 2009 年的 19 只增长到 2012 年的 101 只，规模从 9.98 亿元增长到 65.1 亿元。据不完全统计 2012 年共有 31 家信托公司共计发行了超过 130 只信托产品，其中包括单一资金信托 30余只和集合资金信托 101 只。公开披露的中小企业集合信托产品融资规模约65.1 亿元，平均规模 7 076.32 万元。2012 年全年披露的集合信托总发行规模为8 784.92 亿元，中小企业集合信托所占比例为 0.74%，比 2011 年的 0.38% 增长了 94.74%（图 4.1）。

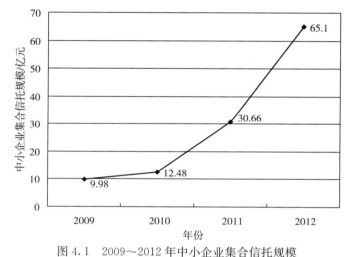

图 4.1　2009～2012 年中小企业集合信托规模
资料来源：根据 Wind 资讯金融数据库和用益信托网的相关数据搜集、整理而得

由于单一资金信托的私募性质，相关信息较少披露，所以下面以 2012 年发行的中小企业集合信托为例对中小企业信托融资的现状进行分析。据不完全统计，2012 年各信托公司共发行的 101 款中小企业信托产品中兴业信托最为积极，累计发行了 37 款，占所有中小企业产品数量的 1/3；其他较为活跃的信托公司包括金谷国际信托、新时代信托及建信信托等[②]，如图 4.2 所示。

对这 101 款中小企业信托产品进行时间划分发现，2012 年平均每月发行产品 8 款，其中 5 月和 6 月发行量最大，均为 13 款，另外由于年底中小企业融资进入高峰，且信托融资不需要过于复杂的审批手续，11 月也是一个中小企业集

---

① 根据 Wind 数据库及用益信托网相关资料整理。
② 数据来源：和讯网，2012 年 11 月 27 日新闻"今年 80 款信托产品预期收益率最高 11.5%"，http://trust.hexun.com/2012-11-17/148048207.html。

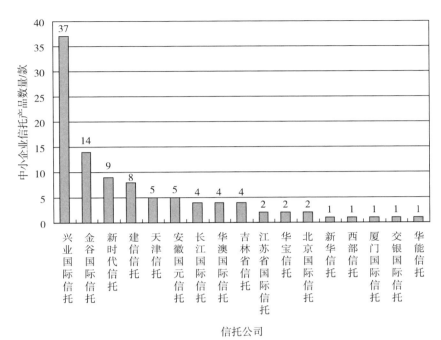

图 4.2　2012 年各信托公司发行中小企业信托产品情况

合信托产品发行高峰期。从 2013 年开始，中小企业信托产品发行量有所回落，2 月仅有 1 款产品成立。

　　2012 年发行的中小企业集合信托产品的平均预计收益率为 7.36%，大部分信托产品的收益率在 8.5% 左右，其中华澳国际信托的中小企业发展基金类信托的预计收益率最高为 10%[①]。从资金运用的角度来看，中小企业集合信托资金分别运用于贷款、债权投资、权益投资、组合投资等领域，其中贷款类信托依旧占据主要份额，101 款产品中，用于贷款的有 37 款。投资与工商企业的融资规模大约为 1 376.35 亿元，占所有工商类企业融资规模的 4.43%，较 2011 年 1.61% 的水平有显著提高[②]。就地域分布来看，中小企业信托的发行地包括北京、上海、天津、福州、南京、厦门、合肥、佛山、包头、兰州、重庆等地，大部分分布于东部沿海地区，也包括中西部的部分城市，如图 4.3 所示。

　　① 数据来源：温州商报，2012 年 11 月 22 日新闻"四季度中小企业　信托密集发行"，http://wzed.66wz.com/html/2012-11/22/content_1346007.htm。

　　② 数据来源：百度文库中国中小企业金融服务发展报告(2013)，http://wenku.baidu.com/link?url=_QBuh9q1mj4D3k1A1VBgPHTnwD9yfFF5u7tt0TBRb8q1UaWU9uM7gQf1Pd4xMU3oNFyuh0-vJbOoj7Ecedx0-UcWkrZLjY_TMKhUBAlRJNJS。

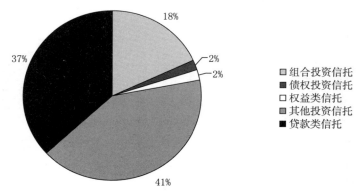

图 4.3 2012 年中小企业信托资金运用

二、中小企业信托融资模式简介

中小企业在信托融资过程中主要涉及信托公司、担保机构、资金保管银行、信托受益人和融资企业五个方面的主体。

信托公司为中小企业融资一般需要满足以下几个条件：第一，信托交易的对手是境内合法存续的企业实体；第二，信托公司向借款人发放贷款需要满足相关法律法规规定；第三，担保公司应提供连带担保责任，并签署《保证合同》；第四，信托公司需要与借款人签署《贷款合同》，并落实实际控制人连带担保的责任。

目前中小企业集合信托模式主要包括大额定向合作模式、打包债模式、区域产业支持模式、"资金池类"、类基金模式及路衢模式。

1. 大额定向合作模式

大额定向合作类信托是有担保机构参与的中小企业集合信托模式，中小企业可以通过两种方式获取资金，第一种是向信托公司提出贷款意愿，与信托公司谈定方案以后引入担保公司作为增信；第二种是信托公司与实力较强的担保公司进行合作，担保公司为信托公司推荐需要融资的中小企业。委托人通过现金认购的方式认购信托公司发行的中小企业融资集合信托计划，信托公司将募集的资金贷款给指定的中小企业，收取相关的手续费后的信托受益归信托受益人所有。

另外，为了控制贷款的风险，一些信托公司会计提贷款本金的 5%～10%作为贷款损失准备金，存放在信托计划项下的监管账户中。准备金在监管账户中无法支取，但在相关法律文件中约定准备金对应的利息由借款人承担。同时可以约定借款人支付利息和归还本金的时间。

此类业务被称为"中小企业融资"，但其实更类似于普通工商企业贷款，只是企业规模较小，或缺少比较有说服力的担保物。产品规模一般在 3 000 万～5 000 万元以上。

2. 打包债模式

打包债模式是中小企业融资结构中较为传统的业务结构，通过将一些融资规模较小的企业捆绑打包，一起募集资金，这些中小企业一般是经营业务、规模类似的企业，同时也需要引入担保公司提供增信。信托公司发行中小企业融资集合信托计划，委托人进行现金认购，信托公司再将募集的资金贷款给指定的多个中小企业。

另外，一些信托公司对此类信托融资模式进行了变形以降低产品风险，主要有两种变形方式：第一种，通过担保公司将融资企业支付的保证金（一般为融资额的 10%）认购为信托次级作为增信；第二种，融资企业之间可以互保，或者提供其他担保物以提高自己的信誉。

打包债模式适合融资企业单个规模不大，且水准在可接受的范围内参差不齐，单独在信托渠道融资的难度较大，通过参加担保公司的整体打包方案获得资金。融资主体互相独立或仅在行业上具有共性。

3. 区域产业支持模式

区域产业支持型信托产品是一种市场主流的产品类型，占已成立的信托产品的大部分。信托公司发行信托计划，委托人进行现金认购，信托公司一般会将募集的资金贷款给多个有政策引导的中小企业，有明显的地域特征。

此类信托产品一般符合国家的产业政策，重点针对某一特定区域范围内的多家企业进行融资安排，往往和当地政府产业扶植政策相关，由当地带有国资背景的担保公司进行担保，一般属地化特征明显的信托公司容易获得此类业务机遇。信托公司可通过与政府特别是当地政府积极接触寻求政策优惠和政策补贴，所以区域产业支持模式的中小企业信托产品的综合融资成本一般较低。但同时，由于此类项目区域特征比较明显，信托公司应充分考虑区域经济的发展情况，降低风险。

4. "资金池类"

"资金池类"中小企业信托模式是指信托公司通过发行连续多期，或分为多笔，滚动式成立集合资金计划，形成系列化中小企业集合信托产品，为某一区域或领域的中小企业筹集资金的信托模式。

从目前市面上已有的信托"资金池类"来看，主要有两种模式①。其一，信托公司一次或多次发行信托计划，将募集的资金投向单一项目，信托期内设置开放期，允许委托人申购、赎回，并提供流动性保障，通过期限管理降低资金成本，在资金与项目配对上，形成一对一或多对一的方式。其二，信托公司以开放式基金模式发行信托计划，发行时未确定投资项目，或投资多个项目，或以组合方式投资，信托

---

① 资料来源：上海金融新闻网，2012 年 10 月 23 日新闻 信托资金池产品被"叫停"，http://www.shfinancialnews.com/xww/2009jrb/node5019/node5036/node5041/userobject1ai101776.html。

期内设置开放期，允许委托人赎回，提供流动性保障，即资金与项目配对上为多对多的方式。一对一的模式和普通信托没有本质上的区别，多对一模式是分散风险的一种创新探索，不属于严格意义上的"资金池类"，具有基金化的特征①。

5. 类基金模式

此产品信托募集时没有确定的融资对象，由信托公司先行募集，该模式中引入管理公司，通过听取信用顾问（即管理公司）的建议，信托公司再行决策资金的投放。信托公司设立中小企业集合信托计划，委托人通过现金进行认购，同时引入担保公司，担保主体均是有实力的大型企业。信托计划成立以后，受益人一般可以转让信托的收益权，也可以主动要求部分或全部赎回。

类基金模式信托是将私募基金的一些通用管理方式引入传统集合信托设计架构之中，以信托型基金为平台进行行业资源整合和风险缓释，以更加有效的方式为中小企业提供资金融通的服务②。一般的类基金类信托产品都会设有风险准备金，留存于信托专户，以降低相关风险，保全投资者利益。

6. 路衢模式

路衢模式与前面介绍的几种信托融资模式有所不同，在中小企业、信托公司、担保公司三方的基础上引入了第四方，即风险投资和政府，形成了"政、信、企、保、风"多方参与的模式。

路衢模式是以财政资金为引导，以债权信托基金为平台吸引各类社会资金，按项目模式集合性地对一批中小企业给予融资支持（王东华，2009）。路衢模式将符合条件的中小企业打包整合，集体融资使过程简化，方便了企业的融资。同时扩大了融资的主体，将政府、社会投资者引入中小企业融资保障体系里，按照各个投资者的风险偏好设计风险与收益分配制度，满足各层次投资者的需求。

具体操作流程为：根据产业扶持政策等确定进入项目的企业类别和要求，由专业顾问机构对符合要求的中小企业进行资金需求打包，由信托公司设计、发行债权信托。信托公司按照企业经营状况和现金流回收预测将债权信托分级，确定一级、二级和劣后级受益人的债券额度、收益和风险分配方法，并向政府财政资金、担保公司和社会投资者发行。所募集资金由信托公司通过贷款的形式提供给项目内的众多企业（王东华，2009）。

---

① 资料来源：新浪财经，2012 年 10 月 27 日新闻"银监会广东摸底千亿信托资金池 停止对新产品审核"，http://finance.sina.com.cn/money/bank/bank_hydt/20121027/004113495488.shtml。

② 资料来源：用益信托网，2013 年 8 月 30 日新闻"信托开辟中小微企业融资'新战场'"，http://www.yanglee.com/column/newsdetail.aspx? NodeCode=1050220001&id=100000914995322。

第二节　大额定向合作模式案例分析

一、模式概述

大额定向合作类业务被称为中小企业融资，但其实更类似于普通工商企业贷款，只是企业规模较小，或缺少比较有说服力的担保物，产品规模一般在3 000万～5 000万元以上。

该模式的主要适用对象为担保公司主导推荐的大客户或融资方谈定方案后引入担保公司作为增信。

大额定向合作模式的信托业务结构，如图4.4所示。

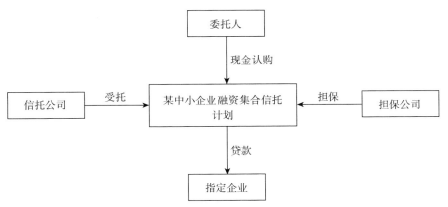

图4.4　大额定向合作模式的信托业务结构图

委托人(信托投资者)：随着次贷危机及通货膨胀的持续影响，实际利率逐渐降低，股市表现不尽如人意，投资者不断寻求有效的投资渠道，从而使资产保值增值。

信托公司：信托机构发行定向类信托，既可以满足借款企业的融资扩张需求和投资者的保值增值需求，也可以借此开发创新业务，增强竞争优势。

借款人(指定企业)：受自身发展需要，以及银行贷款限制，急需通过融资扩张，在市场上占据有利地位。

担保公司：凭借自身信用，为借款人提供担保，从中获得收益。

同时，需要注意的是，由于单一公司融资额较"打包债"高，一旦出现违约担保公司将面临非常高的偿付压力，应对融资企业的偿付能力有所预期，防止担保公司因担保资金量过大而产生风险。有时信托为控制单个产品规模或资金效率，经常会选择单个融资主体，资金满足就成立，形成一个担保主体对应 n 期信托的情况，在此情况下，应对担保主体的集中度进行关注。

二、案例分析 1：华澳·信托晨阳工贸信托贷款集合资金信托计划①

1. 背景介绍

河北晨阳工贸集团有限公司（以下简称晨阳工贸）为提高资产营运效率，优化负债结构，满足其原材料采购等的资金需求，向华澳信托提出贷款申请。为响应国家扶持高新技术和节能环保等的产业政策，积极探索中小企业融资的创新模式，经多次协商，华澳信托拟与融投担保合作，由华澳信托发起设立华澳·晨阳工贸信托贷款集合资金信托计划（以下简称信托计划），向晨阳工贸发放信托贷款。

2. 借款人介绍

晨阳工贸作为本信托计划的借款人，现对其基本情况做如下介绍，如表 4.1 所示。

表 4.1　河北晨阳工贸集团有限公司基本情况

名称	河北晨阳工贸集团有限公司	企业类型	有限责任公司（自然人投资或控股）
住所	徐水县永兴路 12 号	成立日期	1998 年 2 月 3 日
法定代表人	刘善江	营业执照号码	13000000002 ****
注册资本	17 600 万元	机构代码	7007 **** -3
贷款卡号码	1306000000030 *****		
主要经营范围	玻璃、油毡、钢材、水泥、装饰材料、水性涂料、建筑材料、矿粉批零兼营；废纸回收；水性涂料生产；自营和代理除国家组织统一联合经营的出口商品和国家实行核定公司经营的进口商品以外的其他各类货物的进出口业务（法律、行政法规或国务院决定规定须报经批准的项目，未获批准前不准经营）		

资料来源：根据河北晨阳工贸集团有限公司网站及百度百科等公开资料整理

1998 年 2 月 3 日，河北省徐水县晨阳涂料有限公司成立，注册资本为 2 000 万元，同月组建了河北晨阳集团有限公司，2004 年 10 月 19 日，公司名称变更为河北晨阳工贸有限公司，2005 年 6 月 3 日，公司名称变更为河北晨阳工贸集团有限公司，2009 年 9 月 4 日，公司增加注册资本金 3 400 万元，变更后的注册资本金为 5 400 万元，2010 年 9 月 24 日，公司又增加注册资金 5 000 万元，注册资本达到 10 400 万元，2012 年 2 月 9 日，公司增加注册资金至目前的 17 600 万元②。

晨阳工贸主营业务为水性漆。水性漆与油漆在性能上基本上相同，其本质区

---

① 资料来源：根据华澳国际信托有限公司晨阳工贸信托贷款集合资金信托计划披露的信息整理。

② 资料来源：河北晨阳工贸集团有限公司网站"走进晨阳"，http://www.chenyang.com/enter/index.html。

别在于稀释剂，油漆以有机溶剂为稀释剂（俗称"香蕉水""天拿水"等，具有毒性，带有强烈刺激性气味），这些溶剂从石油或煤炭中提炼出来，仅在涂料的成膜过程中起作用，最终会挥发到空气中、严重污染环境。水性漆则是以清水作为稀释剂，就是无须有毒的稀释剂、固化剂即可使用的、用于代替油漆涂刷的一种涂料，凡是应用溶剂型涂料的领域，水性涂料都可以取而代之[1]。

涂料行业是我国挥发性有机化合物（volatile organic compounds，VOC）重点控制的领域。据不完全统计，2010 年我国涂料产量达到 966.6 万吨，其中溶剂型涂料占 52.1%。据推算，当年涂料行业溶剂用量达到 432.5 万吨，约占全国 VOC 排放总量的 14.4%[2]。这些溶剂在施工时会全部挥发到大气中，对于涂料行业来说，减少 VOC 排放很重要的一个手段是涂料的水性化。涂装水性化是世界涂料发展的大趋势，在欧美等发达国家和地区，涂装水性化程度已经很高，如德国的水性涂料占其市场的 90% 以上，美国的水性涂料占其市场的 60%～70%。在中国，涂装水性化的程度相对较低，但发展速度较快，目前，水性漆产品属于节能环保的新型材料，符合《中华人民共和国国民经济和社会发展第十一个五年规划纲要》[3]第 13 章第 3 节有关政策要求，符合国家《产业结构调整调整指导目录（2007 年本）》[4]第 1 类鼓励类中第 9 项湖工类环保型涂料生产，水性涂料已成为涂料行业适应社会需求的发展方向，北京、广西、深圳、上海、杭州等多地相继出台了关于禁止使用高挥发性涂料或关于涂料水性化的强制性规定，随着国家"节能减排"及相关产业政策的进一步出台，2007 年我国水性涂料得到了快速发展，市场需求会不断扩大，产品销售市场前景广阔。

晨阳工贸生产的水性涂料，技术水平处于国内领先水平，在性能上与国外同类产品相似，价格相比优惠约 50%，具备较大的发展空间。

总体而言，晨阳工贸成立多年，在水性涂料行业积累了丰富的经验，已经建立了一支专业的、高水平的科研团队，近年来销售收入增速保持在较高水平，同时持续对科研进行较大的投入，技术水平保持在国内领先行列。截至 2012 年 12 月 31 日，晨阳工贸实现主营业务收入 12.00 亿元，利润总额 1.73 亿元，总资产 14.58 亿元，净资产约 5.63 亿元，资产负债率约 59%，公司盈利能力、营运能力较强，经营性现金流稳健增长，资产流动性较强，偿债能力保持稳定。随着

---

① 资料来源：燕赵都市网，2013 年 8 月 30 日新闻"晨阳水漆'保定制造'引领涂装行业新革命"，http://yanzhao.yzdsb.com.cn/system/2013/08/30/013199244.shtml。

② 数据来源：中国化工信息网，2011 年 12 月 29 日新闻"紧跟时代步伐　涂料企业押宝绿色涂料市场"，http://vip.cheminfo.gov.cn/zxzx/page_info.aspx?id=374515&Tname=hgyw&c=0。

③ 资料来源：中华人民共和国中央人民政府 2006 年 3 月 14 日"中华人民共和国国民经济和社会发展第十一个五年规划纲要"，http://www.gov.cn/gongbao/content/2006/content_268766.htm。

④ 资料来源：国家发展改革委员会，2007 年 12 月 11 日"国家《产业结构调整调整指导目录（2007 年本）》"，http://www.gdbz.gov.cn/public/LawsItem.aspx?id=2252。

3.5 万吨新建项目的竣工投产，晨阳工贸未来的资产营运能力和盈利能力将得到进一步提高。

3. 信托计划介绍

华澳信托在为晨阳工贸设立信托计划，开始融资之前，首先确定了该项目进行融资的前提条件，包括但不限于下列事项全部成就。

(1)信托交易对手是境内合法存续的企业实体。

(2)向借款人发放流动资金贷款满足中国银监会《流动资金贷款管理暂行办法》相关规定。

(3)融投担保提供连带责任保证，并签署《保证合同》。

(4)已与借款人签署《贷款合同》，并落实实际控制人连带责任保证。

该信托计划主要情况如表 4.2 所示。

表 4.2　华澳·晨阳工贸信托贷款集合资金信托计划概况

信托项目名称	华澳·晨阳工贸信托贷款集合资金信托计划		
信托类别	贷款		
融资方名称	河北晨阳工贸集团有限公司		
信托项目结构	向借款人发放信托贷款，融投担保及借款人实际控制人提供连带责任保证		
信托规模/万元	存续期限/月	资金用途	担保或风险控制措施
5 000	12	用于满足借款人原材料采购的资金需求	融投及借款人实际控制人连带责任保证；监管账户预存准备金
10 000	24	用于满足借款人原材料采购的资金需求	融投及借款人实际控制人连带责任保证；监管账户预存准备金

资料来源：根据华澳国际信托有限公司披露的信息整理

华澳信托向晨阳工贸发放信托贷款，总金额 1.5 亿元，其中，5 000 万元期限为 12 个月，10 000 万元期限为 24 个月，贷款利率不低于 14％/年。河北融投担保集团有限公司(以下简称融投担保)为借款人的还本付息提供连带责任保证，借款人实际控制人及其配偶亦同时提供连带责任保证。

同时，为控制贷款风险，华澳信托将计提贷款本金的 5％作为贷款损失准备金，存放在信托计划项下监管账户中。准备金虽然在监管账户中无法支取，但会在相关法律文件中约定准备金对应的利息由借款人承担。借款人应按季支付利息，每半年还本一次，每次 10 万元，在贷款到期前 5 个工作日偿还剩余未付本息。其操作流程，包括基本交易结构、项目实施前后的交易流程等如图 4.5～图 4.8 所示[①]。

---

① 资料来源：根据华澳国际信托有限公司披露的信托计划信息整理。

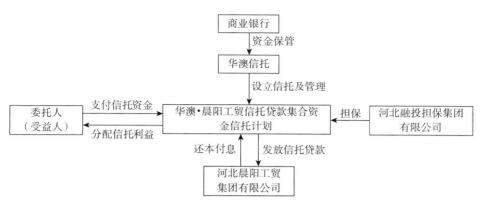

图 4.5 华澳·晨阳工贸信托贷款集合资金信托计划交易结构图

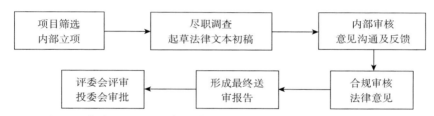

图 4.6 华澳·晨阳工贸信托贷款集合资金信托计划项目实施前流程

图 4.7 华澳·晨阳工贸信托贷款集合资金信托计划项目实施发行时流程图

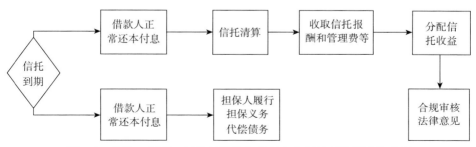

图 4.8 华澳·晨阳工贸信托贷款集合资金信托计划信托清算流程

最终确定该信托计划的交易方案要点。

1）信托项目的成立

信托项目的成立需满足以下条件。

（1）信托计划募集的资金总额达到受托人设定的最低金额 5 000 万元。

（2）本信托计划推介期届满。

（3）华澳信托规定的其他条件。

在推介期内，如果本信托计划项下首次募集的信托资金总额达到受托人设定的最高金额，则本信托计划的推介期可由受托人宣布提前届满。

2）信托项目的期限

信托贷款的期限为 12 个月和 24 个月，如信托分期成立，则每期信托单位期限分别为 12 个月和 24 个月，依投资者选择的信托单位期限和不同期限信托规模上限最终确定。

3）信托项目的退出

借款人按季支付贷款利息，每半年支付部分本金，并于到期日之前归还剩余贷款本息。例如，借款人未按时足额支付贷款本息，则受托人有权宣布贷款提前到期，并行使担保权利，要求融投担保履行代偿义务。

4）信托利益分配

受托人将信托收入扣除信托费用后的信托财产用于向受益人分配信托利益，每半年分配一次。信托计划到期时，向受益人分配信托本金及剩余未分配信托收益，信托计划终止。

5）信托保障措施

本信托计划由融投担保集团为信托计划项下的信托贷款提供连带责任保证，同时，借款人的实际控制人为借款人的贷款提供连带责任保证。

经受托人同意后，信托受益权可以转让，但需支付转让金额 0.1％的登记费。

4. 保证人情况[1]

融投担保作为本信托计划的保证人，为信托计划提供连带责任保险。融投担保前身为成立于 2007 年 4 月 11 日的河北省国控担保有限公司（以下简称国控担保），成立时注册资金为 2 亿元。经过多年更名及增资发展，形成了如今的融投担保。

融投担保是河北省担保行业的龙头，注册资本金位居河北省第一，全国第五。大公国际给融投担保的主体信用评级为 AA，评级展望为稳定，是河北省首家获得 AA 资质的担保公司。融投担保建立了四级评审的内部决策体系，项目遴选严格，风控措施到位，迄今为止到期项目实现"0 代偿"，被担保债权均在到期之前正常还款。

融投担保成立以来，先后为 1 000 多家中小微企业提供了累计近 200 亿元的融资担

---

[1] 资料来源：河北融投控股集团有限公司网站信息，http://www.gkdb.cn/index.do。

保服务①，项目主要涉及国家产业政策扶持的农业及农业产业化、科技创新、节能环保、电子信息和出口贸易等河北省 11 大产业调整和振兴规划行业中的企业，为企业增加销售收入、各级政府增加财政收入及增加社会就业岗位等方面做出了积极贡献。

融投担保与 28 家银行建立了合作关系，通常银行会要求担保公司为被担保项目在银行存入 5%～10% 的保证金，但基于融投担保强大的资本实力及雄厚的股东背景，国有五大银行要求的保证金比例一般不超过 2%，股份制银行、城市商业银行等不要求融投担保提供保证金。

融投担保以担保为主营业务，2011 年实现营业总收入 4.58 亿元，较 2010 年增长 1.1 倍，其中担保业务收入 1.87 亿元，理财收入 1.84 亿元，服务费收入 0.87 亿元。2011 年净利润约 1.5 亿元，较 2010 年增长 91%，这主要得益于因股东增资后担保规模扩大而增加的担保费收入，以及利用公司资金投资银行短期理财等产生的投资收益，如表 4.3 所示。

表 4.3　河北融投担保集团有限公司担保业务指标

担保业务指标	2009 年	2010 年	2011 年	2012 年
年末累计担保额/亿元	12.33	41.48	125.76	271.76
年末担保余额/亿元	7.76	28.25	67.85	131
风险准备金/亿元	0.2	0.8	2.3	3.2
年内承保额/亿元	8.16	2.91	84.29	146
年内承保项目数/笔	77	152	404	641
代偿额/亿元	0	0	0	0
损失额/亿元	0	0	0	0
年内客户数/家	66	100	147	295
年内担保业务收入/亿元	0.2	0.9	1.8	3.08

总体而言，融投担保作为河北省最大的担保公司，注册资金规模在全国排第五，担保实力雄厚。融投担保亦有强大的股东背景，除控股股东融投控股为省国资委直属企业外，其他股东基本均为省国资委直接监管的大型国有企业。融投担保合法经营，公司 36 亿元的总资产中，货币资金接近 31 亿元，仅通过投资银行理财来实现保值，未参与其他高风险投资，资产流动性非常强。融投担保担保余额为 131 亿元，担保放大倍数约 5 倍，属于合理范围，很好地保证了公司的担保能力②。

此外，晨阳工贸信托贷款集合资金计划的保证人，除融投担保外，还有晨阳工贸的实际控制人刘善江先生。

---

① 数据来源：搜富网消息，"河北融投担保集团担保项目"，http://www.soufoo.com/news_pro.php?nid=5232。

② 数据来源：新浪财经，2013 年 9 月 2 日新闻"华澳嘉隆高科信托贷款集合资金信托计划详介"，http://finance.sina.com.cn/trust/20130902/145216637943.shtml。

刘善江先生 1984 年毕业于山西省经济管理干部学院，于 1998 年组建河北晨阳集团有限公司，多年来从事涂料业工作，积累了丰富的经营管理经验①。

经查询个人征信系统，刘善江个人信用报告显示其无银行借款、无不良记录，登记在刘善江名下的主要资产，如表 4.4 所示。

表 4.4　登记在刘善江名下的主要资产

投资企业名称	注册资金/万元	投资日期	出资比例/%	实物(现金)/万元
河北晨阳工贸集团有限公司	17 600	2012 年 2 月	65	实物 800 现金 10 660

5. 风险控制

1）行业风险

本项目借款人为晨阳工贸，属于生产节能环保新型材料的行业，其生产的水性漆产品，属于国家政策鼓励生产的产品，受宏观经济波动影响非常小，产品需求旺盛、市场前景广阔、行业风险较低。

2）合规与法律风险

合规与法律风险是指因没有遵循法律、规则和准则可能遭受法律制裁、监管处罚、重大财务损失和声誉损失的风险。

风险控制措施包括：①聘请专业律师起草法律文本，并对信托计划出具专业的法律意见书，确保交易结构合法合规，保护信托财产安全；②严格按照《集合资金信托计划管理办法》等相关法律法规要求开展本项目，确保没有违规经营。

3）信用风险和流动性风险

信用风险主要指交易对手不履行义务的可能性，本项目主要表现为借款人未按时还本付息，或保证人在借款人违约时不履行承诺，不能或不愿履行合约承诺而使信托财产遭受潜在损失的可能性。同时当信用风险发生时，如受托人没有尽职管理，或信托项目违法违规未能如期执行时，会导致发生流动性风险。

风险控制措施包括：①要求融投担保提供连带责任保证，并办理相关合同的强制公证；②要求借款人实际控制人提供连带责任保证，并办理相关合同的强制公证；③严格贷后管理，及时发现可能影响借款人还款能力的情况，提前做好应对措施，确保信托财产安全。

4）市场风险

市场风险本指因股价、市场汇率、利率及其他价格因素变动而产生和可能产生的风险。在本信托项目中，市场风险可能为借款人主营产品或原材料价格大幅波动，对还款来源产生负面影响，造成信托财产损失。

---

① 资料来源：河北保定市人民政府网，2013 年 7 月 22 日新闻"营造人类美好的未来——对话河北徐水晨阳工贸集团有限公司董事长刘善江"，http://www.bd.gov.cn/content-401-15764.html。

风险控制措施包括：①借款人处于节能环保涂料生产行业，行业壁垒较高，对供应商的原材料价格有较强的议价能力，客户群亦相对稳定，抗市场价格波动能力强；②担保公司将定期收集借款人的经营数据，确保还款现金流充足。

5）操作风险和管理风险

操作风险和管理风险主要是指借款人在经营和管理过程中，违反相关制度和管理协议，给信托计划投资人造成损失。

风险控制措施包括：①履行严格的事前调查、事中审查和事后管理程序；②在相关合同明确，如借款人违反相关制度和管理协议，担保公司有权提前宣布贷款到期。

6. 信托计划总结

通过本信托计划，受托人向借款人发放信托贷款总额 1.5 亿元，其中，5 000 万元的期限为 12 个月，10 000 万元的期限为 24 个月，贷款利率不低于 14%/年，极大地提高了借款人的资产运行效率，优化其负债结构，同时满足其原材料采购等资金需求。此信托计划为借款人的进一步发展提供了强大的资金支持，在一定程度上缓解了其融资问题。

信托项目风险可控，保障措施充分、项目收益可观，具备较强的可执行性。据预计，项目成功实施后，受托人可获得相应的信托报酬。从受托人的角度来看，此项目为其带来一定经济效益并进一步扩大其受托资金规模。

此外，借款人生产的产品为水性涂料等节能环保产品，属于国家政策鼓励扶持的行业。本信托计划通过向借款人发放贷款，积极响应了国家扶持高新技术和节能环保等的产业政策，同时探索了中小企业融资的创新模式，为中小企业融资需求做出了一定贡献。

三、案例分析 2：西部信托中小企业（天基水泥二期）集合资金信托计划

1. 背景分析

2012 年 5 月 22 日国家发改委推出了《国家发展改革委关于支持新疆产业健康发展的若干意见》[①]发改产业〔2012〕1177 号文件，该文件明确提出对新疆 12 个产业给予区别于全国其他地区的倾斜支持政策，水泥行业位列其中。该意见明确指出，国家将支持新疆企业综合利用工业废渣生产水泥，对现有生产线进行余热发电、脱硝，协同处置废弃物，发展循环经济。

西部信托发行集合类信托计划，作为受托人将信托计划资金集合管理和运用

---

① 资料来源：克州经信委 2013 年 3 月 10 日消息"国家发展改革委关于支持新疆产业健康发展的若干意见"，http://jmw. xjkz. gov. cn/8b1565c1-4409-44e5-935b-edd131f45077 _ 1. html。

于购买新疆天基水泥有限公司（以下简称天基水泥）的特定资产收益权，资金用于新疆天基水泥余热发电项目及补充流动资金。天基水泥公司将按照与担保公司约定的时间，以其营业收入回购该特定资产收益权，以实现信托资金的退出。

2. 借款人简介①

天基水泥于 2009 年 7 月注册成立，公司住所为阿克苏市工业园区内，法定代表人陈红举先生，注册资本为 1.2 亿元，公司经营范围为水泥熟料及水泥的销售，主要产品是国标 32.5 和 42.5 牌号水泥，可用于民用建筑和公共基础建设项目，如表 4.5 所示。

表 4.5　天基水泥基本情况介绍

名称	新疆天基水泥有限公司	创立时间	2009 年 7 月
注册地址	阿克苏市工业园区内	营业地址	阿克苏市工业园区内
营业执照编号	652922050001599	年检情况	正常
基本账户开户银行	中国建设银行股份有限公司温宿县支行	账号	65001693100059797777
企业所属行业	建材	不良信用记录	有（　）无（　）
企业性质	有限责任公司	企业类型	大型（　） 中型（　） 小型（√）
经营范围	水泥熟料及水泥的销售		

资料来源：根据西部信托中小企业（天基水泥二期）集合资金信托计划披露的信息整理

天基水泥于 2009 年 8 月获得建设 3 000 吨/日新型干法水泥生产线的国家发改委许可批复。预期项目总投资 32 591 万元。项目已于 2010 年 4 月 25 日开工建设，于 2011 年 11 月点火试产，2011 年 12 月正式投产，目前公司经营稳定。

公司 2012 年 6 月的财务报表显示，公司总资产约 6.41 亿元，股东权益为 5.22 亿元，其中实收资本 1.2 亿元，资本公积 3.2 亿元，均为公司股东投资行为构成，且近年的资产负债率约为 20%，说明企业整体实力较强。企业 2012 年的流动比指标保持在 3.5 左右，速动比保持在 2.5 左右，说明企业具有较强的偿债能力。

天基水泥建设的 120 万吨新型干法水泥生产线，管理团队具备丰富的水泥生产销售经验、公司管理规范、财务稳健、所属行业在新疆发展前景良好。

天基水泥由股东陈红举、陈振虎共同出资设立，注册资本为 12 000 万元，皆为货币出资。具体情况如表 4.6 所示。

---

① 资料来源：百度文库，"西部信托中小企业（天基水泥二期）集合资金信托计划尽职调查"，http://wenku.baidu.com/link? url = lGd6DblMNAmCKtMEE0iKd6FJtyJg7zCQWYrrsk9qP5ylADigNYwMoId-6DMIWTEc1I4-piNrADiKV3Z64JVJmeQLdFaBsf-T52OXuVYYfERm。

表 4.6　天基水泥股东及其投资情况

股东全称	投资金额/万元	投资比例/%	实际到位	投资方式
陈红举	7 500	62.5	全部到位	货币
陈振虎	4 500	37.5	全部到位	货币
合计	12 000	100	—	—

2010 年国内水泥行业总体处于供过于求的状态，但由于水泥不宜于远途运输，因此国内水泥市场发展不平衡。东部地区供过于求，价格比较低。西部多数地区供需处于弱平衡，水泥价格比较高。新疆地区的水泥市场不同于内陆省份，新疆本地的水泥一方面供应本地区需求；另一方面还出口相邻的中亚各国。因此近几年新疆水泥一直处于需求略大于供应，相对价格高于国内其他地区的状态，而阿克苏地区处于南疆，水泥市场供需缺口比北疆大一些，价格比北疆也相对高一些。由于以下原因，2010 年以后南疆地区（阿克苏为主）的水泥市场行情会在较长时间内好于北疆地区。

（1）南疆地区经济发展水平低于北疆地区，民生工程和基础设施"欠账"很多，2010 年以后民生工程和基础设施建设量相对大于北疆地区，因此水泥需求量也相对大于北疆地区。

（2）新疆的能源接续区在南疆（主要是阿克苏地区），2010 年西气东输的气源地在阿克苏地区，新疆新增的石油、天然气资源也在南疆地区，能源的开发需要大量的水泥材料。

（3）南疆地区有比较丰富的煤矿和金属矿藏，这些矿产的开发也需要大量的水泥。

2010 年 5 月 17～19 日，新疆工作座谈会在北京召开，会议对推进新疆"跨越式发展"和"长治久安"做出了战略部署①，要举全国之力建设新疆，并确立了以下目标：①到 2015 年新疆人均地区生产总值达到全国平均水平，城乡居民收入和人均基本公共服务能力达到西部地区平均水平，基础设施条件明显改善；②到2020 年确保实现全面建成小康社会的奋斗目标。

为了达成战略目标，中央决定：①在新疆率先进行资源税费改革，将原油、天然气资源税由从量计征改为从价计征；②对新疆困难地区符合条件的企业给予企业所得税"两免三减半"优惠；③"十二五"期间新疆全社会固定资产投资规模将比"十一五"期间翻一番；④鼓励各类银行机构在偏远地区设立服务网点，鼓励股份制商业银行和外资银行到新疆设立分支机构；⑤适当增加建设用地规模和新增建设用地占用未利用地指标；⑥适当放宽在新疆具备资源优势、在本地区和周边地区有市场需求行业的准入限制；⑦逐步放宽天然气利用政策，增加当地利用天然气的规模

---

① 资料来源：人民日报海外版，2010 年 5 月 21 日信息"中共中央国务院召开新疆工作座谈会推进新疆跨越式发展和长治久安"，http://paper.people.com.cn/rmrbhwb/html/2010-05/21/content_522919.htm。

等；⑧推进基础设施建设，加大中央基建投资对交通基础设施建设的支持力度①。

近年来，新疆基础设施建设反映出的特点是量大、面广、重点工程开工密集，带动水泥产业高速发展，尤其是进入"十一五"以来，水泥工业发展势头更为迅猛，建成投产的新型干法水泥生产线达17条，形成新型干法水泥生产能力1 126万吨，其中2009年建成投产的新型干法水泥生产线6条，形成新型干法水泥生产能力420万吨②。

2010年，新疆的水泥产能为2 590万吨，新型干法水泥产能占总产能比重的63%，比"十五"末提高了35百分点，水泥供应能力大幅提高，但是由于需求增量大，使用集中，区域间工程集中度有差异，需求量不一致，特种水泥、低碱水泥、高强度水泥新增量大，因此部分区域出现了时间上、品种上的供应紧张的现象③。

天基水泥是阿克苏地区水泥行业的新加入者，与本地区原有的两家水泥企业相比，有一定的优势，也存在一定的劣势。

优势方面主要体现在以下几点。

(1)企业是新建的生产线，采用了最新的技术、工艺，产品质量比较稳定，产品成本比较低。

(2)天基水泥是市政府招商来的项目，其他两家企业一个是中材集团，另一个是建设兵团，其税地方政府获得的比较少，这样地方政府的建设项目会优先考虑使用天基水泥的水泥。

(3)天基水泥是民营企业，其他两家是国有企业，在市场竞争方面天基水泥具有一定的优势。

(4)天基水泥的人员相对少，管理效率相对高。

(5)天基水泥的水泥生产线紧邻阿克苏热电厂(徐矿集团所建2×30万千瓦，已于2011年投产发电)，可以就近利用粉煤灰，从而降低水泥的辅料成本(预期降低30元/吨)。

劣势方面主要包括以下几个方面。

(1)天基水泥是新进入者，产品销售渠道还没建立起来，销售渠道的建立需要一定时间和资金的投入，而其他两家水泥公司的销售渠道已经形成。

(2)天基水泥是新组建公司，管理层和员工之间的磨合需要一段时间。

---

① 资料来源：中国新闻网，2010年5月20日新闻"新疆率先进行资源税费改革 油气税改为从价计征"，http://www.chinanews.com/cj/cj-gncj/news/2010/05-20/2295580.shtml。

② 数据来源：中国水泥网，2010年6月2日新闻"新疆水泥产业迎来跨越性发展机遇期"，http://www.ccement.com/news/content/35852.html。

③ 数据来源：东方财富网股吧，2010年11月12日消息"水泥行业下一场盛宴"，http://guba.eastmoney.com/news，600425，30979855.html。

（3）天基水泥是民营企业，在获得商业银行贷款方面不如已有的青松化建和天山股份，因而资金成本相对较高。

由于天基水泥的高管人员具备长期的水泥企业管理经验，加之长期工作在阿克苏地区，对当地情况比较熟悉。同时加上民营企业的各项优势，能够在比较短的时间内发挥出该企业的市场竞争优势，并逐步将企业的劣势转变为企业的优势。

3. 信托计划介绍①

此信托计划的主要基本情况如下。

信托类型：集合资金信托。

受托人：西部信托有限公司。

委托人：合格投资者，单个委托人资金不低于 100 万元。

信托规模：规模约为 7 000 万元。

信托期限：12 个月。

信托资金运用：购买天基水泥的特定资产收益权，资金用于天基水泥余热发电项目及补充流动资金。

融资利率：不低于 11％/年，按合同约定支付。

受益人预期收益：资金为 100 万～299 万元（含 100 万元），预计年化收益率为 9％；资金高于 300 万元（含 300 万元），预计年华收益率为 9.5％。

信托计划成立日：2013 年 1 月 30 日。

信托目的：委托人基于对受托人的信任，自愿将合法所有的资金委托给受托人，受托人发挥自身的投融资优势，将信托资金集合运用于向天基水泥余热发电项目及补充流动资金。受托人依据信托合同的约定以自己的名义，为全体受益人的利益管理、运用和处分信托财产，以管理、运用和处分信托财产形成的收入作为信托利益的来源，为受益人获取投资收益。

融资人：天基水泥。

托管银行：中国工商银行股份有限公司陕西分行。

担保方式：①天基水泥以其主要设备（详见表 4.7）为本信托融资提供抵押；②天基水泥以 100％的股权为此项融资提供质押；③新疆温宿县库尔归鲁克煤炭开发有限责任公司为本信托计划还款提供连带责任保证；④天基水泥法定代表人陈红举先生为此融资提供连带保证责任。

其交易结构如图 4.9 所示。

总结该信托计划，其投资亮点主要包括以下方面：①项目行业成长性好、区位优势明显、行业符合新疆地区发展的需要、市场广阔且潜力巨大、管理团队专

---

① 资料来源：根据信托网及西部信托有限公司披露的"西部信托·中小企业（天基水泥二期）集合资金信托计划"整理。

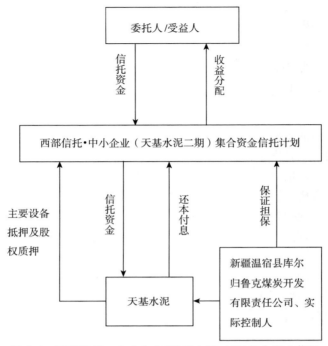

图 4.9　西部信托·中小企业(天基水泥二期)集合资金信托
计划交易结构图

业；②项目资质优秀、城镇化主题、属"十二五"国家政策支持项目；③企业整体
信用风险很小，具备到期还款的能力，风险相对可控。

4. 担保措施分析

1)主要抵押设备

天基水泥以其价值约为 1.9 亿元的主要设备，为本信托计划还款提供抵押，
设备抵押清单如表 4.7 所示。

表 4.7　天基水泥设备抵押清单

序号	单位名称	金额/元	设备
1	特变电工股份有限公司新疆变压器厂	2 850 000	变压器
2	江苏金通灵风机股份有限公司	1 830 000	窑尾高温风机 1 台
3	潍坊同信磁电设备有限公司	163 000	探测仪 1 台、除铁器 4 台
4	江苏星光波纹管有限公司	354 500	膨胀节 5 台
5	江苏鹏飞集团股份有限公司	17 080 000	回转窑 1 台、GXNP 水泥磨、煤磨
6	浙江兴益风机电器有限公司	800 000	风机 63 台
7	赫曼(南京)机械技术工程有限公司	180 000	空气炮 10 台、电控箱 1 台

续表

序号	单位名称	金额/元	设备
8	重庆赛力盟电机有限责任公司	1 290 000	电机 8 台
9	新乡西玛鼓风机有限公司	524 000	风机 13 台、叶轮 13 台、电机 13 台
10	上海帅科电气设备有限公司	748 000	高压无功自动补偿柜 5 台
11	国电南京自动化股份有限公司	495 000	变电站综合自动化设备 1 套
12	安徽国电电缆集团有限公司	12 665 593.71	高压电缆、低压动力电缆
13	成都光华科技发展有限公司	8 750 000	辊压机 1 台
14	成都建筑材料工业设计研究有限公司电气自动化控制工程分公司	3 190 000	DCS 控制系统 1 套
15	绵阳西金科技发展有限公司	870 000	水泥磨高效选粉机 1 台
16	天津天威有限公司	630 000	雷达式物位仪 23 台
17	常州罗茨鼓风机有限公司	795 000	罗茨风机 16 台
18	新疆奎开电气有限公司	9 350 000	低压开关柜
19	兴化市振泰合金钢有限公司	670 000	锚钉
20	杭州富阳恒通机电工程有限公司	1 050 000	充气阀、开关阀、控制阀
21	上海建设路桥机械设备有限公司	10 825 000	破碎机、堆料机
22	宜兴市凯盛陶瓷有限公司	97 000	耐磨陶瓷弯管 56 个
23	无锡威博环保科技有限公司	1 060 000	软化水系统
24	安徽省凤形耐磨材料股份有限公司	3 589 000	高铬球 305 吨
25	四川川润股份有限公司	990 000	稀油机
26	杭州合众输送机械有限公司	5 140 000	提升机
27	兰州机电股份有限公司	3 080 000	电机 5 台
28	滁州安瑞汇龙电子有限公司	619 800	定量给料机
29	河南亚元实业有限公司	430 000	聚乙烯板材 950 平方米
30	北京北开电气股份有限公司	7 750 000	金属全封闭组合电器、高压柜
31	安阳福莱尔钢板仓工程有限公司	7 350 000	钢板仓
32	郑州欧亚空气炮有限公司	238 000	空气炮、储气罐
33	郑州华威耐火材料股份有限公司	2 218 542.32	高强耐碱砖、镁铁尖晶石砖
34	天津市津达执行器有限公司	598 000	电动执行器 52 台
35	天津菲斯特机械设备有限公司	1 800 000	粉煤计量器
36	天津市华北衡器厂	1 000 000	动态汽车衡
37	唐山市翔云自动化机械厂	700 000	水泥包装机、水泥装车机
38	湖北东方天龙热能设备有限公司	220 000	燃油热风炉
39	湖北艾默生	143 000	窑中直流柜
40	合肥金星机电科技发展有限公司	420 000	筒体扫描、工业电视
41	安徽中亚钢结构工程有限公司	1 100 000	钢网架及轻钢
42	合肥水泥研究设计院	2 540 000	入库入窑提升机、生料、粉煤灰秤
43	合肥中亚环保科技有限公司	2 080 000	煤磨、水泥磨收尘器

续表

序号	单位名称	金额/元	设备
44	上海重齿销售有限公司	5 500 000	立磨减速机、水泥磨减速机
45	新疆润扬系统工程有限公司	639 800	水阻柜、机旁按钮盒、检修电源箱等、UPS
46	青岛佳明测控仪器有限公司	646 000	在线监测
47	沈阳信成科技有限公司	230 000	增湿塔喷水系统
48	上海宝英光电科技有限公司	860 000	烟气分析仪4台
49	成都建筑材料工业设计研究院有限公司	20 600 000	立磨、预热器篦冷机
50	南通欧特建材设备有限公司	1 200 000	电动蝶阀、阀门斜槽
51	新合海机械(南通)有限公司	577 000	熟料散装机
52	新密市金鼎保温耐火材料有限公司	1 442 405.03	岩棉板、硅酸钙板
53	唐山开泰起重运输机械有限公司	9 230 000	板式喂料机、带式输送机
54	河南中材环保有限公司	7 300 000	窑尾袋收尘器
55	平顶山市绿城环保有限公司	2 510 000	气箱脉冲袋收尘器
56	北京益友科技有限公司	780 000	窑头煤粉燃烧器
57	北京利德华福电气技术有限公司	1 750 000	高压变频器
58	河南华东起重机集团有限公司	310 000	起重设备
59	河南省凯英蓝天能源科技有限公司	2 100 000	空气压缩机系统
60	靖江市天力泵业有限公司	157 500	无密封自吸泵
61	洁华控股股份有限公司	6 130 000	窑头袋收尘器
62	江苏国窑科技有限公司	1 650 000	硅莫砖
63	新疆新世纪建筑材料技术开发中心	872 000	仪器
64	上海统部电器有限公司	365 000	直流屏
65	上海德赛国际贸易有限公司	1 200 000	荧光分析仪
66	通达耐火技术股份有限公司	1 410 000	耐火材料
67	郑州真金耐火材料有限公司	2 112 915.88	耐火材料
68	江苏苏源杰瑞电表	1 290 000	电表
70	江西同欣机械制造有限公司	1 606 000	熟料链斗输送机
—	合计	188 662 056.9	—

该公司为新建企业，设备折旧按10年计算，2014年上述设备的账面净值约为1.52亿元。

2) 股权质押

天基水泥全部股东以其持有的100%的股权为本信托计划还款提供质押担保。公司2012年6月财务报表显示，公司总资产约6.42亿元，股东权益为5.22亿元，其中实收资本1.2亿元，企业实力较强，企业运行效益可观，股权价值价位稳定。

3) 连带责任保证——新疆温宿县库尔归鲁克煤炭开发有限责任公司

新疆温宿县库尔归鲁克煤炭开发有限责任公司(以下简称库尔归鲁克公司)为

本信托计划还款提供连带责任保证。

　　库尔归鲁克公司股东将用该公司的股权为此项融资提供质押担保(表4.8)。库尔归鲁克公司成立于2004年3月，公司位于新疆维吾尔自治区温宿县博孜墩乡库尔归鲁克。公司注册资本为1 000万元，法定代表人为贾红杰，经营范围为煤炭开采及销售，公司年生产规模9亿元，实际生产能力约为23万元/吨。

表4.8　库尔归鲁克公司股东及其投资情况

股东全称	投资金额/万元	投资比例/%	实际到位	投资方式
贾红杰	560.64	56	全部到位	货币
王二伟	180.92	18	全部到位	货币
任俊朋	159.04	16	全部到位	货币
李如意	99.4	10	全部到位	货币
合计	1 000	100	—	—

　　该公司2009年资产总计12 888万元，负债合计1 092万元，资产负债率8.48%；2010年资产总计17 411万元，负债合计439万元，资产负债率2.52%；2011年资产总计22 704万元，负债合计96.46万元，资产负债率0.42%；上述财务数据表明该公司主要是以自有资金进行经营，负债低、偿债能力强。公司所有者权益合计(净资产)较高，2009年为11 796万元、2010年为16 972万元、2011年为22 608万元，表明公司股权对应的净资产形态优良、股权价值高，特别是公司目前持有的煤炭资源。

　　根据《新疆库拜煤田温宿县库尔归鲁克井田勘探报告》估算，采矿权、探矿权及隔离带范围内资源量为4 100万吨，其中采矿许可证范围内保有资源量1 242万吨。探矿权范围煤层资源量估算资源量为2 689万吨；采矿权与探矿权之间隔离带范围煤层资源量估算资源量为169万吨。

　　根据新疆维吾尔自治区国土资源厅新国土资储备字[2011]015号"关于《新疆库拜煤田温宿县库尔归鲁克井田勘探报告》矿产资源储量评审备案证明"的规定，新疆维吾尔自治区国土资源厅已同意予以备案。从而确定了公司煤炭资源整合技改工作的正式开始，为公司合规发展奠定了良好的基础。

　　2012年6月该公司资产总计23 997万元，所有者权益23 900万元，主营业务收入6 781万元，净利润3 836万元。担保公司认为库尔归鲁克公司实力较强，可以担保天基水泥的本次融资。

　　4)连带责任保证——天基水泥法定代表人陈红举

　　天基水泥法定代表人陈红举先生为此次融资提供连带责任保证，其个人资产可以覆盖本信托计划本息，其主要资产情况如下：①天基水泥62.5%的股权，出资额为7 500万元，账面净值为17 291万元；②新疆后峡马圈沟煤业有限公司(以下简称马圈沟煤业)70%的股权，出资额为35万元，账面净值为5 815万元。

马圈沟煤业为此项贷款提供连带保证责任。该公司成立于 2009 年 6 月，公司住所位于乌鲁木齐县板房沟乡后峡，法定代表人苏召，注册资本 50 万元，公司类型为有限责任公司，经营范围为煤炭开采、农副产品收购、信息咨询。

马圈沟煤业为立井开拓方式，地下炮采放顶煤工艺，设计生产规模 9 万吨/年，设计采区回采率为 75%，矿区面积为 0.226 5 平方千米，采矿许可证有效期为 10 年，从 2007 年 9 月至 2017 年 9 月，煤炭资源储量约为 549 万吨，预测资源量约为 1 272 万吨。根据新国土资函【2008】284 号、新国土资办函【2010】21 号文件批复预留 0.942 9 平方千米的矿区用于马圈沟煤业实施煤炭产业结构优化升级，该矿区地质储备约为 1.1 亿吨，目前马圈沟矿业的煤炭产业化结构优化升级项目 45 万吨/年生产能力的手续已经办理完毕。马圈沟煤业截至 2011 年年底，资产总计 9 543.81 万元，负债合计 1 134.69 万元，所有者权益 8 409.12 万元，主营业务收入 4 167.94 万元，净利润 2 348.88 万元。

5. 风险控制

1）风险揭示

融资人为民营企业，是国家标准硅酸盐水泥产品的生产和销售企业，本次流动资金融资主要风险因素包括以下几个方面。

（1）管理风险。信托期间，企业新建生产线过程中如果出现建设管理不善、新设备未能按计划达产、达效等情况，天基水泥将存在预期经济效益难以实现的风险，从而可能影响融资本息的按期收回。

（2）信用风险。信托期间因融资人出现违约，无力或拒绝履行融资合同义务或其他义务，致使发放的资金到期日不能按期归还，或其他原因导致不能按期偿还融资的风险，造成财产损失。

（3）市场风险。由于天基水泥的产品是标准建筑材料，当市场价格比较高可为生产企业带来高额利润时，会吸引社会资金投资建设新的水泥生产线，并导致市场上的水泥供应大于需求，价格下降，水泥生产企业经济效益下降。在大的市场环境不好的情况下，天基水泥可能难以转产石油、天然气开发所需的特种水泥，从而使天基水泥的经济效益下降，进而影响收益。

（4）担保风险。信托期间，融资人如果出现违约或某种原因未能归还融资本金和利息，担保方未能按《担保合同》履约，可能会影响按期向委托人支付收益和本金。

此外，信托期间，自然灾害导致的阶段性停电、原材料价格上涨、人工工资大幅增长等因素都会影响天基水泥新建项目的预期经济效益，从而影响预期收益和本金的按期归还。

2）风险防范措施

（1）应对管理风险。适当延长本次融资期限至两年，使天基水泥有比较充足的时间完成设备安装和实现达产达效，从而确保天基水泥有比较充足的时间积累还款资金。如果企业不能按期还款付息，担保公司将按合同约定要求企业提前归还全部资金，并实施担保措施。

（2）应对融资人的信用风险。库尔归鲁克公司提供连带责任保证，另外由陈红举承担连带责任保证。库尔归鲁克公司煤矿地质储量约为 4 000 万吨，按照市场价格 200 元/吨计算，两个煤矿的价值达到 80 亿元，目前新疆煤矿也是市场投资的热点。

（3）加强贷后管理工作。要求企业和担保方按时提供月度财务报告，并采取定期和不定期相结合的方法对融资企业进行实地督查，及时了解融资企业的经营状况及财务状况。

（4）在相关合同中约定发现天基水泥存在可能影响资金安全性的重大经营问题时，有权要求融资人提前偿还本融资形成的债务，若融资人不能偿还时，有权要求担保方立即履行保证义务。

（5）目前新疆阿克苏地区不再新批水泥企业了，从而确保当地水泥市场稳定有序的发展，进一步突显天基水泥的股权价值。阿克苏地区在批准天基水泥项目后，不再新批水泥项目，加之水泥运输半径所限，从而确保了阿克苏地区水泥行业的合理稳定的发展。"新疆工作会议"之后，中央政府加大了对新疆的支持，各省积极开展对新疆的援建项目，确保新疆水泥市场的稳定发展。

（6）当不可抗力出现时，将尽最大可能、及时采取必要措施，努力降低财产损失，维护受益人利益。

6. 信托计划总结

天基水泥建设的 120 万吨新型干法水泥生产线，技术成熟，并已经投产；管理团队具备丰富的水泥生产销售经验，公司管理规范，财务稳健，所属行业在新疆发展前景良好。本项目的开发及实施，区位优势明显，行业符合新疆地区发展的需要，能够满足阿克区地区建设的需要，确定了企业在阿克苏地区的市场营业份额和影响力。阿克苏地区为了保证水泥行业健康有效的发展，不再新批水泥项目，保障了该地区水泥行业的良性竞争。

第三节　打包债模式案例分析

一、模式概述

打包债模式是中小企业融资比较传统的业务结构，通过将一些原本融资规模较小的企业"打包"一起募集，通过担保公司提供增信。

该模式的主要适用范围是融资企业单个规模不大，且水准在可接受范围内参差不齐，单独在信托渠道融资的难度较大，通过参加担保公司的整体打包方案以获得资金。融资主体互相独立或仅在行业上有共性。

其业务交易如图 4.10 所示。

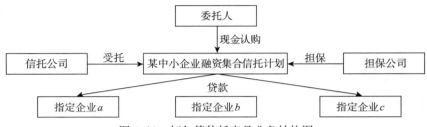

图 4.10　打包债信托产品业务结构图

变形：①部分产品会有担保公司将融资企业支付的保证金（一般为融资额的10%），认购信托次级作为增信；②部分产品会有融资企业间的互保或其他担保物。

委托人（信托投资者）：随着次贷危机及通货膨胀的持续影响，实际利率逐渐降低，股市表现不尽如人意，投资者不断寻求有效的投资渠道，从而使资产保值增值。

信托公司：根据信托章程，对内部和中国银监会的产品进行审批备案；准备所有合同文本；信托产品审批。

借款人（指定企业）：受自身发展需要，以及银行贷款限制，急需通过融资扩张，在市场上占据有利地位。

担保公司：对信托贷款提供担保，对资产包进行信用升级。

打包债模式信托计划中需要注意以下两点。

（1）不能忽略对指定企业的尽调。产品虽然关键在于考验担保公司的担保能力，但信托公司既然在信托文件中披露了资金投放企业，就有义务对指定企业尽职调查。

（2）建议尽量不要选取过于同质化且缺乏实体业务的融资企业，防止像钢贸行业一样出现行业性风险，对项目造成巨大风险。

二、案例分析 1：北京信托—文化北京·中关村中小企业集合资金信托计划

1. 背景分析

北京市市长郭金龙在《2010 年市政府工作报告》[①]中提出："稳步发展各类集合债、集合票据和集合信托，增加市区两级财政用于中小企业贷款贴息的投入，努力缓解中小企业融资困难。"

近年来，北京国际信托有限公司（以下简称北京信托）通过积极实践，开展中

---

① 资料来源：北京市政务门户网站首都之窗消息，http://www.beijing.gov.cn/szfbgt/zzgc/t1311412.htm。

小企业信托业务，走出了一条富有成效的中小企业金融服务之路，对缓解中小企业融资难的困境进行了有益的尝试和探索。

自 2009 年年底推出北京地区首个面向中小企业提供融资服务的信托计划——"中小发展·雁栖怀柔"集合资金信托计划以来，北京信托根据政策导向积极创新，发起设立了中关村科技金融创新联盟，相继推出了多款中小企业信托产品[①]，其中小企业系列信托产品在资金规模、融资企业个数等方面均名列行业首位，投资领域覆盖众多高新技术领域与未来高成长行业，引导大量社会资金支持中小企业成长。北京信托在为中小企业拓宽融资渠道和为优质中小企业提供金融综合服务方面积累了可操作的经验。

2. 信托计划介绍[②]

信托计划名称：文化北京·中关村中小企业集合资金信托计划（Ⅰ期）。

信托计划成立日期：2010 年 9 月 2 日。

信托计划到期日期：2011 年 9 月 1 日。

信托计划规模：1 400 万元。

信托计划期限：信托期限为 1 年，自信托计划成立之日起计算。

信托计划受托人：北京信托。

信托资金运用方式：受托人以本信托计划资金贷款给北京中外名人广告有限公司、北京瑞诚广告有限公司及北京新空气软件技术有限公司（以下简称借款人），用于借款人补充流动资金周转。

信托计划保障方式：本信托计划项下信托贷款由北京中关村科技担保有限公司提供全额连带责任保证担保。

本信托计划项下信托贷款由北京中小企业信用再担保有限公司及北京晨光昌盛投资担保有限公司提供全额连带责任保证担保。

信托收益分配：本信托计划存续期间，信托利益每六个月分配一次，受托人在结息日收到贷款利息后的十个工作日内向受益人进行分配。

保管银行：招商银行股份有限公司北京市分行。

根据信托文件的约定，委托人指定北京信托将 1 400 万元分别向北京中外名人广告有限公司发放信托贷款 1 000 万元、向北京瑞诚广告有限公司发放信托贷款 200 万元、向北京新空气软件技术有限公司发放信托贷款 200 万元。贷款期限

---

① 资料来源：金融界，2012 年 5 月 17 日消息"中小企业信托业务发展方向"，http://trust. jrj. com. cn/2012/05/17080813518263. shtml；中国经营网，2013 年 4 月 6 日消息"信托融资让中小企业现生机"，http://finance. cb. com. cn/13531828/20130406/458461＿3. html。

② 资料来源：根据北京国际信托有限公司披露的文化北京·中关村中小企业集合资金信托计划（Ⅰ期）成立报告及清算报告等资料整理。

均从 2010 年 9 月 2 日起至 2011 年 9 月 1 日（含）；贷款利率为年利率 6.00％（即中国人民银行公布且在本合同签订日适用的六个月至一年期贷款基准利率 5.31％上浮 0.69％），如遇中国人民银行调整上述基准利率，自动在新的基准利率基础上按照合同约定的浮动比例上浮。

信托计划的主要参与机构有以下几方，如图 4.11 所示。

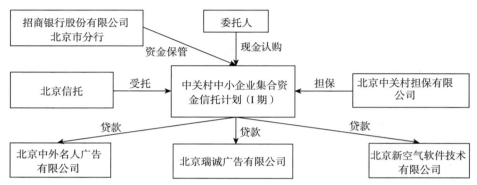

图 4.11　中关村中小企业集合资金信托计划（Ⅰ期）交易结构图

担保人：北京中关村担保有限公司。

受托人：北京信托。

保管银行：招商银行股份有限公司北京市分行。

合格投资人：北京中外名人广告有限公司、北京瑞诚广告有限公司及北京新空气软件技术有限公司。

该信托计划的优势主要有以下四个方面①。

（1）拓宽企业的融资渠道，改善资金结构单一局面。富有弹性的融资条件安排符合中小企业的特点，从中小企业特点的实际出发，以"轻资产、重发展"作为选择企业的标准，仅将企业的财务、资产等信息作为参考依据，不再局限于企业资产规模、固定资产的抵质押价值等，更为注重的是企业的发展潜力与成长性。

（2）资金规划灵活性高。中小企业信托融资模式由于涉及主体较多，各主体在项目运作过程中都依据自身的优势确定各自职责，如信托公司、银行有筹集资金的优势，政府和担保公司有获得信息便利、熟悉企业状况的优势，各主体相互配合，能够在较短的时间内完成对中小企业的投资，运作效率较高。

（3）有效分散风险的资金结构安排。信托计划在资金安排上可以先有资金池，再从项目池中选择具体企业进行投资，采用滚动发行的方式，只要有适合的目标

① 资料来源：金斧子在线理财，2013 年 8 月 23 日消息"中小企业信托业务的特点"，http://www.jinfuzi.com/question/detail-395485.html；中国信托金融网，2012 年 5 月 16 日消息"中小企业信托业务的发展方向"，http://www.trustlaws.net/News _ TitleList _ Content.aspx?NewsID＝111611。

企业，信托计划就可以发行，并且引入专业中介机构，如会计师事务所、信用担保公司等为其提供专项服务，以政府财政资金作为担保的措施进一步降低了资金风险，强化了社会资金的安全性。

（4）较单个信托，可以降低企业的融资成本。由于中小企业的融资规模普遍偏小，中小企业信托融资除了可以采用"一对一"的方式外，更多的是将同类型的中小企业捆绑打包，常常将资金运用于数家不同领域、不同规模的中小企业优秀集群，涉及面广、覆盖面宽，信托计划运作具有基金化特征。

3. 借款人简介①

1）北京中外名人广告有限公司

北京中外名人广告有限公司隶属于中外名人文化传媒产业集团，于 1992 年成立。北京中外名人广告有限公司是一家综合性的传媒经营企业，创新运作客户和媒体两大资源，以品牌整合传播为核心，为客户提供广告投放代理、活动策划推广、演出演员经纪、影视广告创意制作、媒介策略研究等传播价值链上的各项专业化服务。

从昔日名扬全国的"南方黑芝麻糊"广告，到获得"2009 广告人·中国峰会暨第四届广告人·实战案例"银奖的"大行德广 伴您成长"中国农业银行电视广告片，不仅在业界得到了专业的肯定，也以专注的精神、专业的水准，成功完成国内外上百家知名企业品牌传播的领航任务。

2000～2009 年，北京中外名人广告有限公司成功运营 CCTV-2《开心辞典》、CCTV-1《晚间新闻》、CCTV-3《星光大道》栏目的独家广告经营权，2005～2009 年，连续五年独家经营央视《中秋晚会》广告，北京中外名人广告有限公司以市场一线的经验最大限度地体现广告客户的品牌传播价值，不断为企业铸造高质的品牌效应。

北京中外名人广告有限公司常年与国内外上千家企业和广告公司保持着密切的合作。其客户包括可口可乐、摩托罗拉、韩国三星、中国电信、中国移动、中国联通、中国平安、中国人寿、中国农业银行、上海大众等众多在经济实力和品牌影响力方面都居于领先地位的著名企业。

北京中外名人广告有限公司在大传播时代，通过和知名品牌合作，逐步确立了其专业和高品质的服务水准。在创新领域的卓越成绩不断印证了北京中外名人广告有限公司的实力和专业高度，也牢固树立起北京中外名人广告有限公司在国内电视媒体经营领域不可多得的品牌声望和行业影响力。北京中外名人广告有限公司将以实现客户传播价值最大化为愿景，着力构建新型的全娱乐产业链的综艺平台，打造其在文化娱乐传媒产业的核心竞争力。为客户提供独具特色的精准式

---

① 资料来源：根据北京中外名人广告有限公司公司网站及其招聘信息中公布的资料、品牌百科网等资料整理。

传播，助力企业品牌实现跨越式发展。

2）北京瑞诚广告有限公司①

北京瑞诚广告有限公司成立于 2002 年，总部位于北京，在国内建立了广州、青岛两家分支机构，拥有全国卫视资源优势和先进的媒介投放系统，其在中国传统文化的熏陶下，依托本土广告业市场的腾飞，赢得了中石化、海尔、双汇、阿里巴巴、四季沐歌、太阳雨、吉利汽车等国内知名企业的认可。服务覆盖了家电、汽车、医药、食品、金融、日化等各大行业。2010 年北京瑞诚广告有限公司已向全国 45 个知名品牌提供媒介服务。内容包括媒介咨询及资讯、整合传播规划、媒介策略、媒介购买及执行、效果评估等。除了传统的大众媒体电视、报纸、杂志、广播外，还包括网络媒介、户外等新兴媒介。北京瑞诚广告有限公司服务品牌数量和营业额连年攀升，成为国内屈指可数的媒介整合传播公司。在资源、专业、品牌上的优势全面确立，荣获"中国品牌建设最具影响力机构""中国最具成长性本土广告公司""中国品牌广告公司十强"等殊荣。

秉承"惠人成己"的理念，以实效指导媒体作业，对品牌传播现状精准把脉，通过提供切实关注企业传播绩效的整合传播策略，大批量低成本购买、执行和完全免费的后续服务，全力降低客户广告投资的成本和风险。帮助客户成功实现传播投资的价值最大化，从而确定其"实效提升传播价值的开拓者"的定位。

3）北京新空气软件技术有限公司②

北京新空气软件技术有限公司位于北京市海淀区新街口外大街 1 号北京海淀华泰商业大厦 10 层 1021 室。公司坚持"客户的微笑是我们全力以赴的理由"是我们的服务理念，我们埋头苦干，这要求我们的工作永远不以保质准时完成任务为功，秉承低调敬业的服务精神，努力追求，不求有功，但求无过的工作目标。公司以"至诚至信、至精至美"为服务信条，构建一个高效、专业、迅捷的服务平台，不断优化和提高服务水平。我们不断完善自身管理机制，强调客户与市场导向，拓宽服务范围，提高服务深度，追求与客户长远、稳定、双赢的合作关系，使企业获得各界客户的信赖与支持。

4. 保证人情况③

北京中关村科技担保有限公司（以下简称中关村担保）成立于 1999 年 12 月 16 日，目前注册资本为 17.03 亿元，净资产超过 20 亿元，具备年 200 亿元以上

---

① 资料来源：新浪博客，2010 年 6 月 12 日博文"瑞诚广告落户新浪博客"，http://jinli18945.blog.163.com/blog/static/122527045201051212 20568/；甬商网，"北京瑞诚广告有限公司介绍"，http://ch2013690920130.cn.joingoo.com/。

② 资料来源：北京新空气软件技术有限公司网站，http://www.magus-soft.com/。

③ 资料来源：根据北京中关村科技担保有限公司网站，http://www.zgc-db.com.cn；北京国际信托有限公司披露的北京信托·文化北京·中关村中小企业集合资金信托计划（Ⅰ期）资料整理。

的担保能力。其是北京市政府批准设立的政策性信用担保机构，是中关村国家自主创新示范区科技金融政策的重要实施渠道，2012 年的公开主体评级为 AA。中关村担保共有 11 家股东，其中控股比例最高的两大股东分别为北京中关村科技创业金融服务集团有限公司(持股比例为 77.18%)和北京市国有资产经营有限责任公司(持股比例为 14.97%)；前者由中关村科技园区管理委员会担任出资人，而中关村科技园区管理委员会为北京市政府局级单位；后者由北京市国有资产管理委员会担任出资人，系经北京市人民政府授权的、专门从事资本运营的大型国有投资公司，公开主体信用级别为 AAA。中关村担保的融资性担保发生额占北京市的 25% 以上，也是工信部指定的全国担保机构创新孵化培训基地的国内最具影响力的担保机构之一。在 2010 年 9 月召开的第十一届全国中小企业信用担保机构负责人联席会议上，中关村担保荣获"万亿担保机构 30 强奖""中小企业担保业务创新奖""中小企业信用担保机构突出贡献奖"等奖项(图 4.12)。

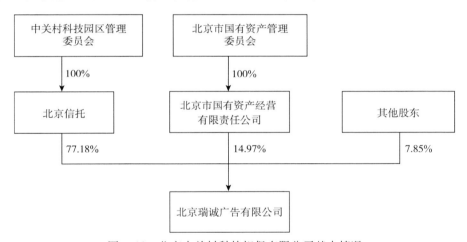

图 4.12　北京中关村科技担保有限公司基本情况

中关村担保的经营范围包括贷款担保、票据担保、信托计划担保、企业债券担保、保函担保、诉讼保全担保、委托贷款、应收账款托收等业务。政策性专项担保业务包括瞪羚计划、留学绿通、软件外包、高端人才、中关村高新技术企业集合债券、中关村高新技术企业集合融资信托的相关担保等。

中关村担保与全部在京设立分支机构的银行建立合作关系，并与信托、证券等机构密切协作，拓展企业直接融资渠道。截至 2012 年年底，已累计为科技型中小微企业提供近 13 000 项、总额近 700 亿元的信用担保，2010～2012 年被担保企业的收入、利润、上缴利税总额均实现 20% 以上的增长，服务的客户中超过 120 家企业在国内外资本市场成功上市。

中关村担保的主要优势有以下三点①。

(1)中关村担保的实际控制人为北京市政府，政府背景深厚，能够获得较多的政策支持。

(2)中关村担保公开主体评级为 AA，是中关村国家自主创新示范区专项融资优惠政策执行机构，拥有优良的信用资质和担保实力。

(3)中关村担保已累计为科技型中小微企业提供近 13 000 项、总额近 700 亿元的信用担保，服务客户中超过 120 家企业在国内外资本市场成功上市，因此具有丰富的信托计划和债券担保经验。

5. 信托计划的终止与清算②

2011 年 9 月 2 日，借款人北京中外名人广告有限公司归还本金 1 000 万元及相应的贷款利息，北京瑞诚广告有限公司归还本金 200 万元及相应的贷款利息，北京新空气软件技术有限公司归还本金 200 万元及相应的贷款利息。根据《信托合同》第 19.2.5 条的规定，"有下列情形之一的，本信托计划终止：借款人已清偿或提前清偿信托贷款合同项下的本金和利息"，至此，本信托计划项下信托贷款本息全部得以清偿，本信托计划终止。

按照《信托合同》第 20 条约定，本信托计划的信托财产归属于受益人，受托人以信托财产为限向受益人分配信托财产。

按照《信托合同》第 21 条约定，受托人自本信托终止之日起 5 个工作日内成立本信托计划清算小组。信托计划清算小组负责信托财产的保管、计算和分配、编制信托事务清算报告。就本信托计划事务，受托人编制了《信托项目利润及利润分配表》。

6. 信托财产及收益的分配

按照《信托合同》第 20.1 条的约定，信托终止，清算后的信托财产归属于信托受益人，受托人以信托财产为限向受益人分配信托财产。信托终止后，信托利益与信托财产的分配一并进行。受托人应当于信托终止后十个工作日内将现金形式的信托财产存入受益人账户。受益人按照其享有的信托单位占信托计划总信托单位的比例对信托财产享有权利。

本信托计划的收益来源于利息收入。截至清算日，收到利息收入 949 401.05 元(其中贷款利息收入 946 263.90 元，银行存款利息收入 3 137.15 元)，支付信托费用 201 859.56 元(其中受托人报酬 33 739.76 元，保管及代理服务费

---

① 资料来源：北京兆真国际租赁有限公司租金收益权集合资金信托计划产品材料中披露的有关中关村担保的资料。

② 资料来源：北京国际信托有限公司披露的"文化北京·中关村中小企业"集合资金信托计划(Ⅰ期)信托事务清算报告，http://www.bjitic.com/news/web-3-3-3/2012/2/122271336135872_2.html。

99 361.12 元，营业税金及附加 52 044.51 元，印花税 700 元，律师费 15 000 元，其他费用 1 014.17 元），实现信托收益 747 541.49 元。

本信托计划可供分配信托利益金额共计 14 747 541.49 元。其中包括信托资金本金 14 000 000.00 元、信托收益 747 541.49 元。2010 年 12 月 21 日向受益人分配 203 628.25 元至受益人信托利益划付账户，2011 年 6 月 21 日向受益人分配 380 411.08 元至受益人信托利益划付账户，2011 年 9 月 7 日向受益人分配 14 164 422.16 元至受益人信托利益划付账户。

三、案例分析 2：山东信托　远图 1 号集合资金信托计划

1. 背景分析[①]

2010 年第四季度以来，随着货币政策由"适度宽松"转向"稳健"，信贷市场趋紧，商业银行信贷额度减少，导致中小企业贷款融资更加困难。为此，山东省滨州市邹平县中小企业局开始探索适合当地企业的融资服务模式，并且与中信证券、山东省再担保集团等多家机构合作，开始运作中小企业集合票据等集群融资方式。但由于集合票据、集合债前期准备时间长、协调成本较高，公开信用评级要求达到 BBB⁻以上，并且需要国家发改委审批或到银行间市场交易商协会注册，审批时间较长，经过近半年的运作没有成功。而与此同时，银行在信贷规模受限的情况下，也在不断进行创新，以达到稳定客户和增加中间业务收入的目标。在此情况下，北京银行济南分行向邹平县中小企业局提出了发行资金信托计划为企业融资的动议。由于集合信托融资模式具有不需要外部评级、不需要外部审批、手续简单、操作周期短的优点，恰好适合中小企业资金需求的特点，最终得到政府部门和中小企业的认可，选择了集合信托计划的融资模式。2011 年 3 月，北京银行济南分行与邹平县政府、山东省再担保集团、山东国际信托公司经过磋商，决定启动山东省首个中小企业集合资金信托计划——远图 1 号集合资金信托计划，为 3 家中小企业募集资金 6 000 万元，在谋求非信贷类融资上实现了一定突破。

2. 信托计划介绍[②]

信托计划名称：远图 1 号集合资金信托计划。

信托计划成立日期：2011 年 6 月 20 日。

信托计划到期日期：2012 年 6 月 20 日。

---

① 资料来源：新文秘网，2012 年 10 月 26 日消息"功能金融、融资效率与中小企业融资"，http://www.wm114.cn/wen/137/272164.html。

② 资料来源：根据山东省国际信托有限公司披露的远图 1 号集合资金信托计划资料及银率网"远图一号集合资金信托计划"等资料整理。

信托计划规模：6 000 万元。

信托计划期限：信托期限为 1 年，自信托计划成立之日起计算。

信托计划受托人：山东省国际信托有限公司（以下简称山东信托）。

信托资金运用方式：信托资金用于向目标企业邹平县三利纺织有限公司、山东邹平福海科技发展有限公司、山东新安凯动力科技有限公司发放流动资金贷款。

信托计划保障方式：本信托计划项下信托贷款由山东省再担保集团有限公司提供全额连带责任保证担保。

根据信托文件的约定，委托人指定北京信托将资金 6 000 万元分别向山东新安凯动力科技有限公司发放流动资金贷款 2 000 万元、向邹平县三利纺织有限公司发放流动资金贷款 2 000 万元及向山东邹平福海科技发展有限公司发放流动资金贷款 2 000 万元，远图 1 号集合资金信托计划交易结构图，如图 4.13 所示。

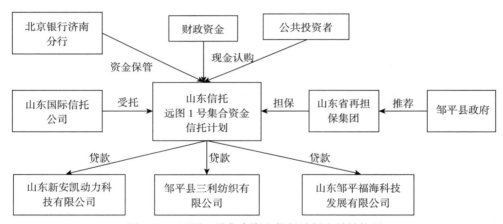

图 4.13　远图 1 号集合资金信托计划交易结构图

该信托计划的主要风险控制措施包括以下几方面。

（1）国资担保公司担保。山东省再担保集团有限公司为信托计划提供不可撤销的连带责任保证。山东省再担保集团有限公司是山东省人民政府国有资产监督管理委员会（以下简称山东省国资委）出资控股的国有担保公司，注册资金为10 亿元。

（2）地方政府支持。为大力发展中小企业，邹平市政府高度重视本次信托计划发行，三家企业均为当地政府推荐的优质企业。

（3）资金监控严密。信托资金由托管行保管，严格监控信托资金使用，保证信托资金安全。

（4）投资范围可控。该集合信托计划仅限于向三家企业发放流动资金信托贷款，未涉及政府融资平台、房地产等高风险项目。

3. 借款人简介

1）山东新安凯动力科技有限公司[①]

山东新安凯动力科技有限公司创立于 1998 年 8 月，是汽车零部件专业生产的高科技企业，15 年来持续、稳定地发展，已成为一家集产品设计开发、铝合金熔炼、铝合金压铸件、机械加工、总装等一体的系统化、专业化生产企业，形成了以汽车零部件产品为龙头，航天、航空和机电产品为两翼的高科技创新型企业。

2013 年该公司占地面积 153 340 平方米，建筑面积 55 016 平方米，总资产达到 6.2 亿元。此外，公司拥有先进数控加工及检测设备，先后从日本、英国、意大利等国家引进了大量的先进设备，其中宁夏小巨人、韩国斗山、台湾协鸿、杭州友嘉等加工中心 53 台，熔炼反射炉 8 台，压铸机 250T、350T、280T、400T、530T、730T、850T、900T、1250T、1650T、2000T 压铸机 18 台，自动取件机 11 台，ABB 机器人 20 台，高精度数控车 4 台，数控车床 11 台，珩磨机 1 台，清洗机 2 台，浸渗机 1 台，抛丸机 5 台，圆盘铣 1 台，钻孔攻丝机等 180 余台，意大利 COORD3 三坐标测量机 1 台，美国前哨三坐标测量机 1 台，清洁度检测仪 1 台，德国对刀仪 1 台，英国阿朗 2500 型直读光谱仪 1 台，X 光无损探伤机 1 台，拉力试验机 1 台，投影仪 1 台，硬度机 2 台，金相分析仪 1 台等先进生产、检测设备，使产品制造有了可靠的质量保证。同时，该公司已形成年产汽车变速器、离合器 30 万台套、铝合金锭 10 万吨、铝合金压铸件 1.5 万吨，汽车件产品加工 300 万套的生产能力。

2013 年公司产品在同行业中享有很高的声誉，且与国内多家大型汽车制造企业建立了长期的战略合作伙伴关系，并得到了充分的认可。随着山东省新安凯动力科技有限公司国际化战略目标的持续推进，国际市场也有了新的拓展，使企业在整体的经营格局上，成功实现了生产加工型企业向出口贸易型企业的转换，产品已出口法国、美国、意大利、日本、韩国等国际知名的汽车集团公司及零部件制造商。

2）邹平县三利纺织有限公司[②]

邹平县三利纺织有限公司始建于 2003 年 9 月，位于邹平县码头开发区，西与省城济南接壤，东靠工业城市淄博，南临济青高速公路，北靠九曲黄河，距济南国际机场仅 40 千米，距青岛港不足 300 千米，交通发达，通信便捷，地理位置优越。公司注册资本 8 000 万元，占地面积 800 余亩（1 亩≈666.67 平方米），建筑面积 12 万平方米。公司为市级农业产业化龙头企业，邹平县"163"工程重点企业，属于国家发改委产品结构调整鼓励类高档紧密纺织生产企业，建立了从原材料到产品的整体开发体系，摆脱低档次棉纱的恶性竞争，逐步提高产品档次，

[①]　资料来源：根据山东新安凯动力科技有限公司网站及世界工厂网全球企业库对山东新安凯动力科技有限公司的介绍等整理。

[②]　资料来源：根据邹平县三利纺织有限公司网站整理所得，http://xinjianqin2010.qianyan.biz/。

提升产品附加值，从而适应了国际化竞争的需要。

公司引进了具有国内外先进水平的纺织设备。该公司主要生产气流纺纱及32S-120S 紧密纺纱，该纱利用集聚技术，改变了棉纱内在结构及外观，棉纱质量明显提高。紧密纱织物有手感细腻、丝光感、不易起球、适于免烫整理等特点，是生产高档织物面料的最好选择。公司在上海、广州、常州等全国几十个大中城市建立了庞大的销售网络与服务网络体系，扩大了销售渠道。紧密纺纱的下游增值应用已经在逐渐拓展，紧密纺纱市场供不应求，市场潜在需求大，前景良好，产品市场竞争力相当可观。

3) 山东邹平福海科技发展有限公司[①]

山东邹平福海科技发展有限公司作为国家农业产业化龙头企业和山东省高新技术企业，注重以科技促发展，以创新求生存，现在已发展成为以油脂制取、植物油酸、棕榈酸、甘油、植物沥青、表面活性剂系列产品的开发、生产为核心的既专业又多元化的生产企业。

公司多年来与国内外众多科研机构和大专院校保持着密切的合作关系，公司不仅向您提供优质的产品，还可根据您的实际情况提供系统持续的技术支持和建议，公司以优良的产品、优质的服务和良好的信誉服务于广大用户。

4. 保证人情况[②]

山东省再担保集团有限公司，成立于 2009 年 9 月，注册资本为 10 亿元，是经山东省政府批准设立的政策性、非盈利的省属大型国有企业。由山东省国有资产投资控股有限公司和济南、烟台、潍坊、淄博、济宁、东营、泰安、临沂、德州、枣庄、威海、聊城、滨州、日照、莱芜 15 个市共同出资组建。公司设有股东会、董事会、监事会和高级管理层，业务评审机构为评审委员会和专家委员会。内设部门为办公室、业务运营中心、风险管理中心、战略发展部、财务部、人力资源部，全资子公司为山东省企业信用担保有限责任公司。公司主体长期信用等级为 AA＋，担保资质为 AAA。经营范围包括融资性再担保业务、债券发行担保、短期融资券发行担保、中期票据发行担保、信托产品发行担保，以及再担保体系内的联合担保、溢额担保业务等。

集团成立以来，以"服务中小企业，促进全省经济发展"为宗旨，努力构建并依托"山东省再担保体系"平台，积极开展再担保、担保及各类创新性业务，不断丰富服务中小企业发展的业务合作模式，相继开发了"融资担保通""小贷保""煤

---

① 资料来源：根据山东邹平福海科技发展有限公司网站整理，http://fuhaigroup.cn.china.cn/。
② 资料来源：根据山东省再担保集团有限公司网站，http://www.sdzdb.com；大众数字报 2009 年 9 月 4 日消息"山东 10 亿元组建再担保集团"，http://paper.dzwww.com/jjdb/data/20090904/html/2/content_1.html 等资料整理。

炭供应链担保""中小企业集合票据增信""蓝色信托""融资租赁担保""中小企业私募债担保"等创新业务，较好地缓解了省内中小企业融资难的问题。截至 2013 年，再担保体系成员达到 54 家，体系成员单位覆盖全省 17 个市，与 20 余家银行、非银行金融机构建立起良好的业务合作关系，在保余额突破 150 亿元，累计担保、再担保额 780 亿元，累计服务全省中小微企业 10 000 余家次。

集团的工作成绩得到了上级部门及社会各界的广泛认可和高度肯定。2011～2012 年，连续两次被省担保行业协会评为"山东省十大担保业务创新奖"单位。2012 年，被工信部评为"全国最具公信力中小企业信用担保机构奖"单位。

该公司的主要经营范围有：①再担保、联保及满足本省经济社会发展需要的其他担保业务；②管理及运营再担保资金；③与主营业务相关的资信评估、技术服务；④信用与担保信息管理。

山东省再担保集团有限公司以完善山东省信用担保体系为宗旨，按照"会员制经营、市场化运作"的模式，面向省内（不含青岛市）担保公司提供信用再担保服务，实现支持企业发展的政策性目标和自身的可持续发展，再担保对象主要有国有资产、控股担保机构和各类商业性担保机构。

第四节　区域产业支持型案例分析

一、模式概述

区域产业支持型信托产品一般是指由政策引导的中小企业集合信托产品，此类型信托计划是市场主流的产品类型，占据成立的信托产品的很大部分，区域产业支持型信托产品业务结构图，如图 4.14 所示。

该模式的主要适用范围为重点针对某一特定区域范围内的多家企业进行融资安排，往往和当地政府产业扶植政策相关，获得带有当地国资背景的担保公司进行担保。一般属地化特征明显的信托公司容易获得此类业务机遇。

变形：部分产品只明确地域和企业选择标准，不具体到企业。

代表产品：北京信托——成长系列；金谷信托——向日葵系列；长安信托——天骄系列；厦门信托——锦绣鹭岛系列。

需要注意的有以下几方面。

（1）若带有当地国资背景的公司进行背书，安全性较高，持续性业务机遇较多，但若信托成立时未指定资金投放企业，应在信托合同中充分披露选取标准。

（2）虽然综合融资成本较低，但此类符合国家产业政策的项目，较容易获得银行渠道的支持，尤其是地区性银行。

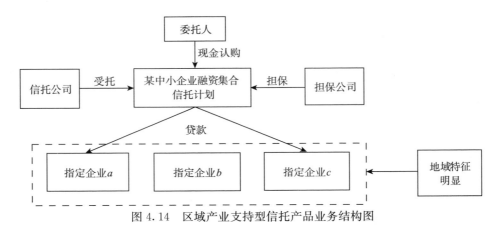

图 4.14　区域产业支持型信托产品业务结构图

（3）可以与当地中小企业扶植政策相结合，通过与政府积极接触寻求获得政策优惠或补贴的机遇。

（4）此类项目的地域性特征非常明显，应充分考虑区域性经济衰退的风险，若以园区为范围进行合作，应关注该园区的运营情况。

二、案例分析1：北京信托成长之星系列

1. 背景分析

近年来，国内外复杂多变的经济形势，给北京市中小企业的发展带来了巨大的挑战和新的困难，中小企业融资难问题更加突出。北京市经济和信息化委员会（以下简称北京市经信委）积极贯彻落实国务院、北京市促进中小企业发展的政策措施①。针对中小企业特别是小型、微型企业融资成本高、信用级别较低，无法满足银行贷款和担保机构担保要求的问题，拓宽融资渠道，创新融资产品，推出中小企业集合信托产品："北京中小·成长之星中小企业集合信托计划"②。

中小企业集合信托是指多家中小企业联合起来作为一个整体，通过信托公司统一发行信托计划募集资金，并把募集到的资金分配到各家企业③。在集合信托

---

① 资料来源：内蒙古自治区经济和信息化委员会，2012 年 5 月 7 日消息"北京市以集合信托为融资创新突破口有效缓解中小企业融资难题"，http://www.nmgjxw.gov.cn/cms/zxqyzxqyjj/20120507/7133.html。

② 资料来源：北京市经济和信息化委员会，2012 年 3 月 12 日消息"市经济信息化委推出中小企业集合信托产品——'北京中小·成长之星中小企业集合信托计划'"，http://www.bjeit.gov.cn/zxqy/gzdt/201203/t20120312_23022.htm。

③ 资料来源：百度文库，"集合信托融资——中小企业融资的有效模式"，http://wenku.baidu.com/link?url=2XjKH1QLo9rKxnFO7LQ6W4t0dhsuIpuckCpPpELmKa_B-IEf532C-YsQZ-TfzCCW9Lam9X8 RGUyoc3k8UeGjrjekxZICwL1G7-aN2AtVelopa。

中，企业各自确定资金需求额度，各自承担债务，互相之间没有债务担保关系，而是共同委托担保公司为所有企业承担担保责任。集合信托通过把多个企业打包后，取长补短，弥补了单个企业融资能力不足的缺陷，极大地降低了融资门槛和成本。

2. 成长之星系列①

2010 年 6 月，自北京市经信委推出"北京中小·成长之星中小企业集合信托计划"以来，截至 2011 年 12 月，共发行 52 期集合信托产品，为 156 家中小企业融资 18.465 亿元。其中，据不完全统计，北京信托自 2010 年开始推出中小企业集合资金信托计划以来，共推出 28 期中小企业集合信托产品，为北京昌平、平谷、通州、房山、密云、西城、石景山、顺义等区县的众多中小企业提供了资金支持，极大地促进了中小企业的发展。其具体产品信息如表 4.9 和表 4.10 所示。

表 4.9 北京信托成长之星系列已结束产品

项目名称	借款人	担保公司	资金规模/万元
北京中小·成长之星（23 期）昌平区中小企业集合资金信托计划	北京柏瑞安科技有限责任公司	北京中小企业信用再担保有限公司	1 000
北京中小·成长之星（20 期）平谷区中小企业集合资金信托计划	北京大化肥业有限公司 300 万元；北京谷田兴盛农业科技发展有限公司 300 万元	北京中关村科技担保有限公司	600
北京中小·成长之星（21 期）通州区中小企业集合资金信托计划	北京艾迪尔复合材料有限公司	北京中小企业信用再担保有限公司	600
北京中小·成长之星（16 期）房山区中小企业集合资金信托计划	北京四联创业化工有限公司	北京中小企业信用再担保有限公司和北京燕鸿投资担保有限责任公司	2 000
北京中小·成长之星（15 期）房山区中小企业集合资金信托计划	北京鑫洁丽建筑玻璃有限公司 300 万元；北京智博高科生物技术有限公司 700 万元	分别由北京中小企业信用再担保有限公司为北京鑫洁丽建筑玻璃有限公司、北京燕鸿投资担保有限责任公司、北京智博高科生物技术有限公司提供全额连带责任保证担保	1 000

① 资料来源：根据北京国际信托有限公司公布的北京中小·成长之星系列产品相关资料整理。

续表

项目名称	借款人	担保公司	资金规模/万元
北京中小·成长之星(Ⅳ期)昌平区中小企业集合资金信托计划	北京绿色金可生物技术股份有限公司	北京中小企业信用再担保有限公司和北京晨光昌盛投资担保有限公司	2 000
北京中小·成长之星(Ⅲ期)昌平区中小企业集合资金信托计划	北京万兴盛恒汽车销售有限公司	北京中小企业信用再担保有限公司和北京晨光昌盛投资担保有限公司	4 000
北京中小·成长之星(Ⅰ期)平谷区中小企业集合资金信托计划	北京多力多机械设备制造有限公司 1 000 万元；北京天擎化工有限公司 3 000 万元	北京中小企业信用再担保有限公司	4 000
北京中小·成长之星(23期)昌平区中小企业集合资金信托计划	北京柏瑞安科技有限责任公司	北京中小企业信用再担保有限公司	1 000

表 4.10　北京信托成长之星系列存续产品

项目名称	借款人	担保公司	资金规模/万元
北京中小·成长之星(26期)中小企业集合资金信托计划	北京志诚泰和数码办公设备股份有限公司、北京天易幕墙工程有限公司、华农农资连锁股份有限公司、北京明诚技术开发有限公司、北京智控美信信息技术有限公司、北京天山新材料技术股份有限公司、北京英诺威尔科技股份有限公司、阿尔西制冷工程技术(北京)有限公司、北京碧海舟腐蚀防护工业股份有限公司、北京神州数码思特奇信息技术股份有限公司、信汇科技有限公司、北京蓝色星际软件技术发展有限公司、阿尔特(中国)汽车技术有限公司、北京东标电气股份有限公司、北京首拓汽车滤清器制造有限公司、北京中恒讯视科技发展有限公司、北京仟亿达科技有限公司	北京中关村科技担保有限公司、北京中小企业信用再担保有限公司、世铎担保有限公司提供全额连带责任保证担保。北京中小企业信用再担保有限公司为上述担保公司的担保行为提供再担保	1 000
北京中小·成长之星(27期)中小企业集合资金信托计划	北京东方盛泽双龙顺超市有限公司、北京东方盛泽东郊农副产品批发市场有限公司、北京东方盛泽四惠桥建材市场有限公司、北京伟嘉人生物技术有限公司、北京华石油销售有限公司、北京赛泰克生物科技有限公司、北京利而浦电器有限责任公司、北京世纪互联宽带数据中心有限公司	北京中关村科技担保有限公司、北京首创投资担保有限责任公司提供全额连带责任保证担保。北京中小企业信用再担保有限公司为上述担保公司的担保行为提供再担保	1 500

续表

项目名称	借款人	担保公司	资金规模/万元
北京中小·成长之星（28 期）中小企业集合资金信托计划	北京顺恒达汽车零部件制造有限公司	北京中小企业信用再担保有限公司	1 000
北京中小·成长之星（25 期）中小企业集合资金信托计划	北京浩森嘉业科贸有限公司	中担投资信用担保有限公司为北京浩森嘉业科贸有限公司提供不可撤销的连带责任保证担保。北京中小企业信用再担保有限公司为其担保行为提供再担保	2 800
北京中小·成长之星（24 期）中小企业集合资金信托计划	科雅（北京）新型装饰材料有限公司、北京丰荣航空科技有限公司、北京金工万邦石油技术开发有限公司、北京冶金正源科技有限公司、北京金九鼎钢结构有限公司、北京冠城药业有限公司、北京飞渡医疗器械有限公司	北京中小企业信用再担保有限公司和中商信联信用担保有限公司	7 000
北京中小·成长之星（18 期）密云区中小企业集合资金信托计划	北京国电四维电力技术有限责任公司	北京瀚华投资担保有限公司	1 000
北京中小·成长之星（17 期）密云区中小企业集合资金信托计划	北京元驰液压制造有限公司	北京中小企业信用再担保有限公司及北京瀚华投资担保有限公司提供全额连带责任担保	400
北京中小·成长之星（22 期）中小企业集合资金信托计划	北京四通工控技术有限公司、北京创业兰格商贸有限公司、北京看丹合力混凝土有限公司、北京市洛克机械有限责任公司、北京宁永国际投资有限公司	分别由中担投资信用担保有限公司为北京四通工控技术有限公司提供不可撤销的连带责任保证担保；金达信用担保有限公司为北京创业兰格商贸有限公司、北京看丹合力混凝土有限公司、北京市洛克机械有限责任公司、北京宁永国际投资有限公司提供不可撤销的连带责任保证担保。北京中小企业信用再担保有限公司为其担保行为提供再担保	5 700

续表

项目名称	借款人	担保公司	资金规模/万元
北京中小·成长之星（19期）西城区中小企业集合资金信托计划	北京瑞麟百嘉科技有限公司、北京东方精益机械设备有限公司、北京天石网通科技有限责任公司、有研稀土新材料股份有限公司、北京东方中原数码科技有限公司发放	北京中关村科技担保有限公司提供全额保证担保，北京中小企业信用再担保有限公司为其担保行为提供再担保	3 800
北京中小·成长之星（13期）综合区县中小企业集合资金信托计划	北京正辰科技发展有限责任公司、北京朗波尔光电股份有限公司、北京世纪互联宽带数据中心有限公司、新比士康（北京）顾问有限公司	北京中关村科技担保有限公司提供全额保证担保，北京中小企业信用再担保有限公司为其担保行为提供再担保	2 600
北京中小·成长之星（9期）石景山区中小企业集合资金信托计划	北京东方信联科技有限公司、北京天华博实电气技术有限公司	北京中关村科技担保有限公司提供全额保证担保，北京中小企业信用再担保有限公司为其担保行为提供再担保	2 500
北京中小·成长之星（12期）昌平区中小企业集合资金信托计划	有研亿金新材料股份有限公司、北京市佳贝林科技有限公司、北大先行科技产业有限公司	北京中关村科技担保有限公司提供全额保证担保，北京中小企业信用再担保有限公司为其担保行为提供再担保	2 000
北京中小·成长之星（11期）中小企业集合资金信托计划	北京金唐工贸中心、北京鹏安科技孵化器有限公司、北京润堂石材有限公司、北京宝福伦投资有限公司	金达信用担保有限公司提供全额保证担保，北京中小企业信用再担保有限公司为其担保行为提供再担保	11 000
北京中小·成长之星（10期）密云县中小企业集合资金信托计划	北京绿润食品有限公司、北京百年栗园生态农业有限公司、雷蒙德（北京）阀门制造有限公司、北京弘浩明传科技有限公司	北京中关村科技担保有限公司提供全额保证担保，北京中小企业信用再担保有限公司为其担保行为提供再担保	4 200
北京中小·成长之星（7期）顺义区中小企业集合资金信托计划	北京铭龙世纪数控设备有限公司、北京京日东大食品有限公司、北京慧怡工贸有限责任公司	北京中关村科技担保有限公司提供全额保证担保，北京中小企业信用再担保有限公司为其担保行为提供再担保	2 100
北京中小·成长之星（6期）丰台区中小企业集合资金信托计划	北京世纪东方国铁科技股份有限公司、北京德厚朴化工技术有限公司、北京富盛星电子有限公司	北京中关村科技担保有限公司提供全额保证担保，北京中小企业信用再担保有限公司为其担保行为提供再担保	3 300

续表

项目名称	借款人	担保公司	资金规模/万元
北京中小·成长之星（Ⅱ期）石景山区中小企业集合资金信托计划	分别向阿尔西制冷工程技术（北京）有限公司发放信托贷款2 000万元，向北京明诚技术开发有限公司发放信托贷款1 000万元，向北京市崇新通信技术开发公司发放信托贷款700万元，向北京萨牌电器设备有限公司发放信托贷款100万元	北京中关村科技担保有限公司	3 800
北京中小·成长之星（Ⅷ期）海淀区中小企业集合资金信托计划	北京科兴生物制品有限公司、北京蓝色星际软件技术发展有限公司、北京天信宇通电子技术有限公司	北京中关村科技担保有限公司提供全额保证担保，北京中小企业信用再担保有限公司为其担保行为提供再担保	5 500
北京中小·成长之星（Ⅴ期）怀柔区中小企业集合资金信托计划	北京厚明德塑料彩印有限公司、北京御食园食品股份有限公司、北京电建电力工程有限公司、北京北起意欧替起重机有限公司、北京市天马金属加工厂	北京首创投资担保有限责任公司	4 050
北京中小·成长之星（26期）中小企业集合资金信托计划	北京志诚泰和数码办公设备股份有限公司、北京天易幕墙工程有限公司、华农农资连锁股份有限公司、北京明诚技术开发有限公司、北京智控美信信息技术有限公司、北京天山新材料技术股份有限公司、北京英诺威尔科技股份有限公司、阿尔西制冷工程技术（北京）有限公司、北京碧海舟腐蚀防护工业股份有限公司、北京神州数码思特奇信息技术股份有限公司、信汇科技有限公司、北京蓝色星际软件技术发展有限公司、阿尔特（中国）汽车技术有限公司、北京东标电气股份有限公司、北京首拓汽车滤清器制造有限公司、北京中恒讯视科技发展有限公司、北京仟亿达科技有限公司	北京中关村科技担保有限公司、北京中小企业信用再担保有限公司、世铎担保有限公司提供全额连带责任保证担保。北京中小企业信用再担保有限公司为上述担保公司的担保行为提供再担保	1 000

3. 信托计划介绍①

1）基本信息

以北京中小·成长之星（Ⅰ期）平谷区中小企业集合资金信托计划为例，对区域产业支持型中小企业集合资金信托计划进行简单介绍。

---

① 资料来源：根据北京国际信托有限公司披露的北京中小·成长之星（Ⅰ期）平谷区中小企业集合资金信托计划成立公告、清算报告、事务管理报告等整理。

北京中小·成长之星（Ⅰ期）平谷区中小企业集合资金信托计划（以下简称本信托计划）是受托人（北京信托）为支持北京地区中小企业发展而滚动发行的系列化信托产品中的第Ⅰ期。本信托计划共募集资金 4 000 万元，委托人的预期年收益率为 5.8％（随贷款基准利率浮动）。信托资金分别用于向北京多力多机械设备制造有限公司发放信托贷款 1 000 万元，向北京天擎化工有限公司发放信托贷款 3 000 万元，信托贷款主要用于借款人补充流动资金周转。本信托计划贷款由北京中小企业信用再担保有限公司提供全额连带责任保证担保。本信托计划的资金保管人为招商银行股份有限公司北京分行。

截至 2012 年 8 月 19 日，借款人按期足额支付贷款本金及相应的贷款利息。至此，该信托项下信托贷款本息全部得以清偿，信托计划终止。据北京信托网站披露的信息，截至 2012 年 8 月 19 日（终止日），收到利息收入共计 6 566 166.68 元，截至 2012 年 8 月 21 日（信托本金兑付日），本信托计划分配累计信托利益金额共计 45 432 975.50 元。其中包括信托资金本金 40 000 000.00 元，信托收益 5 429 055.50 元，信托推介期间利息 3 920.00 元，分配收益率达到了信托合同约定的受益人预期收益率水平。此外，截至 2012 年 9 月 26 日（专户销户日），本信托计划累计取得银行存款利息收入共计 14 613.26 元，累计支付费用 1 147 804.44 元（其中受托人报酬 194 077.82 元、银行保管费及代理费 568 555.55 元、税金 369 705.33 元、其他费用 15 465.74 元），实现信托收益 5 432 975.50 元。

2）交易结构

北京中小·成长之星（Ⅰ期）平谷区中小企业集合资金信托计划交易结构图，如图 4.15 所示。

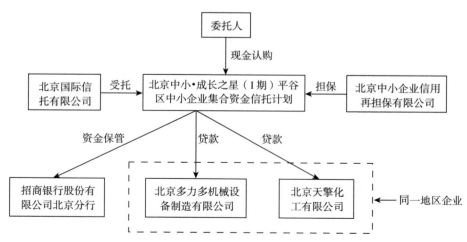

图 4.15　北京中小·成长之星（Ⅰ期）平谷区中小企业集合资金信托计划交易结构图

3）借款人介绍

（1）北京多力多机械设备制造有限公司①。

北京多力多机械设备制造有限公司（以下简称多力多）创建于 1995 年，厂区占地面积 30 000 平方米，建筑面积 10 000 平方米，拥有各类设备 500 多台套，具有年产 5 万台各种型号微型耕作机的能力，是生产微型耕作机的专业骨干企业。企业已通过 ISO9001 质量管理体系认证。企业具有独立自主开发研制新产品的能力，"多力"牌 DWG2.5、DWG2.5-1、DWG2.5-2、DWG2.5-3、DWG2.5-4、DWG2.5-5 六个系列微型耕作机就是企业自主研发成功的创新性产品。该系列产品自投放市场以来，深受广大用户的欢迎，已在国内各省、市、自治区广泛应用，部分型号的产品已远销国外。DWG 系列产品的各种型号均已通过北京市农业机械试验鉴定推广站的新产品鉴定、中华人民共和国农业部农业机械试验鉴定总站推广鉴定，并列为《国家支持推广的农业机械产品目录》。

成立于 1995 年的多力多，曾经经历了 10 年亏损，饱受质疑。农民出身的多力多掌门人张成，凭借坚持不懈的信念、植根农业的决心，不断走技术创新之路、不断从农业中来到农业中去，最终使多力多由曾经难以为继的企业发展为如今的中国微耕机行业的领头羊。如今多力多的产品畅销国内、远销海外，已经得到用户和业界的广泛认可。消息显示，2003 年多力多微耕机国内的销量是 1 000 台左右，2005 年销量达到 3 000 多台，而 2010 年，销量更是高达 10 000 多台。近年来，多力多的业绩更是突飞猛进，成为该行业的领头军②。

（2）北京天擎化工有限公司③。

北京天擎化工有限公司（以下简称天擎化工）是国内专业研制和生产以异噻唑啉酮为主的杀菌、防腐、防霉、灭藻剂的厂家之一，公司创建于 1998 年，十多年来，天擎化工已经发展成为集研发、生产、销售、服务于一体的企业，是国内同行业的排头兵。其产品应用领域涵盖造纸、工业循环冷却水、卫生消毒、化妆品、皮革、毛纺、涂料、金属切削液、油料、润滑油、木材防腐等众多行业；其产品市场涉及全球五大洲。多年来，该公司一直致力于产品创新、技术创新和产业化，在业界树立了良好的企业形象。天擎化工拥有着一支先进的科研开发和技术服务队伍，配有现代化的科研、分析和评价设备，为公司进一步发展提供了良好的人才支撑及技术支持。

---

① 资料来源：北京多力多机械设备制造有限公司网站，http://www.bjduoli.com.cn/。
② 资料来源：慧聪网，2010 年 10 月 15 日新闻"独家专访：北京多力多机械设备制造有限公司董事长张成"，http://info.nongji.hc360.com/2010/10/151650138587.shtml。
③ 资料来源：北京天擎化工有限公司网站，http://tianqing.company.lookchem.cn/。

4）保证人情况①

北京中小企业信用再担保有限公司（以下简称北京再担保公司）是经工信部和北京市人民政府批准设立的全国首家省级中小企业信用再担保机构，2008年11月16日挂牌成立，按照"政策性引导、公司化管理、市场化运作"的原则组建和运行，是北京市中小企业信用担保体系建设的基础性平台，也是北京市实施公共财政政策和产业政策的重要平台。

自成立以来，北京再担保公司集中有效资源于再担保主业，为促进首都中小企业融资环境的改善进行了积极努力。北京再担保公司搭建并逐步完善了有政府政策引导，有担保机构、金融机构和中介机构积极参与，业务覆盖市区两级，产品涉及间接融资和直接融资的中小企业融资服务平台，有力地推动了北京市中小企业融资规模的扩大。

2010年以来，经大公国际资信评估有限公司评级，北京再担保公司连续获得资本市场AA＋信用等级；同时，公司还获得国家三年免征营业税的优惠政策和中央财政中小企业信用担保资金专项支持。

北京再担保公司注册资本金20亿元，合作的担保机构超过40家，合作的银行与非银行金融机构达到30家。自成立以来，累计实现承保额1 227亿元，截至2012年年底，公司在保项目16 962笔，惠及近12 000多家中小企业和农户；提供的再担保融资品种既包括贷款担保，也包括集合债券、集合票据、集合信托及融资租赁担保等，满足了不同发展阶段、不同类型的中小企业的融资需求②。在历年再担保支持的中小企业中，高新技术、文化创意、高端制造业和涉农领域的中小企业超过80％，切实体现了再担保的政策导向功能。同时，在再担保支持下，合作担保机构担保业务规模呈现不断增长的态势，2011～2013年主要合作担保机构担保放大倍数平均增长近50％，再担保业务对北京市担保行业"增信、分险、规范、引领"的贡献不断得到提升，再担保体系建设的积极成果正在逐步显现。

三、案例分析2：金谷信托向日葵系列

1. 背景分析

融资难一直是困扰中小企业发展的一大难题，随着民间借贷利率高企和背后风险的暴露，中小企业开始尝试一种新型的融资模式——发行中小企业集合

---

① 资料来源：北京中小企业信用再担保有限公司网站，http://www. bjcrg. com/ _ d274374467. htm；买购网北京再担保品牌介绍，http://www. maigoo. com/brand/17446. html。

② 数据来源：国培机构网，2013年12月10日消息"担保最重要的是敢为人先"，www. guopeiwang. com/Article/Article/23418。

信托产品①。据用益信托数据显示，2012 年前 3 个季度中，以长安、国元、华澳、华宝、建信、金谷、新时代、兴业为主的信托公司，共发行了 80 款中小企业集合信托产品，预期收益率平均为 8.14%，最高为 11.5%②。其中金谷信托发行了 8 款向日葵系列产品，分别投向石家庄金泰、成都同兴、广东佛山等地，对各地的中小企业融资困境起到了一定的缓解作用。本小节以其为例进行案例分析。

2. 向日葵系列③

据不完全统计，自 2011 年 8 月 25 日，金谷信托成立"金谷·向日葵 1 号-广东佛山中小企业发展信托基金(计划)"以来，共推出 10 款"向日葵"系列信托计划，其中包括金谷·向日葵 3 号中小企业发展信托、金谷信托-向日葵 4 号中小企业发展信托计划、金谷·向日葵 5 号-成都同兴中小企业发展信托基金(计划)、金谷信托·向日葵 6 号-石家庄金泰中小企业发展信托基金(计划)、金谷·向日葵 7 号中小企业发展信托计划、金谷-向日葵 8 号-无锡富华中小企业发展信托基金(计划)、金谷·向日葵 9 号中小企业发展信托计划、金谷信托-向日葵 15 号中小企业发展基金信托计划及金谷信托-向日葵 17 号中小企业发展信托计划，分别向广东佛山、台州玉环县、山东淄博、四川成都、河北石家庄、江苏徐州、江苏无锡、浙江等地信用良好、资金用途合法明确、还款来源可靠的中小企业发放信托贷款，极大地缓解了当地中小企业融资困境。

3. 信托计划介绍④

1)基本信息

以"金谷·向日葵 1 号-广东佛山中小企业发展信托基金(计划)"为例，对区域产业支持型中小企业集合资金信托计划进行简单介绍。

2014 年，金谷·向日葵 1 号-广东佛山中小企业发展信托基金(计划)共成立 4 期，信托计划总期限为 10 年，总规模不超过 10 亿元。该信托计划主要通过管理顾问及投资顾问的筛选和推荐，向佛山市辖区内信用良好、资金用途合法明确、还款来源可靠的中小企业提供融资服务。

---

① 资料来源：新华网浙江频道，2012 年 8 月 15 日消息"地方政府兜底　中小企业集合信托兴起"，http://www. zj. xinhuanet. com/finance/2012-08/15/c＿112729781. htm。

② 数据来源：凤凰网，2012 年 11 月 7 日新闻"拆解 80 款中小企业集合信托的'黑匣子'"，http://finance. ifeng. com/money/trust/20121117/7311641. shtml；金融界，2012 年 11 月 7 日新闻"'信托资金池'变异 预期收益最高 11.5%"，http://trust. jrj. com. cn/2012/11/17132414690920. shtml。

③ 资料来源：中国金谷国际信托有限公司披露的向日葵系列信托计划的相关资料。

④ 资料来源：根据中国金谷国际信托有限公司披露的向日葵 1 号-广东佛山中小企业发展信托基金(计划)相关资料、信托网及金融界等网站对于向日葵 1 号-广东佛山中小企业发展信托基金(计划)的介绍等整理。

2）交易结构

金谷·向日葵 1 号—广东佛山中小企业发展信托基金（计划）交易结构图，如图 4.16 所示。

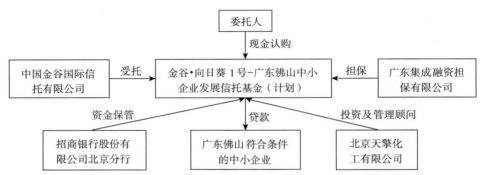

委托人

现金认购

中国金谷国际信托有限公司 ——受托—→ 金谷·向日葵 1 号-广东佛山中小企业发展信托基金（计划） ←—担保—— 广东集成融资担保有限公司

资金保管　　　贷款　　　投资及管理顾问

招商银行股份有限公司北京分行　　广东佛山符合条件的中小企业　　北京天擎化工有限公司

图 4.16　金谷·向日葵 1 号-广东佛山中小企业发展信托基金（计划）交易结构图

3）借款人介绍

据金谷·向日葵 1 号-广东佛山中小企业发展信托基金（计划）2013 年第 2 季度管理报告，该信托计划资金用途主要如下：2012 年 8 月 24 日前将信托计划第 2 期资金 4 203 万元以信托贷款形式发放给佛山市辖区内佛山市南海汉坤投资有限公司、佛山市信业商贸有限公司、佛山市利德行贸易有限公司、佛山市南海华纺实业有限公司 4 家企业；2012 年 11 月 30 日前将信托计划第 3 期资金的 15 235 万元以信托贷款形式发放给佛山市大葵扇通风设备有限公司、佛山市南海骏玛进出口有限公司、佛山市瑞柏纺织品有限公司、佛山市宇庭家具实业有限公司等 11 家企业；2013 年 4 月 28 日将信托计划前两期所产生利息 1 485 万元，以信托贷款形式发放给佛山市顺德区恒丽塑料有限公司。

4）保证人情况①

广东集成融资担保有限公司（以下简称集成担保）作为担保人为"金谷·向日葵 1 号-广东佛山中小企业发展信托基金（计划）"提供连带责任担保。

集成担保成立于 1996 年 12 月，注册资本为 2.5 亿元，是集成金融集团的子公司。截止到 2012 年 12 月 31 日，公司总资产 38 093 万元，净资产 34 012 万余元，资产负债率 10.71%。

该公司是中国广东省佛山市领先的融资担保服务、非融资担保服务与财务顾问服务供应商，主要向国内企业，特别是中小企业提供综合财务服务，以协助有

---

① 资料来源：根据广东集成融资担保有限公司网站，http://www.gdjcrzdb.cn/Chinese/index.asp 及中国金谷国际信托有限公司披露的该公司相关情况整理。

关企业改善整体融资能力，取得业务发展的资金。根据 Ipsos 研究报告，按 2012年的收益计，集成担保为广东省排名第七及佛山市排名第二的融资担保服务供应商。此外，集成担保于 2011 年获广东省中小企业局评为"广东省中小企业融资服务示范机构"。

集成金融集团成立于 2010 年 9 月，注册资本为 2.2 亿元，是广东省第一家民营金融集团①，成员企业包括集成期货有限公司、集成担保、广东集成创业投资有限公司、佛山市禅城集成小额贷款有限公司(以下简称集成贷款)和山东天地保险经纪有限公司。该集团主要向中小企业提供融资担保，协助其取得银行或其他财务机构的贷款。在订立典型融资担保交易后，该集团将就贷款机构向客户所提供的贷款提供还款担保并就所提供的担保服务收取担保费。此外，该集团为多种金融产品提供担保服务，其中包括佛山中小企业票据(为在中国推出的同类票据的首批之一)及发行中小企业私募债。

同时，2013 年 11 月 13 日中国集成金融集团控股有限公司(以下简称集成金融)成功登陆香港主板市场，并以每股定价 2.68 港元，即接近发行区间1.8～2.8港元的上限，成功净募集资金 2.16 亿元②。从集成金融的招股说明书来看，此次在香港上市的主要是其融资担保业务，来自集成金融集团的附属公司——广东集成融资担保有限公司，即集成担保，这也为集成担保的进一步发展提供了广阔的空间。

5)投资顾问情况

(1)集成贷款③。

集成贷款是 2009 年 11 月经广东省人民政府金融工作办公室批准设立的禅城区首家小额贷款公司，是广东省小额贷款公司协会副会长单位、佛山市小额贷款行业协会会长单位。公司注册资本 2 亿元，经营范围主要为中小企业、个体工商户和"三农"提供小额贷款及其他经批准的业务。

集成贷款秉承"专业高效、诚信务实"的经营理念，采用抵押、质押、保证等多种灵活方式，为广大客户提供多样化、个性化的融资服务；公司通过设立服务窗口，创新营业模式，保障了更高效的为中小微企业提供贴心服务。

集成贷款股东全为本土优秀企业家，经营范围覆盖了金融、房地产、制造业等行业，资本雄厚。公司与当地银行及其他金融机构保持着密切的合作关系，融

---

① 资料来源：广东省人民政府金融工作办公室，2010 年 12 月 1 日消息"全省首家民营金融集团佛山集成金融集团成立"，http：//www.gdjrb.gov.cn/area_show.jsp? news_id=309。

② 资料来源：投融界，2013 年 11 月 14 日消息"内地首个民营担保进驻香港资本市场　业务单纯成优势"，http：//news.trjcn.com/detail_94018.html；一财网，同一天消息"内地首个民营担保登陆 H 股"，http：//www.yicai.com/news/2013/11/3109436.html。

③ 资料来源：佛山市禅城集成小额贷款有限公司网站，http：//www.fsjcdk.com/。

资渠道广泛。凭借经验丰富的金融、法律等专家团队，有效地保障了公司的健康发展。

集成贷款以服务中小企业及"三农"为己任，充分发挥"专业、灵活、高效"的业务特点，以"立足本地，追求卓越"为经营目标，坚持依法合规，不断开拓、锐意进取，赢得了政府、机构、客户的充分肯定。该公司是广东省唯一一家荣获"2011 中国小额贷款最佳创新贡献奖"的单位，总经理荣获佛山"金融优秀人才奖"，2012 年获"广东省中小企业融资服务示范机构"荣誉称号及"2012 中国小微金融最佳产品设计奖"；公司已成长为行业领先的专业小微企业融资服务商。

(2)中国信达资产管理股份有限公司广东省分公司[①]。

中国信达资产管理股份有限公司经国务院批准，于 1999 年 4 月 20 日在北京成立，是具有独立法人资格的国有独资金融企业。

2012 年，中国信达资产管理股份有限公司引入全国社会保障基金理事会、UBS AG、中信资本金融控股有限公司和 Standard Chartered Financial Holdings 四家战略投资者，公司注册资本为 30 140 024 035 元，四家战略投资者合计持有公司 16.54％的股份。经核准，中国信达资产管理股份有限公司的经营范围为收购、受托经营金融机构和非金融机构不良资产，对不良资产进行管理、投资和处置；债权转股权，对股权资产进行管理、投资和处置；破产管理；对外投资；买卖有价证券；发行金融债券、同业拆借和向其他金融机构进行商业融资；经批准的资产证券化业务、金融机构托管和关闭清算业务；财务、投资、法律及风险管理咨询和顾问；资产及项目评估；国务院银行业监督管理机构批准的其他业务。

中国信达资产管理股份有限公司现有 29 个办事处，分布在全国 29 个中心大城市。办事处负责管辖区域内的资产处置和管理工作。中国信达资产管理股份有限公司下设信达投资有限公司、信达财产保险股份有限公司、华建国际集团公司、中润经济发展有限责任公司、汇达资产托管有限责任公司、信达澳银基金管理有限公司、信达证券股份有限、幸福人寿保险股份有限公司等直属公司。

6)风险控制

(1)政策风险的控制。该信托将密切关注、跟踪国家宏观经济和中国银监会、中国保险监督管理委员会(以下简称中国保监会)和中国证券监督管理委员会(以下简称中国证监会)的政策情况，并依托成熟的风险控制体系对未来宏观经济政策及市场走势做出科学的判断并及时调整经营策略，最大限度地降低政策风险带来的损失。

---

① 资料来源：根据中国信达资产管理股份有限公司网站，http://www.cinda.com.cn/Site/Home/CN，全景网证券频道 2009 年 4 月 25 日消息"四大资产管理公司简况"，http://www.p5w.net/stock/news/zonghe/200904/t2310768.htm 等资料整理。

（2）市场风险的控制。该信托将掌握国家经济、金融政策的变化，判断经济走势，把握行业动向，控制利率风险，以安全性为首要原则，对资金进行谨慎、有效的运作，努力规避各种市场风险。

（3）管理风险的控制。该信托已按中国银监会的规定建立了决策体系和内部风险控制管理制度，为了控制管理风险，公司将履行公司法、信托法所赋予的权利和义务，在法律框架内，保障信托资金的安全。

（4）结构化设计。本信托计划优先级信托资金发行规模与次级信托资金的初始比例不超过 5∶1，信托收益分配时次级受益人将劣后于优先级受益人，通过增级设计，次级受益人以其投入的次级信托资金保障优先级受益人的预期投资收益。

（5）信托财产保管制度。受托人聘请具备托管资格的商业银行担任保管人，其职责是对信托财产提供规范的保管服务，保障信托财产的安全；对受托人的投资进行监督和检查。

（6）无限连带责任保证担保。本信托计划项下每笔信托贷款均由集成担保提供连带责任担保。集成担保成立 6 年来，已经先后为 900 多家中小企业或企业主提供了 41 亿多元的担保，历史代偿率仅为 0.15%，承保的项目质量优良。

（7）投资顾问专项服务。第一，集成小额贷款公司为佛山市禅城区首家小额贷款公司，成立至今经营业绩良好，各项业务指标在广东省业内位居前列。凭借其在佛山市地区丰富的客户资源及自身较强的风险控制能力，集成小额贷款公司可向本信托计划推荐生产经营情况正常、信用记录良好、负债情况良好且第一还款来源充足的中小企业。另外，通过配比放款方式，即受托人与集成小额贷款公司按约定比例 9∶1 对融资客户进行放款，集成小额贷款公司可对借款企业的经营情况、财务情况进行后续跟踪，协助受托人对借款企业进行后续跟踪，以保证信托贷款的安全性。第二，信达广东分公司是中国信达资产管理股份有限公司在广东省设立的分支机构，其资产管理能力优秀，业务人员在处理不良信贷资产方面经验丰富，鉴别项目风险能力较强。信达广东分公司将协助受托人对集成小额贷款公司推荐的融资备选企业进行筛选和审查，并协助受托人对信托贷款进行期间管理。

（8）回购承诺。集成公司承诺，在本信托计划存续期间内，如出现任一笔信托贷款债务人逾期违约未能按时偿付贷款本息，则其或其指定的第三方以不良贷款本息合并价格收购该笔不良贷款资产，以保证信托计划受益人的预期收益。

（9）补足承诺。如各期优先级信托期限届满时，信托利益不足以支付当期优先级受益人预期收益及信托资金的，集成金融集团承诺对本信托计划追加次级信托资金，直至当期优先级受益人预期收益及当期信托资金得以足额分配。

7）项目亮点

（1）产品结构设计。本产品的投资顾问中国信达资产管理股份有限公司是经国务院批准，由财政部独家发起，中国信达资产管理股份有限公司于 2010 年 6 月 29 日在北京成立，公司注册资本为 301 亿元。信达广东分公司将协助受托人对集成公司推荐的融资备选企业进行筛选和审查，并协助受托人对信托贷款进行后期管理。集成公司为佛山市禅城区首家小额贷款公司，成立至今经营业绩良好，各项业务指标在广东省业内位居前列。凭借其在佛山市地区丰富的客户资源及自身较强的风险控制能力，集成公司可向本信托计划推荐生产经营情况正常、信用记录良好、负债情况良好且第一还款来源充足的中小企业。

（2）次级出资人资质。佛山市集成金融集团有限公司业务起步于 20 世纪 90 年代初。经过多年的创新发展，集成金融业务已涵盖期货、担保、创投、小额贷款、基金、投资管理、孵化器和保险经纪等全套非银行金融服务，为佛山市辖区内数以千计的企业提供了投资、融资和套保等平台。2011 年年底，该集团总资产近 20 亿元，注册资本金超过 5 亿元，全年交易额近 2 万亿元。

（3）受托人资质。中国金谷国际信托有限责任公司成立于 1993 年，目前注册资本为 12 亿元，系经国务院同意、中国人民银行批准成立的非银行金融机构，是中国银监会直接监管的大型国有信托公司之一。公司股东为中国信达资产管理股份有限公司（占 92.29%）、中国妇女活动中心和中国海外工程有限责任公司。

四、模式总结

区域产业支持型中小企业集合资金信托计划主要由企业和政府共担风险，但最终都是政府兜底，有了政府信誉做担保，因此市场认购踊跃[①]。北京信托的成长之星系列则由北京市政府推荐企业，为中小企业融资拓展了新的渠道。

借款的中小企业一般是由地方政府推荐，大多是当地发展势头好、符合产业发展方向的中小企业。信托公司负责项目的尽职调查、风险控制、贷后管理等一系列职能。中小企业和信托公司协商根据企业的财务需求和用款要求确定贷款金额。

对于中小企业而言，能够参与集合信托，就获得了信托公司、担保公司和地方政府的认可，提高了企业的市场知名度，在一定程度上有利于日后从其他金融机构获得融资。

而对于信托公司而言，通过政府推荐的中小企业，有政府信誉做担保，因此信托产品市场表现良好，足以获得可观的收益。

---

① 资料来源：至诚财经网，2012 年 8 月 15 日消息"地方政府兜底中小企业集合信托兴起"，http://www.zhicheng.com/html/archive/142/201208/2702556.html。

综上所述，中小企业集合资金信托不管是促进企业自身的发展，还是支持区域产业的发展，都起到了非常关键的作用。

第五节　"资金池类"案例分析

一、模式概述

从业务投向和发行来看，"资金池类"的集合资金信托计划是循环发放的资金池产品。

从目前市面上已有的信托资金池来看，主要有两种模式①。其一，信托公司一次或多次发行信托计划，募集资金投向单一项目，信托期内设置开放期，允许委托人申购、赎回，并提供流动性保障，实现短期资金投向长期项目，通过时间错配降低资金成本，即在资金与项目配对上，形成一对一或多对一的方式。其二，信托公司以开放式基金模式发行信托计划，发行时未确定投资项目，或投资多个项目，或以组合方式投资，信托期内设置开放期，允许委托人赎回，提供流动性保障，即资金与项目配对上为多对多的方式。

一对一的模式和普通信托没有什么区别，多对一模式则是分散风险的一种创新，而多对多才是真正意义上的资金池。

虽然中国银监会 2012 年年底对信托公司"资金池类"产品进行了窗口指导，但 2013 年下半年以来，此类产品的发行再次升温。据恒天财富不完全统计②，2013 年 1～8 月新成立的"资金池类"信托产品共计 209 只，其中已公布募集规模的 158 只产品合计募资 127.55 亿元，存续规模达 1 756.5 亿元，而 2012 年年底该类产品存量仅 1 000 亿元。

所谓信托"资金池类"产品，是指非指定投资方向的信托计划，又被称为"资产管理类"信托产品。信托资金池的收益率与对应期限的信托产品的平均收益率旗鼓相当：超短期产品一般会挂钩上海银行间同业拆放利率（SHIBOR，Shanghai interbank offered rate），半年期产品收益率在 6% 左右，一年期产品收益率则可达 8% 左右。

---

① 资料来源：上海金融新闻网，2012 年 10 月 23 日消息"信托资金池产品被'叫停'"，http://www. shfinancialnews. com/xww/2009jrb/node5019/node5036/node5041/userobject1ai101776. html；21 财经网，2012 年 10 月 17 日消息"中国千亿信托资金池被指成潜在'庞氏骗局'"，http://finance. 21cn. com/stock/zqyw/2012/10/17/ 13280136. shtml.

② 数据来源：神光证券网，2013 年 9 月 25 日消息"信托资金池产品发行升温　信托股启动"，http://www. shenguang. com/news/2013-09/963642864650. html；搜狐财经，"资金池信托卷土重来　规模逼近 2000 亿"，http://business. sohu. com/20130925/n387183832. shtml.

因期限错配、项目不透明等原因，"资金池类"曾被扣上"庞氏骗局"的帽子，饱受公众质疑。2012 年 10 月，中国银监会对部分信托公司进行窗口指导，要求暂停发行"资金池类"新产品，令一度受宠的"资金池类"模式走到了十字路口。然而，2013 年下半年资金池类产品又迎来了春天。

2013 年发行"资金池类"产品较多的为中信信托、中融信托、金谷信托、湖南信托、华信信托、华能信托、江西信托、新时代信托、中航信托等国内多家主流信托公司①。而信托"资金池类"的资金规模也颇为惊人，仅南方一家信托公司的此类产品，在一年左右的时间内，就已经膨胀到百亿元级别。而行业内几乎每家公司都有至少 2～3 只此类型的产品，总规模估计不下千亿元，"资金池类"信托产品业务结构图，如图 4.17 所示。

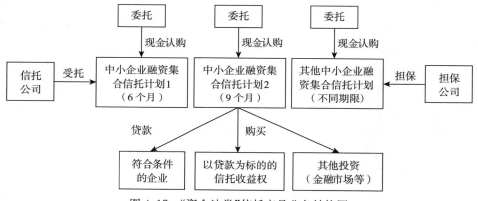

图 4.17 "资金池类"信托产品业务结构图

该模式信托计划中需要注意以下两点。

（1）期限错配的产品虽然可以有效降低资金成本，但非常考验信托公司的发行能力和期限配置能力，需有一个销售能力和管理能力相当的银行进行合作，以及合适的监管环境。

（2）此类项目的出发点，一般是由地区性银行或者大型银行的重要分行主导的表外业务，信托公司通道特征比较明显。

二、案例分析 1：中融信托——恒晟 1 号集合资金信托计划②

1. 背景分析

"资金池类"信托业务虽有诸多风险，但同银行资金池和基金一样，均属于解

---

① 资料来源：和讯网，2013 年 6 月 26 日消息"'资金池类'信托产品或出大问题"，http://money. hexun. com/2013-06-26/155536343. html。

② 资料来源：中融国际信托有限公司披露的中融信托——恒晟 1 号集合资金信托计划相关信息。

决诸多实际问题的金融创新手段。为充分利用受托人在资产管理方面的专业优势，通过市场化的运作方式，参与国家产业结构调整升级与资源整合，抓住金融政策的改革机遇，分享我国经济高速增长的成果，由中融国际信托有限公司发行，兴业银行上海分行营业部担任保管行的"中融——恒晟 1 号集合资金信托计划"于 2012 年 4 月 26 日正式结束第一次开放。本信托计划预计募集规模为 20 亿元，不设上限，首次募集规模不低于 1 亿元。将委托人认购的信托资金进行集合运用，为受益人的利益管理、运用和处分，以股权、债权、股权收益权、可转债、投资信托受益权或以有限合伙人身份加入专门从事投资业务的有限合伙企业等方式，或上述各方式的组合，直接或间接地投资于符合信托合同规定的优质企业，以用于优质企业的并购，参与国家产业结构调整、上市公司资产重组与行业整合等项目。

2. 信托计划介绍

1）基本信息

受托人：中融国际信托有限公司。

预期年收益率：300 万份≤认（申）购份数＜600 万份 10％ ；600 万份≤认（申）购份数＜1 000 万份 10.5％ ；1 000 万份≤认（申）购份数 11％ 。

募集日期：每隔 10 天滚动发行，预计每月 12～15 日、22～25 日、1～5 日起息。

收益分配方式：优先级受益人信托收益在持有期限每满整信托年度时分配一次。次级受益人信托收益在信托计划终止时一次性分配。

保管人：兴业银行上海分行营业部。

2）交易结构

中融信托——恒晟 1 号集合资金信托计划交易结构图，如图 4.18 所示。

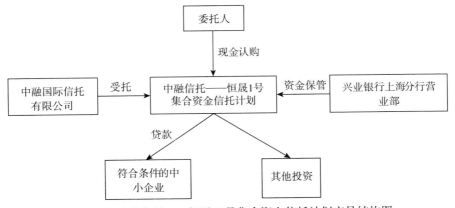

图 4.18 中融信托——恒晟 1 号集合资金信托计划交易结构图

3）风控措施

（1）严格审查借款人的第一还款来源和贷款用途，确保还款来源充足，贷款用途合法合规。

（2）要求借款人自身或由第三方提供足额的抵押物、质押物作为借款人履行债务的担保，抵/质押率原则上不超过70％，必要时还应要求由借款人的股东、实际控制人或第三方担保人提供连带责任保证，以保证借款人债务的履行。

（3）发放贷款应坚持"小额、分散""短期流动资金借款为主、中长期借款补充"的原则，贷款到期日不得超过信托计划终止日，且信托计划预计存续期限届满前三个月内不再发放新的贷款。

（4）加强信托贷款的日常管理并承担贷后管理和贷款催收责任。

（5）如果涉及并购项目，在上述风控措施之外，受托人将采用更为严格的风险控制措施。

4）项目亮点

（1）优先级信托单位预期收益率较高，存续期限届满12个月可赎回，实际上是一款1年期的信托产品。

（2）被投资企业位于经济发达地区或中西部地区、东北工业区等国家政策支持地区，其主营业务符合国家产业政策和宏观经济发展趋势，属于国家发改委2011年制定的《国家发展和改革委员会令第9号——产业结构调整指导目录（2011年本）》鼓励类，重点关注民生工程、低碳经济、城乡统筹建设等优质企业及项目。

（3）被投资企业是依法设立并合法存续的有限责任公司、股份有限公司或有限合伙企业，治理结构完善，各项管理制度健全、经营管理运作规范。

（4）被投资企业具有良好的成长性和持续盈利能力，过去三年不存在违法违规行为，信用状况良好，会计制度健全，财务状况良好。

（5）过往同类产品成功发行并且如期兑付的经验为本产品奠定了坚实可靠的盈利佐证，本产品已成功发行8期，管理团队具备成熟的项目管理经验。

三、案例分析2：中航信托天宜系列

1. 背景分析

资金池类信托产品在2012年被监管层窗口指导后，又有抬头迹象，不断有信托公司积极与这类机构合作开发产品①。目前比较成规模的是中航信托股份有

---

① 资料来源：东方财富网股吧消息"8月信托产品数量飙升 资金池类信托抬头"，http://guba.eastmoney.com/news，xintuo，87086206.html；新华网，2013年5月28日新闻"小额贷款披信托外衣—投资需看内里乾坤"，http://news.xinhuanet.com/fortune/2013-05/27/c_115912628.htm。

限公司(以下简称中航信托)和宜信发起了多款项目,如"天宜1号宜信小额贷款
(信贷12月期)结构化信托"和"天启347号宜信小额贷款系列信托",预期收益率
达6.8%、5%。

　　数据显示,中航信托在8月发行了98只固定的收益类信托产品,其中72只信
托产品存续期在1年以内,主要是一些短期的"资金池类"产品。公开信息显示,中
航信托所发行的产品主要是"天宜"系列,包括天宜7号、6号、8号、9号、12号,
这些产品的存续期均在一年以内,信托单位期限因类别不同可分为1~12个月不
等,预期年化收益率因委托人持有信托单位类别不同分层级设置为5%~9%①。

　　其中,上述产品中有若干是中航信托对接宜信小额贷款。在"天宜7号"(10
个月)中的产品说明书的风控介绍中,"宜信信息、宜信信用,宜信财富、普信恒
业对信托计划项下优先信托单位的退出承担连带保证责任"。而在"天宜3号"
(1~12个月)的介绍中,信托资金的用途即为"受托人利用信托计划资金发放小
额信贷,通过市场化的方式参与小额信贷"。

　　2. 天宜系列

　　中航信托自2013年4月28日成立"中航信托·天宜1号宜信小额贷款(信贷
12月期)结构化集合资金信托计划"以来,共成立19款宜信小额贷款(信贷12月
期)结构化集合资金信托计划,其募集规模及成立时间如表4.11所示。

表4.11　宜信小额贷款(信贷12月期)结构化集合资金信托计划基本情况

计划名称	募集规模/万元	成立时间
中航信托·天宜1号宜信小额贷款(信贷12月期)结构化集合资金信托计划	5 280	2013年4月28日
中航信托·天宜2号宜信小额贷款(信贷12月期)结构化集合资金信托计划	2 640	2013年7月5日
中航信托·天宜3号宜信小额贷款(信贷12月期)结构化集合资金信托计划	3 960	2013年7月17日
中航信托·天宜4号宜信小额贷款(信贷12月期)结构化集合资金信托计划	3 960	2013年8月1日
中航信托·天宜5号宜信小额贷款(信贷12月期)结构化集合资金信托计划	2 640	2013年8月14日
中航信托·天宜6号宜信小额贷款(信贷12月期)结构化集合资金信托计划	3 960	2013年8月9日
中航信托·天宜7号宜信小额贷款(信贷12月期)结构化集合资金信托计划	2 640	2013年8月15日

①　资料来源:搜狐财经,2013年9月12日消息"8月信托产品数量飙升",http://money.sohu.com/20130912/n386425730.shtml。

计划名称	募集规模/万元	成立时间
中航信托·天宜 8 号宜信小额贷款(信贷 12 月期)结构化集合资金信托计划	3 960	2013 年 8 月 22 日
中航信托·天宜 9 号宜信小额贷款(信贷 12 月期)结构化集合资金信托计划	2 640	2013 年 8 月 20 日
中航信托·天宜 10 号宜信小额贷款(信贷 12 月期)结构化集合资金信托计划	2 640	2013 年 9 月 3 日
中航信托·天宜 11 号小额贷款(信贷 12 月期)结构化集合资金信托计划	2 640	2013 年 9 月 22 日
中航信托·天宜 12 号小额贷款(信贷 12 月期)结构化集合资金信托计划	6 000	2013 年 8 月 9 日
中航信托·天宜 13 号小额贷款(信贷 12 月期)结构化集合资金信托计划	5 280	2013 年 10 月 16 日
中航信托·天宜 14 号小额贷款(信贷 12 月期)结构化集合资金信托计划	9 240	2013 年 9 月 9 日
中航信托·天宜 15 号小额贷款(信贷 12 月期)结构化集合资金信托计划	2 640	2013 年 10 月 31 日
中航信托·天宜 16 号小额贷款(信贷 12 月期)结构化集合资金信托计划	5 280	2013 年 11 月 1 日
中航信托·天宜 17 号小额贷款(信贷 12 月期)结构化集合资金信托计划	2 640	2013 年 11 月 15 日
中航信托·天宜 18 号小额贷款(信贷 12 月期)结构化集合资金信托计划	3 960	2013 年 11 月 15 日
中航信托·天宜 19 号小额贷款(信贷 12 月期)结构化集合资金信托计划	2 640	2013 年 12 月 2 日

资料来源：根据中航信托股份有限公司网站披露的信托计划相关信息整理

3. 信托计划介绍[①]

1) 基本信息

以"中航信托·天宜 12 号小额贷款(信贷 12 月期)结构化集合资金信托计划"为例进行简要说明。

发行机构：中航信托。

发行规模：6 000 万元。

产品期限：1～12 个月。

预期收益率：1 月期为 6%，2 月期为 6.3%，3 月期为 6.7%，4 月期为 6.9%，5 月期为 7.2%，6 月期为 7.4%，7 月期为 7.6%，8 月期为 7.8%，9

① 资料来源：根据中航信托股票有限公司披露的中航信托·天宜 12 号小额贷款(信贷 12 月期)结构化集合资金信托计划资料整理。

月期为 8.1%，10 月期为 8.4%，11 月期为 8.7%，12 月期为 9%。

托管人：招商银行北京分行。

担保机构：宜信公司。

资金运用：受托人利用信托计划资金发放小额信贷，通过市场化的方式参与小额信贷，以实现信托财产的保值增值。

2）交易结构

中航信托·天宜 12 号小额贷款（信贷 12 月期）结构化集合资金信托计划交易结构图，如图 4.19 所示。

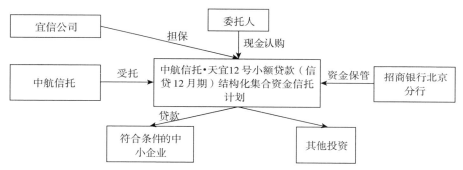

图 4.19　中航信托·天宜 12 号小额贷款（信贷 12 月期）结构化集合资金信托计划交易结构图

3）保证人情况[①]

宜信公司的创始为唐宁，创建于 2006 年 5 月，总部位于北京，是中国领先的集财富管理、信用风险评估与管理、信用数据整合服务、小额贷款行业投资、小微贷款咨询服务与交易促成、公益助农小额信贷平台服务等业务于一体的综合性现代服务业集团公司。

目前，宜信公司旗下拥有宜信卓越财富投资管理（北京）有限公司、宜信普诚信用管理（北京）有限公司、宜信惠民投资管理（北京）有限公司、宜信普惠信息咨询（北京）有限公司等各专业公司，已经在四十多个城市和农村地区建立起强大的全国协同服务网络，为客户提供全方位、个性化的财富增值与信用增值服务。

在高额收益和前景的驱动下，宜信经历了高速扩张。从 2008 年到 2010 年，宜信每年的业务增长率都在 200% 以上。这个高速发展的企业也因此获得了风险投资的青睐，凯鹏华盈在 2010 年对宜信进行了千万美元级别的投资。业内人士透露，2011 年 9 月，宜信又获得了来自美国国际数据集团（International Data

---

① 资料来源：根据宜信公司网站，http://www.creditease.cn/index.html；清华创业者网，2013 年 2 月 21 日消息"宜信公司小额信贷业务模式研究"，http://chuangye.cyz.org.cn/2013/0221/35430.shtml；豆丁网，"宜信的模式研究（超级完整版）"，http://www.docin.com/p-361250094.html；环球企业家网站消息，"唐宁的生意"，http://www.gemag.com.cn/11/27857_3.html 等资料整理。

Group，IDG)和摩根士丹利的第二轮投资，这次，投资机构对宜信的估值高达五亿美元，宜信公司的发展历程，如图 4.20 所示。

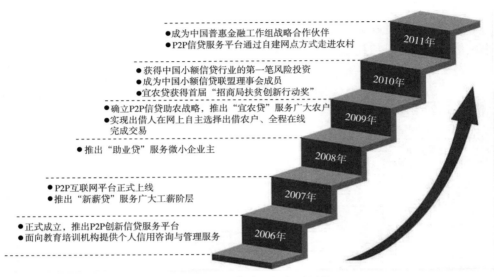

图 4.20　宜信公司的发展历程

4)风控措施

(1)信用风险的控制。为了避免发生信用风险，受托人特聘请宜信作为本信托计划的信用管理顾问，负责对借款人的资质、信用等级等进行评审，将优质借款人提供给受托人；贷款发放后至到期，宜信负责相关贷后管理工作。同时，宜信信息、宜信信用、宜信财富及普信恒业对信托计划项下优先信托单位的退出承担连带保证责任；宜信实际控制人唐宁对信托计划项下优先信托单位的退出承担连带保证责任。

(2)政策风险的控制。受托人将及时关注国家对小额信贷方面的各项法律、法规、政策的内容，并进行相关的研究调研，以提高对因政策调整所产生风险的防范能力。

(3)操作风险的控制。受托人将对宜信为本信托计划提供的服务进行严格监督和管理。同时，宜信承诺：信托计划存续期间，坏账率达到2%及以上的，按照届时优先级信托资金总规模的5%追加劣后信托资金。

(4)项目增信措施。优先、次级信托资金结构化设计，优先份额与劣后份额的比例为 10∶1，劣后份额为优先受益权实现提供安全保障。信托计划存续期间，若坏账率达到2%，劣后委托人宜信惠民须按照信托计划总规模的5%追加劣后份额。

5)产品亮点

(1)期限短。本信托计划期限为 12 个月，信托单位期限因类别不同可分为

1～12 个月不等。

（2）还款来源充分。借款期限为 1 年期的借款人按月还贷款债权本金及利息。

（3）收益率较高。预期年化收益率因委托人持有信托单位类别不同分层级设置为 5%～9%/年。

（4）增信措施完备。

第六节　类基金模式案例分析

一、模式概述

类基金模式信托产品募集时没有确定的融资对象，由信托公司先行募集，通过听取信用顾问（即管理公司）的建议，再行决策资金的投放。

该模式主要适用于客户资源较广、资信状况较强大的担保公司。

类基金模式信托产品业务交易结构如图 4.21 所示。

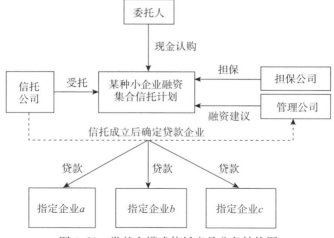

图 4.21　类基金模式信托产品业务结构图

需要注意以下两点。

（1）此类项目信托公司履行的是放款前的共同审核义务，为了减少资金空置时间，尽职调查工作相对较少，应尽可能地在有关文件中明确信托公司的权责范围，减少受托人的职责风险。

（2）对合作的担保公司的资信和对外担保的增量、偿付情况应及时动态关注；如何提升资金管理效率，减少资金募集到实际投放之间的时间窗口是个重要的课题。

二、案例分析：华澳信托中小企业发展基金集合资金信托计划系列

1. 华澳·中小企业发展基金系列①

为响应国家进一步支持中小企业发展的方针政策，探索在现有监管环境下，信托公司如何在中小企业融资领域发挥更加积极的作用，华澳信托通过资源整合、产品创新，已经连续发起设立了七期准基金化的集合信托计划（以下简称中小企业发展基金），募集资金专向用于向符合贷款条件的中小企业发放流动资金贷款。

设立中小企业发展基金的核心理念是将私募基金的一些通用管理方式引入传统集合信托设计架构之中，以信托型基金为平台进行行业资源整合，风险缓释，以更加有效的方式为国内广大中小企业提供资金融通服务②。

截至 2013 年 7 月 31 日，华澳信托共成立四款中小企业发展基金信托产品，成立信托总规模 121 897 万元，其中募集资金规模 96 137 万元、财产权规模 25 760 万元。全部信托资金中，优先级信托单位规模 76 020 万元、次级信托单位规模 14 777 万元（图 4.22）。

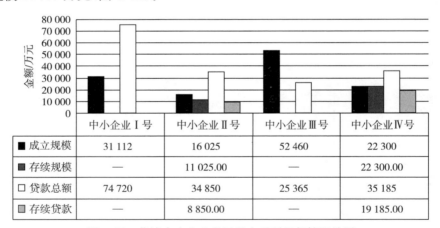

	中小企业Ⅰ号	中小企业Ⅱ号	中小企业Ⅲ号	中小企业Ⅳ号
■ 成立规模	31 112	16 025	52 460	22 300
■ 存续规模	—	11 025.00	—	22 300.00
□ 贷款总额	74 720	34 850	25 365	35 185
■ 存续贷款	—	8 850.00	—	19 185.00

图 4.22　华澳中小企业发展基金系列运行情况总图

截至 2013 年 7 月 31 日，四款中小企业发展基金累计发放信托贷款 110 笔，累计贷款金额 170 120 万元，存续贷款余额 28 035 万元，为 87 家中小企业的生产与发展提供了资金支持。

---

① 资料来源：根据华澳国际信托有限公司披露的华澳·中小企业发展基金系列运行情况等资料整理。
② 数据来源：上海金融新闻网，2013 年 8 月 30 日消息"引导资金投向实体经济　信托开辟中小微企业融资新战场"，http://www.shfinancialnews.com/xww/2009jrb/node5019/node5051/node5052/userobject1ai116245.html。

通过专业化的管理、严格的风险控制措施，华澳信托为四款中小企业发展的投资者提供了良好的投资回报。截至 2013 年 7 月 31 日，四款中小企业发展基金全部贷款均按时足额收回，坏账率为 0。信托计划存续期间，华澳信托累计向投资者分配投资收益 6 147 万元。

2013 年 7 月 16 日及 7 月 28 日，中小企业发展基金Ⅲ号集合资金信托计划及联合中小企业贷款基金Ⅰ期集合资金信托计划先后到期。截至报告日，全部优先级受益人信托收益及本金已经分配完毕，各项应由信托计划承担的信托费用亦全部结清，剩余次级受益人信托利益及本金亦于约定期限内分配完毕。

中小企业发展基金的一般模式是信托机构与金融机构、大型担保公司、地方政府、大型优质企业和行业协会合作，为中小企业提供融资服务(图 4.23)，我们可以从"华澳・中小企业发展基金"(表 4.12)简要了解其审批运作流程(图 4.24)。

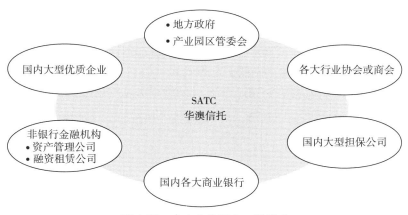

图 4.23　中小企业基金一般模式

表 4.12　"华澳・中小企业发展基金"集合信托计划基本情况

基金名称	"华澳・中小企业发展基金"集合信托计划		
信托期限	5～10 年	投资回报	固定＋浮动收益(如有)
主要信托关系人	委托人、受托人、基金信用管理顾问	基金规模	总规模≤30 亿元
基金主要投资方式	用于给符合条件的中小企业发放信托贷款 对处于高增长阶段的中小企业进行股权投资 闲置资金可以投向银行存款、国债、企业债等风险低、流动性高的金融产品		
流动性安排	转让：信托计划成立后，信托受益人可转让信托收益权 信托受益人主动赎回安排：在信托存续期间，信托受益人有权选择要求受托人赎回全部或部分信托收益权		

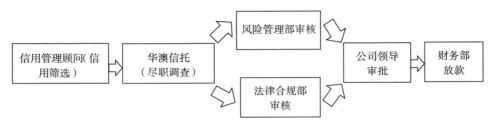

图 4.24 华澳中小企业发展基金项目基本审批流程

流程说明如下。

(1)信用管理顾问负责筛选和推荐客户。

(2)华澳信托尽职调查和可行性分析，并递交风险管理部和法律合规部。

(3)风险管理部审核业务材料的完备性和业务风险，并由风险管理部负责人出具审批意见。

(4)法律合规部对每一笔业务进行合规审查并出具审批意见。

(5)公司各部门负责人和领导按照既定的审批权限对业务层层审批。

(6)财务部对付款进行再次确认后对外放款。

"华澳·中小企业发展基金"集合信托计划组织保障体系，如表 4.13 所示。

表 4.13 "华澳·中小企业发展基金"集合信托计划组织保障体系

前台	中台	后台	
• 信托业务部 • 市场营销部	• 运营管理部 • 风险管理部 • 法律合规部 • 财务部	• 行政部(IT系统)	• 客户需求的准确识别 • 客户需求的快速响应 • 内部流程不断完善和优化 • 产品和服务质量的保证体系

日常管理的亮点包括以下三个方面。

(1)明确界定信用管理顾问与华澳信托的职责边界。

(2)明确了华澳信托在信托基金中的主动管理职能。

(3)根据业务风险水平不同，制定有针对性的风险管理措施。

就该信托计划的资金用途而言，中小企业发展基金的服务对象是按照工信部、国家统计局、国家发改委、财政部研究制定的《中小企业划型标准规定》(工信部联企业〔2011〕300号)所划分的中小微型企业。贷款用途仅限于补充中小微型企业流动资金，满足企业主营业务周转的资金需求，贷款期限均在12个月以内。

中小企业发展基金对服务对象设立了明确的准入标准。贷款对象仅限于机构借款人(禁止向房地产企业贷款)。借款企业所在行业须符合国家相关产业政策，经营合法合规；企业实际控制人及其配偶个人征信记录良好；企业征信(贷款卡)记录良好；企业有固定经营场所；当前主营业务持续经营24个月以上。此外，为了避免关联交易和利益冲突风险，中小企业发展基金严禁为信托计划涉及的交易主体或其关联方提供信托贷款。

中小企业发展基金的每笔贷款利率都设定为固定利率（15％～17％/年不等）。单笔信托贷款金额一般不超过信托计划资金的 10％，单笔最高及对同一企业与其关联企业累计贷款金额不超过 3 000 万元。

中小企业发展基金的风险控制措施主要包括内部增信和外部增信两个方面。

内部增信方面。首先，中小企业发展基金采用了分层结构设计，通过优先/劣后的分层设计来将风险和收益结构进行重构。其次，基金通过限制单笔贷款金额以分散风险，防止风险过于集中。同时中小企业发展基金运用了"收益覆盖风险"的方式来增加信托本身的抗风险能力。相对较高的信托收益将产生"损失缓冲器"的作用，以化解可能的坏账风险。最后，中小企业发展基金都设有 5％的风险准备金，该笔风险准备金留存于信托专户，以增加信托的抗风险能力。若坏账金额达到次级信托规模，受托人有权停止对外贷款，宣布信托进入资产保全和清收状态，以保护全体信托投资者的利益。

外部增信方面，每一个中小企业发展基金都设有专门的担保主体。担保主体均是有实力的大型企业。担保主体的作用是为中小企业的每一笔贷款承担连带责任担保，以降低贷款坏账风险。为了增加担保主体的担保效力，部分担保主体的关联企业将部分资产质押或抵押与华澳信托。

2. 华澳·中小企业发展基金Ⅲ号集合资金信托计划①

现以华澳信托已发行结束的华澳·中小企业发展基金Ⅲ号集合资金信托计划（以下简称信托计划）为例，介绍华澳信托中小企业发展基金系列产品的基本情况。

1) 项目简介

华澳·中小企业发展基金Ⅲ号集合资金信托计划（以下简称本信托计划）采用了结构化信托型基金的模式，信托期限为 5 年，总规模不超过 4 亿元。首期预计募集 26 700 万元，其中优先级信托受益权 20 000 万元，向社会投资者公开募集；次级信托受益权 6 700 万元，由深圳市新宇天帆矿业开发有限公司（以下简称为新宇天帆）全额认购。受托人在信托计划期限内任一时点有权追加募集信托单位，但优先级信托受益权和次级信托受益权的规模比例不超过 3∶1。

优先级信托受益权分为 A 类（12 个月）、B 类（18 个月），A/B 类规模以实际募集金额为准，优先级收益模式为固定收益，预期 A 类年化收益率为 9.5％，B 类为 10％，信托收益于信托计划成立后每年支付一次。

---

① 资料来源：根据华澳国际信托有限公司披露的华澳·中小企业发展基金Ⅲ号集合资金信托计划资料和东方财富网，2012 年 12 月 17 日消息"华澳信托：中小企业发展基金系列产品介绍"，http://trust. eastmoney. com/news/1661，20121217263973753. html。

次级信托受益权的募集规模预计为 6 700 万元，信托期限为 5 年。次级收益模式为固定收益加浮动收益模式，预计固定收益为 12%/年，浮动收益为剩余信托财产，于信托计划终止时一次性劣后分配。受托人报酬预计 4%～5%/年，每季度支付一次。

本信托计划募集资金用于向中小企业发放信托贷款。本信托计划聘请高润投资作为信用管理顾问，为本基金的中小企业贷款业务提供从借款人筛选、尽职调查到贷后管理等一系列顾问服务。江西中金汉辰担保有限公司为本信托计划提供连带责任担保。

2) 交易结构

华澳·中小企业发展基金Ⅲ号集合资金信托计划交易结构图，如图 4.25 所示。

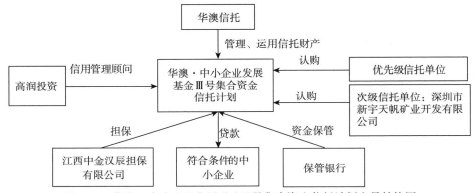

图 4.25　华澳·中小企业发展基金Ⅲ号集合资金信托计划交易结构图

3) 信托计划要素

第一，信托计划的成立。

本信托计划在以下发行条件全部成立时进行发行：①交易各方已向华澳信托提供了与本合作项目有关的全部相关资料，且该资料真实、完整、有效，不存在重大遗漏或未隐瞒任何可能影响华澳信托开展本项目的情况；②与合作事项有关的全部交易文件均获适当签署并生效；③华澳信托认为必要的其他条件。

本信托计划在包括但不限于如下条件均获得满足之日由受托人宣布成立：①资金募集到位；②华澳信托规定的其他条件。

第二，信托计划的期限。

本信托计划预定期限为 5 年，自信托计划成立之日起开始计算。其中，优先级A 类期限为 1 年，优先级 B 类为 1.5 年，次级为 5 年。根据信托计划实际运行情况，为保证受益人利益最大化，受托人有权自主决定提前终止信托计划期限。

资金的运用方式：华澳信托作为信托计划的受托人，以信托计划募集的资金向国内符合贷款条件的中小企业发放信托贷款。

第三，信托计划的退出。

(1)退出方式。本信托计划通过借款企业履行《信托贷款合同》，偿还信托本金和利息的方式获取信托收益，在兑付完信托收益之后实现信托退出。

(2)流动性安排。本信托计划首期拟募集的优先级期限为 1 年及 1.5 年，金额合计为 2 亿元。为使贷款资金与信托计划期限相互匹配，保证优先级信托单位的到期足额兑付，信托计划采取如下措施：①对发放贷款的金额和期限进行严格限制，单笔贷款金额不超过担保公司的担保限额，每笔贷款期限不超过 12 个月，从而使信托资金具备较强的流动性，能够通过合理化安排来保证优先级信托受益权的到期兑付。②受托人会定期编制基金台账，根据最新的贷款情况对信托计划的未来现金流及信托账户资金进行预测，保证在兑付时点有足够的资金兑付优先级信托单位。③信托合同中约定，每个信托利益支付日前的第 15 日，信托财产专户中的资金不足以支付按照信托计划文件约定于该支付日应付的信托利益，次级信托受益人将承诺受让优先级信托受益权。

第四，信托计划保障措施。

(1)结构化设计。优先级和次级比率不高于 3∶1。

(2)担保。江西中金汉辰担保有限公司为本信托计划每一笔贷款提供连带责任担保。

(3)专业公司担任信用管理顾问。聘请高润投资作为本信托计划的信用管理顾问，订立明确的贷款流程和业务管理制度。

(4)设立风险准备金。风险准备金比例为贷款余额的 5%。

(5)控制贷款的不良率：①若信托计划内的贷款出现不良或坏账时，江西中金汉辰担保有限公司应立即承担连带责任担保义务或指定第三方购买该笔不良贷款业务；②当不良贷款本金规模超过次级规模时，受托人有权停止对外融资，信托计划进入资产清收和保全状态。

4)交易对手情况①

(1)担保公司。

江西中金汉辰担保有限公司作为保证人对每笔信托贷款的借款人按时偿还全部贷款本金及利息的义务提供无条件、不可撤销的连带责任保证担保。

江西中金汉辰担保有限公司成立于 2004 年 11 月 11 日，经营范围为资产管理，为企业、个人提供担保及相关服务、企业管理服务及咨询服务。公司已获取由江西省人民政府金融工作办公室颁发的《融资性担保机构经营许可证》及《江西省中小企业信用担保机构备案证》，具备从事融资性担保业务的资质。截至 2012 年 1 月，江

---

① 资料来源：新浪财经网，2012 年 7 月 6 日消息"华澳中小企业发展基金Ⅲ号信托计划点评"中涉及的相关方资料整理，http://finance.sina.com.cn/money/list/lccp/20120706/180912500688.shtml。

西中金汉辰担保有限公司的总资产为 13 560 万元，公司的总负债为 807 万元，资产负债率仅为 5.95%，且负债中的 70% 为准备金计提，无须到期偿还，公司无负债压力。2012 年公司尚有 12.02 亿元的担保规模还未使用，对外担保空间巨大。

作为江西省第一家通过 ISO9001：2008 国际质量体系认证的担保企业，江西中金汉辰担保有限公司曾被授予"国家诚信文明企业""最具影响力企业"及担保协会副会长等多项荣誉称号。公司的高管团队由金融、投资、资本运营及从事过大型企业管理经验的专业精英组成，具备丰富的行业知识和资本运作经验。

为保证担保项目的有效实行及风险的积极控制，公司内部建立了完善的项目审批决策程序、保后监管程序、代偿追偿程序等，并由公司领导、主要业务部门负责人、稽核部、外聘专家共同组成风险管理委员会，对担保项目的可行性及反担保进行梳理、核查、检验，控制担保项目的风险。

(2)次级受益人。

深圳市新宇天帆矿业开发有限公司成立于 2007 年 6 月，经营范围包括矿产品开发与销售、兴办实业、投资咨询、经营进出口业务等。目前公司已投资控股江西万年鑫银矿业有限公司、万年矿业有限公司、万年县天鑫稀贵金属矿业有限公司、北京友益金源贸易有限公司和兴国县长鑫矿业有限公司。2012 年公司共拥有两处采矿权，分别是位于江西省赣州市赣县的铜矿，矿区面积 3.801 4 平方千米，生产规模 3 万吨/年；另一处为江西省上饶市万年县的金银矿，矿区面积 2.475 9 平方千米，生产规模 6.6 万吨/年。集团的主要收入来源于上述两处矿产的开采和原矿销售收入。此外，集团还拥有江西武宁三处钒矿的探矿权，2012 年仍处于勘察阶段。

截至 2011 年 12 月 31 日，深圳市新宇天帆矿业开发有限公司的总资产为 6.27 亿元，较 2010 年增加 40%，资本实力较强；总负债为 1.03 亿元，较 2010 年增加 32%，负债的增幅低于资产的增幅，公司资本结构优化。公司资产负债率仅为 16.43%，具备较强的长期偿债能力。财务数据显示，2009~2011 年公司的主营业务收入分别为 4.1 亿元、5.7 亿元和 7.3 亿元，年增长率分别为 16%、37% 和 28%，主要是由于矿产品价格，特别是金银价格在最近几年涨幅较大，带动了公司业务收入的快速上升。公司的净利润分别为 9 147 万元、1.17 亿元和 1.53 亿元，年增长率分别为 18%、28% 和 31%，公司具有较强的盈利能力。

(3)信用管理顾问。

高润投资成立于 2010 年 1 月 28 日，位于广东深圳市，注册资本 5 000 万元。公司致力于在国内实业领域和新金融领域进行投资。目前，公司已完成对江西有色工程有限公司、江西有色矿业有限公司等多家公司的投资，预计未来收入来源稳定，能够产生较高的投资回报。

公司的经营管理团队大多来自于银行、信托、投资、投行等专业领域，在相关领域的平均工作年限超过 15 年，从而在信用管理领域拥有广泛的社会资源和专业的投资管理经验。因此，公司具备挖掘、评估及筛选潜在借款人的能力。

高润投资在本项目中担任信用管理顾问，由于公司成立时间较短，财务情况较简单。截至 2012 年 2 月，高润投资实收资本 5 000 万元，净资产 4 923 万元，资产状况良好。公司负债合计 6 873 万元，资产负债率为 58%，公司的资本结构处于正常水平，具备一定的抗风险能力。

5）风险及控制措施

（1）政策风险与法律风险 。

国家货币政策、财政税收政策、产业政策、相关法律法规的调整及经济周期的变化等因素可能发生不利变化，或国家和地方政府有关中小企业贷款政策可能发生重大变化，可能将对本项目的经营产生一定影响，从而对信托财产收益产生影响。

风险控制措施包括以下几个方面。

第一，聘请专业律师在项目前期开展法律尽职调查，并出具法律尽职调查报告。

第二，江西中金汉辰担保有限公司是江西省省内最具实力和信用的民营担保公司之一，在中小企业融资服务领域积累了较为丰富的行业经验。

第三，聘请高润投资作为信用管理顾问，为本基金的中小企业贷款业务提供从借款人筛选、尽职调查到贷后管理等一系列顾问服务。

（2）信用和流动性风险。

信用和流动性风险主要是指信托计划在信托利益支付日或终止时，无法偿付投资者本金或收益。

风险控制措施包括以下几个方面。

第一，江西中金汉辰担保有限公司为本信托计划提供连带责任担保。信托存续期间，担保公司的对外担保总额不得超过其可担保余额的 60%，即不得超过其净资产的 6 倍。

第二，设立风险准备金，准备金比例为贷款余额的 5%。

第三，产品结构化，优先级和次级的规模比例不超过 3∶1。

第四，若信托计划内的贷款出现不良或坏账时，江西中金汉辰担保有限公司应立即承担连带责任担保义务或指定第三方购买该笔不良贷款业务。

第五，江西中金汉辰担保有限公司和深圳市新宇天帆矿业开发有限公司须每季度向受托人提交季度财务报告，每年提交经审计的年度财务报表；江西中金汉辰担保有限公司须每季度向受托人提交最新的对外担保明细。受托人将定期或不定期对江西中金汉辰担保有限公司及深圳市新宇天帆矿业开发有限公司的财务状况、信用情况进行核查。

（3）操作风险。

操作风险主要是指基金在运作过程中由于业务操作不规范、员工道德风险、关联交易风险等导致贷款坏账，从而给信托计划收益造成损失。

风险控制措施包括以下几个方面。

第一，由华澳信托聘请专业信用管理公司高润投资作为信用管理顾问，订立明确的贷款流程和业务管理制度。

第二，华澳信托有权基于高润投资的尽职调查及初步资格审查结果决定是否对相关借款人发放信托贷款。华澳信托对信托贷款的发放及管理，享有完全的自主权及最终决定权，受华澳信托聘请的任何第三方均无权干预信托贷款的发放。

第三，设定了信托贷款的准入门槛，具体为：①所有贷款业务均需要符合国家相关产业政策，合法合规，满足相关监管部门各项监管要求；②企业征信（贷款卡）记录良好，企业贷款当前无拖欠，最近 24 个月内无未结清的不良贷款记录，最近 24 个月内贷款没有出现"次级"、"可疑"或"损失"的分类；③企业实际控制人及其配偶个人征信记录良好，个人贷款最近 6 个月内无 30 天以上、最近 12 个月内无 60 天以上、最近 2 年内无 90 天以上的逾期记录；④企业有固定经营场所，当前主营业务持续经营 24 个月以上，企业实际控制人持续从事相关经营活动 24 个月以上；⑤满足乙方公司内部《贷款业务操作规程》要求的企业。

第四，设立贷款企业的财务参考指标，在同等情况下，优先对符合下列条件的企业发放贷款：①企业净资产大于累计发放贷款金额 10 倍以上；②企业资产负债率小于 60%；③企业净经营性现金流覆盖年化贷款利息 5 倍以上。

第五，华澳信托运用信托计划资金发放信托贷款，单笔发放信托贷款金额最高不超过信托计划总规模的 10%，对单一借款人及其关联企业发放的贷款存续余额最高不超过信托计划总规模的 10%（均以申请信托贷款时数据为准）。经华澳信托书面审核同意，信托贷款发放的上述比例限制可适当提高。

第六，本信托计划单笔发放信托贷款金额以《融资性担保公司管理暂行办法》①为准，即对单个被担保人提供的融资性担保责任余额不超过净资产的 10%，对单个被担保人及其关联方提供的融资性担保责任余额不超过净资产的 15%。按照 2012 年江西中金汉辰担保有限公司净资产，对单一借款人发放的贷款存续余额最高不超过 1 200 万元；对单一借款人及其关联企业发放的贷款存续余额最高不超过 1 800 万元，上述比例限制可根据江西中金汉辰担保有限公司的净资产金额变化进行调整，但需经华澳信托书面审核同意。

---

① 资料来源：中华会计网校资料，"融资性担保公司管理暂行办法"，http://www.chinaacc.com/new/63 _ 69 _ /2010 _ 3 _ 11 _ lv00441924301113010270470. shtml。

第七，若届时股东增资或其他原因导致江西中金汉辰担保有限公司净资产上升，则约定单笔贷款金额不超过3 000万元，单笔金额高于2 000万元的信托贷款存续余额不高于信托计划总规模的50%（以申请信托贷款时数据为准）。

第八，禁止对江西中金汉辰担保有限公司、深圳市新宇天帆矿业开发有限公司及高润投资的关联企业和不满足信托贷款条件的企业发放贷款；禁止向华澳信托正在管理的其他信托计划中申请贷款的企业发放贷款；禁止向房地产企业发放贷款。

第九，每笔贷款期限不超过12个月，且只能贷款给企业，不得贷款给个人。

第十，单一借款企业若在任一华澳信托发行的中小企业发展基金有信托贷款存续，在其偿还该信托贷款前不得向华澳信托发行的其他中小企业发展基金申请信托贷款。

第十一，高润投资应当按照符合行业规定及各方约定的相关业务流程，定期对借款人使用及偿还信托贷款本息的情况予以监督审核，并定期向华澳信托出具贷后管理报告。遇有借款人偿付能力急剧下降的情形，高润投资应当立即向华澳信托报告。

第十二，设定坏账认定标准，即在本信托项下的信托贷款，贷款利息偿还逾期30天，或/和本金偿还逾期至次月即可被认定为坏账。为减少坏账的产生，华澳信托有权在贷款合同中做出关于贷款本金及利息偿还展期的约定，并约定展期的罚息。

第十三，对于所发放的信托贷款，一旦某笔贷款发生坏账，江西中金汉辰担保有限公司应无条件偿付信托本金和利息。

第十四，信托计划设置风险准备金，准备金计提比例为所发放贷款本金金额的5%。

6）项目亮点

（1）国家政策支持。该信托资金主要用于向中小企业发放信托贷款，属于国家政策鼓励扶持的金融服务领域。

（2）担保方信用良好。江西中金汉辰担保有限公司江西省是省内最具实力和信用的民营担保公司之一，在中小企业融资服务领域积累了较为丰富的行业经验。

（3）基金管理人经验丰富。高润投资资产状况良好，公司的管理和运营团队在信用管理领域拥有广泛的社会资源和专业的投资管理经验。

（4）风控措施完备。该信托保障方式多样，有担保公司担保、风险准备金计提、结构化设计等。

第七节　路衢模式案例分析

一、模式分析

路衢模式是一种以政府财政资金为引导，以债权信托基金（计划）为平台吸引社会资金有效参与的中小企业融资形式。通过政府财政资金的引导、担保公司的不完全担保及风险投资公司的劣后投资，借助于集合债权信托基金，积极有效吸纳社会资金，实现对中小企业的融资支持。它不仅帮助中小企业以较低的利率筹集发展所需资金，有效解决融资难问题，实现政府扶持中小企业发展的政策意图；而且使担保公司能够利用信托平台合理合法募集资金，改变被动的局面，对担保业的发展产生巨大的影响；同时，也帮助信托公司找到了新的业务方向，通过运用集合资金信托的形式，设计优先、次级、劣后受益人的风险、收益分配结构，解决不同市场主体对风险和收益的差异化需求，降低融资风险。从而实现各金融主体、各金融资源的最大化程度整合与优化，达到共赢的目的（金雪军和陈杭生，2009）。

路衢模式信托产业的核心流程，如图 4.26 所示。

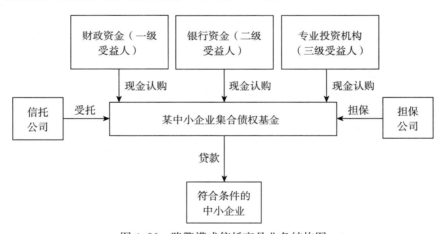

图 4.26　路衢模式信托产品业务结构图

(1)项目评审委员会根据产业扶持政策等确定本次项目的行业类别及要求，各中小企业进行报告，由专业顾问机构对有融资需求的中小企业进行评级。

(2)根据风险分散原则，对有发展潜力的众多中小企业的资金需求进行打包，由信托公司向社会募集资金。

(3)担保公司提供不完全担保，同时企业承诺释放一定的期权。

（4）信托公司按照企业风险和现金回流状况进行分级，确定一级、二级和劣后受益人的债券额度、风险分配方法和规定偿还的顺序关系，并向政府资金、担保公司和社会投资者发行这三级债权信托。

（5）在期末，由企业向投资人偿还资金。

二、案例分析：中投信托中小企业集合债权基金信托产品系列

1. 产品概况

1）背景分析

受国际金融危机的严重影响，中小企业面临着更大的生存发展困境，融资难的瓶颈制约尤为突出。为此，杭州市西湖区、江干区、余杭区政府联手银行、担保、信托和风投等机构，不断创新开发融资担保产品与服务，整合多方资源，积极探索缓解中小企业融资难的方法和途径（金科，2009）。

针对中小企业融资难问题，2007年9月，西湖区政府提出以区科技局、财政局为主，联合相关金融机构将政府财政扶持资金、银行、担保公司和社会资金有效捆绑（孔村光，2009），以"中小企业集合信托债权基金项目"的方式，在全省率先设立区级科技企业创业投资引导基金，并成立了杭州点石引导投资管理有限公司，走出了一条中小企业融资的新途径——"西湖模式"①。在这一过程中，财政资金放大了扶持地方经济的力度，信托与银行以发售理财产品的形式筹集社会资金，巩固和保障了融资渠道的畅通（汤继强，2008）。

2008年7月，西湖区在全国率先推出了国内首个小企业集合信托债权基金，首期"平湖秋月"项目发行5 000万元扶持了20家西湖区科技型小企业，单户从20万元至750万元不等，户均250万元，信托贷款年利率为7.47%，贷款期限为2年②。

2009年2月，杭州市文化创意产业小企业集合信托债权基金"宝石流霞"也由杭州点石引导投资管理有限公司成功发行，该产品是西湖区小企业集合信托债权基金的二期产品，6 000万元扶持29家文化创意产业小企业，它们分别获得20万元至800万元不等的贷款，其中西湖区12家企业受益2 250万元。信托贷款利率为8.39%，债务期限为1年，担保费为1%，贷款利息支付周期为贷款发放日后每90天支付一次利息，信托管理费0.88%/年，信托保管费0.2%/年，投资顾问费0.5%/年③。

①　资料来源：杭州考评网，2010年4月16日消息"破融资困难　建政企桥隧　开启科技金融服务新篇章——推出全国首个小企业集合信托债权基金'平湖秋月'"，http://kpb. hz. gov. cn/showpage. aspx? nid=3281&id=448。

②　数据来源：中国高新技术产品导报，2010年3月29日消息"对科技金融创新'西湖模式'的思考"，http://paper. chinahightech. com. cn/html/2010-03/29/content _ 16462. htm。

③　数据来源：浙江在线新闻网站，2008年12月3日消息"多项措施　杭州为文创企业融资难'破冰'"，http://zjnews. zjol. com. cn/05zjnews/system/2008/12/03/015039760. shtml。

2009 年 7 月，西湖区小企业集合信托债权基金三期"三潭印月"项目开始发行①。由政府、担保、信托、银行和风投机构联袂力推，打破行业界限，设置不同风险标准，资金总额达到 1.44 亿元，直接受益企业接近 100 家。中小企业集合信托债权基金的贷款利率也根据不同选择对应不同的利率登记，其中最低利率仅为 7％，并以"分类设计、持续发行"的形式，让来自不同领域、融资需求及条件各异的中小企业在此次债权基金集中发售期间，均能选择到适合的融资产品，在各自可承受的融资成本下得到企业发展急需的资金。"三潭印月"具有"不分行业、持续发行、产品化设计、宽幅的贷款利率及扩大化的目标客户范围"的特点。

2）产品基本情况

中投信托中小企业集合债权基金基本情况，如表 4.14 所示。

表 4.14　中投信托中小企业集合债权基金基本情况

基本情况＼基金名称	"平湖秋月"	"宝石流霞"	"三潭印月"
发行时间	2008 年 9 月	2009 年 2 月	2009 年 7 月
设计者	中投信托、杭州银行和杭州点石引导投资管理有限公司	杭州市文创办、杭州银行、中投信托、杭州点石引导投资管理有限公司	杭州市西湖区政府、中投信托、杭州银行、杭州点石引导投资管理有限公司
发行机构	中投信托	中投信托	中投信托
担保机构	中新力合	中新力合	西湖区担保中心、中新力合
数额	5 000 万元	6 000 万元	1.44 亿元
认购方及收益	西湖区财政认购 1 000 万元，无收益 杭州银行认购 3 000 万元，发行理财 杭州点石引导投资管理有限公司认购 1 000 万元	杭州市财开投资集团有限公司认购 1 000 万元，无收益 杭州银行认购 4 700 万元，发行理财 浙江三生石创业投资公司认购 300 万元，30％发行理财	西湖区政府认购 3 000 万元，无收益 杭州银行认购 9 180 万元，50％发行理财，50％由国开行认购 风险投资认购 2 220 万元
支持企业数	20 家	29 家	130～150 家
贷款利率	7.47％	8.39％	不定
期限	两年	一年	一年
担保费率	1％	1％	1％

资料来源：根据中投信托披露的中小企业集合债权基金相关资料整理

2. "平湖秋月"案例分析

西湖区政府从中小企业产业引导专项资金中出资 200 万元与浙江中新力合担

① 资料来源：国联信托，2009 年 7 月 10 日消息"杭州小企业集合信托债权基金'三潭印月'全面启动"，http://www.gltic.com.cn/modules/news/article.php? storyid=1416；公司法务网，2010 年 11 月 28 日消息"杭州西湖区小企业集合信托债权基金第三波产品推介会举行"，http://news.9ask.cn/gsqs/qssw/201011/962740.shtml。

保有限公司共同出资成立杭州点石引导投资管理有限公司，负责债权型基金的组织运营，注册资金为1 000万元。由信托公司、银行和杭州点石引导投资管理有限公司公司三方设计信托产品，该信托产品采用"中小企业集合信托企业债"的形式。首期5 000万元的"平湖秋月"信托计划，于2008年9月正式发行。西湖区内20家小企业获得5 000万元贷款，单户从20万元至750万元不等，户均250万元，信托贷款年利率为7.47%，贷款期限为2年(蒋鸿雁，2009)。

资金来源方面，5 000万元信托贷款资金由西湖区财政、杭州点石引导投资管理有限公司、杭州银行共同认购[1]。其中，由西湖区财政认购1 000万元，杭州点石引导投资管理有限公司认购1 000万元，其他3 000万元由杭州银行认购，按照9%的年收益率分配信托利益，并设计成面向社会发行的理财产品，该理财产品的年收益为8%，银行的实际回报率为1%(不算托管费、管理费、顾问费)。由于有政府引导基金的利率让度，2/5的资金不需要回报，大大降低了企业的融资成本，企业的直接融资成本可控制在银行基准利率，即7.47%，同时担保费用只需要1%左右，"平湖秋月"中小企业债权基金交易结构图，如图4.27所示(杨子建，2010)。

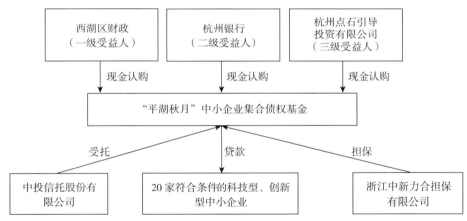

图4.27 "平湖秋月"中小企业债权基金交易结构图

"平湖秋月"项目中对于入选企业的评选标准做出了一定的限定，其中"实际控制人在杭州有房产"可认为是反担保措施之一。一旦出现代偿问题，可将企业主的房产作为赔偿物。

入选西湖区小企业集合信托债权基金首期"平湖秋月"项目的20家中小企业，平均净资产为1 100万元，户均获得贷款额度为250万元，主要来自电子信息、新材料、环保节能、文化创意、高效农业及知识性服务业等领域，其中入选企业

---

① 数据来源：经济日报数字多媒体报刊，2009年7月8日消息"小企业信托债权基金开拓社会融资大空间"，http://paper.ce.cn/jjrb/html/2009-07/08/content_72339.htm。

中科技型小企业 17 家，占 85％，获得贷款占总额度的 4 690 万元，占产品总量的 93.8％，较好地代表了西湖区小企业的现实特征及行业发展前景①。

对于入选企业的评选标准，设定了七个条件②：①企业注册地在西湖区；②在西湖区成立且纳税两年以上，经营稳定，并且上一会计年度有盈余；③资产负债率低于 85％；④上年度销售额大于等于 300 万元；⑤企业实际控制人在杭州有房产，并有两年以上从业经验；⑥企业及主要经营者无不良信用记录；⑦通过科技型中小企业认定，属于科技型中小企业。

该信托产品的优点与不足如下所示③。

该信托产品的优点包括：①贷款成本低，2/5 的资金不需要回报，拉低了这一理财产品的成本，而且担保费用只需要 1％左右；②突破了传统财政专项资金"一对一"的财政拨款的运作管理思维。具有财政资金放大效果明显（1 200 万元拉动 3 800 万元，杠杆率为 1∶3）、资金可循环使用、绩效可确切评价等优点；③实现了以财政资金撬动大量社会资本，有效化解多个中小企业的融资难题；④实现了政府、企业与金融机构多方合作共赢；⑤借助专业机构的评审，选择企业标准客观，筛选结果准确，降低风险。

该信托的不足之处包括：①担保机构对全部资金进行担保，担保量大，反担保措施不明确，若出现代偿，担保公司风险较大；②所有出资人（受益人）地位平等，没有体现出不同出资人的风险偏好；③所有贷款企业得到的是同样的贷款产品，不能体现出不同企业不同的风险特点④。

根据相关反馈，20 家受益企业 2008 年经营状况良好，所有的受益资金与承诺用途一致，95％的企业销售较同期增长。截止到 2009 年 5 月底，20 家受益企业经营状况稳定，50％的企业营业收入较 2008 年都有了不同比例的增长，45％的企业净利润有所增长。

从 2008 年 9 月到 2009 年 9 月，根据 12 个月的持续跟踪，信托计划项下借

---

① 数据来源：钱江晚报，2008 年 9 月 23 日消息"20 家小企业喜获'及时雨'"，http://qjwb.zjol.com.cn/html/2008-09/23/content_3514596.htm；豆丁网文档，"小企业集合信托债权基金"，http://www.docin.com/p-574437973.html。

② 资料来源：浙江在线新闻网站，2009 年 5 月 18 日消息"政府出手降低成本　杭州推出小企业集合信托债权基金"，http://zjnews.zjol.com.cn/05zjnews/system/2009/05/18/015516020.shtml。

③ 资料来源：杭州财税网，2010 年 4 月 30 日消息"直接西湖区创新财政扶持企业模式的实践与探索"，http://www.hzft.gov.cn/gb/hzft/hzch/2010/20102/201012/t20101220_2959.htm；杭州财税网，2011 年 6 月 30 日消息"中小企业集合信托债权基金融资探索"，http://www.hzft.gov.cn/gb/hzft/hzch/2011/201101/201106/t20110630_123585.htm。

④ 资料来源：央视网，2010 年 3 月 19 日消息"对'西湖模式'创新金融体系的思考"，http://www.cctv.com/international/special/cxkj/20100319/103012.shtml 和中投信托披露的"中投·西湖区小企业债权投资之平湖秋月集合资金信托计划"2009 年第三季度信托计划资金管理报告书、"中投·西湖区小企业债权投资之平湖秋月集合资金信托计划"信托利益分配及信托财产返还公告和终止清算报告等资料。

款企业总体经营情况稳定，各项指标持续增长，平均净资产增长了 15.78％，平均销售额增长了 18.57％，平均净利润增加了 84.89％，平均负债为 54.33％。

信托计划存续期间，运行情况良好，受托人对信托计划资金的管理、运用符合信托计划文件的约定。截至 2010 年 9 月 18 日，借款人已全部按约归还全部贷款本金及应付利息。截至 2010 年 9 月 18 日，信托计划第二信托年度实现信托计划到账收入 3 830 950.66 元，最终向受益人实际分配的信托收益为 2 823 832.55 元；返还信托财产 50 000 000.00 元。其中包括：①向优先受益人按照 9％的年收益率分配信托利益，信托利益为 5 400 000.00 元，信托利益分配及信托计划财产返还共计金额 35 400 000.00 元(其中 270 万元已于第一信托年度进行预分配)。②向一般受益人返还信托计划财产 10 000 000.00 元。③向劣后受益人分配信托利益及返还信托计划财产共计 10 123 832.55 元。

3. "宝石流霞"案例分析

本次发行的"宝石流霞"是浙江中新力合担保有限公司"小企业集合信托债权基金"系列产品的第二期①。首期"平湖秋月"已于 2008 年 9 月正式完成，来自西湖区的 20 家科技型、创新型的小企业成为当期 5 000 万元信托贷款的受益对象。

而本次发行的"宝石流霞"计划，是针对如今文化创意产业融资难现状进行的一次产品创新。它的发行，在产业升级、经济转型阶段为知识型、服务型企业提供了融资出路，通过多渠道资金引进的方式，对中小型企业资源整合的同时，针对杭州的文化背景和特色建立起文化创意产业群，无论在金融产品创新、产业升级还是城市建设方面都是一次很好的尝试。

"宝石流霞"中小企业信托债权基金由中投信托股份有限公司发行，杭州银行担任信托管理，杭州点石引导投资管理有限公司担任信托顾问。"宝石流霞"的规模为 6 000 万元，于 2009 年 2 月 3 日发行，其中由杭州市政府财政资金(杭州市财开投资集团有限公司)出资认购 1 000 万元，为体现政府的引导扶持作用，该资金为保本认购，有担保，无须回报；由杭州银行认购 4 700 万元，按照 6.18％的年收益率分配信托利益，并向社会发行总额为 4 700 万元的理财产品，有担保，年收益为 5.5％；创投机构(浙江三生石创业投资公司)认购 300 万元，无担保，年收益为 30％。浙江中新力合担保有限公司为财政与理财产品认购部分，即 5 700 万元提供担保②。

---

① 资料来源：杭州网，2009 年 1 月 20 日消息"市文创产业集合信托债权基金'宝石流霞'首发"，http://www.hangzhou.com.cn/20090112/ca1641762.htm。

② 资料来源：桐乡市"实践科学发展观，推进项目攻坚年"活动网站"他山之石"栏目 2009 年 6 月 1 日消息"小企业集合信托债权基金——中小型企业融资的有益探索"，http://tjb.tx.gov.cn/html/tashan/20090601/145720.html。

29 家文化创意产业小企业分别获得 20 万元至 800 万元不等的贷款，信托贷款利率为 8.39%，债务期限为 1 年，担保费为 1%。贷款利息支付周期为贷款发放日后每 90 天支付一次利息。信托管理费为 0.88%/年，信托保管费为 0.2%/年，投资顾问费为 0.5%/年。

本次总额为 6 000 万元的信托债权基金，分别来自杭州市财政、杭州银行及浙江三生石创业投资有限公司三方的认购，额度分别为 1 000 万元、4 700 万元及 300 万元。所募集的资金分别投向 29 家文化创意企业，金额从 20 万元到 800 万元不等，户均 200 万元，行业领域覆盖杭州市文创产业 8 大行业和 20 个子行业，其中信息服务业、现代传媒业和设计服务业占总额度的 66.34%，较好地代表了杭州市文化创意产业现阶段的发展情况[①]（图 4.28）。

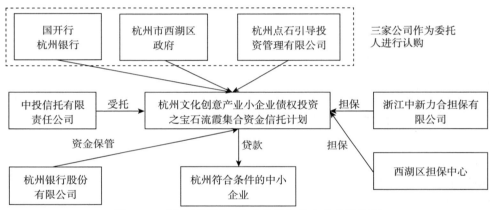

图 4.28 "宝石流霞"中小企业债权基金交易结构图

"宝石流霞"项目中除了对贷款企业实际控制人的住所做出了限定之外，还规定当企业还款出现问题时，风投可以获得贷款公司的部分股权，这说明贷款公司其实是将其部分股权作为获得贷款担保的反担保物。

该信托计划的风险控制措施包括：若部分企业到期不能顺利按期还本付息归还贷款，优先由在风险投资公司认购的 300 万元代偿，此时风投公司在该企业的投资上回报为零，但风投公司仍能取得该企业的部分股权；一旦坏账超过 300 万元，担保公司才会履行担保责任负责代偿。首先是部分企业到期偿还的贷款，（在担保前设计了一道防火墙）优先用于归还理财产品的本金和收益，其次是归还政府财政资金的本金，这样对社会和政府财政来说都是安全的可控的。此外，这一产品的一个突出特点就是设计了三级受益人制度。三级受益人制度的设计：

① 资料来源：余杭创意文化网站，2009 年 11 月 5 日消息"市文创产业集合信托债权基金'宝石流霞'与'满陇桂雨'"，http://whcy.yuhang.gov.cn/newsshow.aspx? artid=173932。

"宝石流霞"根据不同市场主体对风险和收益的差异化需求，设计了优先、次级、劣后三级受益人。因为贷款损失由风投认购资金优先代偿，所以三级受益人所承受的风险排序为风投＞政府＞公众；收益程度排序为风投＞公众＞政府。

而信托计划中企业入选的基本条件有九项，分别是：①注册和纳税在杭州市；②公司实际运营 2 年以上，销售额同比增长 20％或净利润同比增长 10％；③年度销售额不低于 100 万元；④现有短期融资不超过上年度销售额的 20％；⑤经营者本行业从业经验 3 年以上，无不良信用记录，知识结构与经营匹配性高，经营团队团结稳定、执行力强；⑥有经过市场检验的核心产品或服务，良好的商业模式；⑦所在市场有一定的竞争力，或在细分市场名列前茅；⑧与竞争对手相比，有明显的差异化特征；⑨企业实际控制人居住在杭州。

同样的，该产品也存在一些优点与不足。

该信托产品的优点包括：①开创性的设计了优先、次级、劣后三级受益人的风险、收益分配结构，解决了不同市场主体对风险和收益的差异化需求，降低了融资风险；②担保机构只对优先和次级受益人的资金进行担保，在一定程度上减轻了担保机构的负担；③风投资金对贷款损失优先代偿，剩余占总额 95％的担保额度对担保公司来说风险几乎为零。

该信托产品的不足包括：①基金受益企业仅局限于文化创意企业，相对于"平湖秋月"基金受益企业的不限定业态来看，有一定缺陷；②所有贷款企业得到的是同样的贷款产品，不能体现出不同企业不同的风险特点；③贷款期限较短，仅为一年①。

"宝石流霞"第一季度贷后跟踪报告："宝石流霞"项目目前运作情况总体正常。表现为：一是企业总体经营状况稳定。2010 年 29 家贷款企业总体经营状况稳定，没有出现主营业务下滑的现象，大部分企业主营业务较上年有了上涨或者基本持平，部分企业主营业务上涨幅度很大，反映出我市文创产业在金融危机的影响下，仍然保持着一定的增长势头。二是企业贷款用途与贷前所承诺用途一致，风险尚在可控范围内。首次的贷后跟踪调查主要关注各家企业贷款用途是否符合贷前承诺。经过调查，各家企业贷款用途均符合贷前承诺，没有出现资金违规使用的行为。各家企业的反担保情况均为正常，有 22 家企业的财务速动比率超过了 100％，偿还短期债务能力强，剩余的 7 家企业财务速动比率也都接近100％。总体来看，企业偿还债务风险尚在可控范围内。三是后续融资安排积极开展。后续融资跟进是进一步解决"宝石流霞"贷款企业融资难问题的重要举措。为吸引金融和创投机构为企业提供后续融资服务，杭州点石引导投资管理有限公司针对"宝石流霞"贷款企业举办了由银行、信托公司、创投机构多方参与的走访

---

① 数据来源：杭州市文化创意产业办公室网站，2009 年 8 月 11 日消息"上半年我市文创产业融资工作成效明显"，http://www.0571ci.com/html/info/n/201203/13329230283046.html。

活动，首次走访了 9 家企业，部分企业得到了创投机构的关注，开始后续融资计划安排。民生银行已与中新力合公司达成"企业债客户跟进融资协议"，在中新力合公司提供担保的情况下，将对"宝石流霞"贷款企业提供后续融资服务，贷款额度为"宝石流霞"项目贷款的 50％，无须任何抵押。

"宝石流霞"第二季度贷后跟踪报告：对全部 29 家贷款企业二季度的经营情况、财务数据和风险程度进行了分析和评估。根据报告情况显示，2010 年项目整体运转情况良好，与第一季度相比，大部分企业经营情况有了较大改善，各项主要财务指标有了较大提高，风险在可控范围内。具体表现为：一是企业经营指标稳步增长。与 2009 年同期相比，企业平均净资产增长 1 417.40 ％，平均销售额增长 54.33％，平均净利润增加 37.57 ％，资产负债率上升了 3.05％，主要得益于经济形势逐渐好转，企业经营情况有了较大幅度的改善，而且企业有效控制了成本和费用支出，因此平均销售额和平均净利润增长幅度明显。同时，大部分企业都进一步扩大了生产规模，企业总资产有了较大幅度的提升，导致企业平均净资产增加幅度很大。第二季度财务数据反映出"宝石流霞"为企业拓宽了融资渠道，对企业业务发展具有明显的推动作用。二是项目整体风险可控。各家企业贷款用途均符合贷前承诺，没有出现资金违规使用的行为。第一季度全部 29 家企业已交付利息，利息支付情况正常。第二季度仍有 22 家企业的财务速动比率超过了 100％，偿还短期债务能力强，剩余的 7 家企业财务速动比率也都接近 100％。总体来看，企业偿还债务风险仍在可控范围内。三是后续融资开始跟进。后续融资跟进是进一步解决"宝石流霞"贷款企业融资难问题的重要举措。利用"宝石流霞"项目平台，企业不仅获得了融资扶持，弥补了资金缺口，而且获得了银行、创投等金融机构的关注。由于融资环境开始改善，融资渠道逐渐拓宽，第二季度企业平均负债率虽略有提升，但是远远小于平均净资产的增长幅度，反映出部分业绩和信用良好的企业获得了"宝石流霞"项目外的跟进融资，进一步扩大了生产规模，提升了总资产实力。

信托计划存续期间，运行情况良好，受托人对信托计划资金的管理、运用符合信托计划文件的约定。截至 2010 年 2 月 2 日，借款人已全部按约归还全部贷款本金及应付利息。截至 2010 年 2 月 2 日，本信托计划实现信托计划到账收入 5 099 271.47 元,信托计划最终向受益人实际分配的信托收益为 3 857 992.45 元，返还信托财产 60 000 000.00 元[①]。其中包括：①向优先受益人按照 6.18％的年收益率分配信托利益，信托利益为 2 904 600.00 元，信托利益分配及信托计划财产返还共计金额 49 904 600.00 元；②向一般受益人返还信托计划财产10 000 000.00 元；

---

① 资料来源："中投·杭州市文化创意产业小企业债权投资之宝石流霞集合资金信托计划"信托利益分配及信托财产返还公告。

③向劣后受益人分配信托利益及返还信托计划财产共计3 953 392.45 元①。

4. "三潭印月"案例分析

"三潭印月"的规模为 1.44 亿元，于 2009 年 7 月 7 日发行。"三潭印月"中小企业集合信托债权基金的贷款利率也根据不同选择对应不同的利率登记，其中最低利率仅为 7%，并将以"分类设计、持续发行"的形式，让来自不同领域、融资需求及条件各异的中小企业在此次债权基金集中发售期间，均能选择适合的融资产品，在各自可承受的融资成本下得到企业发展急需的资金。"三潭印月"具有"不分行业、持续发行、产品化设计、宽幅的贷款利率及扩大化的目标客户范围"的特点②。

"三潭印月"产品由杭州市西湖区政府联合中投信托、杭州银行、杭州点石引导投资管理有限公司发起，浙江中新力合担保有限公司与杭州市西湖区中小企业信用担保中心作为担保方，增加了政府担保机构，降低了浙江中新力合担保有限公司的担保风险。

"三潭印月"主要分为三个子信托基金，一年内分四个季度分期发放持续发行。其主要包括以下贷款产品（表 4.15）。

表 4.15　"三潭印月"子信托基金介绍

贷款产品	规模	期限	贷款对象	贷款额度	行业范围	贷款成本
50 贷	6 000 万元	均为 1 年	资金需求小于 50 万元的小企业和个体工商户	10 万～50 万元	不限行业	13%（含担保费）
榕树贷			长期拥有活跃优质应收账款的小企业	100 万～300 万元	行业不限，科技型和现代服务业优先	11%（含担保费，无保证金）
优优贷	3 600 万元		优秀小企业	100 万～300 万元	行业不限，科技型和现代服务业优先	8%（含担保费，无保证金）
天平贷			有抵押品并需要融资最大化的小企业	100 万～300 万元	行业不限，科技型和现代服务业优先	7%（含担保费，无保证金）
妙手贷	4 800 万元		企业基本面良好，但资金周转困难的企业	1 000 万～2 000 万元	行业不限，科技型和现代服务业优先	17.85%（含担保费，无保证金）

资料来源：根据中投信托有限责任公司披露的"三潭印月"集合资金信托计划相关资料整理

"三潭印月"中小企业债权基金交易结构图，如图 4.29 所示。资金来源方面，总额 1.44 亿元分别为 9 180 万元理财为优先级，3 000 万元政府资金为次优先和

① 资料来源：中投信托披露的"中投·杭州市文化创意产业小企业债权投资之宝石流霞集合资金信托计划"终止清算报告。

② 资料来源：浙江在线新闻网站，2009 年 7 月 8 日消息"西湖区用'三潭印月'帮助中小企业融资"，http://zjnews.zjol.com.cn/05zjnews/system/2009/07/08/015653245.shtml。

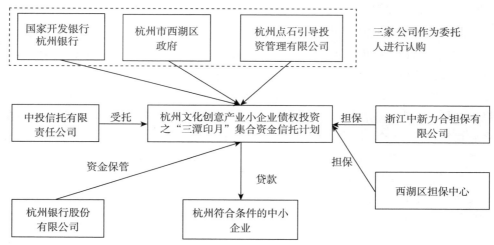

图 4.29 "三潭印月"中小企业债权基金交易结构图

2 220 万元机构资金作为劣后风险递增。理财部分的 8 180 万元由西湖区担保中心担保，银行以理财或其他方式认购。理财部分的 1 000 万元及政府资金的 3 000 万元由浙江中新力合担保有限公司担保。机构资金将由专业的风险投资机构认购，不做担保。

9 180 万元理财部分的 50% 向公众募集，预期收益率为 5%，其余的 50% 由国家开发银行和杭州银行认购。全部 9 180 万元理财部分由西湖区担保中心和浙江中新力合担保有限公司联合担保，其风险较低。

作为反担保措施，"三潭印月"项目对不同贷款产品的贷款企业做出了不同的规定，如 50 贷中规定，"申请者需找两个或两个以上第三方个人无限连带担保"，榕树贷中规定，"质押的应收账款在合同约定的期限以内，账龄不超过六个月"，天平贷中对抵押住房的规定，"抵押住房的范围为杭州主城区内的住宅、商住两用户、写字楼和商铺"等。

该信托计划下企业的资质认证包括以下几方面。

1）50 贷

50 贷信托计划下企业的资质认证包括：①申请企业/个体商户注册纳税在西湖区。②企业的主要经营者生活在杭州。③申请者需找两个或两个以上第三方个人无限连带担保。④若贷款者只能找到一名担保人时贷款主体则需同时满足以下条件：其一，贷款额为纳税报表销售额的 10%，但最高不超过 50 万元；其二，贷款企业经营时间超过 3 年；其三，主要经营者已婚，有子女，有稳定的家庭年收入；其四，主要经营者在杭州有两套以上住房。⑤特别优秀的企业可适当放宽条件。

2）榕树贷

榕树贷信托计划下企业的资质认证包括：①贷款企业注册纳税在西湖区；②企业实际控制人居住在杭州；③公司实际运营 2 年以上；④质押的应收账款在合同约定的期限以内，账龄不超过 6 个月；⑤贷款企业与应付款企业有长期的贸易关系；⑥特别优秀的企业可适当放宽条件。

3）优优贷

优优贷信托计划下企业的资质认证包括：①贷款企业注册纳税在西湖区；②企业实际控制人居住在杭州；③公司实际运营 1 年以上；④年销售不低于 100 万元或销售同比增长不低于 20%；⑤现有短期融资不超过上年销售的 30%；⑥经营者本行业从业经验 3 年以上，无不良信用记录；⑦经营团队稳定，知识结构与经营匹配性高，执行力强；⑧有经过市场检验的核心产品或服务，良好的商业模式；⑨所在市场有一定的竞争力，或在细分市场名列前茅；⑩与竞争对手相比，有明显的差异化特征；⑪特别优秀的企业可适当放宽条件。

4）天平贷

天平贷信托计划下企业的资质认证包括：①贷款企业注册纳税在西湖区；②企业实际控制人居住在杭州；③贷款用于企业经营；④原则上有两套及两套以上住房；⑤抵押住房的范围：杭州主城区内的住宅、商住两用户、写字楼和商铺。

5）妙手贷

妙手贷信托计划下企业的资质认证包括：①企业注册纳税在西湖区；②企业实际控制人居住在杭州；③贷款用于企业经营；④有足额抵押；⑤公司实际运营 5 年以上；⑥年销售不低于 3 000 万元；⑦经营者本行业从业经验 5 年以上，无不良信用记录；⑧经营团队稳定，有市场竞争力的产品、核心技术和良好的商业模式。

最后，该产品的优点与不足包括以下几点。

该产品的优点有：①两家担保机构提供联合担保，产品资金总额大，达到了 1.44 亿元。②采用持续发行机制，从而确保中小企业能根据企业自身的承受能力，随时选择适合自己企业实际财务状况相匹配的贷款产品开展融资。③摒弃了"平湖秋月"的先天缺陷，担保公司不再认购基金份额，吸收了"宝石流霞"的优点，引入了一定额度的风投资金，让担保公司仅就社会认购部分和财政认购部分的基金提供担保。④对企业不再进行行业限制，而是按风险、产品划分，只要符合产品要求就可以申请。大大拓展了"小企业集合信托债权基金"的产品适用面，让需要融资的各类企业均有受益机会。⑤产品设计打破了传统信托设计在小企业债权产品上的单一性，一举推出五个产品，进而由五个子信托基金将目标企业客户按照企业与风险类型、贷款特点进行了细分。

该产品的不足包括：①贷款期限较短，且多个产品均为一年；②贷款产品较多，并且实行分期持续发行的发行方式，在满足企业多样化需求的情况下也加大了对中小企业进行筛选的成本。

三、模式总结

依据金融产品设计的主要思路，课题组选取了逆向选择问题的解决、风险分担、产品定价、监管模式和退出机制五个核心关键点，进一步对案例加以剖析。

1. 逆向选择问题的解决

路衢模式下为了解决选择中小企业时的逆向选择问题，通过标准化的企业筛选及信号显示设计，并集合多个金融服务主体，共享功能资源，弱化了信息不对称的程度，提高了资金在投融资双方的配置效率，最终降低了交易成本，实现各个参与主体的多方共赢。

企业筛选方面，路衢模式下的目标企业筛选，是依据国家的宏观经济政策，结合当地政府的产业扶持政策和发展战略，政府、担保公司、机构投资者等金融机构组成评定委员会，设置路衢模式下目标企业的筛选标准，中小企业基于自身的资金需求进行申请，由评定委员会根据企业的信用评价体系和评定标准对申请企业进行筛选，并评定各目标企业的贷款额度，路衢模式下目标企业的筛选遵循标准化操作，是不同于传统信贷模式下企业筛选方式的创新的。例如，在"平湖秋月"项目实施过程中，借助中投信托、中新力合等公司的专业力量，从报名的500多家公司中最终评议审定20家。在集合信托债权基金的设计中，专业金融机构自身也投入部分资金购买，实质是向市场发送自己关于贷款企业信用符合要求的信号。由于这是可以置信的行为，是解决信息不对称问题的有力措施，大大增加了集合信托债权基金的吸引力，扩大了市场(廖海波，2011)。

路衢模式中，在筛选可入选企业时，可以通过设定一般的条件，如企业规模、利润率、经营年限等。并且这些条件比一般通过银行信贷融资模式所要求的条件更低，从而能让更多的中小企业获得资金。另外，通过条件的设定，让不符合条件的企业自行退出，从而降低了信用出借方搜寻符合要求的中小企业的难度。在路衢模式的典型案例中，均对申请企业的条件做出了相应规定，除了企业规模、利润率、经营年限等，还对经营者的资历、财产及公司产品和商业模式等条件做出了规定。

此外，企业在获得融资服务时，通过路衢模式打通了通向各个出资人的路径，路衢模式将资金、担保服务打包出售，企业仅需申请此类全功能服务产品，而无须为自己寻找各类资源。

同时，各类金融服务中介在功能上存在互补关系，可以打通彼此的信用供给需求，使其共享客户、技术、信息资源等。通过路衢模式将具有资金需求的企业进行组合，使担保、信用评级、欲寻求价值投资机会的专业投资基金都可以在通过路衢模式集合的企业池中对企业进行筛选，降低了在市场上搜寻的成本。

最后，财政资金需要结合政府产业支持方向，对相关行业的企业进行扶持，如支持高新技术类企业、重点民生类企业等。通过路衢模式，可以实现财政支持资金的放大作用，并且可以通过路衢模式的企业项目筛选机制，筛选出符合产业导向的企业。若政府直接为中小企业提供资金，支持规模上无法实现扩大与杠杆效应；若仅仅入股担保机构或投资公司，在项目筛选上又没有主动权。在路衢模式的典型案例中，"平湖秋月"、"宝石流霞"及"三潭印月"项目对财政资金的放大作用分别为 5 倍、6 倍和 4.8 倍。

2. 风险分担

路衢模式设计了一种合理的风险分担模式，很好地解决了不同市场主体对风险和收益的差异化需求。

政府与银行方面，政府资金与银行资金在路衢模式中承受着最少的风险，因为它们在集合信托债权基金中通常属于优先受益人，其本金的回收和收益的获得一般由担保机构提供全额担保，与此相对应地，它们的收益较低。在路衢模式中，政府财政资金更多地体现出拉动社会资金的作用，通常不要求收益；银行资金通常由向社会发行理财产品获得，要求较低的固定收益。在路衢模式的典型案例中，政府财政资金均不要求回报，并且要求担保公司全额担保。这样既能降低中小企业的融资成本，又能保证财政资金的安全性，确保财政资金的回收再利用，扩大财政资金的引导拉动作用。

专业投资机构（如风险投资机构）资金在集合信托债权基金中通常属于劣后受益人。一旦信托贷款本息回收出现问题，专业投资机构的资金将最先受到影响，即其资金将优先代偿贷款损失，保证优先级受益人的本息收回，并且通常担保机构对其资金的收益不提供担保。专业投资机构资金承担着集合信托债权基金中的最大的风险，必然要求相应的高回报（通常为 30%），除了较高的固定收益外，通常还会要求中小企业未来股权的优先购买权。例如，在上面提及的"宝石流霞"项目中，浙江三生石创业投资公司认购 300 万元信托产品，收益率为 30%，一旦贷款出现损失，将由这部分资金优先弥补，保证了优先级受益人和次级受益人的收益。

担保机构方面，路衢模式中担保机构通常不认购信托基金（如"宝石流霞"和"三潭印月"项目），其对信托贷款的风险分担表现在对优先级受益人的收益提供的担保上，同时收取相应的担保费。在路衢模式中担保机构收取的担保费率比其一般业务收取的费率较低，通常为 1%（一般业务通常为 2%～3%），这是因为，劣后受益人对优先受益人的本金和收益的损失提供优先代偿，所以在路衢模式中担保机构承担的风险较低。

3. 产品定价

在路衢模式的中小企业信托融资计划中，可以有效地对政府财政资金、担保公司资金、银行等投资机构的资金、机构投资者的资金等进行合理定价。

第一，政府财政资金投入的主要目的是通过扶持中小企业进而促进整体经济的发展，次要目的才是保值增值。因此，在路衢模式中政府资金可以是低息甚至是无息的。这样一方面可以拉低借款的整体利率；另一方面让其他社会资金能够有一个富有吸引力的利率。以此相对应，政府资金应该位于优先级部分。

第二，路衢模式中担保公司可以以自有资金投资于中小企业集合债权基金，这样虽然可以增加担保公司的收益，但是也增加了担保公司的风险。由于担保公司在路衢模式中承担了较大的风险，也付出了很大的调查成本和监督成本，所以担保公司应该获得一个较大的收益。担保公司的收益来源于保费收入和利息收入两个方面。担保公司的担保费率可以按照一般的担保惯例来收取，甚至可以低于一般的费率，加上利息收入，其收益率可以处于一个较高水平。另外，担保公司的风险偏好程度应高于政府而低于机构投资者，所以担保资金应位于次优先级部分。

第三，在路衢模式中，银行等投资机构的风险比一般的贷款风险小，因为集合债是分散在众多中小企业中的，而且又经过担保公司的担保。因此，银行资金的期望收益率不应高于同期贷款利率，同时不能低于同期存款利率。考虑到机会成本，银行资金的收益率也不应低于同期国债的收益率。银行资金的风险偏好程度和风险承受能力都高于政府而低于机构投资者，因此也可以定位于次优先级部分。在路衢模式的实际操作中，银行的资金通常通过向公众发行理财产品获得，所以银行资金获得的回报应能覆盖其发行理财产品的成本，同时还要有一定的盈利。

第四，机构投资者的目的是获得其看中的中小企业的股权，通过企业上市来获取收益，或者是在一定程度上控制企业，以服务于本企业的发展战略。机构投资者有能力承受集合债劣后级部分的风险，并且可以不要求任何担保。在路衢模式的典型案例中，机构投资者的资金回报率通常是30%，同时还能获得企业股份的期权。

第五，信托公司应根据当前的经济形势和银行的贷款利率确定中小企业的融资利率，一方面由于中小企业通常很难在没有抵押的情况下在银行获得贷款，其融资利率水平不能比银行的同期贷款利率低太多；另一方面，由于中小企业将在期权释放上做出补偿，其融资利率也不能定得过高，中小企业的融资利率可按银行贷款利率的一定比例收取。在路衢模式的案例中，中小企业信托贷款的定价比较灵活，既可以是对所有中小企业统一定价（如"平湖秋月"和"宝石流霞"项目），也可以是针对不同的贷款企业差别定价（如"三潭印月"项目）。

4. 监管模式

路衢模式下对获得信托贷款的中小企业的监管主要是由评定委员会通过企业数据库对企业进行动态控制。企业数据库可以把信息集成起来，同时录入其他相关信息，使评定委员会对企业的看法更加完整。企业数据库以数据库为核心，其还包括数据集成系统与决策分析系统。

5. 退出机制

路衢模式中，财政资金和银行资金的退出依靠借款企业的还本付息实现；担保公司资金的退出依靠企业缴纳的保费和还本付息实现；风险投资等机构投资者的资金退出在一般情况下依靠借款企业还本付息实现，在企业还款出现困难时，相对获得企业上市时的股权。

第八节　支持中小企业的信托模式未来发展方向

由于信托公司富有弹性的资金安排及有效分散风险的各种制度保证，目前中小企业的信托业务已经形成了一个较为成熟的发展模式，为处于融资困境的中小企业开辟了一条新的、更加灵活的融资渠道，受到了中小企业的普遍认可。但是由于中小企业信托业务起步较晚，各项配套措施还不完善，随着相关配套措施的不断完善，中小企业的信托业务在未来将向规模化、专业化和基金化方向发展。

（1）开展规模化中小企业信托产品。由于中小企业自身的原因，其所能承受的融资成本有限，加之信息不对称，就投资者而言部分中小企业的风险较高，中小企业信托融资的动力不足。想要开展规模化的中小企业信托产品，信托公司可以以一定的地域为依托，以部分财政资金设立引导基金，通过项目跟投、认购信托产品次级等形式发行产品，通过当地政府(或园区主管部门)对企业的了解为产品增信。同时发挥行业性担保机构的作用，为中小企业融资提供担保，促进中小企业信托产品规模化发展。

（2）发展基金化管理产品。中小企业信托产品基金化将是中小企业发展信托产品的一个主要趋势。通过基金化的运作模式，为小微企业提供长期、成本合适的融资产品，由于中小企业的融资规模相对较小，通过基金化运作模式可以引入多个不同领域、不同发展规模的中小企业集群，可以有效缓释单体项目的风险。

（3）发展专业化中小企业信托产品。目前我国中小企业信托产品的资金运用方式包括债权、股权、权益投资及各种方式的组合投资，资金运用方式灵活多样。但是由于我国中小企业股权投资的退出机制尚不健全，我国中小企业信托产品在投资方式上大多数还是选择以债权为主的投资方式。未来，随着相关配套措施的不断健全，信托公司将逐渐发展专业化的信托产品，在投资过程中充分发挥财务顾问、兼并收购及资产重组等方面的专长，为中小企业提供综合性、专业化和一站式的金融服务。

（4）发展小微企业债权信托产品的分拆组合和评级。信托产品在资产证券化原理基础上，可以通过设立专业的产品评级机构，适度开放信托份额的分拆组合，形成风险适度的产品和交易市场，增加信托产品的流动性和投资属性，以便吸引更多的投资者。

第五章
中小企业信托融资模式创新——基于参与主体视角的分析

虽然很多信托公司已经发行了不少为中小企业提供资金支持的信托计划，在一定程度上改善了中小企业融资难的困境，但中小企业信托融资仍然处于比较初级的阶段，信托计划的各方参与主体，如信托公司、政府、担保机构及融资方，还有融资环境等方面，都存在着较大的完善空间。本章从信托计划的参与主体角度，分析不同参与主体在中小企业信托融资中可以改进、完善的地方，以此促进中小企业信托融资，如信托公司可以通过业务创新、风险管理、与银行或同业的合作及投资者教育等促进中小企业信托融资的发展；政府方面可以加强引导与服务，同时应注重担保机构的信用升级，此外可以制定相关政策优化整体的融资环境等；中小企业信托融资的融资方则可以通过规范内部治理机制以提高自身素质、树立信用意识、健全企业信息披露制度等，减少借款过程中的信息不对称程度。本章将从以上角度对中小企业信托融资的模式创新进行详细阐述。

第一节　信托公司角度

一、业务创新

目前中小企业的信托融资主要是贷款型信托。贷款型信托是一种债权型融资模式，是指信托公司通过信托计划以债权的形式投资中小企业，这种模式是我国目前中小企业信托融资中最为普遍的一种模式。从现实情况来看，相比于银行贷款，信托贷款的融资成本稍高，但这并不影响中小企业选择信托贷款融资。一方面，中小企业难以从银行或者资本市场获得贷款；另一方面，中小企业虽然可以通过民间借贷等途径获得资金支持，但其成本远远高于信托融资（熊立，2012）。

显然，贷款型信托虽然可以以贷款的形式为中小企业提供资金支持，在一定程度上缓解中小企业的融资难题，但是却不能在长期内支持中小企业的发展，因此可以考虑在未来发展股权投资型信托。股权投资型信托属于权益型信托，即信托公司通过信托计划，将信托资金以股权收购或增资扩股的形式直接投资中小企业，实现对企业的股权投资，以股权分红、减资或股权转让实现信托投资收益。在这种模式中信托公司一般不会直接参与企业的经营管理，但对企业会有知情权和决策权。这种运作模式的优点是：信托资金在企业的财务报表中体现为新增注册资本，将有效地改善企业的资本结构，使企业的资产负债率下降，同时提高企业的资信等级。这种模式的缺点是：信托公司通过股权投资成为企业的股东甚至是控股股东，中小企业原股东可能会失去部分股权或对企业的控制权；此外，这种模式的信托计划退出和流动性均较差，后期资产管理机构无法介入。显然，股权投资型信托可以帮助中小企业借助信托公司等专业机构的专业知识，实现长期、可持续的发展。

除了模式创新以外，中小企业信托融资还可以通过产品多样化进行创新，如私募基金信托阳光化、资产证券化或 PE 信托等（胡安举，2012）。

私募基金信托阳光化方面（朱倩，2006），近年来民间私募基金获得了巨大发展，且专业化水平不断提升，对金融体系及宏观经济的影响逐渐增大，但其尚未获得明确的法律认可，使之发展受到限制；通过借道信托公司的法律平台，一方面可以明确私募基金机构的法律地位，保护基金的安全，进而吸引更多的投资者，为今后募集资金打开渠道；另一方面，信托公司也可以借助私募基金机构的专业优势，提升信托财产的收益水平，进而吸引更多投资者投资信托产品，以增加收入。

资产证券化是指将缺乏流动性，但能够产生可预见现金流收入的金融资产转换成在金融市场上可以出售和流通的证券的行为。证券化的实质是通过证券化在各当事人之间进行权利和义务的再分配与组合，隔离风险，保证收益，在投资者和资金需求者之间架起安全可靠的资金融通渠道，而信托制度所具有的风险隔离功能和权利重构功能，能够充分满足资产证券化的要求。在金融活动中，通过信托载体能保障资产证券化过程中的风险隔离和现金流动的充足性与安全性的实现。资产证券化有助于改善融资结构和增加融资渠道、分散银行系统风险、增加金融产品供给，对我国金融市场的发展意义重大，而资产证券化的关键制度设计在于使"资产池"的资产与发起人的其他财产进行合法有效的隔离，从而达到"破产隔离"的目的，并使二者的信用等级分割开来；特殊目的的载体（special purpose vehicle，SPV）有特殊目的的公司（special purpose company，SPC）和特殊目的的信托（special purpose trust，SPT）两种模式，在国内法律制度下只有特殊目的的信托才有生存的土壤，因此可以推进信托公司在此过程中的作用。通过信托公司设立财产信托进行资产证券化，其大致的运作流程为：原始权益人将资产或财产（权）委托给信托公司，信托公司设立财产信托并建成表外资产账表；原始权益人将获得的受益权委托给信托公司向投资者转让；信托公司将信托期间的表外资产账表（资产池）中所产生的现金流量按约定期支付给投资者。由于信托财产具有独立性的法律特征，使引入信托制度以实现支撑证券的资产与发起人、SPV 的经营风险、破产风险相隔离成为可能。而且通过信托，在资产证券化方案设计上具有高度的灵活性，资金、动产、房产、地产及知识产权、债权等财产、财产权均可作为信托财产，能够使委托人实现各种合法的信托目的。

　　PE 信托方面，中国银监会前主席刘明康曾指出，目前最活跃且备受青睐的私募股权投资公司的出现大有替代传统资本市场上融资手段和形式的趋势（胡安举，2012），而我国信托公司与之类似，具有这方面的潜力；由于私募股权投资有利于完善金融体系和支持中小企业融资；有利于实现产业重组和产业结构提升；有利于扩大投资渠道并提升国民的财产性收入，这对我国金融市场和实体经济的健康发展来说具有重要的战略意义和现实需求，而 PE 信托则有广阔的发展空间。一方面 PE 信托拥有完整规范的法律法规支持，有助于其高效、便捷地集合大量资金；另一方面 PE 信托便于政府监管和市场监管，使投资者的利益得到保护；此外，PE 信托运营效率高，鉴于 PE 基金运作期限长、资金运营具有阶段性特点，PE 信托只需依据信托文件即可按投资规模的需要进行多轮资金的募集，且在投资退出机制上，PE 信托的效率也很高。

二、深入产业链研究的风险管理

　　信托公司在开发设计信托计划时，首先应该着力于产业细分。通过细分产业，选择有优势或者有政策扶持的产业开展业务。信托公司在选择开展业务的产业领域时，信托公司在该产业领域应该有一定的投资经验积累，有熟悉该领域的专业人才，如若没有，公司应当通过其他途径获得。产业链研究方面，信托公司应该聚焦产业金融领域的研究，在国家政策扶持的产业，如现代农业、高科技产业、医疗卫生、文化传媒、节能环保等，注重对产业链上下游的理解，从"捕捉业务机会"向"发现行业机遇"转型，以产业金融研究成果为引导。此外，产品线布局方面，应以深化金融联盟为业务方向，从"银行贷款的补充"向"一揽子融资服务供应商"转型，提升业务附加值。

　　在进行产业细分之后，在特定产业内选择合作的中小企业时，信托公司应该注重供应链的研究，而不是对单一企业的研究。借鉴余岚（2010）对中小企业向银行贷款时的供应链融资模式研究，接下来探讨中小企业通过信托融资过程的供应链融资模式。

一个企业的资金在采购、生产、销售的不同阶段，以不同的形式表现。在采购阶段，资金表现为原材料的形式；在生产阶段，资金表现为库存半成品或产成品的形式；在销售阶段，资金表现为商品的形式。在整个供应链中，企业以"应付账款"向其上游供应商融资，以"应收账款"向下游经销商提供融资，从"应付账款"到期支付现金到"应收账款"到期收到现金，企业就产生了"资金缺口"（余岚，2010）。

中小企业作为供应链上的弱势群体，在其采购、生产和销售的三个阶段经常会出现"资金缺口"。

（1）采购阶段。首先，供应商商品价格的波动很容易造成下游中小企业的采购出现资金困难；其次，具备较强实力的供应商为了自身利益，也经常会利用自身的强势地位逼迫下游中小企业购买商尽快付款。

（2）生产阶段。中小企业因为生产过程、运输、库存、市场波动等原因导致大量半成品或产成品（存货）积压，这会大量占用企业资金，给企业的资金周转造成困难。

（3）销售阶段。在面对具备较强实力的购货方时，购货方为了自身利益总是试图延长货款收回期，毫无疑问这也会给中小企业带来流动资金短缺的风险。

针对三个阶段的资金缺口，信托计划的切入点也可以分成三个阶段解决中小企业出现的资金缺口困难：采购阶段的"预付款融资"、生产阶段的"存货融资"、销售阶段的"应收账款融资"。

处于供应链上游的大型企业给予下游中小企业的货款付款期往往很短，甚至有时还需要下游中小企业预付账款，才会提供其生产需要的原材料。针对处于供应链中弱势地位的中小企业某笔特定的预付账款，该企业从信托计划中获得贷款值此的融资模式可称为"预付款融资模式"。其是指在供应链核心企业承诺回购的前提下（即当进行融资的中小企业未能足额提取货物时，核心企业必须负责回购剩余货物），信托公司、仓储监管方、供应链核心企业、中小企业四方共同签订"保兑仓协议书"，允许中小企业在向信托公司交纳指定数额的保证金后，由中小企业向信托公司申请以卖方在指定仓库的既定仓单为质押获得信托计划的贷款支持。

"存货融资模式"也称为"动产质押模式"，是融资的中小企业以其拥有的具有出质资格的动产（存货）作为质押物，交付给信托公司指定的且具有合法保管动产资格的第三方物流企业进行保管、再进行融资的模式。"动产质押模式"是一种新型的融资模式，区别于传统质押贷款业务必须要求不动产质押或第三方信誉担保的操作，此模式的实质是将不满足抵押要求的动产（主要是原材料、产成品）转变为可被接受的动产质押产品，并以此进行融资。"动产质押模式"的基本运作原理是融资企业（中小企业）以其采购的原材料、半成品或产成品作为质押物存入第三方物流企业的仓库,提出信贷支持申请,之后用经营所得分阶段还款。

在"动产质押融资模式"中,信托公司需要着重考察融资企业(中小企业)的存货是否稳定、交易对象是否长期、整个供应链的运作是否可靠,根据这些因素做出是否放贷的决策。在此模式中引入第三方物流企业作为连接信托公司与融资企业(中小企业)的桥梁,由其负责动产质押物的验收、评估与监管,协助信托公司进行风险评估和控制,从而降低信托公司向该中小企业放贷的信贷风险。可以说,"动产质押融资模式"为中小企业的融资开辟了一条新的渠道。

"应收账款融资模式"是指融资企业利用未到期的应收账款向信托公司申请信贷支持的业务模式,国际上使用较多的主要是以下三种模式。

(1)"应收账款让售融资模式",即融资企业(供货企业)将未到期的应收账款债权出售给金融机构,由金融机构承担向买方收取款项的风险,并且金融机构不具有对融资企业的追索权的模式。

(2)"应收账款证券化模式",是指融资企业利用特定的金融技术,将企业未到期应收账款项下可以预见的稳定现金流量转化为可在金融市场上出售和流通的证券,以此获得资金的模式。

(3)"应收账款质押融资模式",即融资企业(供货企业)以未到期应收账款为质押品向金融机构融资,金融机构在给予融资企业(供货企业)信贷支持后,若债务企业(购货方)拒绝付款或无力付款,金融机构有权要求融资企业(供货企业)偿还资金的模式。

基于供应链的应收账款融资模式是指上述第三种"应收账款质押融资模式",一般是为供应链上游的中小企业融资,是将其对核心大企业的应收账款单据凭证进行质押,以此获得期限不超过应收账款偿还期的短期贷款的融资模式。该融资模式的参与方包括信托公司等金融机构、债权企业(中小企业)、债务企业(核心大企业)。实际上,债务企业(核心大企业)在整个融资模式的运作中起到了"反担保"的作用,一旦融资企业出现问题,债务企业(核心大企业)就会弥补金融机构的损失。

区别于传统的银行信贷只关注融资企业的资产负债情况和资信水平,"应收账款融资模式"以企业之间的真实交易为基础,以融资企业产品的市场认可度和盈利情况为依据,其更看重的是供应链下游核心大型企业的还款能力及整个供应链的运作状况。一般情况下,核心大型企业(债务企业)具有较大的规模及较强的资信实力,并且与金融机构存在长期稳定的业务关系,在整个中小企业融资过程中起到了"反担保"的作用,有效降低了金融机构的信贷风险。相对的,为了维护与核心大型企业之间长期稳定的贸易关系,供应链上的中小企业(融资企业)不得不按期偿还贷款,以树立良好的信用形象。所以,在"应收账款质押融资模式"下,既实现了中小企业利用核心大型企业的资信实力获得信贷支持的目的,同时也有效降低了金融机构的信贷风险。

通过以上三种供应链融资模式的分析与比较，可以发现，每种融资模式都必须具备以下四个关键因素。第一，存在以一个或多个实力较强的核心大型企业为中心的稳定的供应链，供应链上的中小供应企业及服务企业与核心大企业之间存在长期稳定的业务关系。第二，存在愿意为整个供应链提供融资服务的金融机构，这些金融机构往往与供应链上的核心企业具有长期稳定的业务往来。第三，金融机构与供应链企业的合作均可为彼此带来相应的利益。第四，除了"应收账款融资模式"外，其他两种融资模式都要求第三方物流企业作为合作监督方参与到融资业务中来，只有具备了以上四个关键因素，供应链融资业务才能有效开展。

可以说，中小企业是基于供应链的融资模式的最大受益者。因为，如果中小企业只是市场上一个独立的经营主体，要想获得金融机构的信贷支持是比较困难的。相反，如果中小企业与核心大型企业之间存在长期稳定的合作关系，成为以核心大型企业为中心的供应链上的一部分，就可以利用核心大型企业的雄厚实力及良好的信用条件为其融资提供便利，解决自身发展的融资瓶颈问题。而对于核心企业来说，虽然其本身一般不存在融资困境，但供应链上的上下游中小企业成员作为供应链的一部分，它们的运行状况直接影响整条供应链的运行效率，进而影响核心大型企业自身的利益。所以，为保障自身的利益及整个供应链的运行效率，核心大型企业会选择利用自己雄厚的实力及良好的信用条件为上下游中小企业的融资提供便利。商业银行等金融机构作为供应链融资模式的重要组成部分，扮演着整个供应链体系的"财务战略伙伴"的角色，对整个供应链的高效运转起着关键作用。同时，对商业银行自身来说，通过参与供应链融资业务，可以获得相应的收益，拓展自身的业务领域，有效地提升竞争力。

综上所述，供应链融资体系得以构成和运行的基础是：体系中的中小企业、核心大型企业、商业银行等金融机构及第三方物流企业彼此间存在利益共同点。客观而言，通过供应链融资模式，中小企业可以较好地解决资金瓶颈问题，保证其经营发展的稳定；而中小企业的稳定发展又有助于整个供应链的顺利运转，进而有利于供应链上核心大型企业的业务发展；同时对于金融机构和第三方物流企业来说，参与供应链融资业务为它们带来了相应的收益和拓宽业务领域的机会。

三、投资者教育

金融市场中严重的信息不对称导致投资者一直处于劣势地位。为了保护投资者的利益，不断促进金融市场的发展，尤其是发挥投资者对信托的促进作用，需要对投资者进行全面的教育（黄琳，2010）。

投资者是金融市场赖以生存和发展的核心基础，是市场流动性的主要提供者。正是由于投资者的积极参与，金融市场才成为有源之水、有本之木。

由于信息不对称、投资知识缺乏、风险意识不强等原因，投资者在金融市场中长期处于弱势地位，而信托私募的性质更使投资者难以获得足够的信息。尤其是针对中小企业融资的信托产品，中小企业信用程度低、可抵押物少、财务制度不健全、信息披露不足等，使得向中小企业发放贷款风险较大。因此，针对中小企业融资的信托产品，中小企业容易违约，使产品风险加大，从而使中小企业融资的信托产品更加需要对投资者进行教育，使其充分认识到产品中的风险与收益，力争在平衡风险与收益的前提下进行理性投资。只有充分保护投资者的利益，金融市场才能健康可持续发展，而良好的投资者教育正是保护投资者利益的关键。在金融创新背景下，投资者教育面临新的挑战，需要探索行之有效的对策措施（黄琳，2010）。

投资者教育是投资者权益保护的重要手段，国际证监会组织技术委员会为投资者教育工作设定了六个基本原则：①投资者教育应有助于监管者保护投资者；②投资者教育不应被视为是对市场参与者监管工作的替代；③投资者教育没有一个固定的模式，相反地，它可以有多种形式，这取决于监管者的特定目标、投资者的成熟度和可供使用的资源；④鉴于投资者的市场经验和投资行为成熟度的层次不一，一个广泛适用的投资者教育计划是不现实的；⑤投资者教育不能也不应等同于投资咨询；⑥投资者教育应该是公正、非营利的，应避免与市场参与者的任何产品或服务有明显的联系（Emerging Markets Committee，2002）。

由于资金信托目前仍属私募性质，监督部门强调必须一对一营销或者定向营销，不能在媒体上刊登广告，或者在公开场合搞产品的推介宣传，不得将产品推销给银行类金融机构。信托行业在进行投资者教育，特别是对潜在委托人进行启蒙教育方面难免受到一些限制，从而使信托行业的投资者教育变得尤为困难。但信托行业通过监督部门许可的渠道进行力所能及的投资者教育，既是行业发展的需要，也是不可推卸的责任。

信托行业的投资者教育体系应是中国银监会、行业协会和信托公司三位一体的有机组合。下文分别从中国银监会、行业协会和信托公司三个角度叙述对投资者教育的措施（苏州信托投资有限公司课题组，2004）。

1）中国银监会

第一，通过规章制度，明确信托公司对广大委托人所负有的投资教育的责任，并对信托公司进行委托人教育的方式方法、教育内容、教育者的资格进行明确的规定。

第二，建立非营利性的中立的委托人投资教育机构，成立涵盖金融行业各种投资方式的投资技能教育领导部门，具体包括以下方面。

（1）在现有高等院校开设信托教育课程。一是利用选修课程，向广大的在校学生开展普及教育，扩大在校学生对信托行业的了解。二是在金融管理等金融与管理的相关专业开展必修课程，这样既可以培养专业的信托管理服务人才，也可以扩大信托的影响力，为信托行业培养高素质委托人。

（2）开设专业培训学校。一是对现有的证券投资者进行再培训，既提高了现有投资者的投资水平，同时也向他们传达一种新的财务管理及投资方式，使原有的投资者在向信托委托人转换的同时，培养他们更为合理、科学的投资组合方式。二是对社会未成为投资者的成年人进行投资基础知识及信托委托知识的启蒙普及，既可以提高我国公民的投资理财素质，也可以为信托行业培养了更为广泛的信托委托人近期群体。

（3）建立同媒体的合作，通过电视、杂志、网站信托专栏的方式向委托人进行投资者风险识别及防范教育。

（4）创立专业的信托委托人报纸，进行跨行业的投资者教育。

第三，成立独立于各信托公司之外的非营利性信托项目查询分析机构。

（1）对各信托公司的信托项目组织专家进行风险评估，进行项目登记分类。

（2）通过设立网上查询、电话热线等方式向相关委托人无偿提供委托项目的信息查询，并客观发表第三方意见，通过对委托人进行客观公正及时的信息提供、信息披露，确保信托公司项目的透明。

（3）对风险较大的项目，主动提供风险警告。

2）行业协会

（1）通过开辟电视信托知识专栏，向广大的电视观众进行信托产生、发展、理财方面的专栏报道。通过具体案例结合故事性的情节，将实实在在的信托在社会金融、家庭理财方面的作用做客观的报道分析。如将此类节目放在股评之前，其效果可能会更好。

（2）通过网络开展以家庭理财为中心的投资者教育，通过分析信托在投资者组合方面的作用，结合国外金融发达国家的投资组合案例，使投资者认识到信托在个人、家庭理财方面不可或缺的替代作用，从而培养广泛的委托人队伍。尤其是在现代网络日益发达的今天，很多高素质的投资者都是通过网络来进行委托投资的。

（3）通过报纸开辟专栏。一是通过信托案例连载等方式进行系统的委托人告知启蒙，合肥兴泰信托公司开创的信托股市连载报道在对当地信托委托人的教育方面就起到了很好的作用。二是通过记者对信托行业大事记的新闻报道吸引投资者的关注，尤其是在金融投资方面的相关报道。

（4）理财专家的宣传推荐，通过设立理财中心，聘请金融行业的专家向委托人进行一对一的深层次培训，就信托的国内外现状，如何进行委托决策，如何评估项目风险等委托人现实最关心的问题进行讲解，并向相关的投资者及潜在现实投资者进行信托的普及教育。

(5)组织金融信托专家。一是出版发行信托普及推广刊物及相关专业著作。通过现有的书店及报刊亭等渠道向委托人进行教育的信息便利获得。二是出版发行数字刊物，通过网上书店等网络销售渠道向全国 2 000 万网民进行普及教育。三是通过在投资者及潜在投资者集中的刊物发表相关信托的文章，扩大委托人队伍，提升委托人投资知识。

(6)通过与国家教育司合作，出版并推行信托投资初级知识的普及读物，通过游戏、通俗课程的开设对中小学生进行信托等相关投资知识的启蒙教育。

(7)从事信托出版物的发行。对信托行业的优秀出版物通过书籍、杂志、电子版本进行广泛的出版发行，对优秀的信托启蒙文章在各类经济期刊上进行推荐发表。

(8)定期派遣信托行业专业人士到各高校、社会团体、公共聚会场所进行投资方面的咨询、宣传活动。

(9)建立信托行业的网上宣传发行渠道，资助社会信托普及活动的推广宣传。

(10)成立专业的信托报纸、刊物。进行广泛的对各层次的委托人的教育。

3)信托公司

(1)形象教育。通过对公司进行能力范围内的企业级别系统(corporate identity system，CIS)设计，树立良好的公司公众形象，并通过对办公环境、办公地点等相对细节的设计尽可能赢得公众的好评。特别是通过电视、广告牌等方式进行公司的宣传，通过展示信托公司的良好形象，扩大对潜在委托人的启蒙教育，作为信托公司一定要抓住时机对公司进行充分的宣传，如美国万宝路香烟、上海中华烟草都给我们做出了很好的榜样。

(2)与证券、银行、保险结合，进行证券与信托关联宣传。信托作为金融行业的四大支柱产业之一，同银行、证券、保险在业务上虽然是竞争的关系，但在投资者教育方面的利益却是相同的。一个成熟的、庞大的投资者队伍对整个金融投资行业的繁荣无疑是最有利的。作为新兴的金融行业同传统的金融行业的结合应是一个必然的趋势。从国外的发展来看，这也是一个必然的趋势，目前，尽管国内混业经营的局面没有形成，但我国投资公司与银行、证券业的合作已经逐步展开，招商信托同招商银行的合作、苏州信托同苏州工商银行的合作都是非常有前瞻性的。

(3)建立自己的形象窗口。由于中国银监会对信托产品宣传的限制，我国的信托项目融资目前只能以私下募集的方式进行，这就使信托公司建立自己的产品形象展示窗口显得非常必要和紧迫。由于信托公司在几十年的发展中始终没有形成自己的窗口服务规模，在目前的情况下，在能力范围内建立自己的理财服务窗口，无论是在委托者的教育方面，还是在提升自己的服务空间方面都有相当重要的意义。

（4）建立精英代理人团队。通过精英团队组织各种宣传教育活动，在进行委托人教育的同时也会扩大公司的知名度，树立良好的公司形象。

（5）通过组织茶话会、交流会，对委托人进行教育。

（6）建立委托人教育数据库。利用现代网络技术跟踪对委托人的教育，了解委托人的投资技能提升情况，积累委托人的教育经验。

在国外，行业协会组织极为发达，许多工作都是通过协会进行的。我国金融行业的发展历程较短，市场化运作的模式还不成熟，所以作为信托行业委托人的大众化普及教育，出于信托业发展的需要，短期内还得由信托行业自己进行。但从金融信托投资行业的长远发展来看，我国应尽早实现以政府为中心引导，以培育广泛的社会投资氛围，创造良好的社会投资风气，并通过立法、倡导等方式加快信托投资行业委托人的培养教育，使我国尽早形成资本的良性循环，为我国的经济发展做出应有的贡献。

第二节　政策支持及融资环境

一、政府的引导与服务

在中小企业的信托融资阶段中，政府作用主要体现为引导与扶植。具体来说，"政府介入风险投资活动主要包括直接介入和间接介入两种"方式（罗明忠和苏启林，2004），即"政府可以通过直接手段和间接手段积极促进风险投资业的发展"（郑安国，2000）。直接手段（或者称为直接方式）主要是指政府通过投入公共资金的方式来引导更多的社会资金、更有效地投入中小企业活动中，以实现其对中小企业的信托融资引导作用；而间接手段（或者称为间接方式）主要是指政府通过制定与实施适用于中小企业信托融资活动发展的政策与法律的方式，营造良好的外部支持环境，以扶植中小企业的融资活动发展。从本质上来讲，后者就是政府对中小企业的信托融资引导作用的间接体现（邢恩泉，2008）。

从目前的发展现状来看，虽然不同国家是根据本国的客观实际情况，采取与运用不同的措施与手段实现其对中小企业的信托融资引导作用；但是各国现行的各种措施与手段均可以按照"政府是否直接投入资金"而归结为直接与间接两种方式。一般来说，在市场主导型（创业投资产业发展相对成熟与发达）的国家中，政府主要通过间接手段来扶植资融资活动的发展，只有在一些特殊情况下，才使用直接手段来实现对融资的引导作用，而在政府引导型（创业投资产业处于初期起步阶段）的国家中，政府则以"直接手段为主，间接手段为辅"的方式来实现对中小企业的信托融资的引导作用。

在我国，由于"市场失灵"对中小企业的信托融资活动的抑制与阻碍现象尤为突出与严重，因此我国政府需要发挥更加积极而主动的融资引导作用，通过运用各种有效的直接措施与间接手段，进行大胆的制度创新，逐步建立"有利于吸引投资人出资"（成思危，1999），由"政府引导，市场运作"的中小企业信托融资机制与模式，促进中小企业的融资活动实现快速、健康与可持续发展，吸引更多资金更加有效地投入中小企业中，为其发展提供充足、稳定与多元化的资金支持。

1. 构建信用担保体系

1）建立全面高效的征信体系

建立全面高效的征信体系，健全中小企业信用档案记录，是政府对中小企业信托融资行为形成有效约束非常重要的一个方面（向荣，2008）。

中小企业的信用信息包括还款能力和还款意愿两个方面。征信体系的建立，一方面可以增强中小企业信用记录的透明度，降低信托公司对中小企业信息进行收集和处理的成本，使信托公司更容易对申请融资企业的还款能力有一个客观的认识，从而提高中小企业获得融资的机会；另一方面也会促进中小企业注重提高自身信用和信用历史记录的积累。如果企业的信用记录良好，在向信托公司申请融资时就比较容易获得资金，甚至需要提供的抵押或质押也会比较少，而信用记录不佳，就会使信托公司降低对企业的信用评分，导致获得资金的难度增大。所以信用体系的建立会从信托公司和中小企业两方面来缓解中小企业融资难的状况。

信用平台的建设是基于当前中小企业信用不佳、信息少的情况，政府需要构建征信系统和信息平台为中小企业信托融资提供征信服务，完善中小企业信息化基础设施的建设，把企业之间、企业和资金提供方之间的一些信息实现共享，在融资项目的筛选和考察上为信托公司和中小企业融资服务提供帮助。这样有助于信托公司对投资项目进行细心甄选和审慎管理，使资金选择真正有融资困难的优质企业，加强风险控制，与优质项目开展广泛和深入的合作，在保障资金安全的基础上，最大限度地发挥资金的作用。信息平台建设要求政府通过宣传和教育的方式培养企业及企业领导人的信用意识、推动社会信用体系建设，为中小企业融资提供良好的信用环境，形成信托公司、中小企业、投资者之间良好互动的、比较稳定的长效机制。政府金融办领导下的中小企业金融服务机构应该与信托公司建立长期密切的合作，在风险监控、管理手段方面实现联动。

我国征信业从 20 世纪 80 年代起步以来，目前业务活跃的征信机构已达 300多家，征信市场已初具规模，征信业在经济发展中的作用日益显现。截止到2010 年年底，中国人民银行企业征信系统累计收录企业及其他组织 1 691 万户，其中有信贷记录的超过 790 万户；个人征信系统累计收录自然人数 7.77 亿人，其中有信贷记录的自然人数为 2.20 多亿人，且个人信用基础数据库已成为世界上最大的个人征信数据库(王恩泽，2011)。但是，我国的征信体系和信用发达国家相比差距甚远，我国征信业依然处于行业发展的初级阶段，还没有形成具有较强市场竞争力、国际影响力的权威性征信机构，且各省市、各地区发展极不均衡，根据中国人民银行征信中心 2011 年 3 月公布的"评级结果可以在信贷市场使用的评级机构名单"，全国共有 80 家征信机构榜上有名，其中沿海发达地区占有近 60% 的比例，山西、江西、宁夏等中西部 10 省无一机构上榜。随着我国经济及金融改革的进一步推进，社会各方对信用信息平台的需求更加迫切。面对我国目前征信法制建设滞后、征信基础信息系统建设滞后、社会对征信体系建设的重要性还缺乏足够的认识等一系列问题，加快并逐步优化我国的征信体系，已成为完善我国市场经济体制、维护市场经济秩序的必然要求(姚传伟，2009)。

基于上述我国征信体系的现状和存在的一些问题，政府应该从以下几个方面着力。

(2)加快征信法规建设，使征信体系发展和管理有法可依。"有法可依"是我国征信体系优化建设的关键所在，对征信业的健康、快速发展影响深远，必须尽快完善征信法律体系。一是要尽快颁布征信主体法，出台《征信管理条例》，弥补这一法律空白；二是逐步推进征信专业法的颁布，目前最重要的是借鉴美国信用信息共享方面的法律，出台《中华人民共和国信息公开条例》，在处理好信息公开共享与保护国家和商业机密、个人隐私权的前提下，从法律层面引导我国信用信息的有效开放共享；三是升级我国现有征信管理相关法规层次，如将《个人信用信息数据库管理暂行办法》等升格为国务院法规，保证征信法律法规的权威性(王恩泽，2011)。

(2)加快全国统一的企业和个人信用信息基础数据库的建设。信息数据库的建设应该结合银行、证券、税务、工商、公安、法院、财政、社会保障等由企业和个人信用信息的部门提供的数据。另外，个人信用信息也应该作为中小企业信用记录的补充，因为大多数的中小企业都是民营企业，企业一把手的个人信用对于评价这个企业的信用至关重要。

(3)加大宣传教育，让更多的中小企业了解征信体系的重要性。现实中许多中小企业抱有违约的心理，更多的是基于一种即使违约也不会对企业以后去别的信托公司申请融资造成影响的错误认识。因此加强中小企业征信体系建设的内容和作用，以及给中小企业所能获得的好处等的宣传，对于改变中小企业的错误认识，提高中小企业守信的自觉性具有重要的作用。

2)健全失信惩罚机制

健全失信惩罚机制和法律体系是政府对中小企业信贷行为形成有效约束一个非常重要的方面。前述建立的全面高效的征信体系可以理解为发现和记录企业违约或者失信行为的平台，而失信惩罚机制和法律体系才是直接对中小企业的失信行为进行惩罚的制度性安排。

我国目前的失信惩罚机制不健全导致中小企业违约成本过低，过低的违约成本不会对企业的失信行为形成有效的约束，即企业失信以后所付出的成本远低于失信的收益，这样企业就没有动力去改变自己的行为，从而导致信托公司与中小企业融资关系的紧张。这种情况反映到现实中就是，由于失信惩罚机制和法律体系的缺失，使中小企业中未达到刑事犯罪程度的大量失信行为得不到应有的惩罚（何淑明，2007），而且在征信体系不完善的情况下，这种失信记录也不会得到记录和在不同信托公司间的共享，所以当这些失信企业再向别的信托公司申请融资的时候，根据原来的申请条件又可以获得资金，这样就可能会形成新的不良贷款。因此健全失信惩罚机制和法律体系是使政府的惩罚对中小企业的信贷行为形成有效约束的关键。

政府应该从以下两个方面重点着力。

（1）制定一系列失信惩罚相关法律法规。这些法律法规应该从微观方面详细制定中小企业失信的惩罚形式、惩罚的程度、惩罚的执行者，这样在执行的过程中才能做到有法可依，使中小企业的失信行为得到相应程度的惩罚。

（2）政府应该设计一套失信惩罚的联合机制。这种惩罚机制联合其他监管中小企业或为中小企业提供服务的部门，如工商、税收、卫生、环保、土地资源管理、供水供电部门及项目审批部门等，联合对失信企业进行一定程度的惩罚，以逐渐规范中小企业的融资行为。

3）带动民间金融和担保机构

政府参与的担保计划主要起着引导和带动民间机构的作用。政府参与的信用担保本身就是引导信托公司为中小企业融资。在市场经济成熟的国家和地区，金融体系的主体是民间金融机构。因此，政府参与担保计划的主要目的是鼓励民间金融机构参与中小企业贷款。政府参与的担保计划为民间担保机构提供再担保，调动其他担保机构为中小企业担保，大大提高了政府参与的基金的融资杠杆作用（林汉川和魏中奇，2012）。

首先，要建立"分层次、多元化"的政府财政支持的政策性中小企业信用担保体系，保证担保基金的供应（景玉琴，2004；费淑静，2004）。美国政府、日本政府财力雄厚，并且集中在中央政府，而我国财政收入比较分散，中央政府财力相对薄弱。因此可以建立以地方政府出资为主，中央政府与地方政府为辅的分层次的中小企业信用担保体系。其次，必须完善和健全担保机构组织体系，要加快对最急需、最直接、最现实的县、区一级担保市场机构的建设（范曙光和徐友丽，2003）。至于县以上的机构设置，应由一级担保机构参股并由政府安排专项资金组建再担保机构（也称二级担保市场机构）为主，以其作为基层担保机构进行业务监督指导和按规定分担部分基层担保风险的专门机构。最后，针对现有的一些行业协会、商会及新建的产业园区，政府应鼓励设立相应的担保公司或担保管理机构，为中小企业提供担保增信服务（沈静宇和戴蓬军，2005）。

2. 设立公共引导基金

针对众多新建的产业园区，政府直接出资投资虽然能起到扶植科技型、创新型的企业，但由于缺乏市场化的运作机制，其难以凭借自身的力量发展和壮大。我国近十年很多由政府直接成立的产业园区投资基金纷纷走向失败的实践证明，政府直接出资包办产业园区投资是行不通的，其对我国产业园区发展的促进作用非常有限。

设立公共引导基金，即母基金，不直接投资产业园区中的项目，而是投资其他的产业投资基金，不干预该基金的具体投资行为，这样既不违背市场化的原则，又能为产业园区中的中小企业提供资金支持，很显然这是一种优于直接出资成立投资基金的引导方式。国家应该鼓励各级政府成立公共引导基金，扩大引导基金规模，实施积极引导。此外，利用公共引导基金调节各阶段投资项目的分布，使之趋于合理。目前，我国投资机构对早期项目的投资比例过小，公共引导基金应重点支持投资早期项目的投资机构。

刑恩泉（2008）在文献中研究了公共引导基金带动民间投资微观经济模型，假设一单位的公共引导基金能带动一定比例的新增民间投资，而实际中公共引导基金将能起到多重作用，并能为信托公司提供更多的企业甄选服务。

一是公共资金的参与和示范作用能带动民间资金进入，直接扩大中小企业的融资规模。

二是公共引导基金的支持能够产生规模效应和杠杆效应，使投资者提高在产业园区内中小企业投资上的资金配置比例，而且在等量资金的支持下，规模较小的投资机构产生的规模效应和杠杆效应都更明显。

三是公共引导基金能为新进入的投资者提供资金支持，从而降低其筹资能力的门槛，使更多的投资者及其筹集到的资金进入中小企业投资领域。

四是产业园区投资项目按阶段的最佳分布应该是早期占比较大，中、后期依次递减，公共引导基金可以起到调节这一分布比例的作用。

五是由于公共引导基金是产业园区投资的基金，投资公共引导基金的风险远小于直接投资产业园区的投资基金，这为安全要求较高的资金进入产业园区中小企业投资领域提供便利（唐军，2010）。

3. 规范行业协会发展

通过行业协会的建立，有助于协会内中小企业间的相互学习和影响。当协会规模在满足一定的条件下，经过一段时间，协会中的中小企业会朝着相互合作的方向发展，从而为信托公司和中小企业融资关系的改善创造良好的条件。当一个行业协会中的企业数量在 100 家以上的时候，从长期来看，这个行业协会将是有效率的，会充分发挥它的作用和价值为改善中小企业信贷融资难做出贡献[①]，由此也证明了行业协会在解决中小企业信贷融资过程中具有重要的作用。

按照我国现行行业协会法规中的定义，行业协会是从事货物贸易、服务贸易的经营单位自愿组成的非营利性社会团体法人。近年来，我国行业协会随着国民经济的稳步发展得到了快速的发展，按照民政部的统计，2008 年 7 月有全国行业性社团的数量为 41 722 个，占社会团体总数的 30%，占各类社团数量之首。但行业协会在发展过程中也存在着一些问题，如行业协会法规不完善、缺少合法性、行业协会不够独立、政府干预较多及行业协会自身能力建设不足，经费短缺等。

针对行业协会发展中遇到的这些问题，作者认为政府应该采取以下措施。

首先，加快与行业协会相关的立法工作，引导和规范行业协会发展。目前，我国仍缺乏一部全国性的行业协会法律，由于法律的缺失，使行业协会在自身的合法性方面和发展过程中遇到了一系列问题，直接影响到行业协会的发展。政府应该制定全国性的行业协会法律，对行业协会的法律地位、监管及政策扶持等做出明确的规定，引导各地各类型的行业协会规范发展，最大限度地发挥行业协会对中小企业信贷融资的促进作用。

其次，政府应该明确行业协会的职能定位，避免自身对行业协会的过度干预，保持行业协会的独立性。具体来讲就是在行业协会的运作上，要按照市场经济的原则保持行业协会的自主性和独立性，而在规范发展方面，政府应该依法对行业协会进行管理，避免人为地、随意地对行业协会过度干预。

再次，针对行业协会自身建设能力不足、经费短缺的情况，政府可以通过政策上的扶持及政府购买行业协会的研究报告和行业信息等弥补其经费不足问题。另外，政府应该放宽政策，给予行业协会更大的发展空间，通过多种途径来从根本上来引导和规范行业协会的长期健康发展。

最后，引导行业协会在企业甄选上发挥更大的作用。相对于其他组织部门来说，行业协会对内部的中小企业的了解程度要更深，与中小企业间的关系更紧密。一是政府应该鼓励行业协会成立相应的担保管理机构，为内部会员企业提供增信服务。二是行业协会自身可以设立发展基金，在信托产品中扮演信用管理顾问的角色，帮助企业建立本土化的信用管理体系。三是行业协会可以发挥产业链的上下游整合优势，在风险处置上为信托产品提供更多的处置渠道，同时也可以降低产品风险。

[①]　参见姚传伟《政府在中小企业信贷融资中的作用研究》中的模型解释。

4. 健全信托监管体制

有效的监督机制是实现规范化经营、控制风险、引导业务操作的强有力的制衡措施，应完善现有的监管体制，形成全方位监督体系。监管部门应该本着科学监管与鼓励创新相结合，监管与疏导、服务相结合的原则，兼顾安全与效率，实行科学有效的监管方式和手段，实现信托自由与监管效率的平衡。

1）健全信托监管机构

首先，单独设立信托监管机构。中国证监会、中国保监会和中国银监会先后从中国人民银行分离出来，各自行使监管职能，预示着在市场发展推动下监管专业化分工的必然发展趋势（王阳，2008）。对于目前信托监管机构设置层次较低，单一监管机构却享有过大权限的现状，可以考虑在现有的三个监管机关，即中国证监会、中国保监会和中国银监会之外单独设立信托业专门监管机构——信托监督管理委员会专事信托机构、信托业务经营方面的监督和管理，也可以考虑为迎合今后整个金融业逐步实现功能性监管的发展趋势，而暂时在中国银监会框架下设立层次较高的专门的信托管理部门，以便今后发展成为统管金融业的单一监管机关的下属信托监管部。

然而针对目前我国信托业的发展状况，如果直接将信托监管从中国银监会下属非银监管部中分离出来，设立与中国证监会、中国保监会和中国银监会相并列的机构，不论是从机构部门设置规模上说，还是从相关工作人员的配置上来说都是不现实的。因此，对于单独信托监管机构的设立首先可以考虑通过监管部门的过渡性升级和独立及信托监管权力的专员行使予以逐步实现。随着今后我国信托业的进一步发展壮大，以及功能性监管体系的逐步形成，就可以将过渡时期在中国银监会下设立的信托监管部直接发展成为独立的信托监督管理委员会，专门管理信托事务，这样更符合建立统一的金融业监管框架的需求。

其次，建立金融监管协调机构。在现行的分业经营体制下，就信托业务而言，信托公司已经越来越关注挖掘与银行和证券公司的合作，由其代理部分信托业务。由于业务和经营上的相互牵连，所以各个金融行业单独监管机构对自身行业的监管规则和措施等方面的不同，将可能致使对相同业务或者情况的不同管理或者对待，从而导致监管漏洞或者监管权力冲突的出现。因此，在信托业的监管方面也要加强与其他金融行业管理机构的联系与合作。

针对目前各个金融行业的经营状况，为迎合今后整体金融业的发展趋势，在我国可以尝试建立专门的金融监管协调机构。首先，在机构设置上，可以考虑在国务院设立专门的金融监管协调部，负责整体金融业不同内部行业和机构的监管协调工作。在其内部下设专门的办公室，负责管理对具体事项的协调。其次，金融监管协调机构应当有法规政策协调职能和业务经营协调职能，对各个金融监管机构所颁布实行的法律、法规和政策进行审查，对不同金融机构之间的业务范围和经营行为监管问题进行协调。

2）规范立法权限，完善制度体系

中小企业信托融资模式的开展和壮大需要完备的法律法规基础。只有具备了规范的、统一的、权威的法律法规，业务的发展才能具有预期的保障。针对目前我国确立的"一法两规"信托监管法律法规制度的基本状况，以及信托监管机构由于欠缺比较完善的法律法规依据而无法充分有效地发挥规章制定权力的现状，有必要在我国制定信托业法，在为信托监管机构提供充分法律法规依据的同时，规范其规章制定权力行使，并以高效力的法律，规范信托监管部门的权力和行为（王阳，2008）。

放宽信托公司异地营业及推介的政策性规定，对信托公司采取属地管理的监管模式，客观上造成信托业异地展业困难，特别是集合资金信托业务，其不利于信托创新在更大范围的扩散和运用。完善信托财产转移与登记、信托产品流通和信托税收与财务等在实践中对信托业发展形成掣肘政策法规，以促进信托"导管"作用的发挥和财产信托的发展，并构建起信托业日臻完善的制度体系，促进经济的发展。

3）全面提高监管能力和水平

监管部门必须改变目前我国对信托业监管的标准和原则单一的现状，形成差别和个性化的监管原则，实行分类监管、区别对待。对于性质不同的信托业务建立起分类监管的基本框架。把信托公司分为"事务管理型"和"投资管理型"，分别设定资本金门槛和管理要求，对其进行分类监管。从公司财产管理人员的总量及公司财产管理人才的知识能力结构两方面对开展此类业务的信托公司资质进行严格的评估和监管，并在业务方面进行充分的指导与监督。对于从业人员整体素质低、公司中具有财产管理经验和能力的人员少、财产管理能力低的信托公司，监管当局要对该类公司信托产品的发行总量进行限制。同时，还要考虑信托公司财产管理人员的知识和能力结构，引导信托公司根据自身的经营特点开展有相对优势的差别化经营，在熟悉的行业和领域里进行信托产品的运行，避免在不熟悉的领域大量投资，造成损失，引发社会风险。但同时，监管不能以管制代替市场调节，必须避免因监管过度而对正常业务创新和开展产生的负面影响。因为监管的最终成效是要依赖于监管对象在既定的监管框架下做出合乎理性的选择（孟辉，2004）。监管部门必须促进市场发挥自动调节作用，尊重信托行业的市场主体自主权，优化配置资源。在监管过程中，给信托公司留有足够的业务空间，在合理的范围内放松监管，强化监管中对信托业务的指导功能。

4）充分发挥信托业协会作用

针对我国目前信托业协会建立时间短、功能局限性大、作用未得到充分发挥的现状，我国可以借鉴其他国家的经验。总体说来，信托业自律组织比较发达的各国，其行业自律机构一般都具有下列职能：制定行业标准，规范从业人员的行为；加强与主管机构与信托企业之间的沟通、业务指导，落实行业发展规划，通过多种手段加强行业的自律管理；组织行业人员进行广泛的信息和业务交流，提高从业者的业务素质；协调同业之间的纠纷，使问题不必付诸法律也能得到解决；向社会普及信托知识，为信托行业培养和积聚信托人才等(陈向聪，2007)。

充分发挥行业协会的自律监管作用，最行之有效的方法就是完善行业自律监管机制。开展同业自律管理，充分发挥信托业协会自我约束、自我监督的优势；还要在协调行业内部外部关系等方面发挥重要的作用，反映业务发展所面临的问题和困难，真正成为信托机构与监管部门之间的桥梁和纽带。各监管部门应加强行业协会之间的协作与沟通，明确监管职能与权限，从各自的渠道出发，切实履行各自的监督职能，在分工清晰、各司其职、协调配合的基础上，提高监管成效。

5. 完善社会化服务体系

1)规范中介机构执业行为

建立和完善具有独立性、按市场化或企业化方式运作的中介服务机构，这些机构包括信息咨询、资信评估、项目评估、资产评估、财务顾问等(林慧玲，2003)，可以向包括信托公司在内的金融机构提供有偿的信息服务以克服信息不对称的障碍，帮助后者对企业客户提供较大规模的信贷决策，从而促使信托公司更好地为中小企业客户服务，同时也为信托公司提高自身的经营效率和减轻坏账压力提供有力支持。

中介机构的参与可以实现利益隔离，达到增强交易透明度的目的，从而有效地向投资者传递关于产品方面的信息，减少委托-代理人之间的信息不对称问题。信托融资业务的顺利展开离不开信用评级等中介机构的密切配合和严谨的专业化操作。但目前存在的问题是信用评级机构是否有足够高的信誉为信托公司增强信用，达到降低信息不对称的目的。目前我国的信用中介机构服务水平低、自身信用差、缺乏经验，有关部门应该制订统一的规范，对从事信用评级、信用征集、资产评估等有关中介机构资质做出相应规定。只有经过认证的机构才能从事信托产品的评级、评估，严禁评级、征集、评估中的虚假行为，同时定期检查从业人员的执业行为，对中介机构和人员实行操守纪录，对违法违规的中介机构和人员实行"市场禁入"，严禁恶意串通、虚假评估等弄虚作假行为。对于因中介机构故意或重大过失而造成损失的行为，必须严肃追究中介机构和有关人员的法律责任。另外，对参与其中的评级机构进行严格的资格认证，由于其依托的项目专业性较强，应该根据项目的性质，委托在价值评估方面有专业经验的证券公司和财务顾问公司来进行。确保信用评级的真实性和科学性，为中小企业融资创造良好的中介服务环境。

2）整治金融信用环境

整治金融信用环境，创建"金融安全区"，改善企业、信托公司和政府之间的关系。良好的金融信用环境是确保资金融通渠道畅通的前提（樊纲，2004）。一个良好的社会信用环境可以使不合作的企业逐渐受到合作企业的影响，改变原来的企业行为，从而使信托公司和企业的关系得到改善，缓解中小企业融资难的问题，而一个较差的社会信用环境要实现这一过程，则需要经历更长的时间和过程去不断改善，而且这种改善存在着不确定性。

我国目前的金融信用环境并不乐观，著名经济法学家江平曾说过，我国现今的信用状况用"危机"二字形容并不为过。经济学家吴敬琏也总结了当前国内信用恶劣的七种表现：履约率低；债务人逃废债务；假冒伪劣充斥市场，毒米毒酒事件不断；企业虚假披露，上市圈钱行为屡见不鲜；虚假广告、虚假财务报告和"黑嘴股市分析"满天飞；大量的银行不良贷款和盗窃知识产权。这种状况也表明政府应该采取有效措施培育"讲诚信、讲信用"的社会新环境的紧迫性和必要性。

通过多种渠道对"讲诚信、讲信用"的典型案例进行重点宣传，如可借助电视、报纸、网络等多种渠道，通过公益广告的形式进行宣传，逐渐形成一种浓厚的重视良好信用的社会环境和氛围。

政府可以通过与一些协会和公益性组织采用一些宣传活动来逐渐使越来越多的企业和个人了解诚信对一个社会、一个企业、一个人的重要性。同时可以对一些典型的企业和个人进行精神荣誉和物质方面的奖励，逐渐培养起诚信为本的商业环境。

新的社会信用环境的建立最重要的是需要把教育宣传和前面所述征信体系建设和失信惩罚机制结合起来，从多个方面形成激励和约束，这样才能取得比较明显的效果。

3）规范信托产品发行市场

信托产品的发行是信托投资人对信托计划的认购过程，在这一过程中，信托计划推介机构作为联系信托公司和投资人的纽带，起着非常重要的作用。以往，信托产品的发行主要由银行主导，随着信托市场和财富管理的发展，第三方信托理财机构如雨后春笋般兴起。目前我国信托产品第三方理财机构不少于千家，像诺亚财富这种具有行业影响力的毕竟是极少数，大多数机构的实力都很小，这些机构对信托产品的发行很不规范，很容易误导投资者。对此，信托行业应建立全国性的第三方信托理财机构备案，对资信较差、操作不规范的机构予以淘汰，同时信托公司应积极建设信托直销机构，培育具有忠诚度的客户。

4）发展信托产品交易市场

在当前环境下，中小企业信托融资模式最大的弱点就是缺乏有效的流通机制。目前我国房地产信托产品大多设计为封闭形式，即在信托期限内投资人不得赎回，个别信托产品是半封闭形式，而且信托受益权的流动性也极差，很难实现转让，同时还要承担手续费。信托产品的私募定位，决定了其受益权只能以信托合同的形式存在，因此不可能像股票市场那样完全流通，这给信托产品的标准化和二级市场交易带来了极大的困难。不仅无法满足投资者的流动性偏好及预防性需求、避险需求，也不能为中小企业者提供更多的融资机会。现在产品设计和流通过程中所暴露出来的诸多弊端，让我们更加清醒地认识到培育信托产品交易市场的紧迫性。交易市场体系的完善与否直接决定了融资的效率和效果。

应该尽快建立信托交易市场，该市场的设立是构建多层次资本市场不可或缺的内容。目前信托基金交易市场的筹建方案已基本确定，该市场定位于针对集合资金信托产品、资产证券化信托产品、产业投资基金、创业风险投资基金产品及其他类型的金融理财产品，市场进行委托的报价与询价、撮合与经纪服务、交易过户、权益登记、交易清算、信息披露和查询。信托交易市场有望解决信托产品流动性差的天然属性。信托产品交易市场的形成与发展可以为信托投资者提供一个变现的场所，也可以为新的投资者提供投资机会，有助于信托产品发行和交易市场的活跃，对中小企业信托融资有着积极的推动作用。

二、担保机构的信用升级[①]

经过前面的分析我们了解到，信托作为目前唯一一个可以将股权和贷款结合起来为中小企业提供融资的金融机构，在解决中小企业融资难的问题上发挥着越来越重要的作用。在信托公司设计中小企业信托产品的时候，担保机构是一个不可或缺的环节(胡海波，2007)。

信用担保体系主要是指为中小企业融资提供担保的中介机构和相配套的程序、法律和法规等。中小企业融资渠道不通畅最主要的原因之一就是金融机构与中小企业之间信息不对称(卓文儒，2003)。担保机构可以与信托机构共同分担信息不对称的风险，在一定程度上减少中小企业和资金供给者之间的障碍，实现中小企业的融资需求。在欧美许多发达国家，设有专门的中小企业管理局，专门提供中小企业信用担保服务(贝洪俊，2003)，这也反映出担保体系在整个中小企业融资体系中的重要性。"信托＋担保"模式是目前可以有效解决中小企业融资难的途径之一。

为解决我国中小企业贷款难的问题，政府部门积极构建了中小企业信用担保制度，以期为中小企业提供信用担保融资服务(邹高峰和熊熊，2009)。实践证明，我国担保业十多年的发展的确在一定程度上缓解了中小企业融资难的问题。

---

① 本小节主要根据课题组张维、张旭东发表在《财经理论与实践》中的论文"满足以担保为主各参与方利益的中小企业融资新模式"整理。

但是，信用担保行业是国际上公认的专业性极强的高风险行业，总体上具有公共产品的属性和较明显的外部效应(巴劲松，2007)。担保机构的风险与收益结构发生了非对称性的失衡，所承担的风险往往大于收益，自身很难消化因担保失败产生的风险，进而使单纯依靠收取担保费的传统担保模式难以支撑担保市场良性、均衡的发展。目前多数担保机构普遍存在/担保资本金规模过小、放大倍数偏低、业务空置率较高三大突出问题，以及不愿提高费率、不敢拓展市场、财务不可持续的三不困境(彭江波，2008)。

要改善中小企业融资状况，对于担保机构而言可以从两个方面入手。一方面，在融资系统内部，应积极鼓励担保机构进行业务创新，根据不同中小企业的特点，有选择性地进行匹配，提升自己的担保能力；另一方面，在融资系统的外围，应重视对担保公司进行各方面资助，改善担保公司的生存环境，增大中小企业融资成功的可能区间(张维和张旭东，2013)。

1. 加强担保行业规范化发展

目前我国担保机构数量众多、良莠不齐，担保公司大体可以分为三类。第一类是纳入监管体系的融资性担保公司，第二类是非融资性担保公司，第三类是虽然打着担保旗号但实际上并不经营担保业务的"名义上的"担保公司。中国银监会的数据显示，截止到 2012 年 12 月，全国融资性担保行业共有法人机构 8 590 家，其中国有控股 1 907 家，占比 22.2％，民营及外资控股 6 683 家，占比 77.8％。2012 年年末全行业融资性担保放大倍数仅为 2.1 倍，由于担保机构数量众多，部分融资性担保机构无法通过经营担保业务实现盈利，担保机构偏离主业和违法违规现象时有发生。截止到 2012 年年末，全国约有 1.6 万多家不经营担保业务的担保机构，非法集资、高利放贷等现象时有发生，担保机构整体呈现"数量多、规模小、实力弱"的现象。担保行业的发展亟待清理规范。

担保公司应该加强自身的规范性建设，增强自身的实力，提高自身抵御风险的能力。首先在团队建设方面，担保公司在人员招聘时应提高准入门槛，招收一批高素质和有相关专业背景的人员，以提高团队整体的素质。其次，应注重对员工的培训，提高员工发现问题、识别问题和解决问题的能力。最后，在业务创新方面，担保公司应该充分识别不同中小企业的特点，对中小企业成长过程中的创业期、发展期、成熟期等不同阶段提供不同的担保服务，促进自身与中小企业的对接和匹配，实现与中小企业互利，与信托机构共赢的局面。

在相关法律法规建设方面。首先，国家应该尽快加强相关立法及制度工作的建设，推进担保行业监管制度体系的完善。目前担保行业的相关法规只有《融资性担保公司暂行办法》，部分内容难以适应对担保行业有效监管的需要，应完善相关的配套监管措施和处罚规定，促使担保机构规范化发展。其次，严格查处违法违规活动，增强担保机构的日常持续监管，完善相关的风险处置预案，建立健全监管的问责机制，积极推进融资性担保机构的清理规范，促使担保机构规范化发展。

2. 加强社会信用体系建设

中小企业信用担保机构作为专门为中小企业融资服务的机构，掌握中小企业的信用信息是其开展业务的基础。因此，从中小企业信用担保机构的风险控制与业务发展方向来看，我国担保机构要真正走上可持续发展的轨道，发展中小企业的社会信用体系建设是必须要做的一项基础性工作。我国现阶段社会化的征信体系的不完善已经成为信用担保体系发展的重要制约因素。信用评级制度是整个社会信用体系的主体，完善信用评价、评级体系，改善社会信用环境，通过社会信用中介服务业，为大量的中小企业和担保机构提供公正权威的社会信用评判。

信用评级制度的建立和实行，可以使担保机构更全面地掌握被担保企业的相关信息，为银行或担保机构对中小企业的贷款(担保)决策提供参考，不仅有利于减少中小企业贷款(担保)过程的交易成本，也有利于银行和担保机构的风险控制与防范，进而有助于减少逆向选择的问题(林毅夫和李永军，2001)。

当前中小企业信用观念淡薄，违约行为较多，其主要原因是违约行为的预期收益大于预期成本。因此，需要加强社会信用监管的立法和执法力度，加大对违约行为的处罚力度，强化对违约处罚的规范化制度建设，提高违约失信行为的社会平均成本(姜长云等，2003)。当然，要从根本上改变中小企业信用水平低的状况，只能依靠中小企业自身的信用发展，这对于中小企业信用担保体系具有关键作用。

3. 完善担保机构资金补偿机制

担保行业属于高风险行业，只靠收取少量担保费根本无力维持担保机构的生存和发展。如果担保机构承担全部担保失败的风险，受资金减少的影响，担保机构的业务势必发生萎缩，影响担保机构的生存，因此担保机构应当拥有良好的资金补偿机制，用于冲抵代偿支出和弥补呆账、坏账的损失(邹高峰和熊熊，2009)。

从国外及发达地区的经验来看，虽然社会制度、经济制度及发展水平有所不同，但对于政策性担保机构的注册资本和代偿损失均以政府提供为主，并将补偿费用列入政府财政预算(王志强和邹高峰，2011)。例如，美国将中小企业的担保风险损失纳入联邦财政预算，发生贷款损失后银行直接向担保机构申请补偿。日本、中国台湾实施实收制的信用担保制度，以实有资金作为担保的事前保证，将担保基金存入协作银行，发生损失后由专门账户直接拨给银行作为补偿，日本信用保证协会担保风险损失的大部分由政府成立的中小企业信用保证公库给予补偿。因此，借鉴这些成功经验，我国需要建立以政府为主导的中小企业信贷风险分担机制。

　　财政应给予担保机构一定的资金补偿，对代偿期限超过一定年限，且债务人确实无力偿还，或因其他因素导致债务人不可能偿还债务的担保代偿项目，由担保机构提出申请，由主管机构审议批准后核销。核销后的代偿资金由财政资金全额或按一定比例补偿，政府可以每隔一定周期由政府按财政收入增长的一定比例用于补充政府担保机构的担保资金；也可以将征自中小企业税收总额的一定比例在间隔一段时间后专门用于政府担保机构的资金补偿，这样相当于利用中小企业本身的发展推动中小企业更大的发展，以稳定资金补偿的来源。财政出资补偿担保机构的部分损失，表面上看起来增加了财政支出，但实际上通过担保机构商业化运营，支持了中小企业的发展，也可使众多的企业增加效益，进而促使政府财政收入更多的增加（邹高峰和熊熊，2009）。

　　因此，政策性融资担保就成为政府为解决中小企业信贷市场失灵而提供的准公共产品。其与直接财政拨款方式相比，相当于给予中小企业的贷款贴息。这种四两拨千斤的方法可以将财政资金的支持面放大，提高了资金的使用效率。

　　4. 完善担保机构的风险分担机制

　　商业性信用担保机构通过为信托公司拓宽安全信贷市场，为企业提供融资服务，获取自身的收益。其将信贷资金放大的同时也将风险同步放大，而中小企业的担保业务由于担保项目的金额期限各异、反担保措施落实困难等因素，造成担保项目有较大的离散性，无法精确计算担保费率，往往产生风险大于收益的结果，即在很多时候需要商业担保机构自身消化因担保失败产生的风险。另外，商业信用担保机构为拓展市场，并考虑到中小企业的融资成本承受能力，普遍不愿提高担保费率。因此，中小企业的商业信贷担保突出表现为高风险、低收益的特点，使单纯依靠收取担保费的传统商业模式难以支撑担保市场良性均衡的发展。因此，降低担保机构的风险是促进担保机构有效发展的前提，具体措施包括加强信用再担保体系的建设及与信托等金融机构协商承担风险比例等（王志强和邹高峰，2011）。

　　1）加强信用再担保机构的建设

　　信贷风险的防范、控制、分解和化解及风险补偿机制是担保机构正常运转的重要环节（林毅夫和李永军，2001；巴劲松，2007）。由于中小企业自身的经营风险较大，如果仅仅依赖担保机构自身的风险补偿基金是难以为继的，故应设立不以盈利为目的的再担保基金，以支持担保机构的正常运行与发展。

　　借鉴发达国家的成功经验，我国中小企业信用再担保机构可分为全国性再担保机构和省级再担保机构。中小企业信用担保机构应依靠再担保体系来分散企业风险，降低单笔担保损失的实际代偿率。再担保机构通过优惠的费率对担保机构进行风险分担，形成对担保机构的让利，支持担保机构扩大担保规模，提高对中小企业融资的服务水平。再担保机构通过优惠的费率对担保机构进行风险分担，可形成对担保机构的让利，支持担保机构扩大担保规模，提高对中小企业融资的服务水平。除了能够分散风险，再担保机制还具有控制担保责任、扩大经营能力、提高担保机构偿付能力及形成巨额联合担保基金等功能。

为此，通过政策调整和财政支持，循序渐进地加强中小企业信用再担保机构的建设，促进担保机构市场信用和担保能力的提升，控制和分散信用担保体系的风险，扩大中小企业融资担保市场的覆盖面，理顺并增强担保体系与商业银行体系的密切合作，更好地为中小企业融资提供服务。

2）与信托等金融机构协商承担风险比例

担保机构除可通过参加再担保机构来分担部分风险外，还可与协作的信托等金融机构协商承担风险的比例，以及通过受保企业提供更多形式的反担保品来分担风险。

从国外信用担保体系的经验来看，在金融机构和担保机构之间都建立了一种风险分担机制，即担保机构承担大部分风险，同时金融机构承担少部分风险，这既符合风险与收益对称的原则，又在一定程度上减少了担保机构面临的金融机构的逆向选择和道德风险。信托等金融机构借助担保机构的信用放大作用，将其承担的中小企业信贷风险转嫁给担保机构，获得了资金收益，金融机构理应为担保机构分担部分风险；若担保机构承担绝大部分的信贷风险，而金融机构不承担风险，金融机构就没有动力强化对中小企业的审查和监督，这将不利于降低担保活动的代偿风险。

另外，担保机构除选择中小企业拥有的土地和房地产做担保之外，还可以根据实际情况考虑接受被担保企业的机器设备、存货、应收账款、销售合同、技术专利和私有企业股权等反担保品。加大中小企业违约的惩罚力度，增强受保企业使用信贷资金的责任心，对受保企业进行有效的约束，促使其改善经营管理，提高经济效益，从而降低信贷风险。

三、融资环境的优化

中小企业的融资问题，牵扯到社会的方方面面，解决中小企业的融资难问题，不仅需要依靠中小企业自身的努力，还需要中小企业社会融资环境的优化，包括社会环境、法律环境、税务环境等（杜娟等，2003）。通过中小企业融资环境的改善来提升中小企业自身的融资能力。

1. 社会环境的优化

（1）提高对中小企业的社会关注。前面提到，中小企业在国民经济发展中具有重要的作用，包括促进就业、发展经济、提供税收等方面。但是中小企业在融资中又存在很多困难，这与中小企业对社会的贡献严重不符，所以应该提高全社会对中小企业，特别是中小企业融资问题的关注。目前我国已经出台了一些促进中小企业融资的政策法规，但是相关政策法规虽然出台了，在实施过程中却存在很多问题，这主要是因为社会对中小企业融资的关注和重视程度不足（漆惠群，2004）。因此，要有效解决中小企业的融资难问题，应该依靠社会和市场的力量，提高社会对中小企业的关注度。

（2）提高对促进中小企业融资的信托等金融机构的关注。中小企业本身具有经营风险大，信息披露不足，经营管理体制尚不健全等特点，所以鉴于中小企业的高风险性及银企之间的信息不对称，银行等金融机构需要花费较大的成本对中小企业的贷款进行审批，所以银行专门针对中小企业的贷款很少。但是近年来，随着金融创新不断深入，包括信托机构在内的一批金融机构，开发出了一些专门适合于中小企业的融资产品，虽然目前现信托等金融机构发行的专门针对中小企业的产品还不是很丰富，但是对缓解中小企业的融资难做出了一定的贡献。因此，社会需要提高对类似金融机构的关注，政府等监管部门应该对其开发出的适合中小企业融资的产品进行一定的奖励，形成一种鼓励金融机构开发创新型中小企业融资产品社会的氛围，提高信托等金融机构对中小企业融资的积极性，以便促进更多中小企业进行融资产品的开发。

2. 税收环境的优化

（1）优化中小企业的税收环境。目前我国中小企业的税收负担相对较重，全国工商联在《2011－2012 年中国国民经济发展形势简要分析报告》中指出，目前我国中小企业的税收负担严重制约了中小企业的发展。所以，为了促进中小企业的健康发展，应该进一步加大和落实中小企业的税收减免政策。首先，应为中小企业建立一个宽松的税收环境，扩大中小企业税收优惠的范围，包括由单一的直接税收减免改为直接减免、降低税率、设备抵税、加速折旧、再投资退税等多种税收优惠政策，以及清理各种税收项目，减轻企业负担等。其次，应借助税收优惠政策，促进发展好的企业做大做强。一方面，通过建立完善的信用体系，对信用记录良好的中小企业给予一定的税收优惠；另一方面，对发展较好，资产或利润达到一定规模和年限的企业实行差别税率政策，对不同发展前景的企业提供不同的税收政策。提高企业的积极性，促进企业的发展，更有利于企业获得融资支持。

（2）优化信托等扶持中小企业融资的金融机构的税收政策。信托等金融机构对中小企业提供资金支持的成本本身较高，因此可以通过建立适当的税收政策和税收优惠来引导信托等金融机构对中小企业提供融资支持。我国现行的税收政策当中还没有对信托公司发行适合中小企业发展的信托产品实行税收优惠政策。对于信托公司而言，国家应该借鉴对公益捐助的税收优惠政策，对专门的促进中小企业融资的信托产品给予一定的税收优惠，包括对于中小企业自有增信或者购买联保产品的投资收益给予一定的税收优惠，或是对中小企业的贷款利息收入允许在税前全额或部分扣除。通过对信托公司赋税结构的改善，进一步促进中小企业信托的发展。

3. 法律环境的改善

（1）完善促进中小企业融资的相关法律法规。世界上的很多国家都非常注重中小企业的发展，通过政府出台的一系列政策、法规或成立一些旨在帮助中小企业发展的机构，如中小企业局等帮助并扶持中小企业的发展。我国也出台了一些促进中小企业发展的相关法律法规，如《中小企业促进法》及2008年金融危机之后出台的《国务院关于进一步促进中小企业发展的若干意见》等，但是内容都比较简单、宽泛，执行过程中会遇到一些障碍，导致不能真正、有效的贯彻实施。所以就目前情况来讲，我国应该加大对促进中小企业融资的相关立法程序的建立，废除之前不适合中小企业发展的相关法律法规，重新设立能够真正促进中小企业发展的法律法规，并且出台相关法律的实施细则，为相关法律的真正落实创造条件，真正实现有法可依、执法必行。

（2）改善信托等金融机构促进中小企业融资的法律环境。2001年《中华人民共和国信托法》的颁布，标志着我国信托制度的正式确立，是我国信托业法律活动的基础，但是经过十多年的发展，虽然我国信托法律制度已经建立，但是仍然存在一些问题。《中华人民共和国信托法》自身存在理解歧义和立法滞后的缺陷（李宪明，2011），信托税收、信托登记等相关配套制度不完善，信托立法滞后，更不用说近年来新发展起来的针对中小企业融资的信托产品的立法了。信托业务与信托法律不能有效衔接，严重影响了信托业的规范、有序发展。因此，要促进中小企业的信托融资，就需要建立信托促进中小企业融资相配套的法律法规，通过对中小企业信托产品的调查研究，出台一些切实可行的促进信托业支持中小企业融资的相关政策，如充分发挥信托财产的独立性、受益人制度等，使税务和房地产、工商等职能部门对财产权信托的法律地位认识更加准确，不把相关财产权的转移认定为过户，以便为融资方提供更多的增信手段。

第三节　融资方自身的提升[①]

前面提到，中小企业融资难，一个最主要的原因就是中小企业自身在发展过程中存在很多问题。

首先，中小企业经营风险大。中小企业自有资本数量小，管理上大多不太规范，经营管理随意性很大。与大中型企业相比，中小企业遭市场淘汰的概率更

---

① 本节主要根据课题组高雅琴、张小涛发表在《现代管理科学》中的论文《各种融资方式对中小企业适用性的评价》整理。

大，存续期较短。其次，中小企业认知风险（perceived risk）大。认知风险 是行为
金融框架下区别于标准金融学中度量证券投资风险的一个概念，所谓认知风险就
是将投资者的心理因素纳入对证券的风险度量，这是认知风险与标准金融理论中
风险度量概念最根本的区别所在 。对于中小企业而言，认知风险实际上是对其
经营风险在信息不对称条件下的扩大。中小企业作为一个群体，在治理结构、财
务制度等方面的不完善，信息不透明，使外界较难了解单个企业的实质情况，导
致中小企业融资的信息不对称问题严重。普遍的认知是中小企业整个群体的风险
较大，即便是质量较好的中小企业，外界也会对其还款意愿和还款能力表示怀
疑。由于这种认知上的偏见使中小企业作为一个整体难以获得融资。

因此要从根本上解决中小企业贷款难的问题，就要从解决中小企业贷款中的
经营风险和认知风险两个问题入手。提高中小企业自身的素质以降低认知风险，
分散经营风险（高雅琴和张小涛，2008）。

一、规范内部治理机制，提高自身素质

目前，我国大多数中小企业，特别是小微型企业内部治理机制尚不健全，仍
停留在传统的经营管理层面，实行家族式企业管理方式，法人治理结构不完善，
生产经营偶然性、随意性较大，存在不同程度的管理混乱现象。国有、集体制的
中小企业，由于历史原因，主体不明确、所有权虚化，而个体私营类的中小企业
的经营决策的权利高度集中于企业主手中，这种家族式管理的特征与现代企业科
学的治理结构相距甚远。因此，要提高中小企业获得融资的可能性，就要从规范
中小企业内部治理机制入手。

建立规范的法人治理结构。法人治理结构是现代企业治理结构中最重要的组
织架构。狭义的法人治理主要是指公司内部股东、董事、监事及管理层之间的关
系；广义的法人治理还包括与利益相关者（员工、客户、供应商、政府等）之间的
关系①。我国中小企业大多属于私人企业，公司治理结构不慎规范，这已成为制
约企业发展的一个重要因素。通过建设规范的法人治理结构，由传统的金字塔式
的集中管理模式向分散化、扁平化的分权管理模式转换。改善企业之间监督协调
性差，明确权利、责任及利益之间相互制衡的关系，形成明确的控制、决策机
制，保证企业经营规范、有序、高效地运营，进而节约成本，提高企业的管理
效率。

提高管理者和员工素质，实施科学化管理。企业员工的良好素质，特别是管
理者的素质是决定中小企业竞争力的重要前提。企业经营者应该注意自身的个人

---

① 资料来源：百度百科，http://baike.baidu.com/link?url=fI _ TlDkzVXCupCkhLuYSSt6QvJzms
－X6bYTEu0MkGqwKdiJOOSe7EUv3LkKFZ _ kq。

品格、法律意识和经营管理能力等方面的提升。加强对员工职业技能的培训，创造良好的企业文化和管理理念，稳定员工的思想状态，建立良好的企业约束激励机制，使员工以过硬的素质和积极乐观的态度投入工作当中。

中小企业不要贪图方便，应实施科学化的企业管理，加强资金、成本、营销、质量和战略五方面的管理（雷汉云，2010）。资金管理直接影响企业的资金周转和生产经营活动，是企业内部控制的重要内容之一，加强企业的资金管理，是企业生存和发展的基础。另外，还应加强企业的成本管理，建立起成本计划、预测、控制、核算、分析、考核和决策等规范化的成本管理流程，力求以最少的消耗，取得最大的成果。企业应密切把握市场的动向，对市场需求的数量、时机进行有效把握，针对不同的需求情况，采取不同的营销策略，以有效满足市场的需求。质量管理是中小企业保持竞争力的前提，全面质量管理创始人菲根堡姆认为，质量管理就是为了在最经济的水平上生产出充分满足客户质量要求的产品（左凤林，2013），综合协调各部门的活动，构成保证和改善质量的有效体系（全国质量专业技术人员资格考试办公室，2004）。企业应该加强质量管理，建立起全面的质量管理控制体系。战略管理是指对企业全局性的长远规划的管理，企业应该注重长远的规划而不是只看重眼前的利益，并根据市场的发展情况对企业的战略管理进行及时的调整。通过规范化、科学化的企业管理，提高中小企业的融资能力。

二、树立建立良好信用的意识

目前我国中小企业普遍缺乏信用意识，很多中小企业把企业的财务信息当做保密文件不愿透露，导致中小企业信用体系很难建立。市场经济在一定程度上也可以说是信用经济，中小企业从金融机构借不到钱，并不是因为金融机构缺乏资金无法满足中小企业的融资需求，而是因为金融机构信息不对称，无法评估企业的信用。因此，要想解决中小企业的融资困境，中小企业自身必须建立可以按时偿付本息的信用意识。信用是企业投资、融资及进行生产经营的基础，所以，企业在建立之初就应该树立牢固的信用意识，在此基础上，规范并及时地披露企业的相关信息。企业有了良好的信用，不仅仅是信托等金融机构愿意为其提供资金，也会提升企业的社会形象。

三、建立健全企业信息披露制度

中小企业的融资是建立在信用的基础之上的，但是由于目前社会对中小企业没有公开信息，特别是公开财务信息的强制性要求，大多数中小企业在信息披露方面做的不甚规范。中小企业和信托机构之间信息不对称，造成中小企业信用的难以评估，这是中小企业融资难的最主要原因。因此，想要缓解中小企业融资难的困境，就应该建立健全中小企业合理的信息披露制度。

　　首先，应加强企业信息披露文化的建设，建立健康的信用环境，提倡真实、合理、及时的披露企业的信息。其次，应通过内部控制机制，建立规范的财务管理制度和企业财务信息披露的环节，定期、定时地为信托公司提供真实、完整的反映企业财务和经营状况的报表。最后，应该提高企业会计人员及信息披露人员的素质，定期对在岗人员进行培训和业务考核，对企业财务人员进行明确分工，完善签字审核制度，注重诚信管理，不提供虚假信息，不编造、伪造财务凭证。增强企业财务信息的公开性和透明度，建立规范的企业信用评估和披露体系。使信托公司对企业的经营状况和盈利水平有一个很好的了解，建立长效合作机制，以便更好地解决中小企业的融资难问题。

四、改变融资观念

　　通过前面的章节我们了解到，中小企业有众多的融资方式和渠道，包括内源融资和外源融资，但是目前我国大多数中小企业主要采用内源融资，外源融资相对较少，对于外源融资而言，大多数中小企业还是倾向于通过银行贷款的方式进行融资，仍将银行贷款视为最主要的融资渠道。过去，我国中小企业的融资方式单一，但是近年来随着金融多样化的不断发展，中小企业除了银行还有很多可以选择的融资渠道，包括公开发行上市、发行企业债、信托融资等。其中信托融资由于其独特的灵活性是目前最适合中小企业融资的外源融资方式之一。所以，中小企业应该改变过去只依靠银行进行间接融资的思维模式，慢慢尝试采用多种融资渠道进行融资。通过良好的信用记录和规范的信息披露，与信托机构建立良好的合作机制，为解决中小企业的融资问题创造条件。

参考文献

安柯颖. 2009. 云南省中小企业资本市场准入对策研究. 经济问题探索，3：108-113.

巴劲松. 2007. 从"浙江模式"的经验看我国中小企业信用担保模式的建立. 上海金融，（8）：75-78.

巴曙松. 2012. 小微企业融资发展报告：中国现状及亚洲实践. 博鳌亚洲论坛.

贝洪俊. 2003. 中小企业银行融资的国际比较. 生产力研究，（1）：227-229.

边燕杰，丘海雄. 2000. 企业的社会资本及其功效. 中国社会科学，2：87-99，207.

曹芳. 2004. 中国信托业制度变迁与业务发展研究. 西北农林科技大学博士学位论文.

陈良英. 2003. 开展"担保换期权"投资. 中国创业投资与高科技，1：50-51.

陈赤. 2006-02-14. 辨识未来趋势锻造核心能力. 证券时报.

陈赤. 2008. 中国信托创新研究. 成都：西南财经大学出版社.

陈何聪. 2007. 信托法律制度研究. 北京：中国检察出版社.

陈颐. 2011. 衡平法、用益与信托：英国信托法的早期史概说. 南京大学法律评论，（2）：325-347.

陈晓红，吴小瑾. 2007. 中小企业社会资本的构成及其与信用水平关系的实证研究. 管理世界，（1）：153-155.

成思危. 1999. 努力促进我国的风险投资事业. 学术研究，（1）：1-5.

储结兵. 2003. 货币政策传导机制效率的条件分析. 华南金融研究，2：1-5.

崔明霞，彭学龙. 2001. 信托制度的历史演变与信托财产权的法律性质. 中南财经大学学报，（4）：50-54.

狄娜，顾强. 2004. 我国中小企业融资现状、问题与对策. 中国经贸导刊，20：33-34.

丁凯. 2010. 论中小企业融资方式的改革和创新. 财务与金融，（2）：29-33.

董裕平. 2009. 小企业融资担保服务的商业发展模式研究. 金融研究，5：157-168.

杜娟，刘玉响，张兆伟，等. 2003. 建立健全中小企业信用担保体系研究. 中国投资学会获奖科研课题评奖会论文集（2002－2003 年度）.

樊纲. 2004-01-09. 借鉴双轨制创设中小企业板. 经济参考报.

范文波. 2010. 商业银行结构化融资新业务——"选择权贷款"研究. 经济界，（2）：92-96.

范曙光，徐友丽. 2003. 借鉴国际经验——建立适应我国国情的中小企业信用担保体系. 江西财税与会计，（4）：55-56.

费淑静. 2005. 民营中小企业融资体系研究. 北京：经济管理出版社.

冯银波. 2007. 中小企业内源融资和间接融资现状分析. 现代企业教育，4：102.

福山 F. 1998. 信任：社会道德与繁荣的创造. 李宛蓉译. 内蒙古：远方出版社.

福山 F. 2002. 大分裂：人类本性与社会秩序的重建. 刘榜高，等译. 北京：中国社会科学出版社.

付健. 2006-05-08. 信托保险：缓解信托风险的良方. 金融时报(第 4 版).

甘为民. 2005. 中小企业融资问题研究. 西南财经大学硕士学位论文.

高雅琴. 2008. 中小企业贷款风险分担与还款激励机制研究. 天津大学博士学位论文.

高雅琴，张小涛 . 2008 . 各种融资方式对中小企业适用性的评价 . 现代管理科学，4：114-116 .

关宏超 . 2007 . 中小企业融资担保的创新与发展——桥隧模式的提出 . 消费导刊，9：47 .

广东省社会科学院联合课题组 . 2008 . 广东省中小企业自主创新调研报告 .

郭臣英，黄汉江 . 2004 . 我国发展房地产投资信托的制约因素与对策 . 财政金融，(3)：66-69 .

韩鹏 . 2010 . 中小企业增长与内源融资，内源融资现金流的敏感性研究 . 企业经济，7：55 .

郝蕾，郭曦 . 2005 . 卖方垄断市场中不同担保模式对企业融资的影响——基于信息经济学的模型分析 . 经济研究，(9)：58-65 .

何淑明 . 2007 . 征信国家失信惩罚机制建设对中国的启示 . 重庆工商大学学报，(2)：85-88 .

胡安举 . 2012 . 我国信托业现状、机遇与发展问题研究 . 西南财经大学硕士学位论文 .

胡海波 . 2007 . 我国中小企业信用担保制度问题研究 . 湖南大学博士学位论文 .

黄飞鸣 . 2005 . 试论中小企业融资渠道的选择 . 商业研究，7：35-37 .

黄琳 . 2010 . 资本市场创新与投资者教育 . 中国金融，(18)：60-62 .

姜长云，孙同全，潘忠 . 2003 . 中国中小企业互助担保机构的发展与前景 . 经济研究参考，(69)：2-19 .

姜晓峰 . 2006 . 我国中小企业财务管理 . 合作经济与科技，19：79-80 .

姜阳 . 2006 . 浅析我国中小企业融资难问题成因及解决途径 . 经济视角，(10)：71-73 .

姜佐成 . 2004 . 美国金融信托业的发展及其对我国的启示 . 吉林大学硕士学位论文 .

蒋鸿雁 . 2009 . 财政引导债权型基金运作破解中小企业融资难 . 中国财政，(4)：53-54 .

金科 . 2009 . 西湖区引发杭州中小企业债权基金发行热潮 . 今日科技，7：20 .

金新建 . 2006 . 完善我国信托赔偿准备金制度初探 . 金融理论与实践，12：68-70 .

金雪军 . 2007-10-18 . 谈谈"桥隧模式" . 杭州日报 .

金雪军，陈杭生 . 2009 . 从桥隧模式到路衢模式——解决中小企业融资难问题的新探索 . 杭州：浙江大学出版社 .

金雪军，王利刚 . 2005 . 中小企业担保公司信用资本投资模式研究——有关"担保换期权"问题的探讨 . 济南金融，4：24-26 .

景玉琴 . 2004 . 中小企业融资约束与政策性金融体系的构建 . 经济评论，(6)：107-112 .

凯恩斯 . 1986 . 货币论(下卷) . 北京：商务印书馆 .

孔村光 . 2009 . 完善科技金融体系促进企业转型升级——对科技金融创新"西湖模式"的几点思考 . 杭州科技，(6)：47-51 .

雷汉云 . 2010 . 我国中小企业信贷违约行为及风险防范研究 . 中南大学博士学位论文 .

李长志 . 2003 . 构建我国中小企业融资体系研究 . 南京航空航天大学硕士学位论文 .

李春玲 . 1997 . 中国城镇社会流动 . 北京：社会科学文献出版社 .

李大武 . 2010 . 中小企业融资难的原因剖析及对策选择 . 金融研究，(10)：124-131 .

李国柱，马君潞 . 2006 . 风险承担、风险缓冲与管理理念——关于信托公司风险管理的思考 . 经济与管理，7：11 .

李惠斌 . 2000 . 社会资本与社会发展引论 . 马克思主义与现实，2：35 .

李娟 . 2006 . 政府扶持体系与中小企业融资问题 . 特区经济，2：271-273 .

李丽霞 . 2005 . 我国中小企业融资体系的研究 . 北京：科学出版社 .

李廷芳 . 2007. 我国信托公司业务定位研究 . 同济大学博士学位论文 .

李文江 . 2010. 我国民营企业融资现状及对策 . 企业研究，10：43-44.

李宪明 . 2011. 完善信托法律制度 . 中国金融，(16)：18-20.

李毅，向党 . 2008. 中小企业信贷融资信用担保缺失研究 . 金融研究，(12)：179-192.

李永峰，张明慧，杨楠 . 2004. 现阶段我国中小企业融资问题研究 . 工业技术经济，1：5-8.

李哲 . 2004. 我国信托业的现状及其发展研究 . 西北工业大学硕士学位论文 .

李仲仕 . 2007. 我国信托业风险缓冲机制研究 . 苏州大学硕士学位论文 .

廖海波 . 2011. 中小型科技企业的创新融资工具：集合信托债权基金 . 财会月刊，(17)：
　　39-40.

林汉川，魏中奇 . 2012. 美，日，欧盟等中小企业最新界定标准比较及其启示 . 管理世界，
　　(1)：126-129.

林慧玲 . 2003. 中小企业融资的产权制度障碍与对策 . 广东财经职业学院学报，1：25-28.

林毅夫，李永军 . 2001. 中小金融机构发展与中小企业融资 . 经济研究，1(10)：1.

刘贵才 . 2010. 中小企业融资途径及其法律风险防范 . 中国安防，(1)：133-136.

刘金凤，许丹，何燕婷 . 2009. 海外信托发展史 . 北京：中国财政经济出版社 .

刘萍 . 2005. 中国中小企业金融制度调查报告 . 经济导刊，4：12-23.

罗明忠，苏启林 . 2004. 政府介入风险投资的经验教训 . 南方金融，5：16.

罗楠 . 2009. 我国中小企业融资创新问题的研究 . 会计之友，12：42-44.

吕文栋，刘鲁梅 . 2010. 北京市高新技术企业全面风险管理现状及对策——以电子与信息技术
　　产业为例 . 科学决策，(6)：11-30.

吕文栋，肖扬，赵杨 . 2012. 小额贷款公司中小企业法人客户信用风险评估研究 . 科学决策，
　　8：17-46.

骆建艳，周春蕾 . 2008. 浅议中小企业融资的桥隧模式 . 消费导刊，6：41.

麻帅，庄小茜，林真 . 2010. 英国信托制度的过去与未来 . 知识经济，(10)：174-175.

孟辉 . 2003-08-02. 信托流通机制创新展望 . 证券时报(第 006 版).

孟辉 . 2004. 信托的监管博弈 . 数字财富，(2)：10-12.

马亚明 . 2001. 发达国家信托业发展及其对我国的借鉴和启示 . 北京：中国金融出版社 .

马亚明 . 2003. 2002 年：我国信托业重振雄风. 经济导刊，4：54-56.

牟建 . 2006. 我国信托业发展策略研究 . 西南财经大学硕士学位论文 .

彭江波 . 2008. 以互助联保为基础构建中小企业信用担保体系 . 金融研究，(2)：75-82.

彭志慧 . 2005. 信贷配给理论研究 . 西南财经大学硕士学位论文 .

漆惠群 . 2004. 对民营企业信贷融资问题的思考 . 金融与经济，(10)：52-54.

齐佩金 . 2006. 信托经济学研究 . 东北财经大学博士学位论文 .

邱兵兵 . 2011. 信托与我国中小企业融资问题研究 . 西南财经大学硕士学位论文 .

邱勇 . 2007. 多银行贷款池的分档与定价研究 . 天津大学博士学位论文 .

全国质量专业技术人员资格考试办公室 . 2004. 2005 质量专业理论与实务 . 北京：中国人事出
　　版社 .

任亮 . 2007. 社会资本理论的五个命题 . 探索，3：109-113.

任志华.2003.中小企业融资行为与商业银行制度和业务创新.天津大学博士学位论文.

任建军,柯善咨.2011.信贷配给与区域经济发展.金融论坛,16(7):16-25.

三菱日联信托银行.2010.信托法务与实务.张军建译.北京:中国财经经济出版社.

邵益民,蔡普华.1999.美国信托业发展及共对我国的借鉴.北京:中国金融出版社.

沈静宇,戴蓬军.2005.对政府建立与完善促进中小企业发展体系的分析.沈阳大学学报,17(3):27-30.

施金影.2007.中小企业融资问题探讨.财会研究,(1):53-55.

石劲磊,王继松.2002.日本信托业的发展及对我国的启示.山西财经大学学报,1:84-86.

石力,王光.2006.中小企业贷款难在哪.中国中小企业,(8):56-58.

石谦.2010.我国结构化信托产品现状及发展研究.云南大学硕士学位论文.

斯密A.2003.国富论——国民财富的性质和起因的研究.谢祖钧,等译.长沙:中南大学出版社.

宋玮.2008.中国信托业的历史沿革与未来发展研究.首都经济贸易大学硕士学位论文.

苏州信托投资有限公司课题组.2004.构建我国信托投资者教育体系的设想.上海金融,8:46-47.

孙杨,柏晓蕾.2006.金融中介理论的最新进展及对我国金融业发展的启示.财经科学,8:8-15.

汤继强.2008.我国科技型中小企业融资政策研究.北京:中国财政经济出版社.

唐军.2010.政府对创业资本融资的引导行为研究.中山大学硕士学位论文.

田守正笃.2001-12-06.日本信托业的发展,金融时报.

汪戎,熊俊.2010.中国信托业发展30年评述.云南财经大学学报,(1):86-92.

王婵.2007.基于供应链金融的中小企业融资模式研究.天津财经大学硕士学位论文.

王聪.2008.我国中小企业融资特点及对策.经济研究导刊,12:24.

王东华.2009.中小企业融资"另辟蹊径"——从"桥隧模式"到"路衢模式".经济与管理,23(11):73-76.

王恩泽.2011.我国征信体系的现状及优化建设研究.中国农业银行武汉培训学院学报,5:14.

王芙蓉.2012.信息不对称下中小企业融资困境分析.中国证券期货,10:198.

王礼平.2005.中外信托制度问题研究.东北财经大学博士学位论文.

王思洁.2011.高风险中小企业融资风险分担机制案例研究.天津财经大学硕士学位论文.

王茜.2009.我国民营中小企业融资结构优化探讨.财会通讯:综合(下),(9):118-120.

王霄,张捷.2003.银行信贷配给与中小企业贷款——一个内生化抵押品和企业规模的理论模型.经济研究,7:68-75,92.

王晓明.2006.我国信托产品流通机制研究.华中科技大学硕士学位论文.

王阳.2008.我国信托监管体制完善.西南政法大学硕士学位论文.

王志强.2012.中小企业信贷产品创新研究.天津大学硕士学位论文.

王志强,邹高峰.2011.中小企业信贷风险分担机制研究.天津师范大学学报(社会科学版),(5):57-59.

魏玲 . 2006. 我国中小企业融资的现实选择和制度完善 . 华中师范大学硕士学位论文 .

位志宇，杨忠直 . 2006. 基于信息经济学的担保机构与中小企业信贷分析 . 管理科学，6：64-68.

吴庆念 . 2012. 中小企业内源融资的渠道和模式 . 企业经济，（1）：155-157.

吴小瑾，陈晓红 . 2008. 基于社会资本的集群中小企业融资行为研究 . 中南财经政法大学学报，3：121-127.

武静 . 2010. 中小企业信托融资模式研究 . 天津财经大学硕士学位论文 .

向荣 . 2008. 我国中小企业信托融资研究 . 湖南大学硕士学位论文 .

谢朝斌，董晨 . 2002. 中小企业融资问题研究 . 经济管理，（3）：34-38.

邢恩泉 . 2008. 政府对创业投资的融资引导作用：一个经济学分析模型 . 天津财经大学博士学位论文 .

熊立 . 2012. 我国房地产信托融资模式研究 . 重庆大学硕士学位论文 .

徐敏 . 2012. 我国中小企业融资困境分析 . 山东大学硕士学位论文 .

颜获 . 2008. 中信信托发展战略研究 . 重庆大学硕士学位论文 .

晏露蓉，赖永文，张斌，等 . 2007. 创建合理高效的中小企业融资担保体系研究 . 金融研究，10：152-165.

杨春鹏，吴冲锋，陈敏 . 2005. 行为金融：认知风险与认知期望收益 . 中国管理科学，3：15-19.

杨江涛，余君梅 . 2010. 论我国避免中介机构破产风险法律制度之完善 . 湖北经济学院学报（人文社会科学版），11：83-84.

杨胜刚 . 1999. 论台湾信托业的改革与发展 . 台湾研究，（2）：54-59.

杨胜刚，胡海波 . 2006. 不对称信息下的中小企业信用担保问题研究 . 金融研究，（1）：118-126.

杨子健 . 2010. 建立中小企业融资的新型组织体系 . 中国金融，23：24.

杨兆廷，李吉栋 . 2008. "担保换期权"与高新技术中小企业融资 . 管理世界，10：20.

姚传伟 . 2009. 政府在中小企业信贷融资中的作用研究 . 天津大学硕士学位论文 .

伊特韦尔 J，米尔盖特 M，纽曼 P . 1996. 新帕尔格雷夫经济学大辞典 . 北京：经济科学出版社 .

尹红艳 . 2009. 中小企业"桥隧模式"融资探析——基于艾尔柯环境设备公司的案例分析 . 现代经济信息，（13）：100-102.

尹杞月 . 2012. 中小企业融资难研究 . 西南财经大学博士学位论文 .

余辉 . 2003. 信托法律制度的肇始——英国 1536 年《用益法》. 环球法律评论，（3）：368-376.

余辉 . 2004. 信托法发展中的一个重要阶段——英国 1536 年《用益法》颁布之前用益制的发展 . 华东政法学院学报，（1）：78-86.

余岚 . 2010. 浦发银行发展中小企业供应链融资业务的研究 . 南京理工大学硕士学位论文 .

郁洪良 . 2005. "担保换期权"：科技型中小企业融资新渠道 . 江苏科技信息，1：32.

袁江天 . 2006. 中小企业融资的信托模式 . 南开大学博士学位论文 .

袁江天 . 2007. 对中国信托业的反思 . 金融教学与研究，1：59-62.

袁江天，黄图毅.2007.透过历史、现实与国际经验看中国信托公司的功能定位.广西大学学报(哲学社会科学版)，2：10-14.

曾劲.2009.中小型农业企业融资困境及模式研究.四川农业大学硕士学位论文.

张枫.2010.如何提高信用担保在我国中小企业融资中的作用——浙江"桥隧模式"的启示.中国市场，(27)：50-50.

张利军.2013.我国中小企业融资难问题的研究.中国市场，(17)：69-70.

张楠.2006.中国信托业发展现状及发展策略研究.首都经济贸易大学硕士学位论文.

张其仔.1997.社会资本论——社会资本与经济增长.北京：社会科学文献出版社.

张小芹.2004.新时期我国信托制度研究.福建农林大学硕士学位论文.

张旭东.2013.基于合约理论的银行与担保机构信息沟通机制研究.统计与决策，(5)：67-69.

张维，高雅琴.2007.多银行贷款池合约的风险分散和激励研究.管理评论，19(7)：3-9.

张维，纽元新，熊熊.2008.中小企业融资体系构建的分析与评估.生产力研究，(1)：90-91.

张维，张旭东.2013.满足以担保为主各参与方利益的中小企业融资新模式.财经理论与实践，34(1)：2-6.

张钟予.2012.中国信托业财富管理模式转型研究.西南财经大学硕士学位论文.

赵复元.2005.我国中小企业信用担保问题综述.经济研究参考，23：36.

赵杨，吕文栋.2011.北京市高新技术企业全面风险管理评价及能力提升研究.科学决策，1：10-53.

郑安国.2000.论政府在推动风险投资业发展中的地位与作用.复旦学报(社会科学版)，(3)：125-132.

中国信托业协会.2012.信托基础.北京：中国金融出版社.

周红云.2003.社会资本：布迪厄、科尔曼和帕特南的比较.经济社会体制比较，4：46-53.

朱海生.2002.多管齐下：打通中小企业融资渠道.上海金融，9：4.

朱鸿鸣，赵昌文，李十六，等.2011.科技支行与科技小贷公司：谁是较优的"科技银行"中国化模式？中国软科学，12：76-83.

朱倩.2006.我国信托业的现状及发展对策.吉林大学硕士学位论文.

卓文儒.2003.中小企业信用担保机构风险控制研究.重庆大学硕士学位论文.

邹高峰，熊熊.2009.试论以互助担保为基础的中小企业信用担保体系之重建.现代财经(天津财经学院学报)，(6)：35-39.

左凤林.2013.基于CIPP评价的顶岗实习质量管理体系构建研究.职教论坛，(27)：85-88.

左军.2012.风险资本联合投资对科技初创型中小企业融资的影响研究.天津财经大学硕士学位论文.

Adler P S，Kwon S W. 2000. Social capital：the good，the bad，and the ugly. Knowledge and Social Capital，89-115.

Affee D J，Stiglitz J. 1990. Credit rationing. Chapter 16 in Handbook of Monetary Economic，2：837-888.

Affee D M，Russell T. 1976. Imperfect information，uncertainty，and credit rationing. Quarterly Journal of Economics，90(4)：651-666.

Aghion D, Armendariz B, Gollier P C. 2000. Peer group formation in an adverse selection model. The Economic Journal, 110(465): 632-643.

Aghion P, Caroli E, Garcia P C. 1999. Inequality and economic growth: the perspective of the new growth theories. Journal of Economic Literature, 37(4): 1615-1660.

Akerlof G A. 1970. The market for "lemons": quality uncertainty and the market mechanism. The Quarterly Journal of Economics, 84(3): 488-500.

Allen F, Gersbach H, Krahnen J P, et al. 2001. Competition among banks: introduction and conference overview. Review of Finance, 5(1~2): 1.

Armendariz de Aghion B. 1999. On the design of a credit agreement with peer monitoring. Journal of Development Economics, 60(1): 79-104.

Arping S, Lóranth G, Morrison A D. 2010. Public initiatives to support entrepreneurs: credit guarantees versus co-funding. Journal of Financial Stability, 6(1): 26-35.

Arraiz I, Meléndez M, Stucchi R. 2011. The effect of partial credit guarantees on firm performance: the case of the colombian national guarantee fund. Working Paper.

Azzi C F, Cox J C. 1976. A theory and test of credit rationing: comment. The American Economic Review, 66(5): 911-917.

Baltensperger E. 1978. Credit rationing theory: issues and questions. Journal of Money, Credit and Banking, 10(2): 170-183.

Beck T, DemirgüçK A, Levine R. 2003. Law, endowments, and finance. Journal of Financial Economics, 70(2): 137-181.

Beck T, Klapper L F, Mendoza J C. 2010. The typology of partial credit guarantee funds around the world. Journal of Financial Stability, (1): 10-25.

Besanko D, Thakor A V. 1987. Collateral and rationing: sorting equilibria in monopolistic and competitive credit markets. International Economic Review, 28(3): 671-689.

Besanko D, Thakor A V. 1992. Banking deregulation: allocational consequences of relaxing entry barriers. Journal of Banking & Finance, 16(5): 909-932.

Besley T. 1995. Nonmarket institutions for credit and risk sharing in low-income countries. Journal of Economic Perspectives, 9(3): 115-427.

Besley T, Stephen C. 1995. Group lending, repayment incentives and social collateral. Journal of Development Economics, 46: 1-18.

Bester H, Hellwig M. 1987. Moral Hazard and Equilibrium Credit Rationing: An Overview of the Issues. Berlin: Springer Berlin Heidelberg.

Boocock G, Shariff M N M. 2005. Measuring the effectiveness of credit guarantee schemes evidence from Malaysia. International Small Business Journal, (4): 427-454.

Boot A W A, Thakor A V. 2000. Can relationship banking survive competition? The Journal of Finance, 55(2): 679-713.

Broecker T. 1990. Credit-worthiness tests and interbank competition. Econometrica: Journal of the Econometric Society, 58(2): 429-452.

Busetta G，Zazzaro A. 2012. Mutual loan-guarantee societies in monopolistic credit markets with adverse selection. Journal of Financial Stability，8(1)：15-24.

Caprio G，Honohan P. 2001. Finance for Growth：Policy Choices in a Volatile World. Washington：World Bank Publications.

Cestone G，White L，Lerner J. 2007. The design of syndicates in venture capital. Working Paper.

Cetorelli N，Gambera M. 1999. Banking market structure，financial dependence and growth：international evidence from industry data. Journal of Finance，56(2)：617-648.

Chan Y U K S，Thakor A V. 1987. Collateral and competitive equilibria with moral hazard and private information. The Journal of Finance，42(2)：345-363.

Chase M W. 1961. The preparation and standardization of Kveim testing antigen. American Review of Respiratory Disease，84(5)：86-88.

Clarke G R G，Cull R，Martinez P M S，et al. 2001. Foreign bank entry-experience，implications for developing countries，and agenda for further research. Social Science Electronic Publishing，18(1)：25-60.

Columba F，Gambacorta L，Mistrulli P E. 2010. Mutual guarantee institutions and small business finance. Journal of Financial Stability，6(1)：45-54.

Cressy R. 2002. Introduction：funding gaps：a symposium. Economic Journal，112 (47)：F1-F16.

Cukierman A. 1978. The horizontal integration of the banking firm，credit rationing and monetary policy. Review of Economic Studies，45(139)：165-178.

DeYoung R，Goldberg L G，White L J. 1999. Youth，adolescence，and maturity of banks：credit availability to small business in an era of banking consolidation. Journal of Banking & Finance，23(2)：463-492.

Eaton J，Gersovitz M，Stiglitz J E. 1986. The pure theory of country risk. European Economic Review，30(3)：481-513.

Eaton J，Gersovitz M. 1981. Debt with potential repudiation：theoretical and empirical analysis. The Review of Economic Studies，289-309.

Ellis H S. 1951. The Rediscovery of Money，In Money，Trade and Economic Growth. New York：Macmillan Company：253-269.

Emerging Markets Committee. 2002. Investor education. Organization of Securities Commissions.

Floro S L，Yotopoulos P A. 1991. Informal Credit Markets and the New Institutional Economics：the Case of Philippine Agriculture. Boulder：Westview Press，

Frankfurt H G. 1997. The problem of action. Cognitive Science.

Freimer M，Gordon M J. 1965. Why bankers ration credit. Quarterly Journal of Economics，79(3)：397-416.

George A. 2005. Policy reform in viet nam and the asian development bank's state-owned enterprise reform and corporate governance program loan. Managing Reforms for Development.

Greenwald B C, Stiglitz J E. 1986. Externalities in economies with imperfect information and incomplete markets. The Quarterly Journal of Economics, 101(2): 229-264.

Guttentag J. 1960. Credit availability, interest rates, and monetary policy. Southern Economic Journal, 26(3): 219-228.

Guzman M G. 2000. Bank structure, capital accumulation and growth: a simple macroeconomic model. Economic Theory, 16(2): 421-455.

Harris D G. 1974. Credit rationing at commercial banks: some empirical evidence. Journal of Money, Credit and Banking, 6(2): 227-240.

Helen S, Linda T, Reutemann J. 2012. Credit guarantee schemes supporting small enterprise development: a review. Asian Journal of Business and Accounting, 5(2): 21-40.

Hodgman D R. 1960. Credit risk and credit rationing. The Quarterly Journal of Economics, 74(2): 258-278.

Hodgman D R. 1963. Commercial Bank Loan and Investment Policy. University of Illinois: Bureau of Economic and Business Research.

Honohan P. 2010. Partial credit guarantees: principles and practice. Journal of financial stability, 6(1): 1-9.

Inderst R, Mueller H M. 2009. Early-stage financing and firm growth in new industries. Journal of Financial Economics, 93(2): 276-291.

Jaffee D M, Modigliani F. 1969. A theory and test of credit rationing. American Economic Review, 59: 850-872.

Janda K. 2011a. Credit guarantees and subsidies when lender has a market power. Charles University Prague, Faculty of Social Sciences, Institute of Economic Studies.

Janda K. 2011b. Credit Rationing and Public Support of Commercial Credit. Economics Institute, Academy of Sciences of the Czech Republic.

Kang J W, Heshmati A. 2008. Effect of credit guarantee policy on survival and performance of SMEs in Republic of Korea. Small Business Economics, 31(4): 445-462.

Karlan D S. 2004. Social Capital and Group Banking. Research Program in Development Studies, Woodrow School of Public and International Affairs.

Landry R, Amara N, Lamari M. 2002. Does social capital determine innovation? To What Extent, Technological Forecasting & Social Change, 69: 681-701.

Nigrini M, Schoombee A. 2002. Credit guarantee schemes as an instrument to promote access to finance for small and medium enterprises: an analysis of Khula Enterprise Finance Ltd's individual credit guarantee scheme. Development Southern Africa.

Nitani M, Riding A. 2005. Promoting enterprise development or subsidizing tradition? The Japan credit supplementation system. International Small Business Journal, (1): 48-71.

Oh I, Lee J D, Heshmati A, et al. 2009. Evaluation of credit guarantee policy using propensity score matching. Small Business Economics, 33(3): 335-351.

Padilla A J, Pagano M. 1997. Endogenous communication among lenders and entrepreneurial incentives.Review of Financial Studies，10(1)：205-236.

Padilla A J，Pagano M. 2000. Sharing default information as a borrower discipline device. European Economic Review，44(10)：1951-1980.

Pagaon M，Jappelli T. 1993. Information sharing in credit markets. The Journal of Finance，48(5)：1693-1718.

Philip B，Ashok S R. 2008. Cosigned vs. group loans. Journal of Development Economics，85：58-80

Rajan R G. 1992. Insiders and outsiders：the choice between informed and arm's-length debt. The Journal of Finance，47(4)：1367-1400.

Ryder M L. 1962. Structure of rhinoceros horn. Nature，193(4821)：1199-1201.

Shan S，Dybvig P，Tang D. 2012. Outsourcing bank loan screening：evidence from third-party loan guarantees. Available at SSRN 2024425.

Stiglitz J E. 1986. The new development economics. World Development，14(2)：257-265.

Stiglitz J E. 1997. Reflections on the natural rate hypothesis. The Journal of Economic Perspectives，11(1)：3-10.

Stiglitz J E，Weiss A. 1981. Credit rationing in markets with imperfect information. The American Economic Review，71(3)：393-410.

Uesugi I，Sakai K，Yamashiro G M. 2010. The effectiveness of public credit guarantees in the Japanese loan market. Journal of the Japanese and International Economies，(4)：457-480.

Vercammen J A. 1995. Credit bureau policy and sustainable reputation effects in credit markets. Economica，62(248)：461-478.

Williamson S D. 1987. Costly monitoring，loan contracts，and equilibrium credit rationing. The Quarterly Journal of Economics，102(1)：135-145.

Wilson J S G. 1954. Credit rationing and the relevant rate of interest. Economics New Series，21(8)：21-23.

Winton A，Yerramilli V. 2008. Entrepreneurial finance：banks versus venture capital. Journal of Financial Economics，88(1)：51-79.

Wydick W B. 1996. Credit access for household enterprises in developing countries under asymmetric information. University of California，Berkeley.